普通高等教育“十一五”国家级规划教材

北京市高等教育精品教材立项项目

Business Administration Classics

管理学原理（第四版）

Principles of Management

王利平 编著

21世纪工商管理系列教材

Business Administration Classics

中国人民大学出版社
· 北京 ·

图书在版编目（CIP）数据

管理学原理 / 王利平编著 . —4 版 . —北京：中国人民大学出版社，2017. 1
21 世纪工商管理系列教材
ISBN 978-7-300-23833-3

Ⅰ. ①管… Ⅱ. ①王… Ⅲ. ①管理学-高等学校-教材 Ⅳ. ①C93

中国版本图书馆 CIP 数据核字（2017）第 001684 号

普通高等教育“十一五”国家级规划教材
北京市高等教育精品教材立项项目
21 世纪工商管理系列教材
管理学原理（第四版）
王利平　编著
Guanlixue Yuanli

出版发行	中国人民大学出版社		
社　　址	北京中关村大街 31 号	**邮政编码**	100080
电　　话	010－62511242（总编室）		010－62511770（质管部）
	010－82501766（邮购部）		010－62514148（门市部）
	010－62515195（发行公司）		010－62515275（盗版举报）
网　　址	http://www. crup. com. cn		
经　　销	新华书店		
印　　刷	北京七色印务有限公司	**版　　次**	2000 年 4 月第 1 版
开　　本	787 mm×1092 mm　1/16		2017 年 1 月第 4 版
印　　张	21 插页 1	**印　　次**	2024 年 5 月第 11 次印刷
字　　数	420 000	**定　　价**	49.00 元

前言

本书是《管理学原理》的第四版。最初名为《现代企业管理基础》，于1994年出版，2000年更名为《管理学原理》。20多年来本书多次印刷，销量达数十万册，用于本科教学、在职学习、管理培训等方面。本书是作者主持的国家级精品课程“管理学原理”的配套教材，曾荣获教育部2002年全国普通高等学校优秀教材一等奖，2005年得到北京市教委“精品教材建设工程重点项目”的立项支持。

本书定位为基础性的管理学教材，较多地吸收和参考了国内外已有的成果。本书以近代组织管理的奠基人切斯特·巴纳德的组织管理理论为基本理论基础，内容安排以当代市场经济条件下工商企业管理基本知识为重点，注重实用性。与同类教材相比，本书的特点是：

1. 体系新颖。以组织生存和发展要满足的条件为基点，从企业与环境的平衡、企业内部的平衡、企业发展过程的动态平衡三方面把握管理过程，展开相关知识体系，以期全面系统地介绍组织管理的基本理论和基本知识。

2. 适用面宽。全书内容以工商企业一般性经营管理活动为主，不涉及具体行业的业务管理和专业管理。全面介绍一般组织管理原理的系统知识，避免与其他后续学科、课程和专业管理科目的重复。

3. 时代性强。本书较多地反映了当代企业经营管理面临的新问题，吸收了比较成熟的管理前沿研究成果。

4. 实用性强。以介绍和说明基本知识为主，不作理论展开。在说明和讲解过程中尽可能采用一般化的、贴近现实生活的语言和现实的例证。

本书由4篇17章构成。第1篇先系统介绍管理思想演进的历史，然后概要说明组织管理的基本原理，是管理学历史发展的脉络和组织管理的理论基础。第2篇为企业环境管理，主要围绕企业输出——企业战略、企业输入——企业制度选择、企业外部关系协调三方面知识展开。第 3 篇是企业组织管理，由两部分内容构成：一部分是管理依托的基本体系框架的设立；另一部分是管理体系框架的运用。第 4 篇是变革与发展过程管理，从变化、动态的角度，结合企业发展过程中的问题展开管理知识。

第四版在上一版基础上作了如下调整。

1. 进一步浓缩和调整内容，控制规模。为适应近年来各校管理学原理课程教学时数减少，后续专业课细分和增加的现实情况，总体上压缩规模，删、缩部分讲不到和可能与后续课程存在交叉冲突的内容，使内容更精干、更基本，更便于使用。

2. 吸收最新研究成果。适当吸收较成熟的最新研究成果，如蓝海战略、企业社会责任、企业制度、核心能力、国际化、业务流程重组、危机管理等方面的内容。网络技术进步对环境和组织管理的影响在本书中也有一定程度体现。

3. 更新相关配套资源。更新了大部分正文插入案例和章后案例；补充和完善了辅助教学材料。文中所引用的案例都尽可能标注了出处，部分流传较广、引用较为频繁、改动较大的案例无法一一标明出处，在此谨向所有案例的初始作者致以真诚的谢意。

感谢苑木辛、李颖、许鹏鸿、何金露等，他们在本书案例更新过程中协助做了大量工作。中国人民大学出版社的熊鲜菊编辑为此书付出了辛勤劳动，谨致真诚谢意。

编教材需要厚积薄发，举重若轻，变深奥复杂为浅显简洁，从学生和教师使用方便出发而非我行我素。无奈本人学养有限，虽心有余而力不足，恳请读者不吝指正。

王利平
中国人民大学商学院

目 录

第1篇 绪 论

第2篇 企业环境管理

第3篇 企业组织管理

第 4 篇　变革与发展过程管理

第1篇

绪　论

第1章

管理的历史发展

本章要点

- 历史上的管理实践
- 泰罗——科学管理理论
- 法约尔——管理职能及一般管理
- 韦伯——理想的行政组织理论
- 巴纳德——一般组织管理原理
- 梅奥——早期人际关系学说
- 当代管理理论的流派
- 管理发展的新趋势
- 管理历史演进的规律和线索

自从有了人的社会生活，就有了管理的实践和经验总结。管理经验、管理思想的历史与人类的历史一样古老。有关管理的理论和知识体系是人类在长期实践、长期积累的基础上形成的。

管理的思想和智慧可以从广义和狭义两种角度把握。广义上，管理学是人类在所有集体化、社会化行为中积累起来的一般的人文科学。自从有了人的社会生活，就有了管理的实践，进而产生了关于管理的学说。

狭义的管理学指19世纪以来，特别是近代工业革命以来主要通过自然科学分析方法调查、试验、研究、提炼、归纳形成的理论和知识体系。近代管理学是在自然科学发展到一定程度，伴随着工业革命和市场经济的出现而产生和发展起来的。在西方主流的管理学观点看来，泰罗科学管理理论出现之前的阶段称为史前时期，自泰罗率先在管理研究中采用试验、分析方法开始，管理学逐渐成为一门科学。

到目前为止，管理学经过了史前的积累、古典管理理论、近代管理的发展、当代管理理论等几个大的发展阶段。

第1节　古典管理理论

今天是历史的延伸和继续。在近代意义上的科学管理出现之前，人类已经有了漫长的管理实践，积累了丰富的管理经验和智慧。

一、史前的积累

管理的产生、发展和积累，发端于人类集体化生存和组织生活的现实需要。

历史上的管理实践主要发端于四个大的领域：解决生存需要的大规模集体活动实践，社会管理、政治控制的需要，战争及军事活动，以及宗教领域。

从都江堰、万里长城、金字塔等著名大型工程的历史遗迹中，我们可以看到当时人类大规模集体化协作活动的实践和成就。从历史上最古老的几大文明中，可以看到国家统治和管理的智慧和成就。诸子百家的管理思想、马基雅维利的《君主论》、古罗马帝国的管理实践等，都是这方面的证明。《孙子兵法》、克劳塞维茨的《战争论》等著名军事战略文献反映出人类在军事方面的实践和成就。在西方国家的历史上，宗教在一定时期内对个人生活的控制和影响在某种程度上超过了国家和政府，在管理方面有更突出的成就。

对漫长历史中人类的管理智慧和经验积累，我们了解得还远远不够，特别是中华民族五千年漫长岁月中积累形成的管理经验和智慧宝藏，有待我们去发掘和整理。

史前的管理实践和管理思想为工业革命以来的近代管理科学发展奠定了坚实的基础，主要表现在：

（1）人类在集体化协作、社会化活动实践中积累起来的管理经验和管理思想为人类认识管理过程奠定了知识基础。

（2）商品交换、商业的发展及其带来的“市场交换的逻辑”成为近代资本主义制度的基础，为企业管理的发展提供了制度背景。

（3）近代自然科学发展开创的以试验、分析方法为特征的方法论，为探索、解决管理问题提供了方法论基础。

（4）工业革命及近代工厂制度在全球的普及和飞速发展，对管理技术进步提出了迫切而现实的需要。

二、古典管理理论

（一）泰罗——科学管理理论

泰罗（F. Taylor，1856—1915），美国著名管理实践家、管理学家，“科学管理之父”。

泰罗1856年出生于美国费拉德尔菲亚一个富裕的律师家庭。青年时代的他因眼疾中途退学，进入一个小机械厂当学徒工，从事机械和模型制造工作。1878年起进入费拉德尔菲亚的米德维尔钢铁厂当机械工人，到1890年时，从普通工人升至总工程师。1890—1893年，在一家制造纸板纤维的制造投资公司任总经理。后来从事管理咨询和科学管理方法的推广应用工作。

泰罗从小就喜欢思考和钻研问题，对任何事情都想找出一种最好的方法。在米德维尔钢铁厂工作期间，他感到管理层不懂工作程序、劳动节奏和疲劳因素对劳动生产率的影响，工人缺乏训练，没有正确的操作方法和适用的工具，这大大影响了劳动生产率的提高。为了改进管理，从1880年起，他开始试验和研究能够提高劳动生产率的工作方法，逐步形成后来被称为“科学管理”或“泰罗制”的管理理论和方法。

泰罗制的要点包括：

（1）科学管理的中心问题是提高劳动生产率。为此，泰罗通过科学的观察、记录和分析，致力于“时间动作研究”，探讨不同工种提高劳动生产率的最佳操作方法，并予以规范化。

（2）使工人掌握标准化的操作方法，使用标准化的工具、机器和材料，在标准化的工作环境中操作。

（3）为了提高劳动生产率，需要挑选和培训一流的工人。所谓一流的工人，是指适合某种工作并且愿意努力工作的工人。

（4）采用刺激性的工资报酬制度激励工人努力工作。这主要通过制定合理的工作定额，实行差别计件制（完成任务正常报酬，未达到标准低酬，超标准高酬），根据工作表现考核衡量等基本措施实现。

（5）工人和雇主两方面都应当来一次“精神革命”。双方合作，共同致力于提高劳动生产率，把“蛋糕”做大，即使不改变分配比例也有利于双方。劳资双方应变对立为合作，共同为提高劳动生产率而努力。

（6）把计划职能和执行职能分开，以科学工作方法取代经验工作方法。

（7）实行职能工长制。一个工长负责一方面的职能管理工作，细化生产过程管理。

（8）管理控制中实行例外原则。即日常事务授权部下负责，管理人员只对例外事项（重大事项）保留处置权。

以泰罗为杰出代表的科学管理运动，解决了工业化初期具有普遍意义的劳动生产率问题，为工业化初期的企业发展作出了巨大贡献。

泰罗率先在管理实践和管理问题研究中采用观察、记录、调查、试验等近代科学分析方法，开创了科学管理的先河，奠定了科学管理的坚实基础，成为名副其实的“科学管理之父”。

（二）法约尔——管理职能及一般管理

法约尔（H. Fayol，1841—1925），法国著名管理实践家、管理学家，古典管理理论创始人之一。

法约尔1841年出生于法国一个富裕的资产阶级家庭。1860年从圣艾蒂安矿业学院毕业后，在康门塔里-福尔香包矿业冶金公司度过了58年的职业生涯。他从一个采矿工程师逐步晋升到总经理，担任总经理职务达30年之久。

法约尔具有长期从事高层管理工作的经历，对全面管理工作具有深刻的了解和体会，积累了丰富的经验和智慧。在其代表作《工业管理与一般管理》中提出的一般管理理论对西方管理理论的发展具有重大影响，奠定了管理职能、管理过程学派的理论基础。

法约尔关于管理的理论和思想，可以简要概括为六种经营活动、五大管理职能和14条管理原则。

1. 六种经营活动。法约尔认为经营和管理是两个不同的概念。经营是引导一个组织趋向一定目标的活动的统称。经营包含六种活动：技术活动（生产）、商业活动（交换活动）、财务活动（资金的筹集、控制和使用）、安全活动（财物和人身的安全）、会计活动（记账、算账、成本核算和统计等）、管理活动（计划、组织、指挥、协调、控制）。

2. 五大管理职能。法约尔指出，人们对前五种活动了解较多，但对管理活动知之甚少。管理包含计划、组织、指挥、协调和控制等五大职能。管理是一种专业性、技术性很强的工作和过程；是一种具有一般性的适用于企业、事业单位和行政组织的职能；具有可概念化、可理论化、可传授的特点，应该大力发展管理教育。

3. 14条管理原则。法约尔提出了著名的14条管理原则，至今仍有重要的实践指导意义。这些原则包括：（1）劳动分工原则；（2）权力与责任对等原则；（3）纪律原则；（4）统一指挥原则；（5）统一领导原则；（6）个人利益服从整体利益原则；（7）员工报酬原则；（8）集权原则；（9）等级系列原则；（10）秩序原则；（11）公平原则；（12）人员稳定原则；（13）首创精神原则；（14）团结合作原则。

法约尔第一个明确提出管理的五大要素或五大职能，指出管理是一种专业性的、具有一般性的工作，为管理过程的研究奠定了基础。他提出的关于管理五大要素或五大职能的思想，成为后来人们认识管理职能和管理过程的一般性理论框架。

（三）马克斯·韦伯——理想的行政组织理论

马克斯·韦伯（Max Weber，1864—1920），德国著名思想家、社会学家。

马克斯·韦伯提出的通常称作“官僚制”“科层制”或“理想的行政组织”的

理论，对工业化以来不同类型组织的管理产生了广泛而深远的影响，是现代大型组织广泛采用和推行的一种组织管理工具。马克斯·韦伯被誉为“组织理论之父”。

1. 权威的基础。理想的行政组织理论，其实质在于以科学确定的、“法定的”制度规范为组织协作行为的基本约束机制，主要依靠外在于个人的、科学合理的理性制度的权威实行管理。

在人类组织管理历史上，由于管理所依托的基本手段不同，曾经有不同类型的权威关系和相应的管理方式。早期组织管理中多依靠个人的权威，以传统的权威和“神授”的超凡权威为基本的控制手段。马克斯·韦伯指出，组织管理过程中依赖的基本权威将由个人转向“法理”，以理性的、正式化的制度规范为权威中心实施管理。

2. 官僚制的特征。官僚制的主要特征有：

（1）在劳动分工的基础上，确定每个工作岗位的权力和责任，把这些权力和责任作为明确规范而制度化。

（2）按照不同岗位权力的大小，确定其在组织中的地位，形成有序的等级系统，以制度形式巩固下来。

（3）明确规定岗位特性以及该岗位对履职者应有能力的要求，根据技术资格挑选组织成员。

（4）管理人员根据制度规范赋予的权力处于拥有权力的地位，原则上所有人都服从制度规定，而不是服从某个人。

（5）在实施管理时，每个管理人员只负责其权责范围内的工作；拥有执行自己的职能所必需的权力；权力受到严格的限制，服从有关章程和制度的规定。

（6）管理者的职务是他的职业，他有固定报酬，有按业绩表现晋升的机会，应忠于职守而不是忠于某个人。

3. 官僚制的优越性。官僚制的优越性在于：

（1）实现了个人与权力相分离。官僚制摆脱了传统组织随机、易变、主观、有偏见的影响，具有比传统组织优越得多的精确性、稳定性、连续性和可靠性。

（2）体现了理性精神和合理化精神。在典型的官僚制中，存在一个具有连续性的规章制度网，涉及组织管理过程的所有重要方面，它给每项工作确定了清楚、全面、明确的职权和责任，从而使组织运转和个人行为尽可能少地依赖人的因素。

（3）适合工业革命以来大型企业组织的需要。早期传统的组织过分依赖血缘关系、裙带关系、人身依附关系等传统人际关系纽带，采用随意、主观、多变的管理方式，不适合大型企业组织管理的要求。工业化以来，现代工商企业组织规模大、分工细、层次多，需要高度统一，有准确、连续、稳定的秩序来保证稳定运行。

马克斯·韦伯深刻揭示了管理过程中制度权威的地位，奠定了制度化管理的基础。更重要的是，他在理想的行政组织理论中倡导的理性精神和合理化精神揭示了科学管理的精髓。

古典管理时期的三个主要代表人物为管理的发展奠定了坚实的基础。泰罗率先在管理研究中采用近代科学方法，开管理研究中采用科学方法之先河。法约尔明确管理是企业的一种基本活动，其过程或职能为计划、组织、指挥、协调、控制，为研究管理过程打下了坚实的基础。马克斯·韦伯的官僚制理论提出最适合企业组织发展的组织类型和基本管理精神，成为各类大型组织的"理想模型"，同时揭示了管理的理性精神和合理化精神。这一时期管理的实践和研究，为管理的进一步发展打下了坚实的基础。

继泰罗科学管理理论广泛传播和应用之后，采用科学方法研究和解决管理问题蔚然成风。经过一个时期的积累，管理的发展进入新阶段。

第2节　近代管理的发展

经历了古典管理理论的发展和传播以及大规模工业化过程，20世纪三四十年代，管理步入新的发展时期。这一阶段最突出的成果，是以巴纳德、西蒙、马奇为代表的近代组织管理理论和由梅奥开创的早期人际关系学说——行为科学理论。

一、巴纳德——一般组织管理原理

巴纳德（C. I. Barnard，1886—1961），美国人，出生于美国马萨诸塞州马尔登。巴纳德在哈佛大学读完经济学课程后，1909年进入美国电话电报公司就职，先后担任多个管理职务，直到任新泽西贝尔电话公司总经理。巴纳德还曾在若干公共机构任职。他的代表作是1938年出版的《经理人员的职能》。

巴纳德在管理理论上有以下主要思想。

1. 组织理论的管理理论。巴纳德理论以组织为基础分析和说明管理的职能和过程。其理论结构为：个体假设→协作行为和协作系统理论→组织理论→管理理论（见图1—1）。比起管理的过程和职能来，巴纳德理论更侧重于说明管理的组织基础和管理的原理。

2. 协作系统。巴纳德把作为管理对象的个体看作一个由物质的、生物的、社会的三方面因素综合而成的复杂的对象。既强调个体的物质性、动物性一面，也强调个体的社会性一面；人既有先天的需要、欲望、冲动，又受后天的理性、判断和社会性制约。从基本的方面来说，人是独立的个体，但作为社会性的存在又不可避免地受到社会性制约。管理学研究人的行为；研究行为的目标；研究行为背后的需求和心理力量。人具有有限的判断能力。行为、目标、需求、理性能力和学习过程构成管理学中个体层次的基本范畴。

3. 现实中各种形态的组织是两个以上个人集体化协作的系统。集体化协作首

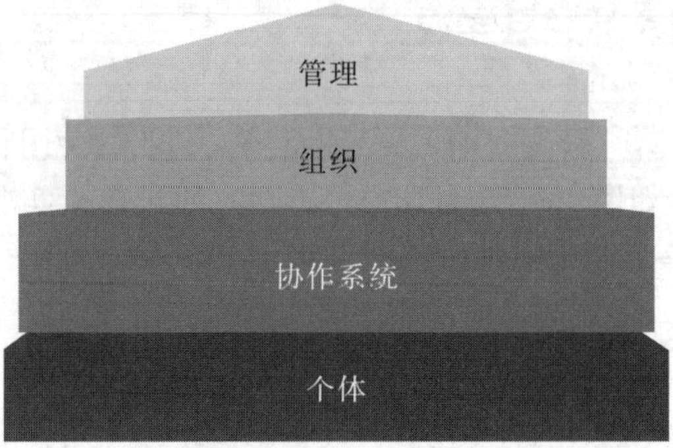

图1—1 巴纳德理论的结构

先是为了克服个体生物能力的局限，实现单个人难以实现的目标而形成的。其次，与集体化协作相伴随的与他人的社会性接触、交往以及社会化的关系，本身就是人类社会生活，是人类成长和发展的重要过程。分工、专业化与专业化基础上的综合是协作系统正常运转的必要条件。

4. 正式组织与非正式组织。在对个体基本特征和协作过程进行分析的基础上，巴纳德提出了著名的正式组织和非正式组织理论。该理论认为，正式组织是两个或两个以上个人有意识协调的行为或力的系统，而非正式组织是个人相互接触中无意识地带有体系化、类型化特征的多种心理因素的体系。

正式组织包含协作意愿、共同目标、信息沟通三个基本要素。正式组织与非正式组织互为条件、相互制约、相互促进，组织是正式组织侧面与非正式组织侧面的统一。

5. 组织平衡。组织维持其生存和发展必须实现三个方面的平衡：（1）组织内部个人和整体之间的平衡，其关键在于组织成员为组织所作贡献与从组织获得的各种诱因之间的比较。（2）组织与环境之间的平衡，其关键在于组织目标的选择和组织目标的实现两种过程。（3）组织动态平衡，即在内外各种因素变化的前提下，打破旧的平衡、建立新平衡的过程。

组织平衡是组织与管理之间的联结环节。

6. 管理人员的职能。管理人员最根本的职能是协调，是实现组织三方面的平衡。管理人员有三方面的基本职能：建立和维持一个信息联系的系统；从组织成员那里获得必要的努力；规定组织的共同目标。

除此之外，管理人员还要有领会组织的整体及其有关形势，把握管理过程的智慧和能力。

巴纳德开创的组织管理理论研究揭示了管理过程的基本原理。经西蒙（H. A. Simon）、马奇（J. G. March）、赛尔特（R. M. Cyert）等著名管理学家的进一步发展，形成管理学领域的组织管理流派，对当代管理学体系产生了重要影响。巴纳德被誉为近代管理理论的奠基人。

二、梅奥——早期人际关系学说

梅奥（G. E. Mayo，1880—1949）是原籍澳大利亚的美国行为科学家，他与罗特利斯伯格（F. G. Roethlisberger，1898—1974）通过霍桑实验提出著名的“早期人际关系学说”，开辟了行为科学研究的道路。

1. 霍桑实验。从 1924 年开始，美国西方电气公司在芝加哥附近的霍桑工厂进行了一系列实验。这些实验最初的目的是根据科学管理原理，探讨工作环境对劳动生产率的影响。但实验过程中出现的一些结果出乎研究者的预料和假设。如照明实验中，不论照明度提高还是降低，劳动生产率都上升了，当时实验主持者无法对此给出合理解释。出于一个偶然的机会，从 1927 年起，梅奥和罗特利斯伯格参加到该项实验中，研究心理和社会因素对工人劳动过程的影响。实验完成后，梅奥和罗特利斯伯格 1933 年出版了实验报告《工业文明的人类问题》，总结了霍桑实验的研究工作。

2. 工人是社会人。工厂的工人不是单纯追求金钱和物质收入的“经济人”，他们还有心理和社会方面的感情需要，是“社会人”。他们有诸如友情、安全感、归属感等方面的需要。实验中发现，比起照明度的变化来，工人受管理者重视的感觉更能调动其工作积极性。管理过程中要重视工人作为社会人的需要。

3. 企业中存在非正式组织。由非正式的接触和感情纽带联结在一起形成企业中的非正式组织。非正式组织有自己的行为规范，很多时候与管理者的正式规定相冲突，影响劳动生产率。管理者要善于利用非正式组织的作用，不能只重视正式组织的作用。既要有科学管理、理性分析能力，也要通晓人性、重视人际关系协调。

4. 行为科学。继梅奥和罗特利斯伯格的研究之后，有很多学者从心理学、社会学角度致力于这方面的研究和探索，开辟了管理的一个新领域。梅奥和罗特利斯伯格的理论通常被称作早期人际关系学说，1949 年起，该领域的研究成果改称行为科学，20 世纪 60 年代以后，人们更多地使用组织行为学这一名称。

行为科学的研究成为西方管理理论发展的一个重要侧面，主要涉及对个人需要和行为的研究、团体行为研究、组织行为研究、有效的激励方式研究、领导行为研究和组织变革等方面。

第 3 节　当代管理理论

经历了 20 世纪三四十年代的发展，管理学进入蓬勃发展阶段。特别是第二次世界大战后，管理领域出现了百花齐放、百家纷呈的局面，其中既有沿着历史线索逐渐丰富和完善的管理思想，也有新出现的思想和主张。美国著名管理学家孔茨（H. Koontz）将之概括为“管理理论的丛林”，这一说法虽然未必能准确地概括当代管理理论的发展，却也反映出管理理论研究多姿多彩的局面。

一、管理理论的主要流派

从既有一定历史渊源，又涉及管理过程重要侧面，对管理学整体具有重要意义的角度划分，当代管理理论有以下主要流派。

1. 管理过程流派。管理过程流派一直致力于研究和说明“管理人员做些什么和如何做好这些工作”，侧重说明管理工作实务。

管理过程流派的开山鼻祖为古典管理时期的法约尔，20世纪七八十年代最著名的代表人物是孔茨，当代则以罗宾斯（S. P. Robbins）更具代表性。有很多管理学家从事这方面的研究。

管理过程流派吸收其他管理学家的思想和主张，不断丰富各项管理职能的内容，具有非常广泛的影响。当代管理过程流派对管理职能的概括是：计划职能、组织职能、领导职能（含激励）、控制职能。

2. 管理科学流派。管理科学流派指管理过程中采用科学方法和数量方法解决问题的主张，侧重分析和说明管理中科学、理性的成分和可数量化的侧面。

管理科学的研究可以追溯到泰罗所从事的科学管理运动。虽然在漫长的发展过程中有许多人从事这方面的研究，但管理科学的突破性进展是第二次世界大战后运筹学在工商管理中的应用。之后，电子计算机技术的迅猛发展为组织管理过程中运用数量方法和科学方法提供了更为广阔的空间。电子计算机管理信息系统的广泛应用和网络技术的应用，使组织管理发生了深刻的变化。目前这场革命方兴未艾，但可以肯定，这场革命必将深刻地改变人类的管理生活。

3. 组织管理流派。该学派是通过揭示组织形成、生存和发展的内在必然性探讨管理原理和管理方法的流派，主要致力于组织过程的研究。如果说管理过程流派关注的核心是“管理人员做些什么和如何做好这些工作”的话，组织管理流派则更多地关注管理人员为什么要做这些工作。

巴纳德是组织管理流派的奠基人，西蒙、马奇、赛尔特进一步发展和丰富了这方面的研究，特别是西蒙关于决策问题的研究、马奇和西蒙关于组织的研究对组织管理理论作出了很大贡献。在当代，组织理论已成为管理学中原理性、基础性的研究领域。

4. 行为科学流派。该学派是从心理学角度研究个体需求和行为、团体行为、组织行为、激励和领导方式的流派。

继梅奥的开创性研究之后，行为科学方面的研究长盛不衰，构成管理学的一个重要方面。其中著名的成果有马斯洛（A. H. Maslow）的需要层次论，麦格雷戈（D. M. McGregor）的X理论—Y理论，赫茨伯格（F. Herzberg）的双因素理论，利克特（R. Likert）的领导方式理论，等等。

行为科学研究以西方心理学的理论假设为基础，较多反映西方人文背景下的人际关系特征，社会文化侧面的、反映中国文化情境下人际关系特征的理论解释有待进一步的研究。

5. 经验管理流派。管理是一门实践性极强的学科，重视管理经验的传统古已有之。作为管理学体系中的一种主张，经验管理流派是以大企业成功管理人员的管理经验为主要研究对象，重视经验借鉴、重视案例分析，强调行为过程中的学习和提高的一个流派。该流派的主要代表人物有德鲁克（P. F. Druker）、戴尔（E. Dale）等。

6. 其他学说和主张。除以上几个大的流派外，按照孔茨的划分，还有系统学派、决策理论学派、权变理论学派、经理角色学派等学说和主张，此处不再一一列示。

二、管理理论发展的新趋势

进入20世纪80年代，管理领域出现了一些新的发展趋势。其中最为突出的，一是企业文化热潮的兴起；二是发展中的信息技术对管理的影响。

1. 企业文化理论。企业文化是与企业相伴而生的客观现象，在企业这一经济组织形态诞生之时，就存在企业文化。但人们对这一文化现象的认识和研究则始于20世纪80年代初期。首先提出并倡导企业文化理论的是美国的管理学者。

20世纪70年代后期，日本经济迅速发展，冲击和改变了美国曾居于优势的若干产业领域，引起美国各界的震惊和深刻反思。经过多方面的比较研究，美国学者发现，成功的企业管理是日本经济发展的重要原因之一，而日本的企业管理方法中有不少被美国企业所忽视。其根本差异表现在，美国企业多注重管理的硬件方面，强调理性的科学管理；日本企业则更重视全体员工共有的价值观念，注重强化员工对企业的忠诚，注重企业中的人际关系。

比较研究的结果使美国学者认识到，文化是企业管理中不可忽视的重要因素，对于企业的成功与否具有深刻的影响。

为此，美国一批管理学家提出要向日本企业学习，许多学者著书立说，探索企业文化的有关理论与模式。美国关于企业文化的研究引起日本企业界和理论界的强烈反响，并波及其他国家，由此掀起了一股世界范围的企业文化热潮。其中影响较大的早期著作有沃格尔（E. F. Voger）的《日本名列第一》，帕斯卡尔（R. T. Pascale）和艾索斯（A. G. Athos）的《日本的管理艺术》，彼得斯（T. J. Peters）和沃特曼（R. H. Waterman）的《追求卓越》，迪尔（T. E. Deal）和肯尼迪（A. A. Kennedy）的《企业文化》，等等。目前，企业文化在理论研究和实践探索方面均得到长足的发展，企业文化作为一门新兴边缘学科，已成为现代管理理论的重要组成部分。企业文化理论的形成标志着企业管理从物质、制度层面向文化层面发展。

2. 信息技术对管理的影响。早在20世纪70年代末，西蒙就在其《管理决策新科学》一书中富有预见性地探讨了信息技术对管理过程的影响，提出了很多富有预见性的观点。20 世纪 90 年代以来，信息技术突飞猛进，进一步改变了人类的社会生活。企业的工作和生产过程、企业组织结构、管理者的工作、企业间关系都发生了重大变化。

第 4 节　管理历史演进的规律和线索

一、管理思想的发展与历史进程

一个多世纪以来管理实践和管理思想的发展中，在哪个阶段，在什么地方，出现哪些管理实践和管理方法，其中有没有必然的因素在起作用？应该用什么样的历史观去把握和解释管理的历史发展？

马克思关于历史发展的思想至少可以给出一种令人信服的解释。

物质资料的生产方式是人类社会历史性变化的最终力量。物质资料生产方式的变化发端于技术变化，然后是劳动生产方式改变，再后是人与人之间的社会关系发生变化。物质资料的生产方式发生变化后，是结构制度层面的变化，最后是意识形态、文化层面的变化。

按照这一历史线索分析，工业革命首先在技术层次引起变革。技术变化导致生产组织方式和过程发生变化。此前以农业、牧业、渔业和手工作坊为主的生产生活方式变得不再适应，于是有了科学管理和泰罗制的出现。科学管理只解决了劳动生产组织过程和方法问题，劳动者的工作观念、习惯、人际关系仍然是传统的，两者之间不相适应，于是早期人际关系学说——行为科学理论应运而生。

在单一企业内部生产组织管理过程问题基本得到解决后，开始进入制度层面的问题。组织管理理论、企业制度方面的研究、管理过程研究，都与结构、制度层面的问题有关。

同时，企业与外部环境相关的问题逐步成为关注的对象。企业战略管理、营销管理、竞争与垄断问题、企业的社会责任、环境保护问题等，先后成为实践和研究的重点对象。

在此基础上，进一步才是涉及意识形态、文化层次的问题，即工业革命以来市场经济的组织形态、管理机制、运作逻辑与古老的意识形态和文化传统如何融合、整合的问题。日本企业在第二次世界大战后所提供的成功经验，就是这方面的一个范例。

这是一条管理实践、管理思想发展的粗略线索。

二、管理思想演进的主要线索

总体来看，管理实践和管理思想发展的历程，是组织实践、管理过程中发现因素越来越多，内容日益丰富完善的过程。管理脱胎于一种类型的传统文化，伴随着近代工业文明和市场经济的发展，成为一套独立的知识体系，在一定程度上带有很深的市场经济、资本主义的印记。

工业革命以来企业管理发展总的趋势是科学化和理性化，企业对效率、利润的追求是推动管理发展演变的根本力量。为了更高的效率、更多的利润、更大的经济成就，人们不断地发掘、发展科学的、理性的管理工具和管理手段。科学和理性，是20世纪管理发展中的基本精神和最高价值。管理史就是一部科学化、理性化的历史。

进一步梳理，到目前为止，管理的发展有几条较为显著的线索。

1. 科学化、理性化线索。首要的仍然是科学化和理性化。广义上，整个管理发展过程中始终得到不断强化和重视的是科学化、理性化。狭义上，从泰罗开科学管理之先河，到第二次世界大战后运筹学方法的应用，乃至当代的信息化、网络化趋势，是管理科学化的主要线索。与科学化伴随的理性化趋势，即对理性、合理性的追求，则更广泛、更深入地体现在管理的各方面。

2. 重视人的趋势。从工业化初期人被视为“经济人”开始，到梅奥强调人是“社会人”，巴纳德把人当作“具有有限判断能力的独立的个体”，再到今天作为“人力资源”的人，研究人的需要和行为，重视人、尊重人的发展成为管理研究当中的一个主题。行为科学的发展和组织管理理论的发展，对管理过程中如何尊重人、如何把人当作资源、如何为人的发展创造条件提出了很多人性化的理论和系统化的人力资源管理方法。

3. 管理过程线索。管理是管理人员职能化、专业化的工作，从法约尔到孔茨、罗宾斯，对管理过程、管理职能的探索和研究始终兴盛不衰，构成管理发展过程中一条显著的轨迹。

4. 重视实践倾向。理论知识要转化为行为知识，并与行为知识相贯通才能真正转化为管理能力。强调实践、经历和经验的重要性，强调操作过程中的学习和提高，是管理实践和管理思想发展的重要特征。当代盛行的案例分析、案例研究是这一传统的具体表现。

三、管理涉及的层次和侧面

管理涉及社会、技术、经济、政治、文化等几个侧面。这里的社会指纯粹的人与人之间的社会关系侧面；技术指与组织的业务活动有关的技术要素；经济是节约、以较少的投入获得较多产出意义上的经济；政治是社会关系的延伸，表现为利益集团之间关系的层次；文化则是意识层次、观念层次的问题。可以说，人类社会生活的若干基本方面都在管理过程中有所反映。

管理又分为不同的层次，通常的说法是高层管理、中层管理和基层管理，或称作决策层、管理层和操作执行层。基层管理主要面对具体操作和技术问题，考虑效率高低。高层管理对外面向环境，对内统管整体，主要解决决策问题和制度选择问题，与政治侧面、文化侧面关系较为密切。中层管理是中间过渡层次，承上启下，更多地与经济侧面有关。

思考题

1. 如何把握科学管理之前的管理的发展？
2. 为什么称泰罗为“科学管理之父”？
3. 法约尔对管理学的主要贡献是什么？
4. 什么是理想的行政组织？
5. 巴纳德理论的特征是什么？
6. 梅奥早期人际关系学说的主要思想是什么？
7. 当代管理理论发展的特征是什么？
8. 试用历史唯物主义观点解释管理的历史演进。
9. 为什么说科学化、理性化是管理发展的主要线索？

案例分析

晋商——源远流长的山西商业资本

山西商人，尤其是首创中国历史上的票号的山西票号商人，商路遥远，汇通天下，曾在中国历史上显赫一时。时至今日，仍然传颂着“山西人善于经商、善于理财”的佳话。

一、晋商的繁盛

早在明代，晋商善贾就已在全国享有盛誉。到了清代，尤其是19世纪中叶，山西商帮不断发展壮大，具有雄厚的资本，不仅垄断了中国北方的贸易和资金调度，执全国金融业之牛耳，而且涉足亚洲其他地区，甚至进入欧洲市场，逐渐进入鼎盛时期。在国内市场，山西商人垄断了对外贸易和西北、东北市场。山西商人以张家口、杀虎口为基地，把绸缎、布匹、糖、烟等商品经两地贩运到西北等地，再从西北等地贩运皮毛、白银等在附近商埠出售，极大地促进了这些市镇的兴盛。此外，山西商人在南方也极为活跃，他们在湖北、湖南、江西一带产茶地收购茶叶，运往广州甚至印度尼西亚，这一带成为晋商活跃的重要舞台。

在国内金融市场上，山西商人的地位举足轻重。从同治元年至光绪二十年是山西票号发展的黄金时期。票号又叫票庄或汇兑庄，是一种专门经营汇兑业务的金融机构。到鸦片战争前夕，山西票号大约有8家。鸦片战争后的10年内，仅日升昌、蔚丰厚、日新中3家山西票号在各地设立的分支机构就有35处，分布在全国23个城市。它们除专门经营汇兑业务外，还兼营存款、放款业务，并把汇兑、存款和放款结合起来，利用客户的现金放高利贷，得到了很高的利润。

山西商人在雄踞国内市场的同时，积极向海外开拓市场，东赴日本，西抵俄国，形成了山西对外贸易和汇兑的三大商帮——票帮、驼帮、船帮。在中俄贸易重镇恰克图，晋商建立了许多大型商号。此外，还深入俄国腹地，在俄国主要城市设立分号。莫斯科、彼得堡等十多个俄国城市都有山西人开办的商号或分号。在朝鲜、日本，山西商人的贸易也很活跃，榆次的常家从中国输出夏布，从朝鲜输入人参，被称作“人参财主”；介休的范家几乎垄断了对日本的生铜进口和百货输出。在清朝统治期间，能够兴旺发达200余年的商业世家，最出名的有：榆次的常家、聂家，太谷的曹家，祁县的乔家、渠家，平遥的李家，等等。他们既是大商人、大高利贷者，又是大地主，都拥有极为雄厚的资本。

二、晋商的经营管理

晋商企业规模大多在百人之上，并且由多个商号、票号构成。第一，财东作为资本家主要拥有所有权，授予总经理以资金运用权、职员调配权和业务经营权；第二，总经理坐镇总号，除管理总号内部各项事务外，还要对各地分号进行宏观调控；第三，分号经理，也称掌柜，拥有所在商号的业务开拓权、资金运用权和人员管理权，但机构设置、资金调度、人事任免和盈利分配等重大权限均由总号控制；第四，无论总号还是分号，其内部人员设置的原则都是“因事设人”，绝不“因人设职”，每个商号一般从业人员在10人左右；第五，晋商和其他同业之间广泛建立横向联系。

晋商对经理（掌柜）的管理分为选用和激励。在聘用某人担任经理之前，财东要对此人进行严格的考察，除亲自与此人面谈和参考同仁及知情人对他的评价外，还要设下种种情境，以观察和考验其品行是否过硬，直到确信此人足以胜任方罢。一旦某人被聘为经理，财东便委以全权，并始终恪守用人不疑、疑人不用之道，对经理的日常经营活动概不过问，让其放手经营，静候年终决算报告。晋商对经理的激励机制主要包括以下三个方面：(1) 财东充分信任经理，将资本、人事、业务、管理全权委托经理负责。(2) 经理的薪金（固定合同收入）和股份收入（剩余收入）由财东决定，并远远高于普通员工。(3) 财东根据经理的业绩，在年终或账期增减其薪金和股份，并通过在公开场合抬举业绩好的经理、羞辱业绩差的经理制造一种精神鼓励或压力。晋商对普通员工的选拔、培训和日常管理有一套较完整的制度规范。第一，重视对人员的选拔和培训。第二，号规严格，比如不准舞弊营私、不准假公济私、不准私蓄放贷等。晋商别具特色的人身顶股制，是指不论是经理人员还是普通员工，都可以根据其表现和对资本的贡献大小顶一定的股份，又称顶身股制——商号伙友除每年应得工资外，根据其资历、表现以及对商号的贡献，可以顶1厘～1分（10厘）的身股。员工的身股与财东的银股共同参加分红，顶身股最高者为经理。到年终，根据每届账期的盈利多寡，东家银股与员工身股共同参与红利的分配（一般商号较好的年份，一个账期每股可分2 000两～3 000两白银或银元）。

鉴于票号各分号在现银盈绌和行市疲快上有所不同，总号与分号之间产生了异地调拨资金的需要，山西票号在实践中逐渐创造了一种“酌盈济虚，抽疲转快”的办法来调剂资金。也就是在不运送现银的状况下，同一总号的票号在两地间开展汇兑业务，以解决现银盈绌问题。

三、晋商的衰落

尽管实力雄厚的晋商显赫一时，但到20世纪初仍被迫退出了历史舞台。鸦片战争后，洋货潮水般地涌入中国市场，严重打击了中国民族手工业产品的生产与销售。以晋商垄断长达200年之久的中俄恰克图贸易为例，第二次鸦片战争以后，俄国的势力开始深入我国各地，直接攫取土产品并推销其工业品，无须再与买卖城的山西出口商帮易货了，这沉重打击了山西对俄贸易商帮。晋商在俄贸易又受到重税的制约，复经战乱，财物惨遭掠夺。随着外国商品的输入，海上运输的发展，铁路和内河航运的开通，俄国对华贸易由陆路改为天津、大连、海参崴（现名符拉迪沃斯托克）海上运输，这改变了中国旧有的物资运输路线，山西作为中国对俄国和欧洲贸易陆上商路要冲的地位逐步削弱，山西商人活动的舞台逐步缩小以至消失。1914年第一次世界大战爆发，在俄国各地的山西商号难逃浩劫，损失数百万两白银。到1911年外蒙古独立和1917年俄国十月革命时，山西商人彻底丧失了这些市场。

从咸丰年间开始，国内阶级矛盾尖锐化，太平天国革命、捻军起义、西北回民和云南苗民起义接踵爆发。辛亥革命后，国内战事频繁，晋帮商号在战争中损失惨重，如天成亨票号仅汉口、西安、成都三处就被土匪抢劫白银100多万两，待大局稳定，共计亏损200多万两；其他票号也有程度不同的损失，几乎无一幸免。晋商富裕之际，正是清政府财政开支开始拮据之时，所以晋商成了清政府勒派、劝捐、助饷的主要对象。清政府欠票号的银两，"屡恳无效，即如铁路（同蒲）既归国有，路矿借款理应清偿"，却无法清偿。至于京中王公大臣的借款，因清廷覆灭亦难清理。

晋商的思想意识是与封建剥削制度相适应的，他们只以获得殖货之利为满足，习惯沿用旧法经营，国内外市场渐为他人所夺。但在山西人中也不乏有识之士，他们认清了新的形势，主张改革图存。可惜由于一些财东及总号经理顽固和墨守旧法，只知享福，毫无远见，以致四次失去发展的机遇。例如，晋商所经营的票号未能及时改组为现代银行，在外国银行林立于中国之时不战自溃。在乾隆、嘉庆、道光年间山西商人得势之时，大量金银流入山西，"方其盛时，自数百两，数十万之家相望，饰亭台，聚古玩，买姣童于吴间，购美玉于燕赵，比比也"。道光时期，正是山西商人家族追求物质享受的时期，"在此时期，凡人之社会观念，皆羡于富者之晏安，无论致富已成未成，皆急于享受而不求再进，将嘉道以前之朴素之习既摧无余，鸦片、金丹、白料乘机而入。财东只顾纸醉金迷，不问号事，伙计自然管理松懈。在来势凶猛的外国资本打击下，病入膏肓的山西商人资本只能步步退守，由于无法盈利以致最后被迫关门"。

资料来源：改编自《晋商简介——源远流长的山西商业资本》，http：//www. tydao. com/jinshang/jianjie. htm.

思考题

1. 晋商成功的主要因素是什么？
2. 晋商的经营管理有哪些特色？

第2章

组织管理基本原理

本章要点

- ○ 个体假设
- ○ 行为与学习
- ○ 心理力量
- ○ 正式组织和非正式组织
- ○ 组织内部平衡
- ○ 组织与环境的平衡
- ○ 组织动态平衡
- ○ 管理的概念与职能

管理从何而来？为什么会存在管理？从单独的个体行为到大规模的集体化协作行为，是由哪些环节构成的？管理工作的基础以及对管理的要求是什么？这些都是学习管理学必然会碰到的基本问题。要想理解管理的诸多职能、过程、环节，首先需要学习管理的基本原理——组织管理原理。

第1节　个体层次的基础知识

一、个体假设

《三字经》中有“人之初，性本善。性相近，习相远”的说法，意为每个人生来是善良的、积极主动的，是后天的影响、经历使得人性发生变异。也有很多人指出，人生来是“性恶”的。性善性恶本身并不要紧，要紧的是关于性善性恶的观念会影响到人们如何看待其他人，如何对待其他人，进而影响到人们相互交往形成的社会关系。

（一）个体假设的意义

管理学是关于如何协调人类集体化协作行为的科学，出发点是人自身。如何看待个体，以什么样的个体假设作为形成管理观念、确定管理决策、运用管理手段的基础，从根本上决定了管理的逻辑、方式和效果。

管理过程中几乎所有的方面都离不开人的基本特征的影响，即使是处理技术问题，也不可避免地有人的因素作用于其中。对人自身的认识或假设，是管理学乃至整个社会科学的出发点和最终归宿。

由独立的个体到集体化协作行为的过程是组织管理的基础。管理学原理首先要回答独立的个体通过一种什么样的纽带或机理结合为团体。由个体到整体的环节是组织管理理论最基本的环节。

（二）传统的看法

若粗略划分，各派管理学家先后对个体行为作出了以下几种不同的假设。

1. 经济人假设。这是一种最单纯的理性人假设，指完全以追求经济利益为目的而进行经济活动的主体。这种假设认为，人都希望以尽可能少的付出获得最大限度的收益，并且为此可以不择手段。

2. 社会人假设。社会人指以满足社会需要为主要目的而进行经济活动的主体。这种假设认为，个人不是单纯地追求金钱收入，他们还有追求社会认可、人与人之间的情感交流、安全感和归属感等方面的心理需要和社会需要。

3. 管理人假设。管理人是遵循满意准则进行经济活动的主体。这种观点认为，人的理性是有限的，人不可能作出最理性的决策，而只能在可能的范围内作出相对令人满意的决策。

可以看出，上述各种假设都只强调个体的某一个侧面，现实中的个体实际上是上述各方面的综合。个体在生存得不到保障时可能按经济人方式行事，在更多地需要别人理解、认同、承认时表现为一种社会性的存在，在为达到自己的目的作出选择时往往按理性准则行事。有多种因素综合作用于个体，制约和影响个体的行为，现实中的个体可以称为“复杂人”。

到目前为止社会科学还无法对人本身给出科学的解释。如果把个体当作一种多因素的复杂人对待，组织管理问题就无从谈起，无法分析。所以，从组织管理角度出发，选择与组织管理相关性最强的个体特征为分析的起点和基础，不失为一种适当的选择。

（三）个体层次的基本范畴

社会科学迄今为止还不能给出一种关于人的科学、充分的解释，而管理学又无法回避对个体的假设和看法。我们并不期望给出一种全面系统的解释，但最低限度上以下一些问题是必须予以回答的，如管理学研究人的什么方面？人的需求结构如何？支配人的行为的力量有哪些？人的理性能力有无限度，限度何在？等等。

巴纳德把人看作一个由物质的、生物的、社会的三方面因素综合而成的独立的个体。既强调人的生物性、动物性一面，也强调人的社会性一面；人既有先天的需要、欲望、冲动，又受后天的理性、判断和社会性制约。从基本的方面来说，人是独立的个体，但作为社会性的存在又不可避免地要受到社会性制约。

他进一步明确，管理学研究人的行为和学习，行为是有目标的，行为背后有需求和心理力量，人具有有限的判断能力。行为、目标、需求、理性能力和学习过程构成管理学中个体层次的基本范畴。

二、行为与学习

如果我们仔细观察集体化协作活动或组织生活中个体的基本方面，很容易发现行为是一个最基本的要素，不论组织生活的哪一方面，都是由人的行为构成的，因此可以说，个体的行为是从组织管理角度必须把握的对象。

（一）行为

行为强调个体的所作所为，管理学意义上的行为主要关注个体在组织中活动、所作所为的状态和程度。

个体的行为是在个体需求、动机驱使下作出的。从管理角度出发，从影响、调节人的行为角度分析，组织管理首先面对的是人的行为。

进一步分析个体行为，行为的方向和行为强度是两个基本点，行为方向是“干什么”和“为什么要干”的问题，行为强度是既定方向下“工作积极性”大小的问题。

个体行为的方向取决于个体的选择，取决于决策；行为强度取决于个体的心理力量、个人的努力程度。制约个体的决策和心理力量大小的又是什么因素呢？主要有个体追求的目的、个体的知识、思维方式和行为背后的心理基础。其中，个体追求的目的、个体的知识和思维方式主要与个体的决策相关，行为背后的心理基础则主要与心理力量、努力程度相关。

道理很简单，决策或作决定时，明确的目标、必要的资料和知识、合理的分析判断能力是必要的条件，没有这些基本条件不可能作出正确的决策。有了正确的决策，实施过程则要依靠积极努力的工作精神。这种工作精神在有了理性判断的基础后，主要取决于心理力量，即动机、勇气、意志力及各种情绪、情感等。从决策到现实的行为，还要经过一个中间环节。决策解决了方向问题，还要有心理力量的推动才能使决策转化为现实。

（二）学习

个体的行为不是一成不变的，随着时间、场合、情境的变化，个体的行为也会发生变化。个体通过行为过程和行为的结果，可以获得新的技能、知识，产生新的判断，从而导致行为的改变。这种由于时间、场合、情境、行为过程以及行为结果导致的行为改变，称为个体的学习过程。

这种学习，或者是通过直接的实践，或者是通过其他人经验的提示，或者是通过专门的理论知识学习和技能训练实现，其中，来自直接实践的学习对培养管理能力尤为重要。

直接实践，可以为个体带来经历、经验性的知识；可以让个体熟能生巧、技能提高；可以增长个体的见识；可以让个体改善人际关系；可以使个体深刻领会企业的文化和潜在规则。直接实践带来的这些知识和能力，是无法依靠其他途径获得或替代的。

个体的学习对于维护和促进集体化协作整体发展有重要意义。企业组织不是仅仅为了眼前的利益而存在，长期的生存发展是企业组织的基本目标。成员的学习对于企业组织的未来发展，是一种必要的准备和条件。

行为和学习是组织管理中个体层次的两个最基本的范畴。其中，行为关系到现阶段企业获得个体努力的可能，学习则更多地关系到企业未来的发展。通过调节现时的员工行为，可以促进成员的学习，学习的结果又会提高员工未来的行为能力，二者是相互促进的。

上述有关个体层次的基本知识可以简单地图示如下（见图 2—1）。

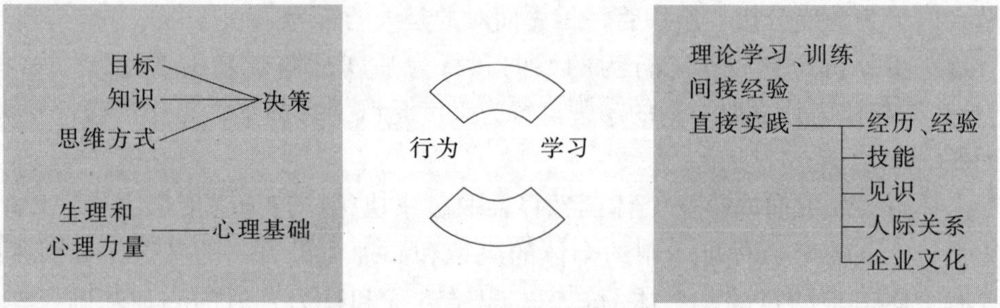

图 2—1 个体层次的基本要素

三、组织中的学习

（一）个体层次的学习

学习包括个体学习和组织学习两个层次。学习主要是一种个体性质的活动，作为主体和基础的是个体层次的学习。有关个体层次的学习，至少有两个基本方面需要注意。

1. 个体在组织中学习的特点。

(1) 个体的学习是在行为过程中的学习，即在干中学。组织中的学习过程不同于学校的学习，它是一种经历、经验、技能和见识的学习。工作过程中的顺利与挫折、成功与失败会教给人以切实感受和体会到的知识。当然，有计划地尝试做多种工作比只做一种重复单调的工作更有利于促进学习；挑战性的工作比简单操作更有助于调动个体的学习潜力，使其掌握更多的技能。换言之，适当的工作安排可以促进个体层次的学习。

(2) 学习的模仿性质。个体的学习最初往往是模仿式的。模仿的对象主要是周围环境中其他人的行为，模仿学习的范围可能是操作方法，或者是思维方式和注意的焦点，也可能是其他方面。模仿学习的过程不一定总是明确的，组织生活中潜移默化的影响也制约个人的模仿学习过程。

(3) 稳定化、定型化倾向。通过一定时期学习过程的积累，个体会形成某种类型的知识结构和观点、思维方式，遇到问题，往往用已有的知识、看法去分析和处理。这种相对稳定的知识结构和看法一旦形成，很难轻易改变，而且使人不太容易接受新的事物和观点。这一特点对组织变革的需要而言是十分不利的。

2. 连续性的学习和变革性的学习。连续性的学习是在无重大环境变化的前提下，因循既定方式的、渐进的、累积的、连续的学习，日常组织中大量存在的就是此类学习。变革性的学习是与组织变革相伴随的、非连续性的、飞跃的、变革性的学习，当人们面临大的社会变革、组织变革时，会碰到这种情况。这两类学习，不仅机制、过程不同，所需条件和促进的方式也有所不同。

(二) 组织层次的学习

个人的学习过程只有从组织层次衡量才有现实意义。组织层次的学习，是组织作为人组成的集团的学习，是集团的知识、信息的积累和认识变化、提高的过程，是个人学习相互作用的产物。

从组织整体视角分析，组织中有两部分知识。一部分是个人的知识储备，即在组织成员头脑中保有的知识，包含与组织有关的部分和与组织无关的部分。个人掌握的知识，其中一部分是组织可以直接利用、比较容易调动的，一部分是潜在的、组织通常难以调动的。两者的比重大小，因个人对待工作的态度和对组织的认同的差异而有所不同。另一部分是属于组织的或大家共享，或某一层次、某一职业群体享有的知识，如组织的规章、工作程序、组织结构、组织文化、共有的观念和行为准则等。

组织中的知识、信息不是一个不变的量，而是经常发生变化的。变化的过程就是组织的学习过程，其中，知识的积累、新知识的形成、知识的扩散、知识的更新等都属于组织学习的范畴。

组织中学习的主体和基础最终是个人，从组织层次分析，学习过程实际上是一个如何促进个人的学习，如何发掘、利用个人知识储备中有关部分，使之转化为组织知识的组成部分，如何促进组织成员之间知识共享和交流的问题。

与组织发展联系起来看，组织学习需要解决的一个难题是如何在连续性的学习和变革性的学习之间找到平衡。一方面，个人的和组织的学习都是渐进的、累积的、连续的过程，经过一定时期的体系化、系统化，自然而然会形成一定的模式或方式，形成固定的观念和思维方式，形成一种"文化"，这叫成熟化、有序化，对组织有积极意义。但同时它也有消极的一面，即不利于组织随环境条件变化及时转变观念、更新知识、变革和创新。

四、心理力量

心理力量是促使人意识到自己的需求和主体性，驱使人采取适当行为的源自个体心理的力量。组织中每个个体都有一定的心理力量，其中有一部分是为组织努力工作的意愿、热情。但显然每个人都没有"竭尽所能"地去工作，还有一个潜在的部分通常不会被激发起来。由个体心理力量显在的部分有机结合形成企业组织的整体力量。

（一）组织的整体力量

组织的整体力量作为一种"大于部分之和"的力量，不是个体力量的简单相加，而是经过管理调节和作用综合而成的整体力量。其中，有些部分可以还原为个体的力量，有些部分是由企业组织整体形成的，无法直接还原为个体的力量。其综合形成的过程取决于以下几个因素的相互作用（见图 2—2）。

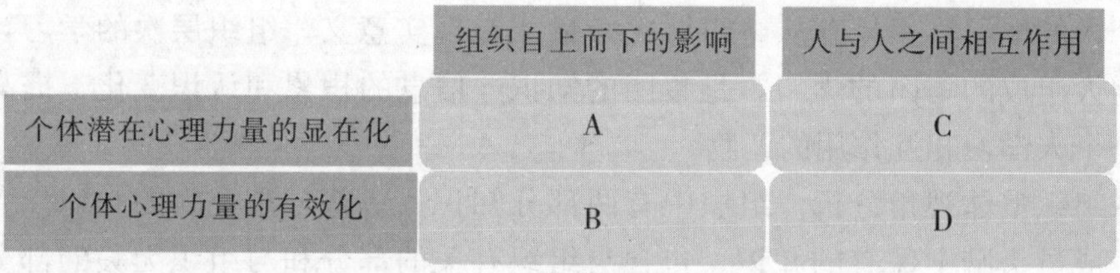

图 2—2 组织力量的形成过程

因素之一是个体潜在心理力量的显在化；因素之二是个体心理力量围绕组织目标和任务的有效化，这是由个体力量转化为组织力量的两个基本环节，即一方面是如何使个体的潜力成为组织可利用的现实力量，另一方面是如何把个体的力量引导到组织目标和任务上来，产生更好的效果。组织中引导、调动和协调个体力量的因素有两类：一类是因素之三，即组织管理过程给予个人的自上而下的影响；另一类是因素之四，即组织中人与人之间的相互作用。上述四个因素的相互作用过程，就是组织整体力量的形成过程。这种形成过程或相互作用如图 2—2 所示。

1. A 情景，管理中类似激励、领导等与个人工作积极性直接相关的措施作用于个人，使得个体潜在心理力量在更高程度上成为组织可利用的力量。

2. B 情景，通过科学、有效的分工协调安排、计划和控制过程，以及有效的领导活动，使个人的努力尽可能地围绕组织的基本目标和任务发挥作用，个体心理力量成为组织力量的有效组成部分。

3. C 情景，受周围其他人的感染，或者为了相互比较、竞争，个人焕发出更大的力量为组织工作。

4. D 情景，在人与人相互接触、影响、作用过程中所形成的默契、配合、理解和沟通，客观上导致更高的工作效率和更理想的效果。

(二) 整体力量形成中的协调机制

上述四种情景中，A 和 B 两种情景下所形成的力量可以还原为个体心理力量，C 和 D 两种情景下所形成的力量不能还原为个体心理力量，而是组织整体产生的新的力量，是由于集团这个整体的“场”的作用所形成的力量。集团作为“场”的作用，是依靠组织管理的体系和过程形成的。这种协调和调节的过程和机制主要包括：

1. 个人对组织及组织价值观的认同。个人对组织越认同，越能焕发出内在的力量为组织作出贡献。管理活动中维护和促进组织认同、形成和宣扬组织价值观，是调动个体心理力量的主要手段。

2. 相互影响的机制。个人相互之间的感染、影响和比较、刺激，具有促进和激发个体心理力量的作用，这种作用在时间维度和空间维度都存在。管理者有意识地创造的组织气氛和管理者自身的感染作用，尤为重要。

3. 集团的活力。充满创造力、存在适度差异和不平衡的集团，对个人行为有重要的影响。集团中存在的各种挑战、压力、矛盾和不平衡，在一定范围内对个人有巨大的刺激，能促使个人焕发出前所未有的心理力量。如何有效地利用各种矛盾和不平衡的力量，利用挑战和压力的效应，调动个体的工作积极性，是一种难度较高的管理艺术。

这种刺激、挑战的作用有两个结果：一是在未来成功的喜悦和成就感鼓舞下产生的力量；二是面临困难、危机时焕发出的力量。在前一种情况下，心理力量的持续性较强，但爆发力不大；后者刚好相反，爆发力大而持续性弱。当危机状态消除时，相应的心理力量也随之降低。因为个人日常所能调动的心理力量不是一个无限的量，而是有限的，当危机状态成为常态时，个人会形成必要的心理机制适应这种情况，不可能持续发挥超出正常水平的力量。

同理，其他因素的作用效果也表现为一个逐步衰减的过程。从经营管理角度讲，问题归结为如何处理好个人行为的维持和心理力量的激发之间的关系，即一方面，要创造调动个人力量的集团环境，实施各种有效的手段；另一方面，在必要的阶段，当原有的体系、因素和方法逐步失去效果时，要创造新的因素、体系和方法，激发个体的心理力量。只有有效地把握好这两个方面的平衡，才能保证组织所需的心理力量源源不断。

第2节 正式组织和非正式组织

一个组织，不管是企业、医院、学校，还是政府机构，都是包含了多方面特征和内容的存在，一切情况的发生都或多或少与组织有关。组织的复杂性无论如何形容都不为过，我们对具体的组织了解越多，就越能体会到这种复杂性。

管理上究竟从何处入手，用哪些基本范畴才能提纲挈领地认识和把握组织对象，解开组织之谜，让我们变复杂为简单，由难而易，深入理解组织的本质？

巴纳德关于正式组织和非正式组织的理论、关于组织平衡的理论，为我们提供了一种切实有效的工具。

一、正式组织及其要素

（一）正式组织的概念

正式组织是两个或两个以上个人有意识地加以协调的行为或力的系统。正式组织概念包含以下基本要点。

1. 构成正式组织内容的是人的行为。不是个人自由独立行事、体现个体人格的行为，而是个人作为组织成员行事、以组织人格为特征的行为。

2. 个人的行为或力的相互作用，是正式组织的本质特征。它是包含各种人与人之间冲突、利害关系在内的相互作用的行为体系。

3. 正式组织是个人行为在时间、空间、社会结合、对象和方法各方面都经过有意识的调整而体系化的系统。它不同于个人的行为，不能归结为个体行为的相加。正式组织行为可能大于、小于或异于个体行为的累积，是具有一定结构、统一目标、特定功能的整体。

正式组织所指的行为系统，是组织在一定的目标、计划、协调下有意识结合而成的集体化行为系统。

（二）正式组织三要素

正式组织产生于具有协作意愿、能相互沟通的个体围绕共同目标努力之时。正式组织包括三个基本要素：协作意愿、共同目标和信息沟通。

这三个要素是正式组织产生的充分必要条件。

1. 协作意愿。协作意愿是个体为组织贡献力量的愿望，即日常所说的劳动积极性、工作积极性。个人在组织中的协作意愿意味着个人的自我克制、放弃完全人格性行为的自由和一定程度上个体行为的非个体化。个人协作意愿总体上的组织结果是个人努力的凝聚。

协作意愿的强度变化范围有一个较大的空间，从消极怠工到投入全部身心力量都有可能。一般地，协作意愿的强度与组织规模成反比。个人协作意愿的强度不是固定、恒久的量，经常会发生变化。

对个人而言，协作意愿是个人由于为组织提供协作而得到的诱因——体现为报酬、地位、荣誉等一系列对个人有激励作用的要素，与协作所作贡献或牺牲两者相比较后的判断；同时，也是个人参加不同组织所得诱因相比较后的判断。判断的结果决定协作意愿的强度。

一个人如果觉得他为组织作出的贡献太多，而组织给予他的太少，他可能倾向于消极怠工；反之，会加倍努力为组织工作。判断的标准纯粹是个人的，同样的激励因素由于个人需求结构的差异会产生不同的效果。人与人之间的判断无统一标准，有的人对金钱敏感，有的人看重地位，这两类人在同样的金钱和地位刺激下会有不同的反应。

从组织角度看，协作意愿是组织提供给个人的诱因和赋予个人的工作之间的对比关系。找到提供给个人的各种诱因和组织能够获得的成员努力之间的平衡，是组织生存发展的重要条件。

2. 共同目标。共同目标是组织希望大家努力工作的方向。共同目标是协作意愿的必要前提，组织要求个人的行为必须是有方向性的，否则不可能成为现实的行为。任何正式组织都有共同目标，不管这种目标是明文规定的，还是隐含的。

组织的共同目标不仅要得到各组织成员的理解，而且必须被他们接受，否则无法对行为起指导作用，无法成为激励的力量。

组织目标不同于个人目标，每个组织成员都有自己个人的目标，组织共同目标与个人目标有一致的部分，也有不同的部分。个人愿意为实现组织共同目标而努力，是因为实现组织共同目标能够部分实现个人目标。

由此，组织中的个体有两种身份、两种人格，即作为组织成员和作为独立的个体；作为组织成员的组织人格与作为独立个体的个人人格。有时两种角色、两种人格会产生冲突和矛盾，目标的背离会导致人格的背离。

相应地，个人在理解组织目标时有协作性的理解和主观性的理解。协作性的理解指个人站在组织整体立场上从组织成员角色出发客观地理解组织共同目标；主观性的理解指站在个人立场上主观地理解组织共同目标。当个人目标和组织目标存在冲突时，两种理解也会出现冲突。

组织共同目标不是固定不变的，会随着内外因素的变化相应调整和改变。

3. 信息沟通。信息沟通是组织内部上下左右之间情报信息传递、沟通、反馈、处理的过程和体系。上述两种要素只有通过信息沟通才能联结起来，信息沟通是组织成员理解共同目标、相互沟通、协同工作的条件，是组织的基础。通过信息沟通，才能把每一个体个别的、独立的行为结合为整体行为。

正式组织中的信息沟通指所有能够起到传递信息作用的方式和手段，包括口头的、文字的上下级之间的指挥、命令、请示、汇报过程。

信息沟通有一定的限度。一是信息沟通要借助语言载体，在语言的理解上会发生偏差，同样一句话，听者理解的意思未必就是言者的原意，因为双方的知识背景、思维方式不可能完全一致。二是上下级之间信息沟通过程中由下而上归纳概括的过程和自上而下理解阐释的过程会导致信息失真。三是沟通过程中信息传递者会有意或无意地修饰加工信息使之有利于自己。一般说来，信息沟通的渠道越长，环节越多，失真的程度越大。

信息沟通在组织中通常借助一定的结构和框架进行，组织结构和制度框架是信息沟通的正规的渠道和规则。信息沟通的手段对信息沟通过程有很大的制约作用，通信手段、网络技术进步从根本上改变了组织中的信息传递，组织中信息量、信息传递的速度、信息传递的范围都发生了根本变化。信息技术对组织生活和管理过程产生了全面而深刻的影响。

二、非正式组织

（一）非正式组织的特征

在组织活动中，人与人之间除了按照正式确定的组织关系交往和合作外，还会发生正式组织关系之外的交往和接触。这种人与人之间的接触、交往、相互作用会对个人的经验、知识、态度、感情等心理因素产生重要影响。在群体中，人与人之间长期的社会性接触和影响会形成共同的观念、思维习惯和行为习惯，形成具有一定同质性的心理状态。换言之，人与人之间长时期的接触、交往和相互作用会给这些人的心理状态和行为方式赋予一定的组织化、体系化特征。日常生活中某一群体的“心态”“舆论”等提法，在一定意义上反映了这种现象。

现实组织生活中，这种非正式的接触和交往并不是在所有人之间都同等程度地发生，其间存在很大差异，由此便在组织中产生了小集团或派别。如果我们结合考虑现实组织中的各种社会背景、人际关系纽带、利益关系等，这种小集团或派别会呈现出更为丰富的形态。

所谓非正式组织，是两个或两个以上个人无意识地体系化的多种心理因素的系统。

非正式组织具有以下特征：

1. 无明确结构、形态，可辨识性差。非正式组织没有明确的组织名称、结构，没有清楚的上下级层次，初步接触很难辨认出来。

2. 非正式组织的本质在于人与人之间的协调。非正式组织是以个人的心理特征为基础形成的，是自发形成的，不同于正式组织的外在硬性安排，人与人之间的协调程度高。

3. 非正式组织侧重于人们相互接触的心理侧面、非理性侧面。相对于正式组织侧重于人们社会关系的理性侧面、意识侧面、行为侧面，在非正式组织中更多起作用的是非理性的、无意识的、心理的因素。

4. 非正式组织中大多通过感觉、情感、个性特征等因素施加无形的、潜移默化的影响，个人品格往往是导向因素。

非正式组织在现实生活中有多种表现形式。

（二）非正式组织的基础和表现

根本上说来，非正式组织的基础在于个人的需要、目标和兴趣。

显而易见的是，正式组织再完美，也不可能把每个组织成员的所有需要、目标、兴趣都包容进去。个人需要不可能被正式组织提供的诱因充分满足。不同个体在组织中的需求是有差异的，不同时期的需求结构也是不同的，而且需求是随条件变化逐步改变的。形式上统一、公平的激励报酬体系不可能顾及每个人的需求特点。组织成员个人未被正式组织包容的部分或有差异的部分是客观的存在，成员仍然会寻求正式组织之外的表达或实现的途径。非正式组织就是个人需要、目标、兴趣在组织当中的一种表达和实现。

组织中的非正式组织通常表现为两种类型。

1. 情感型。情感型非正式组织是组织成员相互之间由于共同的社会背景、情感纽带、性格气质类型而形成的，主要满足情感性需要。日常各类组织中大量存在的、接触较为频繁的，表现为兴趣相投、哥们儿义气的相对稳定的同事、朋友小圈子，就属于这种类型。

2. 社会政治力量型。社会政治力量型非正式组织是组织成员相互之间依靠共同的利益、社会性需要、追求、价值偏好而形成的，主要谋求该非正式群体的共同利益、地位，体现共同价值倾向。社会政治力量型非正式组织大部分是在情感型基础上发展起来的，往往依附、渗透于正式组织结构，作为一种利益集团和社会政治势力起作用。

□ 案例 2—1

刘强东：我是如何管理京东 75 000 人的

由刘强东发起的、面向创业者的全生态服务平台“众创学院”成立了。京东集团首席执行官（CEO）刘强东为众创学院创始校长。刘强东给创业者们上了生动的第一课，关于公司人事管理，都是满满的干货。以下是其中的部分内容。

我今天跟大家分享一下公司的人事权。作为一家公司，其实所有的权力无非人事权和财权，管人和管钱。第一堂课和大家分享一下京东是怎么管理人的，我们 2004 年做电商的时候，总共是 36 个人，截止到昨天晚上已经有 75 000 多人，年底新增将近 4 万名员工，而且还有 10 万多名村民代表。

（一）公司人"废铁""铁锈"理论

给大家分享一下京东公司的内部表格：能力价值观体系，这是京东的第一张管人的表格，是最重要的表格。我们选人、留人，包括辞退人，其实用的都是这张表格。横轴为价值观，纵轴为能力，如果把一个人用量化标准评分，有这样几类。

第一类，能力得分很低，价值观的匹配度也很低，在内部称为"废铁"。这样的员工在招聘的时候一般不要。

第二类，价值观跟公司非常匹配，但是能力绩效就是不达标，这类人称为"铁"。对待"铁"这类员工，我们一般来讲会给予至少一次转岗的机会。如果转岗之后还是不行，因为公司不是一个慈善机构，面临生存压力，所以要请他走。

第三类，公司80%的员工的能力、价值观都在90分之间，我们称之为"钢"。这是公司核心的员工主体，一般来讲正常的、比较稳定的结构是占80%。当然还有员工的价值观和公司价值观匹配度非常高，能力也非常好，这类人称为"金子"，稳定的结构是占20%，有可能是技术人员，不一定是管理人员。

第四类，能力非常强，业绩非常好，但是他的价值观跟公司不匹配。这类人最难对待，各个老板都不太好定夺。我们称这类人为"铁锈"。我们第一时间要干掉的就是"铁锈"，因为他们比"废铁"还要糟糕。

为什么？"废铁"的能力不行、价值观不行，没有关系。"铁锈"能力强，但有腐蚀性。这种人口才很好，又有能力，会成为群体的领导者。有一天他对你公司进行破坏的时候，会造成很大的杀伤力。不管公司业绩有多大的损失，"铁锈"我们一分钟都不留，宁愿职位空着，宁愿这一块不做，也不让"铁锈"待在这里。

为什么"金子"占20%？"钢"占80%？"金子"太多是不稳定的结构，会影响公司发展。如果说"金子"只有1%，那么管理团队会出现很多问题。各部门出事，往往是这家公司的"金子"占比过低造成的。如果说高管纷纷离职，说明这家公司的"金子"太多了。二八规则在世界上是存在的，人才结构也是80%的"钢"和20%的"金子"，这是相对稳定的团队结构。

（二）ABC原则

把人选了之后，下面是授权。管人怎么管？谁管谁？怎么个管法？我们有一个ABC原则，即按照级别C汇报给B，B汇报给A。实行两级人事权，C的加薪、辞退、奖金、股权等都由A和B来决定。比如说我只管公司副总裁，而招一个总监不需要经过我面试，对于其升职、加薪、授权、辞退我都不知道。

所以按照ABC来讲，我是A，子公司的副总裁属于公司的C。这是为了避免一个人说了算，同时旁边还跟着人力资源部门（HR）。也就是说业务部门建议A和B说，这个人可以加薪。HR为什么要在旁边？虽然没有提名权，但HR可以审核，不可以跳过A或者B决定给C升职，给他涨工资，HR没有这个权力。对C的提名必须A和B一起，A不可以跳过B给C加薪和升职。HR监督你的决定是否符合公司的价值观和人事政策。通过这种ABC制约避免了公司单一员工决定其他人生杀的情况。

（三）管理人的8120原则

第三个理论是公司的8120原则。我们认为一个管理人员最佳的管理人数是8～12人，这让他能够有足够的时间思考战略，同时也不闲着。

很多公司都有一个人管理两个人的结构，在京东不允许。如果出现这种情况怎么办？合并上面的A，变成一个团队。每个管理人员管理的下属不能少于8人，否则合并。假如说超过12人，他的业绩受影响了，可以考虑分。12人不是一个死的上限，可以有18人。原则上不超过12人业务不允许分。

20是什么意思？对公司最底层的管理人员，我们要求管理人数不低于20人。为什么？因为基层员工的业务比较单一。我们要求不低于20人，也可能达到50～80人。这样是为了避免公司人浮于事，官太多，人太少。

（四）2N原则

最后一个理论是2N原则，有两件事情在京东是不可以做的。第一，所有加入集团公司的，每个人最多只允许带原单位的一个人过来，不能带多人。如果带多人怎么办？也欢迎，去别的部门。公司鼓励你一个人都不要带过来。很多公司是一个部门来一个头，带了很多原部门的人。等这个头走的时候，他带的人都走了。这是非常可怕的，人走的时候损失也很大，我们不可以如此。

第二，所有管理人员有一年的时间找到公司认可的人员做后备。如果找不到，第二年新的业务也不给你，加薪也不会给你。如果两年之内还是找不到，你不能随便说某个人就是你的后备，我们还要调查。如果找不到，公司会请你走，你必须离职。

这个原则一方面避免了公司帮派的产生，另一方面确保了公司有人员后备，不会因为一个高管的离职使业务瘫痪。很多人说我有替补人员所以我害怕，很容易被替代。但在京东没有谁是绝对安全的，连我也是如此。

上述四个理论表明了公司选人、用人、留人的基本原则。创业中管人是最难的、最重要的事情。如果说一家公司失败了，绝对不是因为钱的问题，而是团队出了问题。我们从来不考虑竞争因素、政策因素、市场因素，我们就找人的原因，业绩不行就是团队出了问题。

资料来源：改编自敖小白：《刘强东：我是如何管理京东75 000人的》，http：//news.pedaily.cn/201504/20150401380652.shtml。

三、正式组织与非正式组织的关系

（一）正式组织对非正式组织的作用

1. 为非正式组织形成创造条件。正式组织一旦形成，就为非正式组织创造了条件，这是因为正式组织确定的岗位和工作关系为人们聚集在一起相互接触、交往创造了基本条件。共同的场所和活动，一定的组织层次和结构，既为相互接触创造了条件，也提供了接触和交往的限度。

2. 为非正式组织长期存在和发展创造条件。离开正式组织这个依托，人与人之间的相互接触和交往有时是偶然的、即时的。有了正式组织，人与人之间的接触和交往才是持续的、反复的，非正式组织的生长发育才有条件。

（二）非正式组织对正式组织的作用

1. 创造正式组织产生的条件。人与人之间通过非正式接触形成的共同的心理基础、习惯、行为方式，有助于正式组织中的沟通和理解顺利实现，为正式组织正常运转创造了条件。

2. 赋予正式组织以活力。离开非正式组织建立起来的人与人之间的关系，正式组织仅仅是一堆干巴巴的职能、制度、程序和目标，仅仅是理性的、机械的行为系统。人们相互之间非正式的接触、感情交流、认同、刺激赋予正式组织以血肉、活力和创造性。这种非正式的、无意识的心理状态和行为客观上会影响到正式组织的运转。非正式组织给个人提供了感情交流、心理认同、相互理解等方面的心理满足，甚至影响个人的价值偏好，因而有助于强化个人的协作意愿，维持正式组织的内聚力，培养个人对组织的忠诚。

3. 促进信息沟通。组织中不可能事无巨细都依靠正式的信息沟通，事实上非正式组织承担了相当可观的信息沟通量。非正式组织形成的同质化思维方式为共同理解创造了条件，大大提高了信息沟通的效果。此外，非正式沟通本身就是信息沟通的一种特定方式。

4. 维护个人的完整人格。正式组织强调个人的社会化侧面，强调共同目标对个人的非人格性支配，经常会导致人格偏离。非正式的接触和交往有助于维护个体的自尊心、自主选择和人格整体感，弥补正式组织的缺陷。

当然，非正式组织对正式组织也有消极的作用。

四、组织的正式侧面与非正式侧面

（一）正式组织与非正式组织的统一

正式组织与非正式组织理论不是对组织现实的直接全面的描述，而是一种理论抽象，不能把两者割裂开来理解，现实的组织是正式组织与非正式组织的统一。

1. 正式组织与非正式组织是同一组织的两个侧面，互为条件，共存于一个组织当中，离开其中任何一方，另一方都无法单独存在。

2. 只有在两者统一的意义上，才能理解组织的本质。通常我们观察一个组织，仅仅了解该组织的规模、结构、目标、章程、制度等明文规定的东西，只能得到一个外在的、大概的、粗略的印象。对该组织的人际关系、活动特点、运转规则等各方面有了较深入的了解后，才能获得完整的概念。

3. 正式组织与非正式组织之间的结合程度，称为组织的一体化程度。正式组织与非正式组织的一体化程度反映组织当中两方面一致或背离的实际状况。显然，一体化程度高和一体化程度低这两个极端之间存在一系列中间状态。大部分组织都处于中间状态。

一体化程度高的情形下，非正式组织的心理倾向、作用方向与正式组织的目标高度一致，个人不仅在职责规范、行为层次上，而且在心理层次、价值偏好等方面与正式组织一致。这种情形下，个人较高程度地被“卷入”组织，组织整体力量大，组织整体目标和个人目标都能够在较高程度上实现。一体化程度低的情形下，非正式组织的心理倾向、作用方向与正式组织的目标和期望不一致，但还没有达到个人要退出组织协作的程度。这种情形下，正式组织目标的实现受到很大限制，个人人格面临严重背离和分裂，正式组织与非正式组织的作用往往相互抵消，组织面临崩溃和解体的危险。

（二）组织是正式侧面与非正式侧面的统一

正式组织与非正式组织是组织管理理论中的两个基本范畴，为我们认识和把握组织管理过程提供了基本的工具和方法论，可以深化我们对组织管理过程的认识。

1. 正式组织与非正式组织理论把组织管理过程中科学化、理性化的部分和难以科学化的、非理性化部分区别开来，为分别把握不同类型的管理问题提供了手段和方法。

组织的正式侧面与非正式侧面是一种引申说法。正式侧面强调组织中以总体目标为中心明确规定的结构、制度、规程、标准和办事规则等，往往与组织管理过程中技术性、规律性、必然性、一般性强的部分相联系；是科学工具、理性手段效用显著的空间。非正式侧面强调正式组织关系之外人与人之间交往、活动的一面，更多地与个性、心理特征、思维方式、风土文化、价值观念等个人化、个性化的部分相关，处理和解决的方式方法不同，效果差异会很大。非正式侧面的问题与管理的艺术性相关性更强。

2. 组织的正式侧面和非正式侧面的思想揭示了组织管理中一个最基本的事实，找到了问题的核心所在，为理解和把握现实的组织管理过程提供了有力手段。

任何类型的组织在管理过程中，既存在正式的管理结构、制度、体系，同时也存在非正式的一面。实际的组织运转过程中，两方面都在起作用，有时非正式侧面的力量起着比正式侧面更为重要的作用，而又以正式的形式表现出来。在外来管理工具和手段与组织所在社会的传统文化不一致的情境下，这一特点尤为突出。明确这一点，对于把握管理过程，提高管理艺术和水平具有极其重要的意义。

第3节 组织平衡

组织平衡是有关组织生态的表述。组织平衡理论要说明的是组织生存、发展必须满足的条件方面的基本理论，不论具体组织形态如何，一个组织如果在内外环境条件变化中有效地实现了组织与个体之间的平衡、组织与环境之间的平衡，就说明组织的管理是有效的、成功的。从实现组织平衡的条件可以导出管理的职能。

组织平衡可以从组织内部平衡、组织与环境的平衡、组织动态平衡三方面考察。

一、组织内部平衡

组织内部平衡指组织整体与个体之间的平衡。

组织内部平衡首先是诱因与贡献的平衡，即组织提供给个人的可用来满足个人需求、影响个人行为的诱因必须大于或等于个人为组织作出的贡献或牺牲。

从个体角度看，个人对组织的协作愿望取决于个人对组织的贡献与个人从组织获得的诱因之比；从组织角度看，个人对组织的协作愿望取决于组织提供给个人的，维持集体化协作所需的有效且充分的诱因数量的能力，即组织以诱因与贡献的平衡来维持成员个人的协作意愿，谋求组织生存发展的能力。

组织内部平衡与以下几个因素直接相关。

（一）个人的需求、动机

对个人而言，组织与个人间的关系是一对一的关系，尽管组织希望能以统一标准去衡量和对待每一个体，即以“众”的概念去对待个体，但由于每个人都以自己的独立判断行事，由于“个”和“众”之间存在差异，组织实现内部平衡就会变得异常困难。

显然，个人的需求、动机是制约组织内部平衡的关键因素，这里的问题在于：

（1）个人的需求结构不同，满足程度不同，同样的激励因素会在不同人身上产生不同的效果。由于个人认知和思维方式的差异，对同一激励因素不存在相同的评价标准。

（2）个人的需求是一个不断膨胀的量，现实组织能够提供的可能永远也赶不上个人需求增长的速度。因此，仅仅依靠满足个体的需求无法达到有效管理的目的，必须设法改变个人的动机。

（二）诱因的分配过程

提供诱因满足个体需求的方法有局限性：一是资源有限。人所需要的所有资源，包括物质、地位、荣誉，都是稀缺的。二是效果有限。金钱、地位、荣誉超过必要的限度，或过度使用，激励作用就会下降。说服教育方法和强制方法可以在一定程度上抑制和改变个体的动机，具有重要价值。广义上说服教育方法的主要作用在于影响和改变个体的认知结构，影响个体的价值偏好，从而影响个体的需求结构。强制方法的效用在于限定个体行为的空间，规定个体行为的规范，通过权力约束个体的期望。提供诱因的方法、说服教育和强制的方法需要有效地综合运用，才能取得理想的效果。

提供诱因的方法和说服教育方法、强制方法的使用，应考虑到正式组织和非正式组织两方面。

（三）组织目标实现程度

组织目标实现程度有时也称作组织的有效性。组织在环境中目标实现的程度，直接关系到组织能否创造出足以满足个体需求的诱因资源。组织的成长和发展意味着可供分配的物质资源、给个人提供的职位、给个人带来的荣誉感都会增加。组织有效性的高低实际上与组织在环境中的生存发展状态密切相关。所以，组织内部平衡和组织与环境的平衡密切相关。

在企业管理实践中，组织内部平衡往往通过有效的决策机制、组织结构、人员配置、制度化管理、激励、领导、企业文化等实现。

二、组织与环境的平衡

组织是在环境中生存和发展的有机体，组织要适应环境才能得以生存和发展。组织要适应环境是组织与环境关系的基本点。但组织并非简单被动地适应环境，也有能动地发挥作用的空间：一是可在一定范围内对环境因素作出选择；二是可在一定范围内创造或影响环境。

组织与环境关系的基本方面是适应性行为。从环境角度看，组织与环境的平衡在于组织是否满足了环境的基本要求，在环境系统中承担了部分必要的职能，实现职能的状况，是不是成为环境系统的一个合理组成部分；从组织角度看，在于组织是否根据环境的要求和条件确定了合理的目标和战略，组织力量是否有效地实现了组织目标和战略部署，即组织的有效性如何。

组织与环境的平衡主要取决于以下两点。

（一）组织目标与环境状况的适应程度

目标是组织与环境的联结点，正确合理的组织目标是组织与环境取得平衡的先决条件。

目标的形成、确定过程，就是组织在各种内外制约因素间探索分析，确定关键因素或战略因素，作出决策的过程。这里包括两个基本点：一是组织的业务职能定位是否符合环境需要，即组织从事的活动是不是环境所需要的，有无发展前途。二是在业务职能定位适应环境的前提下，组织确定的目标和战略是否合理、可行。在现代企业管理中，表现为企业目标决策、企业战略决策与实施。

（二）目标实现程度

目标实现程度即组织有效性，是组织运用所有资源实现目标和战略安排的效果。目标实现程度主要取决于：（1）各种组织要素的协调性；（2）协作过程中各主要侧面之间的协调性；（3）组织内部平衡状况。

现实企业经营管理过程中，与外部环境的平衡更多地与企业战略决策、计划与控制过程、生产作业管理、市场营销、资金筹措和运用等相关。

组织平衡是内外平衡的统一。一方面，是个人与组织整体之间的平衡；另一方面，是组织与环境之间的平衡。内外两个方面互为条件、相互促进、相辅相成。诱因与贡献取得平衡，组织获得成员较高程度的努力，有助于实现组织与环境的平衡。组织有效性高，组织与环境的平衡程度高，又可以为实现内部平衡创造条件。

组织平衡归根到底是正式组织与组织内外全部制约、影响因素的平衡。

三、组织动态平衡

以发展、变化的眼光看，组织内外所有相关因素都处在变化中，组织平衡不可能一蹴而就。当组织内外环境条件变化达到一定程度时，原有平衡即被打破，需要根据变化了的情况建立新的平衡。这是问题的一个方面。另一方面，组织本身存在打破平衡的力量，组织中客观存在的差异、矛盾、冲突本身，就是平衡的一种破坏性力量。同时，组织的发展也会打破原有的平衡。应该说，组织的生存和发展就是不断打破原有平衡、建立新的平衡的过程。

由此看来，除组织内外平衡外，组织动态平衡也是组织生存发展的必要条件。

实现组织动态平衡，最关键的是处理好稳定和变革的矛盾。组织生存和发展过程中，随着内外平衡实现程度的提高，有一种围绕组织目标和战略趋于程序化、类型化、模式化、稳定化的倾向。这一方面是组织内外平衡实现程度提高、管理水平提高的结果，表明围绕一定时期的战略目标，组织管理达到了新的水平；另一方面，这种程序化、类型化、模式化、稳定化的倾向潜伏着丧失环境敏感性、丧失活力、缺乏变革和创新精神、不能随环境变化调整自身的危险。

如何在稳定与变革、日常稳定的经营管理与阶段性变革和创新之间取得平衡，是动态平衡管理中最困难的一个方面。

组织内外平衡和动态平衡构成组织管理的基础理论。

第 4 节　管理的概念与职能

一、管理的概念

管理是组织中维持集体化协作行为的有意识的协调行为。

管理概念建立在组织理论基础之上。管理概念的基本点包括：

1. 管理是组织的特殊器官。组织作为一个行为系统，其内部行为包括两大类：一类是主要从事各种具体业务活动的操作性行为；另一类是不从事具体业务操作，专门对各种操作性行为起协调作用的一般性协调行为，即管理行为。

管理行为是一种分解、综合、协调其他行为的一般职能，是组织职能的一部分，是组织的特殊器官。离开了组织或协作行为，就不存在管理。

2. 管理的实质是协调。集体化协作过程中存在大量的矛盾和不平衡。由于个体、群体、部门之间利益关系、权力关系、认知和价值的差异，矛盾、对立、不平衡成为组织管理面对的基本事实。管理的实质在于围绕共同目标，解决矛盾，协调力量，形成一致。

3. 管理是有意识的协调。管理这种协调不是简单的调和或无原则的妥协，而是有意识、有目的的协调，是以组织目标为出发点、依据和标准的有目的的协调行为。

4. 管理是维持集体化协作的行为。作为一种连续不断的，包括目标战略决策、调整、转化、实现过程的行为，管理有助于维持集体化协作，是维持组织生存和发展的行为。

可见，管理是组织的一种职能，它产生于集体化协作活动的需要，产生于组织活动的需要，随着集体化组织活动的发展和进步而发展和成熟起来。离开了集体化的组织活动，管理就失去了生存基础。

二、管理的职能

按照巴纳德关于正式组织与非正式组织的理论和组织平衡理论，管理的主要职能包括：（1）组织目标的设定和转化；（2）确立和维持信息沟通系统；（3）确保必要的活动；（4）领导过程。

其中，组织目标的设定和转化指设定组织目标，使之转化为具体协作活动，实现组织与环境动态平衡的过程，表现为企业战略管理、计划与控制活动等职能。确立和维持信息沟通系统的基本内容包括：确定和调整组织结构；配备和调整管理人员；利用非正式沟通。确保必要的活动是指确保必要的、构成组织实体的个人的活动，包括劝诱个人参加组织协作和增强组织成员协作意愿两部分内容，具体管理过程与组织结构设计、人员配备、制度规范、激励等管理职能相联系。领导过程则更多地与领导职能、企业文化联系在一起。

当代管理过程学派继承法约尔开创的管理职能、管理过程思想，吸收管理学发展的新成果，丰富和发展了管理职能的内容，以计划、组织、领导、控制四大职能概括管理的职能和过程，在管理领域被广泛采纳。

上述职能划分尽管角度不同、表述方式不同，但基本内容是相同的。从便于学习理解和接受的角度出发，我们糅合两种表述，按照组织与环境平衡、组织内部平衡、动态平衡的思路组织和展开各项管理职能的内容。

思考题

1. 个体假设对管理学有何重要意义？
2. 管理学要把握个体的哪些基本特征？
3. 如何理解个体的行为和学习？
4. 什么是心理力量？
5. 怎样理解正式组织的含义？
6. 简述正式组织三要素。
7. 什么是非正式组织？非正式组织的特征有哪些？
8. 试述正式组织与非正式组织的关系。
9. 如何理解组织的正式侧面与非正式侧面？
10. 如何实现组织的内部平衡？
11. 如何实现组织与环境的平衡？
12. 为什么需要实现组织的动态平衡？
13. 什么是管理？如何把握管理的概念？

案例分析

无畏还是无知——利东项目的诞生和“流产”

股权转让仪式结束后，即将卸任的王总回到自己的办公室，他在窗前站了很久，心里如释重负却又百味杂陈。

前世

利东化工工业园位于新疆昌吉化工基地煤化工园区C区，占地约8平方千米，是某电力集团独资建设的九大多联产装置一体化的新型、综合型煤化工产业园区。“煤化工”是指以煤为原料，经化学加工使煤转化为气体、液体和固体燃料以及化学品的过程，主要包括煤的气化、液化、干馏，以及焦油加工和电石乙炔化工等。以往，我国的煤主要作为燃料，特别是火力发电企业的原料。2000年以后，随着国内石油、天然气供应的日益紧张，同时由于煤价的相对低位，国内化工行业出现了向煤化工倾斜的趋势，几大电力集团也凭借资源和资金优势大力发展煤化工业务。

利东项目就是在这一时期诞生的，整个项目计划投资600亿元，计划用6年左右的时间，分两期完成总计30个产品项目的建设。其中一期投资约200亿元，计划2013年投产，包括年产120万吨的煤基多联产项目，年产23万吨的乙炔、一氧化碳、脱硫剂多联产项目，年产30万吨的醋酸项目，年产45万吨的醋酸乙烯项目，年产10万吨的聚乙烯醇项目，年产20万吨的1,4-丁二醇项目，年产9.2万吨的聚四氢呋喃项目，年产100万吨的电石渣制水泥项目，以及配套建设园区公用工程、2×330兆瓦热电机组工程项目和两个煤矿项目。两期完成后将建成多品种一体化的煤电联产产业链，包括煤化工领域的三大产品系列和九大多联产装置，是国内领先的煤基多联产化学产业集群。

项目于2009年正式奠基动工。项目启动后不久就迎来了政策的东风，园区所在的地区工业基地正式被列为国家级重点开发区，按照开发区总体规划，省政府与入园企业签订了战略合作协议，并承诺配置相应资源，包括相应煤矿、石灰石矿资源，供电设施，以及提供相应水价、土地价格优惠政策等。

项目规划中大量采用了国内外的先进工艺技术，一些设备在国内没有先例，长链条多联在国际上也不多见。这在当时高度符合国家和地方政府的产业政策和产业布局，得到了地方政府和集团总部的高度重视。奠基时的锣鼓声犹在耳，那时利东似乎是个衔着金钥匙出生的孩子，意气风发。

今生

宏大的计划也意味着空前的挑战。自立项筹备以来的三年时间里，利东的一把手就换了三任，原因只有一个：项目问题太多。从某种意义上看，2012年接棒的王总可以说是临危受命，接了个烂摊子。他上任后的第二年，项目就逐步进入工程建设收尾阶段，并将面对“首次开车”与“首次过冬”两大挑战。化工项目竣工后的试车（即设备试运行）对任何一个项目都是不小的挑战，特别是大型、综合型项目。王总明白，这是关系到利东项目的生死存亡的关键阶段。前些年另一个电力集团在内蒙古投资建设的一个大型煤化工项目就成了反面典型，项目竣工后两年多都没能试车成功，造成了巨大的经济损失。

相比之下，利东的业务流程更长，生产工艺更复杂，涉及发电、冶金、煤化工、精细化工等多个行业，且大部分装置要在高温、高压、易燃、易爆、剧毒、强腐蚀的环境下运行。由于工期紧任务重，利东从建设期开始就是多个项目同时建设，进一步提高了对管控能力的要求。事实上，利东从开工建设之初各类问题就层出不穷。好在建设期生产设备尚处于“静态”，东拼西补还能应付。一旦设备开始运行，局部的问题会产生连锁反应而导致重大的风险甚至事故。

此时王总的心情正如一个外部顾问团队调研后所说，如临深渊、如履薄冰。为此，他亲自组织内部专家并聘请外部专家对项目情况进行了系统评估，尽管他心里已经有了预判，结论却仍然令他心惊，特别是人员、机械（包括设备、工程）及方法方面问题更严重。

人员问题王总心里一直有数，但苦于没有有效的办法。利东对人员招聘问题不可谓不重视，集团公司和兄弟单位也给予了大力支持。但近几年行业爆发式的增长造成了专业人才整体短缺，利东又地处偏僻，环境相对恶劣，作为国有企业在薪酬考核方面有种种局限，因此直到建设期临近结束时已到岗人员尚不足所需数量的60%。更堪忧的是人才“质量”问题。化工行业保障正常开工生产的熟练工比例平均应在40%以上，而当下利东远远达不到这个比例。不仅如此，公司甚至连清晰统一的熟练工评价标准和机制都没有，所谓“熟练工”的能力也参差不齐，实际工作能力难以保障。另外，利东专业人员主要来自国内排名前列的几大煤化工企业，小团体现象严重，排挤“圈外”人员的现象明显。近期就有一名具有丰富开车经验的员工，由于入职后所在的部门长期未安排具体工作，导致本人无所事事、情绪低落，已提出辞职。

工程和设备是项目最大的风险源。可怕的是谁都说不清利东的设备到底有多大风险，这也是王总心里最不踏实的。设备问题的种子从规划阶段就埋下了。作为多专业联产的一体化产业链，却拆分成不同的专业由不同的设计院设计，利东内部缺乏与各设计院的有效沟通，因此设计质量基本上是失控的，方案本身就存在很大风险。在采购环节，利东一直执行“低价中标”的政策。自开工至今共完成各类招标、竞争性谈判450余项，中标金额70多亿元。如此大量的采购，低价中标政策加上内部人员专业能力不足，使得设备采购的质量存在很大隐患。工程建设和设备安装问题也层出不穷。一年多来现场的工程例会上每次都提到焊接质量问题，而园区内更是一遇强降雨就到处塌陷，整体工程质量的潜在风险难以估量。前期论证不足、采购质量控制不力、施工质量管控不佳，使得本来就属于高危行业的利东，更加让人心生寒意。

试车方法是王总深感有心无力的。王总是化工行业的“老人”，亲自主持过多个项目的建设、试车和生产运行，对利东可能面临的困难有充分认识。同时出于对利东人员和设备状况的评估，王总很早就亲自组织试车方案的编制。但是由于项目本身在国内没有成功先例可循，试车方案的制定采用了各项目公司自拟后层层上报审批的程序。事实上公司层面基本上没有能力审核把关，也缺乏扩大范围的研讨和论证，导致方案可行性和合理性得不到保障。更糟糕的是，各项目公司普遍表现出盲目乐观，对自身现状与试车要求之间的差距缺乏正确认识，对试车难度和可能存在的风险估计不足，使试车过程变得更加难以预料。

拿到评估结果的王总辗转反侧了好几天，最终决定将问题如实上报给集团。他知道这可能意味着自己的位置不保，甚至是这个项目前途未卜。但他更知道硬着头皮推进的后果可能是重大的经济损失甚至人员伤亡，这是他无法承担的风险。

反思

应该庆幸，王总的报告得到了充分重视。王总心里明白，引起集团领导层关注的不是他所强调的专业性问题、人员问题以及流程、管控问题，而是项目带着这些问题启动运行后的安全风险。经营亏损还有机会弥补，重大安全事故对国有企业主要责任人则可能是致命的。加上三年多过去了，煤化工产业的政策环境和市场环境也有变化，前景不再是一片大好。因此集团作出了迅速决策：转让。

如今看来，“外行领导内行”可能是利东项目从一开始就埋下的硬伤。集团主业是电力，对于煤化工领域是实实在在的外行。尽管项目启动后广泛招聘了业内人才，但从规划到施工建设再到试车计划，重大的思路和方案都是集团牵头拟定和最终敲定的。主要决策者对化工行业的复杂性认识不足，导致了项目后期问题。

项目的管理模式也是导致上述问题的重要原因。集团对利东以及利东对内部各生产单元都是采取项目制的管理方式。利东总部人员大多是从集团抽调的，由规划期的项目筹备组转型而来。不少职能部门始终认为自己是集团派出机构，建设期代表集团管理项目，日后将回归集团，主观上没有与利东同舟共济、荣辱与共的意识和决心。部门间职责界面模糊并缺乏协调，利东总部不止一次出现重复颁发制度，甚至同一件事下发不同规定的情况。利东内部各专业项目公司的管理权限也不清晰。工程建设期采取了项目公司独立管理的方式，目的是充分发挥其主观能动性，但也造成项目公司权力过大，总部信息严重不足和滞后，难以发挥整体管控和统筹协调作用。

资料来源：根据咨询项目编写。

思考题

1. 你认为利东的主要问题出在何处？
2. 结合组织平衡理论，分析利东项目的主要环节。

第 2 篇

企业环境管理

第3章

企业与环境

本章要点

○ 企业与环境的关系

○ 企业环境管理的基本目的

○企业发展与风险

企业是在环境中生存和发展的有机体，既要适应环境，也要利用条件，创造条件，开辟发展空间。

首先，企业可在一定范围内对环境因素作出选择，如从事哪些行业和经营活动，选择哪些国家或地区作为自己的活动舞台，等等。

其次，企业可在一定范围内创造或影响环境，发明新技术，开辟新行业，改变企业的公众形象，开展有效的公共关系活动等，都可起到影响环境的作用。

企业要适应环境而不可能是环境满足企业，这是企业与环境关系的基本点。在一定环境条件下，企业如何选择，如何行动，是企业环境管理要解决的课题。随着中国经济持续增长，经济的全球化程度加深，网络时代来临，市场环境的变化呈现出一些前所未有的特点。这种变化给企业环境管理带来了新机会，也带来了更大的挑战和风险。

企业环境管理最基本的是战略选择问题，从基本的竞争战略到多元化战略、国际化战略，都是企业在市场上寻找适宜的立足点，实施发展战略过程中要碰到的基本问题。与此相对应的另一端，是选择适合企业特点、有利于企业稳定发展的基本财产制度和治理结构，有效地解决财产所有权支配、决策机制、经营管理之间的制衡关系。当然，由于企业环境管理涉及许多方面的利害关系，因此外部关系协调也是一项不可忽视的工作。

第 1 节　企业与环境的关系

市场经济条件下，企业与市场环境最基本的关系是交换关系。企业经营所需要的各种资源都要通过交换才能获得，不管是资金、原材料、设备、劳动力，还是技术、经验、知识、信用等，都直接或间接地来自交换。与此同时，企业创造出来的产品和服务必须能够在市场上销售出去。在这种与环境的输入输出关系中，两相比较能有所盈余，是企业生存下去的基本条件。

盈余主要表现为盈利，但又不仅仅是盈利。在业务经营过程中积累起来的各种不表现为货币财富的资源，也属于盈余的范畴，如技术、经验、信用、公众形象、稳定的顾客等，都是对企业长期发展有重要意义的资源。这些资源都是长期交换关系形成的盈余。

显然，与市场环境交换活动的过程组织得如何，获得盈余的多寡，不仅决定着企业能否发展，而且直接与企业生存相关。企业环境管理的基本问题，就是选择交换的对象、范围和规模，随环境的变化适当调整，尽可能多地创造盈余。

一、市场上的企业

企业与环境之间发生的交换关系是多种多样的，按照与企业发生交换关系的对象分类，主要有：(1) 顾客；(2) 资金供应者；(3) 劳动者；(4) 原材料、设备、商品供应者；(5) 政府。

企业与政府之间，看似与其他交换伙伴的关系不同，但本质上，也是一种交换关系。即企业遵纪守法，照章纳税，遵守市场交易规则和社会道德行为规范；政府为企业提供稳定的法治环境、经济和社会秩序以及企业正常经营必需的各种公共设施和条件。

除了这些交换对象，企业环境管理还必须考虑的一个因素是竞争对手，即与企业在同一行业、经营同种业务的经营者。竞争对手不与企业发生直接的交换关系，但对企业管理的影响至关重要，是企业环境管理必须重视的对象。

所有这些交换关系和竞争关系都是在市场上发生的。与顾客和竞争对手的关系发生在商品市场上；与资金提供者的关系发生在资本市场上；与劳动者的关系发生在劳动力市场上；与设备和原材料供应者的关系发生在设备、原材料市场上。作为所有这些市场交换关系基础的是政府。由此，可以看出企业在市场中的位置（见图 3—1)。

目前我国的市场体系尚未完善，有些要素市场还不成熟，随着改革开放的深入发展，市场体系进一步完善，企业的市场环境将越来越典型，环境管理对企业具有举足轻重的意义。

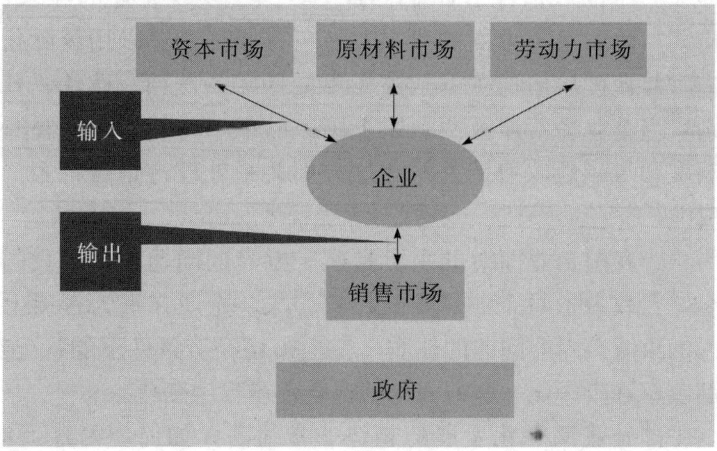

图 3—1　市场上的企业

二、企业面临的三种关系

处理与环境中各类主体的关系需要企业作出决策或选择。以市场为中心对这些相关者或主体分类，企业面临三种关系，需要作出选择。

1. 与销售市场的关系。与销售市场的关系侧重企业的输出方面。

输出方面主要涉及企业向市场提供产品和劳务方面的问题，如企业向顾客提供何种产品和服务，业务经营的范围和类型、深度，以及企业如何取得竞争优势、确定市场位置、扩大市场占有率等，这些是涉及企业管理基本选择的问题，是企业环境管理要解决的首要问题。企业战略及竞争战略和多元化经营战略专门解决这些问题。

2. 与供应市场的关系。第二种选择强调企业的输入方面，即企业与供应市场的关系。

输入方面涉及资本、劳动力、原材料、工具设备，日常所谓人、财、物等基本经营要素的供应、购置和补充。最基本的是企业与劳动者的关系和企业与出资者的关系。

企业是国有企业、民营企业还是合资企业？雇佣形态不同，企业与员工的关系有很大不同。另外，诸如资本提供是在何种条件下进行的，企业资本构成如何等，都与企业管理关系重大。与资本构成相关的问题是企业财产制度选择问题，这涉及企业收入分配、企业性质，在很大程度上受国家基本经济制度、法律法规、经济体制的制约。

和原材料、工具设备的关系，与企业经营战略相联系，所以它实际上是企业经营战略选择的一个方面，基本上不涉及企业制度。

3. 与政府的关系。第三类必须作出选择的是企业与政府的关系。

市场经济条件下企业与政府的关系包括两个方面：一方面是企业与所在国政

府的关系，即在一定的政治经济体制背景下，为了实现企业的经营目标和战略，如何处理和协调与政府有关方面的关系。另一方面是企业采用国际化战略、从事国际经营业务时与该国政府的关系。由于不同国家的法律、政治、社会、经济制度有很大差别，当企业经营涉及两个以上国家的市场时，往往需要同时考虑几种不同的社会制度和与当地政府的关系。这方面关系处理得是否得当，直接关系到企业经营的成败。

到目前为止，我国企业面对的主要是前一方面的问题。由于我国市场经济体制还很不健全，行政力量对企业的支配权相当大，企业在很大程度上仍然受各级政府管理部门的束缚，因此问题的性质与完全市场经济条件下的状况有很大不同。随着经济体制改革逐步深化，这方面的情况会逐步发生变化。

近年来，中国企业国际化发展的趋势非常显著。如何更好地适应所在区域、所在国的市场、经济体制、社会文化环境，以国际标准和惯例进入市场，实施并购重组，展开经营管理活动，已成为中国企业发展中的重要课题。

第2节　企业环境管理的基本目的

一、企业的发展与稳定

除了明确企业在市场中的位置和必须处理好的三种基本关系，还必须明确企业环境管理的目的。没有明确的目标，企业环境管理就缺乏基本的依据和尺度、标准。

通常人们容易把赚钱、利润理解为企业环境管理的目的，这在一定意义上是正确的。企业作为一个经济组织，收支相抵后必须有一定的盈余，这是人们从事经济活动的基本目标，也是企业生存的起码条件。如何在经营发展中实现长期利润的最大化，是企业作为一个经济组织逻辑上的必然结论，不追求利润的组织不称其为企业。

如果我们不是仅仅从经济角度考虑问题，而是综合分析与企业发展相关的其他重要因素，就会发现事情远没有这样简单。

首先需要考虑的是，企业不仅是一个经济组织，而且是一个由人组成的集团。经济的考虑和追求固然是人类生存的基础条件，但仅是经济利益概括不了全部组织生活。不管是企业家还是企业中的职工，都不仅仅是一种经济的存在，除了追求经济利益，还有事业、感情、自我实现等多方面的需求。经济利益并非企业的全部。

除了经济的考虑，管理者还必须注意企业作为一个社会组织的特点，注意组成企业的各类人员的需要、追求和价值倾向，尽可能为成员提供各种机会和刺激，以维持集团的整体性，调动企业成员的工作积极性。

更为重要的是，企业要为满足个人的自我实现需求服务。从企业家、工程技术人员到普通员工，都有自己的价值偏好、理想和追求，很少有纯粹为了金钱而工作的情况。企业越能为个人实现自我提供机会，个人的工作积极性越大，企业越能得到发展。

在市场经济发展的初期，在某些特殊情况下，存在片面或单纯追求利润的现象。但利润和经济利益对人的激励作用是有限的，也不是企业发展和经济发展的合理选择。

企业环境管理的基本目的是企业的发展和稳定。

企业环境管理的首要目的是企业的发展，因为发展能够带来满足企业内外各方面需求的结果。长期的利润最大化，维护企业作为社会组织的性质，以及满足个人自我实现的需要，都可以通过企业成长与发展实现，没有企业的发展，这些都不可能实现，所以说企业发展是环境管理的基本目的。

在市场经济条件下，发展的机会与风险相伴并存，是市场经济中企业命运的真实写照。企业在追求发展的同时还要设法降低风险，保持一定的安全性和稳定性，防止出现一招出错、满盘皆输的局面。

乍看起来，这两者是互相对立的，要发展就必然有风险；要稳妥就无法抓住最好的发展机会，不可能有两全的选择。面对这种两难境地，不存在两方面都非常理想的选择，只能说有些企业可能更注重发展，有些企业可能更偏好稳定；有些情况下应该倾向发展，有些条件下更适于选择安稳，要看具体的情境和偏好。

一般而论，既谋求企业发展，又设法降低风险，是企业环境管理的基本要求，也是企业环境管理的难点所在和微妙之处。如何在保障企业安全的条件下尽可能地谋求发展，是企业环境管理追求的基本目标。

二、企业战略与制度选择

为了实现企业发展的目的，可供企业选择的决策大体上有两个方面，其中的一个方面是企业战略，即与竞争对手争夺市场占有率和覆盖率，加强或巩固行业地位，提升获取竞争优势方面的决策。

除了要作出竞争和多元化经营等方面的企业战略决策，企业经营发展必须作出选择的另一个方面是企业制度。企业制度涉及财产的所有权、决策权归属、决策的程序和机制等事关战略决策的重大问题。如是否可以探讨合资、购并、股份化、上市融资等形式，扩大资金来源；是否可能转变企业性质，争取更好的政策环境；是否可能转换内部经营机制，以期从人员和资本两个基本经营要素方面保证企业发展所需。

企业战略、企业制度选择两方面的决策是企业发展必须解决的问题，是企业环境管理的基本手段。

三、风险控制

从降低风险的目的考虑，需要从企业战略和企业制度两方面采取对策。

企业经营中潜伏着各种各样的风险和危机。销售市场的变化，流行、时尚的转变，技术的变化，政治、社会事件的影响，都可能给企业经营带来难以预料的甚至致命性的影响。根本上说来，这是因为企业是在一定环境中生存的有机体，生存的基础和活动的舞台都受市场环境状况的影响，而市场环境每时每刻都在发生变化。

在威胁企业生存发展的危机或风险因素中，有些（如火灾、交通事故等）可以通过保险制度规避，但与事业发展相关的大部分风险是无法通过保险制度规避的，是与发展和成长相伴随的。相对而言，这种发展和成长的风险更多地存在于企业生存的市场上，即与市场需求变化相关的因素的变化，如新技术、新行业的出现，消费重心的转移，消费时尚的变化等。

从引起变化的角度分析这些因素，可以看出，变化的来源主要有竞争和经营环境变化两方面。

其一，由于无法预见竞争对手可能采取的竞争战略而带来的风险。如对手采取了更有效、更强有力的战略，导致本企业市场占有率下降、市场地位下降，就属于这种情况。

其二，由于经营环境变化导致企业处于不利地位。环境因素中任何一个因素的变化都可能导致这种结果，如羽绒制品流行对皮革服装业的冲击，电视机普及给电影业带来的困境，快递普及对传统邮政业的影响，等等，都属于这种情况。

实践中，企业应对风险通常采用两种方法：第一种是设法降低风险；第二种是转移风险。通过这两种办法，企业可以提高经营的稳定性。

第一种方法，企业主要通过利用已有资源、知识、经验和其他经营条件，采用一定的战略和措施，设法降低不确定性，增强自身把握环境的主动性和能力。相应地，应对上述两种不同来源的风险，所用的办法各有不同的特点。

应对主要来自竞争的风险，企业需要具备丰富的有关竞争的知识和经验，需要强化自身的资源优势和能力，掌握有关对手的情报信息，熟悉竞争的规律和过程，以便及时作出反应。有了这些条件，企业就可以针对竞争对手的战略和可能出现的情况采取相应的对策，制定使自身立于不败之地的竞争战略。

应对由于环境变化带来的风险，企业需要预见性地把握本行业发展变化的趋势，了解本企业服务的目标市场上需求变化的规律，及时捕捉有关环境变化的情报信息，从而确定和调整企业的经营结构，如增加处于成长期的产品比重，压缩甚至取消即将退出市场的产品，增加产品的科技含量等。必要时可考虑兼营其他业务或同时经营几种业务，即采取多种经营战略，降低经营风险。

从降低风险、增加稳定性出发，竞争战略和多元化经营战略是两个基本的手段。

四、风险转移

在有效地降低和防止由竞争和经营环境带来的风险的前提下，仍然有威胁企业生存的风险存在。有时，为了降低未来的风险，及时采取相应的措施能产生良好的效果。有关企业输入方面，即人、财、物方面的风险，可以采取转移或分担的方式解决。这是有别于上述方法的一种新方法。例如，通过适当的养老金提成制度可以缓解职员年龄结构偏大给企业带来的压力；通过银行贷款可以转移资金方面的风险；通过转包可以转移工程或生产方面的风险。

转移风险的办法往往与企业制度及利益的分配相联系。在风险管理方面，除竞争、经营环境、企业制度三类手段外，具体的风险管理业务也是一个重要组成部分。

综上所述，企业环境管理一方面是与销售市场（输出）相关的企业战略决策；另一方面是与供应市场（输入）相联系的制度选择。这两方面决策的基本目的或要求，一是企业发展，二是企业稳定（见图3—2），由此，构成了企业环境管理的基本框架。

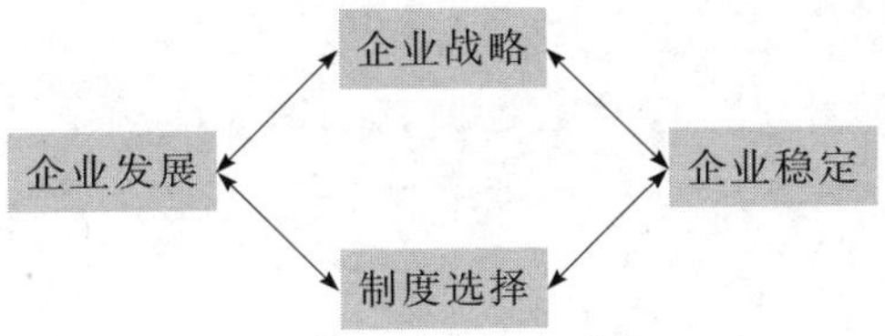

图3—2　企业环境管理的基本框架

思考题

1. 为什么研究和了解企业所处的环境非常重要？不了解环境对企业来说意味着什么？

2. 试论企业发展所必须作出的两种决策在环境管理中的重要性。

3. 分析一个企业，你认为它在环境管理方面有哪些正确决策和错误决策。

4. 企业如何应对风险？

第 4 章

企业目标与竞争战略

本章要点

○ 企业经营目标
○ 企业战略
○ 基本的竞争战略
○ 产业结构分析
○ SWOT 分析法
○ 合作战略
○ 差异化战略
○ 经营资源
○ 核心能力

企业经营战略要解决的是企业与销售市场之间结合的问题，这是企业环境管理的核心问题。有了正确的战略选择，其他经营活动才有现实意义；战略上的失败是企业最根本的失败。

企业经营战略总体上包括竞争战略和事业范围选择（多元化战略）两大类。本章在说明经营目标和战略基本概念的基础上专门介绍竞争战略。

第 1 节　企业目标与战略

一、企业经营目标

企业经营目标，是在分析企业外部环境和内部条件的基础上确定的企业各项经济活动的发展方向和奋斗目标，是企业经营思想的具体化。

企业经营目标不止一个，其中既有经济目标又有非经济目标，既有主要目标又有从属目标，它们相互联系形成一个目标体系。

一般而言，企业的基本目标由经济收益和企业组织的发展方面的内容构成。经济收益或利润是企业生存发展的基本条件，是衡量企业经营活动效果的基本尺度，也是企业满足各方面要求、实现其他目标的前提。企业组织的发展是企业基本目标的核心所在，是真正体现企业价值、激励企业成员努力奋斗的方面，通常表现为销售额、总资产、规模等。对于管理者，它是事业成功的标志；对于员工，它能带来工作机会的增加和报酬的提高；对于所有者，则意味着原有资产的增值。企业的发展，还反映了企业完成基本职能的程度，既促进了国民经济的发展，同时也提高了企业本身的地位。

除了基本目标本身，企业还必须满足所有者、经营管理者和员工这三个基本方面的目标或要求。这些目标必须与基本目标相一致，要与基本目标结合起来，形成一个具有内在一致性的目标体系。

企业的社会责任不属于企业目标的组成部分，而是企业正常经营、实现企业经营目标的一个基本约束条件。

经营目标在企业组织中主要有下列几个方面的重要作用。

(1) 目标反映一个组织所追求的价值，是衡量企业各方面活动的价值标准，也是企业生存和发展的意义所在。

(2) 为企业各方面活动提供基本方向，是企业一切经济活动的依据和标准，对企业经营活动具有指导、统帅作用；可以使企业有选择、有针对性地部署各种资源，发挥企业优势。

(3) 实现企业与外部环境的动态平衡，使企业获得长期、稳定、协调的发展。经营目标是企业在反复权衡内部条件和外部环境、科学预测和把握外部环境发展趋势的基础上确定的，既能在一定时期、范围内适应环境趋势，又能使企业的经营活动保持稳定性和连续性。

□ 案例4—1

华为公司介绍

华为是谁?

华为是全球领先的信息与通信技术（ICT）解决方案供应商，专注ICT领域，坚持稳健经营、持续创新、开放合作，在电信运营商、企业、终端和云计算等领域构筑了端到端的解决方案优势，为运营商客户、企业客户和消费者提供有竞争力的ICT解决方案、产品和服务，并致力于使能未来信息社会、构建更美好的全联接世界。目前，华为有17万名员工，业务遍及全球170多个国家和地区，服务全世界1/3以上的人口。

华为为世界带来了什么？

（1）为客户创造价值。华为和运营商一起，在全球建设了 1 500 多个网络，帮助世界超过 1/3 的人口实现连接。华为和企业客户一起，以开放的云计算和敏捷的企业网络，助力金融、交通、能源等领域实现高效运营和敏捷创新。华为智能终端和智能手机正在帮助人们享受高品质的数字工作、生活和娱乐体验。

（2）推动行业良性发展。华为主张开放、合作、共赢，与上下游合作伙伴及友商合作创新、扩大产业价值，形成健康良性的产业生态系统。华为加入 300 多个标准组织、产业联盟和开源社区，累计提案 4.3 万篇。华为面向云计算、NFV/SDN、5G 等新兴热点领域，与产业伙伴分工协作，推动行业持续良性发展。

（3）促进经济增长。华为不仅为所在国家带来直接的纳税、就业促进、产业链带动效应，更重要的是通过创新的 ICT 解决方案打造数字化引擎，推动各行各业数字化转型，促进经济增长，提升人们的生活质量与福祉。

（4）促进社会可持续发展。作为负责任的企业公民，华为致力于消除全球数字鸿沟；在西非埃博拉疫区以及日本海啸核泄漏、中国汶川大地震等重大灾难现场，华为深知灾难面前通信的重要性，选择了坚守；华为在全球开展“未来种子”项目，为各国青年学生提供来中国培训实习的机会。

（5）为奋斗者提供舞台。华为坚持“以奋斗者为本”，以责任贡献来评价员工和选拔干部，为员工提供了全球化发展平台、与世界对话的机会，使大量年轻人有机会担当重任，快速成长，也使得十几万员工通过个人的努力收获了合理的回报与值得回味的人生经历。

华为坚持什么？

华为十几万人 28 年坚持聚焦在主航道，抵制一切诱惑；坚持不走捷径，拒绝机会主义，踏踏实实，长期投入，厚积薄发；坚持以客户为中心，以奋斗者为本，长期艰苦奋斗，自我批判。

华为不会辜负时代慷慨赋予它的历史性机遇，为共建更美好的全联接世界，一往无前。

资料来源：改编自华为公司官网（www.huawei.com.cn）的公司介绍。

二、企业战略及其类型

企业战略是企业为实现经营目标，通过对企业的外部环境和内部条件的分析而制定的较长期的全局性的重大决策。它是企业市场活动长期性质的设计规划，主要解决企业组织与市场环境结合的问题。企业战略有以下几方面的特征。

（1）企业战略是根据企业总体发展的需要而制定的，追求的是企业的总体效果。

（2）企业战略阐述的是企业与市场环境相联系的方针。战略的要点并不在于企业内部管理，主要是考虑环境对企业的要求。

（3）企业战略不限于短期的利益，是企业为谋求长期生存和发展而进行的统筹规划。

（4）企业战略是与行动有关的设计，不是简单的口号和观念，注重与现实的结合。

（5）企业战略不仅仅是无生命的财和物的设计图，还是有生命的人类组织活动的设计图。战略设计最重要的内容是人的活动。

（一）企业战略的构成要素

根据安索夫的定义，企业战略由产品和市场范围（经营范围）、增长向量（资源配置）、竞争优势和协同作用等四个要素组成。

1. 经营范围。经营范围是指企业从事生产经营活动的领域。它反映企业现阶段与其外部环境相互作用的领域、范围和程度，也是企业计划与外部环境发生作用的领域。大多数企业根据自己所处行业、自己的产品和市场确定经营范围。

2. 资源配置。战略必须同公司的资源优势和劣势以及竞争能力很好地匹配起来。一家公司拥有什么样的资源和能力，以及公司拥有的这些资源和能力具有多大的竞争价值都是非常重要的战略影响因素。

一个企业的资源、能力及竞争能力是重要的战略因素，因为：（1）这些因素可以使公司提升竞争优势，以便充分利用发展的机会；（2）它们在市场中为公司提供竞争优势；（3）它们有可能成为战略成功的关键。获取竞争优势的最佳途径是：公司拥有具有竞争价值的资源和能力，而竞争对手不拥有相当或可以与己对抗的资源和能力，同时竞争对手开发相应的能力要付出沉重的代价，或者要很长的时间。

3. 竞争优势。所谓竞争优势，是指当两个或更多公司处于相同的市场中时，如果一个公司获得（或有潜力获得）持久的更高利润率，那么该公司就拥有超过其竞争对手的优势。竞争优势是指企业通过有效的资源配置与经营范围选择，在市场上所形成的与其竞争对手不同的竞争地位。

竞争优势既可以来自企业在市场上的地位，也可以来自企业对特殊资源的正确运用。一般来说，产品和市场的定位对于公司战略来讲相当重要，而资源配置则对企业战略起着十分重要的作用。

4. 协同作用。协同作用是指企业从资源配置和经营范围的决策中所能寻求到的各种共同努力的效果，也就是“1＋1＞2”的效果。一般来说，协同作用可以分为四类：投资协同、作业协同、销售协同和管理协同。协同作用的值可以是正值，也可以是负值。

（二）企业战略的层次

在大中型企业中，企业战略可划分为三个重要的层次：公司战略、经营战略和职能战略。

1. 公司战略和事业范围（见图 4—1）。公司战略是企业战略中最高层次的战略。它根据企业目标，选择企业可以竞争的经营领域，合理配置企业经营所必需的资源，使各项经营业务相互支持、相互协调。公司战略描述公司经营的总方向，主要是在增长、多种业务和产品种类的管理等方面的选择。包括总的战略方向、业务组合选择、内部资源配置。

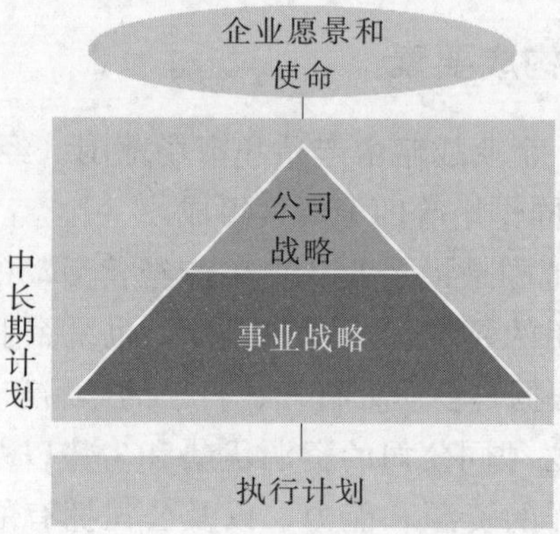

图 4—1　公司战略和事业范围

公司战略是为了确保企业持续竞争优势的基本战略选择。它是拥有若干事业领域的企业在各自独立的事业战略之外的、更高层次上的、为了确保竞争优势所采取的战略方针。它决定企业在哪些事业领域，以一种什么样的事业组合竞争，不同事业间如何分配资源，等等。它是企业在市场上与竞争对手竞争的基本方针。它的目标是使企业的经营活动比所有竞争对手技高一筹，使企业在与竞争对手的竞争中占据有利的位置。公司战略是企业环境管理最基础性的东西，从小零售店铺到大企业集团，都离不开企业战略。因为企业的事业范围一经确定，在这个范围内企业如何开展活动就必须遵循一定的方针，而这个基本方针就是公司战略。

公司战略受到人才、资金两方面资源的制约。要想在每个事业领域都采取最优战略是不现实的，这是企业必须有战略选择的第一个理由。第二个理由是，企业所拥有的若干事业之间并不是完全独立的，通常不同的事业之间有相乘效果。不管是技术、商标品牌、市场网络还是经验，都可以在不同的事业之间转移和共享。

通常，一定规模以上的企业的活动不一定限于一个市场或一种事业，事业范围选择本身也是企业的一种战略。企业在考虑扩大事业范围时，通常会把企业发展以及降低风险作为目标。事业范围扩大战略也称多元化经营战略。

事业范围的选择需要结合考虑市场与技术两方面的因素。将这两方面选择结合起来，企业的事业范围也就确定了（见图 4—2）。

企业活动是否有效主要取决于被市场接受的程度，因此在图 4—2 中将市场范围作为主轴（横轴），而把技术范围作为纵轴。这样，企业战略就是在市场范围基本确定之后，在市场上如何展开竞争行动的战略。

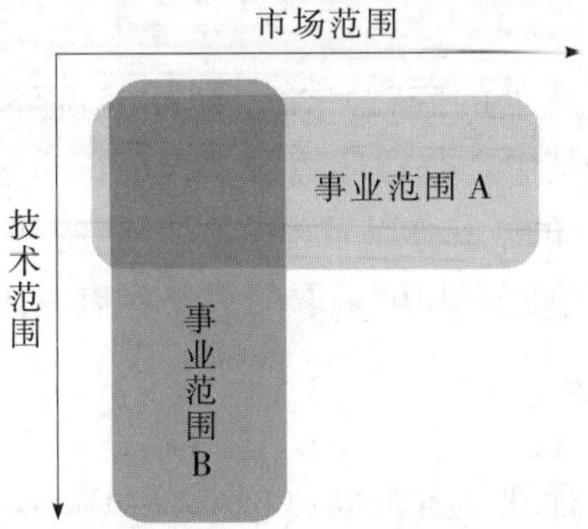

图 4—2 事业范围

竞争有时要求企业必须扩大技术范围，提高技术装备水平，因此企业在制定战略时需要考虑企业技术范围的扩大，技术应用的深化。例如，对很多企业来说，过去信息技术应用程度有限，网络空间介入程度有限。随着信息化的普及，网络技术突飞猛进，企业为了保持自己在市场上的竞争地位，必须加快推进工业化与信息化两化融合，充分利用网络技术提供的机会。这样企业的技术应用深度和广度也就扩大了。

扩大企业市场范围，一是指扩大市场的地理范围，二是指开发新的顾客群。扩大市场范围的战略是企业战略的一部分，也是事业范围扩大战略的核心。

一般情况下，事业范围扩大战略同时包括技术范围扩大和市场范围扩大两方面内容。市场范围和技术范围同时扩大即多元化或多种经营战略。

2. 经营战略。经营战略就是具体战略经营单位、事业部或子公司的战略。经营战略也叫业务战略。经营战略是在公司战略的制约下，指导和管理具体经营单位的计划和行动的战略。

经营战略通常发生在事业部或战略经营单位层次，重点强调公司产品或服务在某个产业或事业部所处的细分市场中竞争地位的提高，包括竞争战略与合作战略。

3. 职能战略。职能战略是企业内主要职能部门的短期战略计划，目的在于使职能部门管理人员更清楚地认识到本职能部门在实施公司战略中的职责和要求，有效地运用研究开发、营销、生产、财务、人力资源等方面的经营职能，保证企业战略的实现。

三、企业战略分析

战略是公司与其环境之间的纽带，外部分析（了解产业环境）和内部分析（了解企业的资源和能力）是制定战略过程中的两项主要工作。一个成功的战略是在公司的行业环境内，利用公司的资源和能力实现其目标。它具有以下四个要素：长期、简单、一致的目标，对竞争环境的深刻了解，对自身资源的客观评估，以及有效的实施和执行。

战略分析涉及对企业所处的宏观环境，包括经济环境、政治环境、科技环境和社会文化环境的分析。其中，公司环境最关键的部分就是公司竞争所在的产业。产业结构从根本上影响竞争的态势以及潜在的可能的战略选择。分析行业的结构和竞争态势对企业决定竞争原则和可采取的战略具有一定作用。

（一）产业结构分析

根据美国著名的战略管理学者波特（M. E. Porter）的观点，潜在进入者、替代品、购买者、供应商以及产业中现有竞争者这五种基本竞争力量的状况及其综合强度决定着产业内部竞争的激烈程度（如图4—3所示）。这五种竞争力量共同决定了产业的吸引力和盈利性，管理者可以应用下列五种竞争作用力来评估产业的吸引力和最终利润潜力。

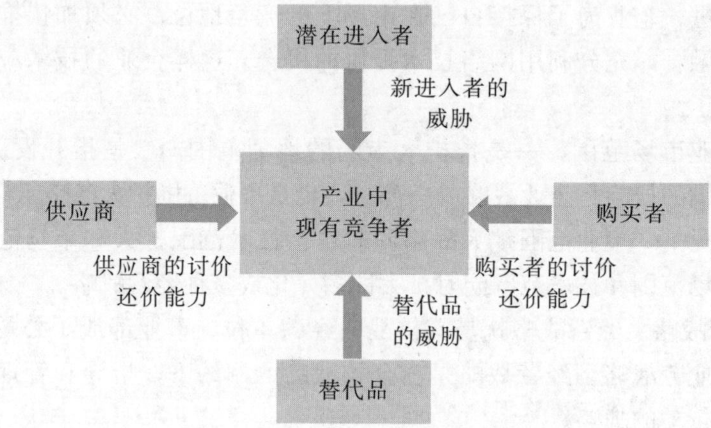

图4—3 产业中的五种竞争力量

（1）产业中现有竞争者之间的抗衡。现有竞争对手以人们熟悉的方式争夺地位，战术通常是价格竞争、广告战、产品引进、增加顾客服务及保修业务。在大多数产业中，一个企业的竞争行动对其竞争对手会产生显著影响，因而可能激起竞争对手对该行动进行报复。这种作用与反作用的结果可能会也可能不会导致首先行动者战略的成败，以及产业整体竞争格局的变化。

（2）潜在进入者或新进入者的威胁。对于一个产业来讲，潜在进入者威胁的大小取决于进入壁垒的高低和可能遇到的现有企业的反击。如果壁垒高，或新进入者认为守城者会坚决地报复，这种威胁就会较小。一般而言，存在六种主要的进入壁垒：规模经济、产品的差异化、对资本的需求、转换成本高低、获得分销渠道的难易和政府政策调整。

（3）替代品的压力。广义地看，一个产业的所有公司都与生产替代产品的产业竞争。替代品设置了产业中公司可谋取利润的定价上限，从而限制了一个产业的潜在收益。替代品所提供的价格—性能选择机会越有吸引力，产业利润的上限压得就越紧。识别替代品也就是去寻找那些能够实现本产业产品同种功能的其他产品。有时做到这一点可能很不容易，它可能导致分析者去分析与从该产业看来相去甚远的业务。针锋相对地顶住替代品的压力往往需要全产业的集体行动。

（4）购买者的讨价还价能力。购买者的产业竞争手段是压低价格、要求较高的产品质量或索取更多的服务项目，并且从竞争者彼此对立的状态中获利。所有这些都是以产业利润作为代价的。产业的主要客户集团每一成员的上述能力的强弱取决于众多市场的特性，同时取决于这种购买对于客户整个业务的相对重要性。

（5）供应商的讨价还价能力。供应商可能通过提价或降低所购产品或服务的质量来向某个产业中的企业施加压力。供应商压力可以迫使一个产业因无法使价格跟上成本的增长而失去利润。例如，化工公司通过提价导致喷雾剂罐装公司的利润受损，这是因为罐装公司面临客户自己解决制罐问题而形成的强大竞争压力，使其提价自由受限。供应商的实力与客户实力是互为消长的。

一个企业的竞争战略目标在于使公司在产业内部处于相对有利的地位，保卫自己，抗击来自上述五方面的竞争压力，或根据自己的需要来影响这五种竞争力量。由于这五种竞争力量的压力对于所有竞争者都是显而易见的，因此，战略制定的关键就是要深入表面现象背后分析竞争压力的来源。对于表象背后压力的来源的认识可使公司的关键优势与劣势凸显出来，使产业发展趋势中最具机遇和最危险的领域显露出来。总之，产业结构分析是确立竞争战略的基石。

（二）SWOT 分析法

SWOT 分析法是一种综合考虑企业内部条件和外部环境的各种因素，进行系统评价从而选择最佳经营战略的方法（见图 4—4）。S 指企业内部的优势（strengths）；W 指企业内部的劣势（weaknesses）；O 指企业外部环境的机会（opportunities）；T 指企业外部环境的威胁（threats）。

企业内部的优势和劣势是相对于竞争对手而言的，一般表现在企业的资金、技术设备、员工素质、产品、市场、管理技能等方面。判断企业内部的优势和劣势一般有两项标准：一是单项的优势和劣势。例如，企业资金雄厚，则在资金上占优势；市场占有率低，则在市场上处劣势。二是综合的优势和劣势。为了评估企业的综合优势和劣势，应选定一些重要因素，加以评价打分，然后根据其重要程度加权确定。

企业外部的机会是指环境中对企业有利的因素，如新市场机会的出现、政府的支持、高新技术的应用、良好的购买者和供应商关系等。企业外部的威胁是指环境中对企业不利的因素，如新竞争对手出现、市场增长率低、购买者和供应者讨价还价能力增强、技术老化等。这些是影响企业当前竞争地位或未来竞争地位

企业内部优劣势 \ 企业外部机会与威胁	内部优势（S） 1. 2. 3. ⋮	内部劣势（W） 1. 2. 3. ⋮
外部机会（O） 1. 2. 3. ⋮	SO 战略 依靠内部优势 利用外部机会	WO 战略 克服内部劣势 利用外部机会
外部威胁（T） 1. 2. 3. ⋮	ST 战略 利用内部优势 回避外部威胁	WT 战略 减少内部劣势 回避外部威胁

图 4—4 SWOT 分析

的主要障碍。

SWOT 分析法依据企业的目标，逐一评价对企业生产经营活动及发展有着重大影响的内部及外部因素，按因素的重要程度加权并求和。然后根据所确定的标准，从中确定企业的优势与劣势、机会与威胁。在此基础上，企业选择所要采取的战略。

SWOT 矩阵能使公司把面临的外部机会和威胁与内部优势和劣势相匹配，得到四类可能的战略选择。

SO 战略是利用公司的优势抓住机会。在 SO 战略中，企业具有较强的内部优势以及较好的外部机会，主要采取增长型战略，如开发市场、增加产量等。

ST 战略是利用公司优势躲避威胁。在 ST 战略中，企业具有一定的内部优势，但外部环境存在威胁，主要采取多元化战略，利用自己的优势，在多元化业务上寻找长期发展的机会。

WO 战略力图通过克服劣势利用机会。在 WO 战略中，企业面临巨大的外部机会，却受到内部劣势的限制，主要采取扭转型战略，充分利用环境带来的机会，设法消除劣势。

WT 战略是防守性的，主要是为了使劣势最小化以躲避威胁。在 WT 战略中，企业内部存在劣势，外部面临强大威胁，主要采取防御型战略，进行业务调整，设法避开威胁和消除劣势。

除了上述提到的产业结构分析法、SWOT 分析法等，战略分析工具还包括波士顿分析法（BCG 分析法）、价值链分析法等。

战略的制定过程既包含理性分析，又包括直觉、经验和情感。

第 2 节　竞争战略

一、市场竞争的优劣

（一）市场竞争的本质

现代市场经济是竞争经济。从社会角度来看，社会资源的分配形式有两种：一是通过市场竞争来实现；二是通过计划来完成。由于在全社会范围内按计划分配资源很难取得满意的效果，因此必须考虑市场竞争机制的引入，通过市场竞争来实现社会资源分配。对企业内部资源的分配来说，尽管竞争也在起作用，但基本上是按计划进行的。

市场竞争有其优势，也有一定的局限性。

（二）市场竞争的意义

竞争是企业发展的动力。受价值规律的支配，商品生产者和经营者为了获取更多利益，必然相互竞争。通过相互竞争，可以使企业提高生产率和适应市场需求的能力，增强企业活力。市场竞争的意义或优势主要表现在以下几个方面。

1. 最大限度地确保企业活动的自主性。企业可以不受行政组织指示、命令的束缚，自主判断，自主开展经营活动。

2. 合理分配资源。在满足一定条件的基础上，市场竞争能带来资源的合理分配。

3. 充分调动经营者的积极性和主动性。优胜劣汰是市场竞争的规律，市场竞争的结果必然会产生失败者。企业要想在竞争中获胜，必须加倍付出努力。另外，竞争本身所具有的挑战性，也可以激发经营者的上进心和成就意识，激励经营者努力奋斗。

（三）市场竞争的局限性

市场竞争不是万能的，它本身也有一定的局限性，主要表现在：

1. 不确定性。尽管当代信息技术正以突飞猛进的速度进步，但企业仍无法做到全面掌握自己决策所需的信息，竞争市场上存在很大的不确定性。不确定性会导致企业行为一定程度的盲目性，市场竞争在一定意义上做不到有效配置资源。

2. 不公平竞争。竞争必然产生失败者。有的企业因努力不够而招致失败；一些企业由于某些自身难以克服的原因，不具备参与竞争的基本条件，这些企业在竞争之前实际上就已成为失败者，让这样的企业与其他企业在平等的条件下竞争，本身就是不合理的。

3. 资源浪费。每一个企业在寻求自己最大利益的过程中，了解信息、谈判交涉，以及与其他企业交易都要花很多费用。某些情况下，市场竞争会导致资源的浪费。如一些应该实行垄断经营的产品和服务（重要的原材料等），如果完全通过市场竞争来调节，势必造成分配上的不合理和浪费。

4. 机会主义行为的出现。为了在竞争中获胜，一些企业可能不择手段，欺诈顾客，损害竞争对手的利益。

二、非直接竞争的战略态势

从有关市场竞争的优势和局限性的分析可以看出，绝对的竞争和无竞争状态都不是理想状态。绝对的市场竞争，特别是直接的、你死我活、两败俱伤式的直接对抗，对竞争的任何一方都有害无益。它会使资本收益率降到竞争平衡收益水平，部分企业会由于亏损的压力而被迫退出市场；竞争中获胜的企业也会由于在竞争中花了太多的费用而降低收益水平，经济上变得很不合理。更重要的是，无限度的竞争会导致经济生活混乱无序，造成资源的极大浪费。

对企业而言，最理想的状态是减轻或避免激烈的市场竞争，同时获得发展和盈余。这种愿望虽然很难实现，但它反映了市场竞争中企业追求的基本导向。换言之，现实经济生活中企业往往通过回避直接竞争，以差异化的方式进行竞争，以谋求自身的发展和收益。

由此来看，回避直接竞争或者说非直接竞争的战略态势成为企业竞争的基本手段。例如，企业不采用直接的降价、优惠等手段与对手竞争，而是通过技术开发，取得其他企业短期内难以达到的技术水平，形成一定技术优势；或者树立起良好的企业形象和产品形象，形成品牌优势，以取得竞争中的胜利，最终实现企业目标。这些都是非直接竞争的战略选择。

另一个极端，即无竞争、绝对稳定的状态，对企业和社会而言不是理想的状态。对企业而言，无竞争状态下企业缺乏必要的比较和优胜劣汰机制，会逐步演变为事业机关或行政机关，丧失企业本性。

因而，企业竞争战略问题根本上说来就是一个如何把握竞争与非竞争平衡的问题。一方面企业发展需要一定的持续性和稳定性，另一方面，企业又要不断调整自身以适应变化了的环境情况。正是在这种一定程度和一定范围内的竞争环境中，企业才能健康发展，社会经济才能健康发展。

这里，需要着重强调的是非直接竞争的战略态势不是回避竞争或消除竞争，而是积极回避直接竞争，避免两败俱伤，通过形成自身优势而获取竞争成功。近年来，管理学界兴起的新名词——蓝海战略，就是非直接竞争的一个很好的例子，指企业超越传统产业竞争、开创全新的市场的战略。

三、竞争战略

战略的主要目标就是为公司建立竞争优势。大前研一（Ohmae Kenichi）把战略定义为对竞争优势的追求。公司获得竞争优势的方式有两种：能以较低成本提供完全相同的产品或服务；提供差异化的产品或服务，以使顾客愿意支付超过差异化产品成本的溢价。前一种情况下，公司拥有成本优势；后一种情况下，公司拥有差异化优势。

依据企业竞争优势的类型和战略目标涉及的范围的不同，可以把企业的竞争战略分为四种类型，即成本领先战略、差异化战略、集中差异化战略和合作战略。

当成本较低和差异性被顾客认同，针对大规模市场时，就分别采用成本领先战略和差异化战略。而针对某一特定市场或某些特定顾客群体时，则分别采用成本集中战略和差异化集中战略（见图 4—5）。

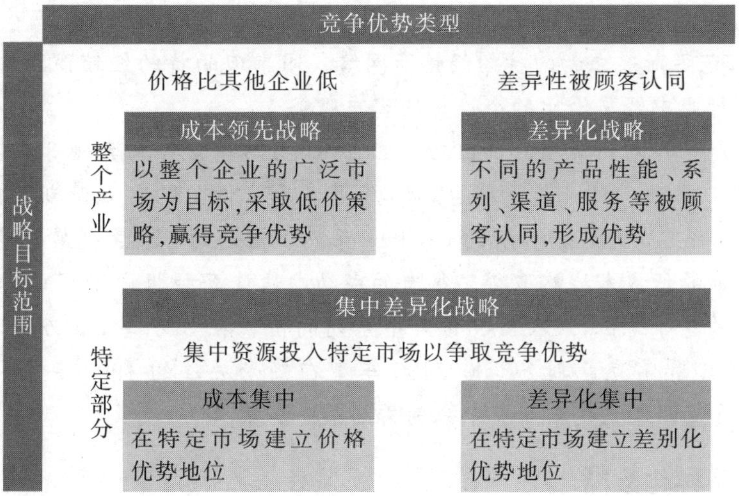

图 4—5 基本的竞争战略

（一）成本领先战略

成本领先就是瞄准较宽的大规模市场的低成本竞争战略，要求建立高效大规模生产设施，通过经验曲线与严格的成本和费用控制努力削减成本，避免边缘客户订单，在研发、服务、销售队伍、广告等方面使成本最小化。为了达到这些目标，有必要在管理方面对成本控制给予高度重视。尽管质量、服务以及其他方面也不容忽视，但贯穿整个战略的主题是使成本低于竞争对手。

采用成本领先战略需要具备的条件是：（1）必须使用先进生产设备；（2）产品产量要达到经济规模；（3）必须有高的市场占有率；（4）节约一切费用开支。

□ 案例 4—2

丰田在雷克萨斯产品线中实施低成本战略

丰田汽车公司被人们广泛认为是世界汽车生产商中的低成本生产商。虽然它也强调产品的质量，但它还取得了绝对的低成本领导者地位，因为它有使用高效生产技术的技能，它的车型定位于低中档，在这个价位上能够获得高产量，而高产量有助于降低成本。但是，当丰田推出雷克萨斯系列新车型准备参与豪华车的竞争时，它实施的还是经典的低成本战略。丰田雷克萨斯的战略有三个特色。

1. 以比其他豪华车制造商——尤其是奔驰和宝马——更低的成本制造超级豪华车。丰田的经理认为，丰田的制造技能能够使它以比其他豪华车制造商更低的成本提供高技术性能和高质量。

2. 利用相对低的制造成本定出比奔驰和宝马更低的价格，后两家公司的汽车售价都在 4 万～7.5 万美元（有时甚至会更高）。丰田相信，由于公司拥有成本优势，因而装备诱人的雷克萨斯系列新车型的定价可以在 3.8 万～4.2 万美元，从而可以从奔驰和宝马那里抢走价格敏感型顾客，也许还可能吸引对质量敏感的林肯和凯迪拉克车主转向雷克萨斯。

3. 为雷克萨斯建立新的特约经销商网络，同丰田的特约经销商网络分离开来，致力于提供行业中无与伦比的个性化的客户服务。

雷克萨斯 400 系列车型的价位在 4.8 万～5.5 万美元，与奔驰 300/400E 系列、宝马 535i/740 系列、日产英菲尼迪 Q45 展开竞争。低价的雷克萨斯 300 系列的价位在 3 万～3.8 万美元，与奔驰的 C-Class 系列、宝马的 315 系列展开竞争。

雷克萨斯的低成本战略取得了很大的成功，迫使奔驰推出了 C-Class 新车型以获取更有利的竞争地位，C-Class 新车型系列的价位在 3 万～3.5 万美元。雷克萨斯 LS 400 车型和雷克萨斯 SC 300/400 车型在颇受关注的 1993 年 J. D. Power & Associates 质量调查之汽车调查中分别排名第一和第二。

（二）差异化战略

差异化战略瞄准较宽的大规模市场，生产或提供在整个行业来看都比较独特的产品和服务。实现差异化战略可以有许多方式：产品设计或品牌形象、技术特点、客户服务、经销网络及其他方面的独特性。差异化战略并不意味着公司可以忽略成本，只是此时成本不是公司考虑的首要因素，特色才是。

差异化战略利用客户对产品非价格特征的关注，以及由此产生的价格敏感性下降使公司得以避开竞争。

（三）集中差异化战略

集中差异化战略可以分为成本集中和差异化集中两种。成本集中是针对某一购买群或区域市场采用低成本战略，只服务于这一市场空隙。差异化集中是针对某一顾客群、产品细分市场或区域市场采用差异化战略。

这两种选择是主攻某个特定的顾客群、某产品链的一个细分区段或某个细分市场。正如差异化战略那样，集中差异化战略也可以有多种形式。虽然低成本与差异化都是要在全产业范围内实现其目标，集中差异化战略却是围绕着很好地为某一特定目标服务而建立的。

采取这种战略选择的条件是：公司能够以更高的效率、更好的效果为某一狭窄的战略对象服务，从而超过更广范围的竞争对手。结果是，公司或者通过较好满足特定对象的需要实现了差异化，或者在为这一对象服务时实现了低成本，或者二者兼得。尽管从整个市场角度看，集中差异化战略未能取得低成本或差异化优势，但它的确使企业在其狭窄的目标市场中获得了一种或两种优势地位。

□ 案例 4—3

住宿行业的集中差异化战略：Motel 6 和丽思卡尔顿

Motel 6 和丽思卡尔顿在住宿行业中参与竞争的市场定位恰好相反。Motel 6 所采取的集中差异化战略以低成本为基础；丽思卡尔顿所采取的集中差异化战略以差异化为基础。

Motel 6 满足的是那些很注重价格的旅行者的要求，他们想要的是在一个干净的没有附加服务的地方过夜。为了达到以低成本提供住宿的目的，Motel 6 采取了以下措施：(1) 选择相对便宜的地点来建旅馆——通常是在美国州与州之间的出口和高速公路地段，但是都比较远，以避免支付高额的黄金地段费用；(2) 只建一些基本的设施——没有餐厅和酒吧，也极少有游泳池；(3) 依靠标准的建筑设计，只需要一些并不昂贵的材料和低成本的建筑技术；(4) 房间设施和布置也很简单。这样一来，既降低了建筑成本，也降低了运作成本。由于没有餐厅、酒吧和各种顾客服务，因此在 Motel 6 一个房间的运作只需要前厅人员、房间清扫人员、房间及地面维修人员就可以了。为了在那些住宿要求简单的旅行者中间推进 Motel 6 概念，Motel 6 利用了独特的易于辨认的广播广告；这些广告是由美国国家公共广播电台的知名主播汤姆·博得特（他是 Motel 6 的代言人）制作的，它们描述了 Motel 6 干净的房间，没有附加项目的设施，友好的氛围，以及比较低的费用（通常在每晚 30 美元以下）。

相反，丽思卡尔顿的对象却是那些愿意支付且支付得起高档住宿费用的旅行者和度假者。丽思卡尔顿的特色是：(1) 黄金地段，在很多房间都能看到如画的风景；(2) 定制式的建筑设计；(3) 幽雅的餐厅，精美的食物，名厨主理；(4) 雅致的休息间和酒吧；(5) 游泳池、健身设施以及其他休闲设施；(6) 高级的房间住宿条件；(7) 适时适地的顾客服务和娱乐休闲机会；(8) 大规模的受过很好训练的专业工作班子，他们为使每一个顾客获得舒适的体验而竭尽全力。

这两家公司都把精力集中在整体市场的一个很狭窄的部分。Motel 6 的竞争优势的基础是能够以比竞争对手低的成本为对价格很敏感的旅行者提供基本的、经济的住宿服务。丽思卡尔顿的竞争优势的基础是能够为一群富有的客户群提供上乘的住宿服务和无与伦比的个人服务。它们都能够在竞争中获得成功——虽然它们所采取的战略处于两个极端——因为住宿市场包含着多种多样的购买者细分市场，他们的偏好和支付能力也多种多样。

（四）合作战略

合作战略是通过与其他公司一起行动，而不是针锋相对来获得竞争优势的战略。很多公司除了独自追逐和实施各自的竞争战略外，开始同其他公司组建战略联盟和合作伙伴关系，追求在战略行动方面的互补，以及加强它们在国内外市场上的竞争力。合作战略的主要类型是战略联盟。

战略联盟是两个或两个以上的公司或事业部为了达到具有共同利益的战略目标而形成的伙伴关系。战略联盟是一种合作协议，在这种协议下，各个协议公司之间的关系超越了一般的公司间的关系，但也不是一种合并关系。联盟和合作协议可以涉及联合开发、技术分享、生产设施的联合使用、相互营销各自的产品，或者合作生产配件或进行成品的组装。

公司组建战略联盟或者签订合作协议以战略有利性为原则。其中最重要的五种情形是：进行技术合作或者合作开发有前途的新产品；提高供应链的效率；获得生产和市场营销方面的规模经济；填补在技术和制造技能方面的缺口；获得或改善市场准入。在共同研究、共享技术诀窍以及合作互补型技术和产品的时候，各个联盟公司可以学到很多东西。制造商同零配件供应商建立联盟，其目的在于改善供应链管理的效率，以及加快新产品推向市场的速度。通过合作生产零配件、组装模型，或者营销联盟公司的产品，可以实现单靠自己的小规模实现不了的成本节约；也可以通过相互研究和学习各自的制造方法来改善各自的质量控制和产品生产程序。有些情况下，联盟的组建是为了分享分销设施和特约经销商网络或者联合促销能够互相补充的产品，从而加强和扩大到达顾客的渠道。

依照关系强弱程度不同，战略联盟主要包括四种类型（见图4—6）。

图4—6　战略联盟的类型

1. 共同服务协议。共同服务协议是处于相似产业的相似公司之间的伙伴关系，它们把资源放在一起以获得某项利益。如果一个公司单独去开发，要获得同样的利益，可能成本非常高昂。

2. 合资。合资是一种合作经营活动，由两个或者多个彼此分离的组织为了某个战略目标而组建一个独立经营实体，并且事先明确规定所有权、运营责任、财务风险以及经营成果的分配，各组织仍保留各自原来的身份和自主权。合资是一种常见的战略联盟形式，由于财务、政治、法律因素的缘故，合资在国际经营中盛行。

3. 许可证协议。许可证协议是发出许可的公司允许另一家公司在另一个国家或者市场上生产或销售某产品，接受许可的公司要对发出许可公司的技术专长给予回报。如果进入新市场比较困难，可以采用许可证协议，但不能把关键技术许可出去，否则会把合作者培养为竞争对手。

4. 价值链伙伴关系。价值链伙伴关系是强且近的联盟关系，是公司或事业部为了共同的利益而与关键的供应商或分销商形成的一种长期协议。

第3节 差异化战略

虽然基本战略选择包括成本领先、差异化和集中差异化，但由于成本优势很容易获得或复制，难以长久维持，而且企业具有回避直接竞争的倾向，竞争战略主流的选择仍然是差异化战略。

差异化战略是回避直接竞争的基本手段。差异化战略中最主要的问题是确定在哪些方面差异化，或把哪些要素差异化。差异化战略已逐步发展为企业与竞争对手竞争的武器。在选择时需要综合考虑三点：(1) 顾客的需求是什么？(2) 竞争对手是谁？(3) 能否持续保持比较优势？

前两点决定了企业在市场中的竞争状态，第三点主要是考虑企业的经营资源和经营能力。差异化不是短期的策略，而是需要长期使用、不断战胜对手，进而保持比较优势的手段。

一、以顾客需求为核心

实行差异化战略，首先要了解市场竞争是围绕什么进行的，这是实行差异化的出发点，也是差异化的要点所在。

顾客是感知企业间差别、识别企业优势的主体。因此，企业实行差异化必须立足于顾客的需求，把顾客需求作为差异化的起点。

顾客的需求是多方面的，是一组需求，我们称之为需求束。需求束包括：(1) 价格；(2) 产品（性能、质量、设计、连带性服务等）；(3) 服务（支付条件、售后服务等）；(4) 形象（社会对产品和企业的认识）。

需求束会因产品特性和顾客特性的差异而不同，即使在同一需求束中，顾客关注的焦点也是不一样的。例如，人们不会过多地注意化妆品的价格，而对日用消费品的价格格外关心；高薪阶层注重的是产品的品牌和性能，一般消费者更关心的是商品的性价比。

如果企业把满足顾客多方面的需求作为差异化的出发点，即在需求束的所有部分都实行差异化，那么这样的差异化战略是很难成功的，它会导致企业资源分散，削弱企业实力。差异化必须围绕需求束中顾客需求最集中的部分进行。如果我们把需求束中顾客最敏感的部分称为需求核心，那么企业实行差异化战略的关键，就是要把顾客的需求核心作为差异化的要点。企业如果认为价格是需求束中顾客最关心的因素，就可以实行价格差异化。也可以围绕产品本身实行差异化，即产品差异化。产品差异化可以具体反映在性能差异化、质量差异化、设计差异化等多种形式上。另外，企业围绕服务和形象实行差异化，也会取得同样的效果。

以顾客需求核心为中心的差异化战略很容易取得成功。具体情况有两种。

1. 把市场上的顾客按需求核心的不同分为几个不同的顾客群。企业选择一个顾客群，寻找需求核心进行差异化，而竞争对手则以其他顾客群的需求核心为中心进行差异化。

市场不是由购买行为完全相同的顾客构成的。有的人关心品牌，有的人关心价格，有的人也许更注重商品的质量与设计，这样，市场就可以分为几个不同的部分。这些不同部分称为细分市场，例如，服装市场可以分为高档市场和中低档市场；还可以按顾客年龄层次分为中老年服装市场、青年人服装市场和童装市场。经过这样的细分，各个细分市场中顾客的需求核心是一致的。对企业来说，在整体市场上实行差异化不易取得成功，而与竞争对手分别在不同市场上实行差异化则很容易取得成功。为此，企业需要进行有效的市场细分。

2. 企业在满足顾客需要方面具有其他竞争对手无法比拟的优势。在这种情况下，顾客的购买兴趣完全被企业自身吸引。这种优势实际上成了顾客的需求核心，可以说企业加大了需求核心的差异化程度。

例如，在相当长的一段时期内，微软操作系统在市场上占有压倒性优势，成为计算机市场上顾客需求的核心。即使在苹果产品兴起、市场压力增大的情形下，仍然具有相当可观的市场份额。这种压倒性差异化的出现，会使企业有相当高的市场占有率。此外，成功的技术开发也会带来同样的结果。

以顾客的需求核心为中心进行差异化也有一定的局限性。因为顾客的需求核心也是竞争对手普遍关注的，竞争对手也在进行同样的差异化，因此，竞争的结果很可能是谁都无法长期保持与对手的差异化。

二、超越单纯差异化

如果各个企业都以需求核心为中心进行差异化，最终结果势必是各个企业都不相上下，难分高低。这种情况下，如何使差异化战略脱颖而出取得成功呢？

应该在满足顾客需求核心的基础上进一步找出与竞争对手相区别的战略。可以考虑采用两种方法：（1）微妙差异化；（2）个性差异化。

（一）微妙差异化

微妙差异化，是将顾客的需求核心作为企业招徕顾客的要点，试图在这些要点上进一步找出与其他企业的微妙差异。这种微妙的差异，是顾客选择企业产品的根本动机。微妙差异化可以针对某个特殊的顾客群，也可以针对某一特殊用途的产品。这种战略的市场面很窄，但在这部分市场上，企业却可以取得较其他企业优越的地位，获得平均利润率以上的收益，如不同风格的咖啡店、酒吧。

（二）个性差异化

个性差异化，是在以顾客的需求核心为中心进行差异化的同时，找到一个或几个能充分发挥企业优势的点，在这个点上形成与其他企业不同的特色。这是树立企业形象的战略。企业特色一旦形成，就具有很强的竞争力，可以将重要的顾客群吸引到自己的企业。这种情况下，顾客购买的不是特定的产品，而是在“买企业”。

有的企业在价格上形成个性，有的企业在产品开发上形成个性。不仅新进入市场的企业应追求个性差异化，市场占有率低的企业为了能让顾客更好地认识自身，也应追求个性差异化。对这类企业来说，被某个细分市场接受，要比被整个市场接受更容易些。

在竞争日趋激烈的现代市场中，微妙差异化和个性差异化日益成为企业重要的战略类型。但是，由于顾客的需求是多方面的，仅仅满足顾客的核心需求是不够的，核心需求以外的许多环节也有未满足的因素存在。

三、明确竞争对手

微妙差异化、个性差异化以及追求成本优势，都是在假设竞争对手已经明确的前提下进行的。但通常情况并非如此简单，许多竞争对手是企业意想不到的，有些竞争对手的出现甚至是企业自己选择的结果。无论哪种情况，既然差异化战略是将本企业与其他企业的不同之处告诉顾客，就必须首先认清竞争对手是谁。

□ 案例 4—4

格兰仕

格兰仕可以称得上是有中国特色的企业之一。这种特色充分体现在两个方面：第一，它成功地战胜了洋品牌，成为中国少数几个拥有行业控制能力的企业之一。第二，它采用将国外生产线搬进来，做“世界制造中心”的 OEM（原始设备制造商，指一种代工生产方式）模式。在做 OEM 的同时也做自己的产品，格兰仕获得了规模生产的优势。因此，连续几次大降价后，格兰仕争得了微波炉的霸主地位，同时也加速了微波炉这一产业的价格下降趋势。通过降价，格兰仕成功地为这个行业竖起了一道价格门槛。如果想介入，就必须投巨资去获得规模，但如果投巨资做不出格兰仕的盈利水平，就要承担巨额亏损。即使做到格兰仕的盈利水平，产业的微利和饱和也使对手无利可图。凭此，格兰仕成功地使微波炉变成鸡肋产业，使不少竞争对手退出竞争，使很多想进入的企业望而却步。

在意想不到之处出现竞争对手，有两种比较典型的情况。一种情况是，竞争对手是顾客自身，对于企业所提供产品和服务的选择，决定权在于顾客，这种情况下，企业最难对付的竞争对手就是顾客自身。另外一种情况是，竞争对手是提供与自己产品和服务功能相同的替代品的企业，市场上所有企业都要与提供替代品的企业进行竞争，替代品在一定程度上限制了企业利润的获得。识别替代品就是寻找那些与自己所提供产品具有相同功能的其他产品。替代品范围很广，可能与企业的产品相去甚远。例如，如果只把圆珠笔看作一种书写工具，那么企业就会把其他生产圆珠笔的企业和生产其他书写工具的企业作为竞争对手，在文化用品市场竞争。但如果把圆珠笔看成是与一次性打火机、赠品一样的礼品，作为宣传企业和产品的手段，那么企业就要把提供各种礼品的企业当作自己的竞争对手。

竞争对手在有些情况下不会因企业的选择不同而不同。在上面的例子中，如果企业认为在礼品市场上与对手竞争比较困难，完全可以避开这个市场。市场范围可以由企业自己决定。

四、确定市场范围

市场范围的确定并不是一件容易的事。如果说钢铁市场，那么范围是很明显的。但如果说高性能低价格建筑材料市场，范围就不那么明显了。钢铁是制造方的产品定义，但从买方来看，它买的并不是钢铁本身，而是钢铁所提供的功能。如果出现了具有相同功能的替代品，如工程塑料等，那么钢铁企业就不得不考虑与提供这些替代品的企业竞争。在商店买口红的女性也不是单纯为嘴唇抹红颜色，她买的是一种“美的愿望”。从这种角度考虑，企业向市场销售的不单纯是物质的化妆品，而是范围比物质更广泛的产品，是一种“美的愿望”。

确定市场范围最主要的问题是如何正确理解产品或事业的定义。目前，在产业分类中比较流行的是考虑需求的交叉弹性。它表示某种商品价格上升（或下降）一个百分点时，其他商品的需求增加（或减少）的百分点。替代品之间的交叉弹性比较大。如钢材价格固定，而工程塑料价格下降，那么顾客对钢材的需求就会减少，因为两者存在一定的替代关系，也可以说两者的交叉弹性大。与此对应，工程塑料的价格不管降到多低，也不会影响到顾客对服装的需求，这是因为两者的交叉弹性小。一个产业就是由提供互有替代关系的产品或服务的企业构成的。

关于市场界限的划分，并不存在一个普遍适用的标准。这不是分析方法上的缺陷，主要是理解上的问题。市场由三部分构成：竞争对手、顾客、产品或服务。企业在确定市场范围时，必须对此进行定义。企业不同，对市场的定义也不同，由此产生了企业独特的差异化战略。

五、保持比较优势

企业能否持续地保持比较优势，主要取决于两个方面。

1. 为形成比较优势，企业拥有多少具体的竞争手段。一般来说，企业拥有的竞争手段越多，越容易形成比较优势。

2. 使用各种竞争手段的能力以及拥有的资源数量。与竞争手段相同的企业相比，资源多、能力强的企业更容易形成优势。一些企业即使能够使用的竞争手段比较少，但由于竞争手段的功效和使用方法出色，与那些具有广泛竞争手段的企业相比，也容易形成优势。

企业拥有的竞争手段的范围取决于多种因素，其中，经营资源的数量是决定竞争手段范围的主要因素。如企业在竞争中所使用的技术、信誉、商品等手段，实际上大都与企业拥有的资源有关。因此，企业能否持续地保持比较优势最终取决于企业拥有的经营资源。

六、选择竞争领域

除经营资源外，决定企业竞争手段功效和范围大小的另一个主要因素是企业的竞争领域，即企业产品线的广度和垂直统一的深度（见图 4—7）。

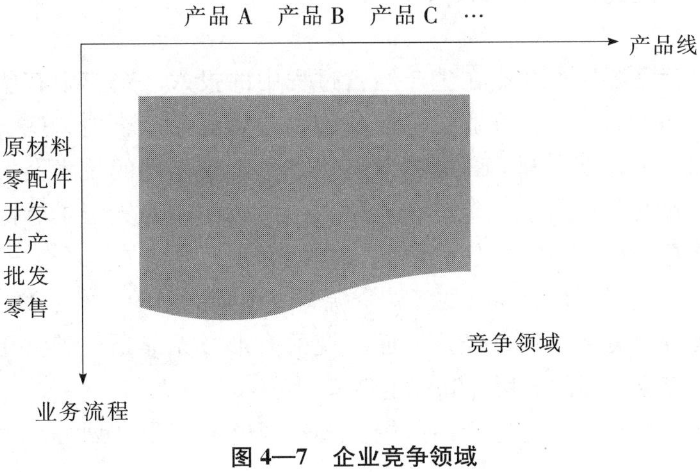

图 4—7　企业竞争领域

竞争战略所说的产品线的广度是指企业将多大范围的产品提供给市场。产品线的横向扩展实际上就是增加与企业现有产品和服务相类似的新产品和新服务。

产品线的广度是企业可以选择的。将市场分为几个目标市场，各个企业可以自主选择在哪个细分市场上参与竞争。将几乎所有细分市场作为目标市场，称为无差别的战略；将一个或少数几个细分市场作为目标市场则称为重点战略。

垂直统一是指把向市场提供产品所必需的各种业务和生产阶段（如原材料供应、产品开发、批发、零售、服务等）都纳入企业内部，实行产供销一体化。各企业垂直统一的深度是有差别的。有的企业自己生产零部件和原材料，有的则向外部采购；有的企业有自己的流通渠道和销售网，有的企业却要依靠批发商和零售商。

产品线的广度和垂直统一的深度的乘积就是企业竞争领域的面积。扩大竞争领域面积，也就扩大了企业竞争手段的范围。竞争领域的选择对企业竞争力有很大影响。目前，许多生产企业都通过向流通领域拓展、不断扩大产品线的广度等方式扩大竞争领域，有人称之为市场支配型战略。这种战略的优势在于，竞争领域扩大可以使企业拥有更多的竞争手段，而且借助这种战略的实施，企业可以积蓄更多的经营资源，形成其他企业难以取得的战略地位。这种战略性的保护能够使企业持续保持比较优势。

第4节 经营资源

与竞争对手相比，企业拥有的经营资源是否具有优势，是决定企业竞争战略能否取得成功的关键。为了对此作出正确判断，必须对经营资源本身有足够的认识。

一、经营资源的通用性和固定性

企业的经营资源是指企业在生产经营过程中的投入。企业中有些资源是有形的、显性的，如以资金、有价证券等反映的财务资源，以土地、厂房设备和原材料反映的实物资源，以专利、商标和专有技术所有权体现的技术资源，以及在数量和成本上反映的劳动力状况等；企业中另一些资源则是无形的、隐性的，如员工的知识和智慧，相互间的信任和协同工作的方法，企业在社会上的声誉以及对外联系的特有方式等。企业拥有的经营资源是其独特能力的基本来源。

对经营资源分类有多种口径，上面所说的有形、无形是一种常用的口径，这里我们主要以经营资源的通用性和固定性来划分。

通用性指某种类型资源适用的范围。按资源的通用程度划分，企业经营资源主要有以下几类。

（1）资金。在企业拥有的经营资源中，资金的通用性最高。因为在以货币为媒介的市场经济中，充足的资金可以使企业在市场上买到一切需要的东西。现金、存款、可兑换成现金的有价证券都属于此类。

（2）物质资源。土地和设备等物质资源的通用性比资金低，但也有较高的通用性。一些企业内部自制的机械设备因为受适用范围的限制，通用性较低。

（3）人力资源。作为劳动力的人的资源，与物质资源具有相同的通用性。人力资源的通用性程度，取决于人力资源本身的特性。一般来说，非熟练劳动力通用性高，而掌握企业特殊技能的熟练劳动力通用性较低。

（4）信息资源。信息资源的通用性程度最低。商业秘密、技术、顾客、市场信息，以及企业形象、信用、产品商标等都属于这类资源。虽然有些技术有相当高的通用性，但一般情况下，技术会因企业的不同而产生很大差异。

信息资源大多是反映企业特异性的资源，不是其他企业拿来就能用的。因为大多数信息资源是在企业日常工作过程中产生的，如果其他企业没有类似的过程，就不可能适用。企业文化、员工道德等有时也被看作信息资源的一部分。这是存在于人的头脑和心中的看不见的因素，与其他资源相比更为重要。

固定性指某种资源在企业间可流动的程度。按经营资源的固定性划分，可以分为固定资源和可变资源。这种分类可以看作按取得某种资源所费时间和成本的多少进行的划分。企业所使用的非熟练劳动力、原材料和简单的机械设备，以及从外部引进的资金等固定性较低的资源都属于可变资源；企业的熟练劳动力、大型设备、可长期使用的资金固定性都比较高，顾客信用、产品知名度、技术、组织文化等信息资源固定性更高，它们都属于固定资源。

按通用性和固定性程度可对经营资源的类型进行归纳。从图 4—8 中可以看出，经营资源的通用性和固定性之间是一种反向关系。通用性高的资源一般可以从市场上获得，而且不用花费太多时间；而固定性高的资源，由市场上获得非常困难，它的取得需要一定的时间。通用性高的经营资源量比质更为重要；固定性高的资源质比量更重要。

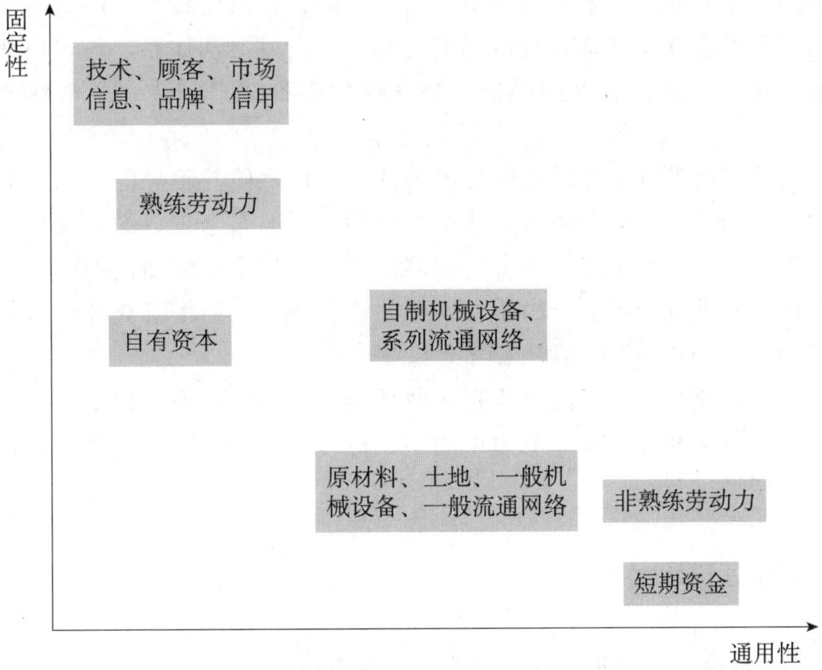

图 4—8　经营资源的通用性和固定性

二、核心能力

企业除了拥有经营资源，还拥有能力。如果企业形成了与众不同的具有竞争优势的资源和能力，那么这种能力就被称为组织的核心能力（core competencies）。核心能力是企业主要的价值创造技能，它能使该企业比其他企业做得更好，并且有着重要的竞争意义。核心能力与能力的区别在于：核心能力对公司的竞争力和盈利能力起着至关重要的作用。

核心能力是一个企业能够长期获得竞争优势的能力，是企业所特有的、能够经得起时间考验的、具有延展性的（为企业提供了一个进入多种产品市场的潜在途径），并且是竞争对手难以模仿的技术或能力。核心能力具有有用性（能够为顾客带来价值）、不可替代性、不可模仿性等特征。

企业的核心能力可能指完成某项活动所需的优秀技能，可能指公司技术诀窍的范围和深度，也可能指那些能够产生具有很大竞争价值的生产能力的一系列具体技能的组合。通常来说，核心能力的产生是组织各个不同部分有效合作的结果，是个体资源整合的结果。一般来说，核心能力存在于公司的员工身上，而不是存在于公司资产负债本身。核心能力深深地根植于技巧、知识和人的能力之中。

在实践中，各个公司所表现出来的核心能力多种多样：生产高质量产品的技能，创建和操作一个能够快速而又准确地处理客户订单的系统的诀窍，新产品快速开发的能力，提供很好的售后服务的能力，选择良好的零售地点的技能，开发受人欢迎的产品的能力，采购和展销产品的技能，在重要技术上的特有知识，研究客户需求和品位以及准确寻找市场变化趋势的良好方法体系，与客户就产品的新用途和使用方式进行合作的技能，综合使用多种技术创造一个全新的产品的能力。

例如，美国斯塔泰克环球通信公司的首席执行官使其领导的公司成为世界级的国际通信公司之一，该公司的成功是因为满足了遍布全世界的多种族群体的需求。公司的核心能力是用当地语言与顾客沟通，并且将高附加值的项目和产品按照顾客不同的需求进行定制。由于在这些领域的能力，斯塔泰克环球通信公司的顾客数自 20 世纪 90 年代中期以来增长了 40 倍。

简而言之，核心能力使公司拥有某种竞争能力，从而是一种真正的公司强势和资源。一个公司拥有的核心能力可能不止一种，但是，同时拥有几种核心能力的公司并不多见。

三、经营活动的产出

通常我们都是从经营活动投入的角度来理解经营资源。但也有这样一些资源，它们既是经营活动的必要投入，也是经营活动的产出。同时具有投入、产出两重性质的资源，对经营活动尤为重要。

1. 资金。资金作为经营活动产出的资源，既是经营活动的投入，也是产出。以一定量的资本带来更大的资本，是企业进一步扩张的必要条件。

2. 信息。信息是经营活动产出的另一种资源。在经营活动过程中产生的过去没有的信息，对经营活动未来的发展具有重要意义。如企业市场、技术信息的积累，不仅会对企业今后的发展产生很大影响，也会成为企业进入相关新领域的资源。

3. 人。人是信息资源的载体，因此，人才是企业最重要的资源。作为劳动力的人或许可以用机械替代，但信息资源的承载者只能是人。经营过程中锤炼出来的既有经营眼光，又有动手能力，对企业文化心领神会的骨干，是企业最珍贵的宝藏。从这个意义上说，竞争最终是人才的竞争。

思考题

1. 企业战略可以分为哪几个层次？每个层次的具体内容和追求的目标是什么？

2. 什么是非直接竞争的战略态势？什么情况下采用非直接竞争战略而不采用直接竞争？

3. 基本的竞争战略有哪几种？请举出每种基本战略的典型事例并具体描述。

4. 战略联盟按照强弱程度不同有几种联盟方式？你所知道的采用这些方式的具体事例有哪些？

5. 决定产业吸引力和盈利性的竞争力量有哪些？怎样运用这些力量分析产业？

6. 什么是核心能力？它与一般能力的区别是什么？你所知道的企业的核心能力有哪些？

7. 对你熟悉的一家企业进行SWOT分析，说明这家企业具有何种竞争优势。

案例分析

海底捞："上帝的感觉"

从不知名的小火锅店起步，到今天全国的百余家店，海底捞用了20年的时间。这家人均消费六七十元的中国连锁餐饮民营企业，被广泛称道的是其细致新颖的服务。在海底捞，顾客能享受到"星级服务"，真正找到"上帝的感觉"，甚至会觉得"不好意思"。

每家海底捞都有专门的泊车服务生，只要你不是视车如命，不能忍受陌生人触摸你的爱车，大可以让服务生去帮你泊车。如果你有需要，离开海底捞之前他们还会提车到店门口交给你。据说，如果你是在周一到周五中午去用餐，还能享受免费擦车服务。按照网友的话说，"泊车小弟的笑容也很温暖，完全不以车型来决定笑容的真诚与温暖程度"。

如果是在饭点，几乎每家海底捞都是一样的情形：等位区里人声鼎沸，手持号码等待就餐的顾客接过免费的水果、饮料、零食，观望屏幕上打出的座位信息。这就是传说中的海底捞等位场景。如果是一大群朋友在等待，服务员还会主动送上扑克牌、跳棋之类的桌面游戏供大家打发时间；或者可以趁等位的时间享受免费美甲、擦皮鞋服务。即使是提供的免费服务，海底捞一样不含糊。一名网友讲述了她的经历：在大家等待美甲的时候，一个女孩不停地更换指甲颜色，还不时地要求重新做，反复折腾了大概5次，一旁的其他顾客都看不下去了，但为其提供服务的阿姨却依旧耐心十足。

待你坐定准备点餐的时候，围裙、热毛巾已经一一送到眼前。服务员还会为披长发的女士递上皮筋和发夹，以免头发落到食物里；戴眼镜的朋友则可以得到擦镜布，这是为了避免热气模糊眼镜；服务员看到你把手机放在台面上，会不声不响地拿来小塑料袋，以防手机沾上油。每隔15分钟，就会有服务员主动更换你面前的热毛巾，如果你带了小孩，服务员还会帮你喂孩子吃饭，陪他在儿童天地做游戏；餐后会送上免费的水果和银耳羹；过生日的时候还会赠送一些小礼物……如果你点的菜太多，服务员会善意地提醒你已经够吃；随行的人数较少，他们还会建议你点半份。至此，海底捞不会让顾客焦急地等待，点菜后10分钟内就可以动筷子。服务员手脚麻利，有问必答。假如是在包间用餐，会有一名固定的服务生为你服务。如果想将菜品用相机拍下来，热情的服务生还会主动帮你托着菜盘，丝毫不会反感或禁止你拍照。

大部分顾客来到海底捞都必点一道菜，那就是抻面，不单为了吃，更为了看。年轻的师傅会把4元一根的抻面舞得像艺术体操的缎带，还不时抛向某个客人，与其互动，表演欲极强。你会很感动一个年轻人在工作中获得的发自内心的快乐。

餐后，服务员马上送上口香糖，一路遇到的所有服务员都会向你微笑道别。一个流传甚广的故事是，一位顾客结完账，临走时随口问了一句："有冰激凌送吗?”服务员回答:“请你等一下。”5 分钟后,这个服务员拿着“可爱多”气喘吁吁地跑回来:“小姐,你的冰激凌,让你久等了,这是刚从易初莲花超市买来的。”

很多顾客表示,他们都曾有类似的经历。有网友提到,他们一行人中有位孕妇,海底捞的服务员注意到后,特意送了一坛泡菜给孕妇,分量还不小;如果某位顾客特别喜欢店内的免费食物,服务员也会单独打包一份让其带走……

这就是海底捞的粉丝们所享受的“花便宜的钱买到星级服务”的全过程。

资料来源:http://www.ceconline.com/strategy/ma/8800053336/01/?pa_cha_14;http://www.wangjing.cn/items29707.html,有改动。

思考题

1. 你认为海底捞的战略是什么?
2. 海底捞是否应维持现有的战略?
3. 有人说,海底捞的管理经验只限于劳动密集型企业,不适用于知识密集型企业,你的看法是什么?

第 5 章

多元化战略

本章要点

- ○ 环境变化与经营范围
- ○ 进入新业务领域战略
- ○ 相关多元化战略
- ○ 不相关多元化战略
- ○ 波士顿矩阵
- ○ 经营方向的选择方法和经营结构的选择
- ○ 资源平衡配置
- ○ 蓝海战略

企业的生存和发展通常面临两大威胁：市场竞争和环境变化。对此，企业往往依靠多元化经营战略，通过扩大经营范围来降低风险、谋求发展。但是，企业的经营资源和经营能力往往有限，而市场和顾客的需求却相对无限。一个企业不可能进入所有的市场，也不可能满足所有顾客的需要。每一个企业都必须选择和确立一定的经营方向和经营结构，以求发挥自身的经营优势，多元化经营战略便成为企业发展到一定阶段需要考虑的问题。

第 1 节 环境变化与经营范围

经营水平的高低并非企业盛衰兴亡的唯一原因。某些企业的兴亡，并不是自身经营水平低所致，而是由于其所立足的产业和市场均已步入衰退期。在这种经营环境中，就算企业战略得当、竞争有术，也难有作为。以耐用消费品为例，商品的普及、需求的饱和、新技术革命和同行竞争都可能导致其市场趋向成熟或衰退。导致市场盛衰的原因很多，但是任何一个产业都难免由生命周期的成长阶段走向成熟和衰退阶段，尽管企业可以借助种种努力延长其产品的生命周期，但这只是权宜之计，市场最终还是会走向衰退。因此，企业的根本出路在于开拓新的经营领域，调整现有经营结构，通过多元化经营摆脱市场和产业的衰退所带来的不利影响。

现代大企业普遍采用多元化经营战略，从其发展轨迹看，无论是长期战略的规划，还是机会主义式的实验，走的都是一条由单一经营到多元化经营的发展道路。享誉世界的综合电机制造厂商松下电器和日立起家时，只不过是两家分别制造并销售电灯灯座和电机的小厂而已；美国运通公司创立初期只从事地区性的快递服务，却逐步发展成为全球最大的提供旅游服务和综合性财务、金融投资和信息处理、信用卡发行和国际银行服务的多元化经营的跨国公司。实行多元化经营不仅可以降低风险，解决企业的生存问题，更是企业寻求发展、实现基业长青的有效途径（见图 5—1）。

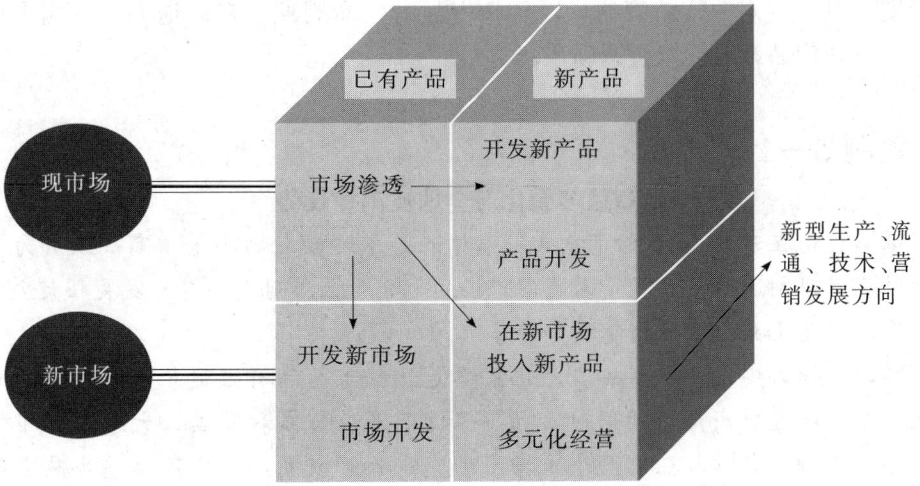

图 5—1　事业扩大与多元化经营

产品的市场生命周期是指产品从进入市场到被市场淘汰的全过程，一般分为四个阶段：导入期、成长期、成熟（饱和）期、衰退期，其一般模式如图 5—2 所示。

导入期：该阶段新产品刚刚投放市场，市场需求量小且增速慢，需增加投入以创造大量的市场需求。

成长期：该阶段市场需求急速增长，产品大批量进入市场，由于竞争者增加，价格趋跌，产品差别化和市场细分化策略被广泛采用，围绕市场份额的竞争更加激烈。进入后半期，有一部分竞争者被淘汰出市场。

成熟（饱和）期：该阶段产品需求出现停滞或逐渐下降，价格进一步下跌，

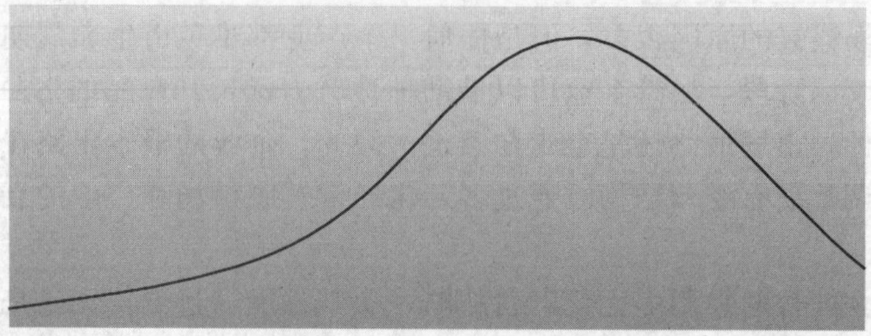

图 5—2　产品的市场生命周期

退出市场的企业开始增多。

衰退期：该阶段产品的市场需求明显下降，大部分企业相继退出市场。

在不同阶段，企业要相应地采取不同的竞争策略。在导入期，可采取无差异营销策略，以较高的价格吸引高收入阶层顾客的注意，或者以较低的价格先抢占市场份额；在成长期，低价可作为主要的竞争手段，应采取差异化营销策略；在成熟期，可采用集中营销策略，以延长产品的生命周期；在衰退期，则应采用转产、开发新产品策略，以进入新市场。

□ 案例 5—1

商品多元化与全球性销货攻势

耐克公司在不到 10 年时间内由一家输入日本运动鞋的小进口商一跃成为美国最大的运动鞋制造商，销货量占美国市场的 1/3 以上。耐克公司的发展壮大主要归功于商品多元化和全球性销货攻势的作用。

瞄准市场需要，实行商品多元化策略是开拓市场的有效途径。耐克在不甘心充当一个小小进口商角色的同时，立下了向西欧、日本和美国三大运动鞋市场奋勇角逐的决心。当时，在前两个市场上的竞争异常激烈，美国民众跑步热潮的强劲势头也渐衰。为了应对这一局面，耐克公司在权衡利弊后采取了商品多元化策略，推出了童鞋、非运动休闲鞋、工作鞋和运动服装。此举使该公司的销货金额比往年增加 51%，纯利增加 96%。20 世纪 70 年代中期，该公司集中力量开发高性能运动鞋市场，主要生产一些价格昂贵的跑步鞋，销售对象是那些收入可观并把跑步视为日常活动的中产阶层顾客。这种顾客在美国最多，他们是美国运动鞋消费市场的主力军。由于预测准确，产品符合市场需要，加之运动鞋设计独特，耐克公司的产品在热衷于慢跑的美国人中很受欢迎。此外，公司还根据世界体育运动发展的趋势，迅速向棒球鞋、网球鞋以及其他运动鞋领域发展。

耐克公司同时积极发动全球性销货攻势，采取灵活多样的方式，在国外设厂生产销售，开拓国际市场，再加上刻意创新的推销技巧，耐克公司牢牢地占领了运动鞋市场。

第 2 节　多元化经营战略

多元化经营战略是一种新产品开发经营和新市场开拓相结合的经营战略。在原经营产品基础上开拓新市场或在原市场领域内经营新产品都不是多元化经营。

一、多元化经营的意义

企业实施多元化经营战略的意义主要在于三个方面：速度效益、范围效益和分散风险。

（一）速度效益

企业保持一定的发展速度所带来的经济效益即为速度效益。速度效益不同于规模效益，规模效益只能体现在同一类商品或同一品种上，其途径是通过大批量生产降低单位成本。而速度效益则是通过保持一定的增长率来实现的，因为保持一定的发展速度可以有效地利用未开发资源，优化产品成本结构，激发员工的士气。

1. 有效利用未开发资源。企业现有的各种经济活动会不断地创造和积蓄新的资源，如信息、技术、专利、商标等。这些企业资源在其他经营领域同样可以发挥作用、产生效益，但是，如果只局限于单一经营领域，这些资源的价值很难得到充分利用，甚至会处于未开发状态，造成企业资源浪费。以工作技能为例，每一位员工都具有学习和创造的能力，他们可以通过工作实践掌握提高工作效率的方法和技巧，从而提高自身工作技能，在单位时间内完成更多的工作量。此时，如果不相应增加其工作量，其能力会因未被充分利用而闲置，甚至浪费。而要增加员工的工作量，就必须使企业保持一定的发展速度，从这个意义上说，保持一定的发展速度是有效地利用闲置资源的重要手段。

2. 优化产品成本结构。以人工费用为例，企业的发展需要补充新的劳动力，这会使员工年龄结构趋向年轻化，而员工平均年龄的下降又会带动其平均工资水平的下降，从而降低产品平均成本，增强企业的竞争力。

3. 激发员工士气。众所周知，员工士气与企业盛衰密切相关，企业兴盛可以振奋员工精神，提高工作效率。在发展时期，员工总是表现出愿意为企业多作贡献、多承担义务、多履行责任等各种难能可贵的热情。同时，发展需要增加管理职位，这就给员工提供更多的晋升机会。因此，保持一定的发展速度可以源源不断地向员工提供努力工作的心理动力。

为实现并提高企业效益，企业必须保持一定的发展速度，这就要求突破单一市场的界限，因此，开拓新市场和新的经营领域就成为企业的唯一选择，其基本手段不外乎两种：一是扩大市场的地域范围，进入新市场，以国际化经营最为典型；二是扩大经营范围，进入新的经营领域，多元化经营遂由此而生。

（二）范围效益

与单一经营活动相比，多元化经营活动可降低单位产品成本，这就是范围效益。假定有A，B，C三家企业，其中A和B分别从事半导体和计算机的生产经营活动，而C企业合二为一，同时从事半导体和计算机的生产经营活动，一般情况下，C企业的经营成本就会低于A和B两家企业的经营成本之和。此时，在产品价格竞争方面，C企业对A企业和B企业都具有一定的优势，起码不会居于下风。这里就有一个范围效益的问题，正因为如此，有越来越多的企业开始由单一经营转向多元化经营。

一方面，任何活动都需要以若干资源为条件；另一方面，经营活动本身又会创造、积蓄许多新的经营资源。在多元化经营条件下，资源得到充分利用，很容易产生范围效益，但是在单一经营情况下，这些资源很难物尽其用，会造成很大浪费。

追求范围效益的途径很多，最简单的方法就是生产副产品，如炼焦企业就具备发展化学工业的成本优势。追求范围效益的最主要方法是扩大信息资源的应用范围。信息资源具有可同时共用的特点，所以企业的技术、商标、品牌、信誉和流通网络等诸多资源均可广泛运用于其他经营领域，并成为新的经营活动的依托。此外，也不应忽视闲置资源对实现范围效益的影响，如利用闲置土地发展娱乐观光事业和不动产业；利用企业季节性的忙闲规律，在业务淡季生产其他产品，等等。当然，利用闲置资源所产生的范围效益要比前两者小得多，更不可能成为新的经营活动的依托。

（三）分散风险

将企业全部资源集中投入某一特定的经营领域，往往具有极大的风险，尤其是对大企业而言，一旦发生重大风险事件，整个企业都将卷入危机而难以自救。为了避免风险，许多企业采用投资界常用的分散投资策略，将资源分散投资于若干经营领域。这样一来，即使某一领域发生危机或亏损，还可以由其他领域的经营来弥补。企业通过实施多元化经营增强自身的抗风险能力，即常言所谓“东方不亮西方亮”。但这不等于说只要选择若干经营领域就万事大吉了，企业必须正确选择，有效组合各种经营活动，才可能在发生危机时分散风险，弥补损失。

多元化经营有助于企业实现速度效益、范围效益，分散经营风险，但我们也不能由此得出这样的结论：所有企业都应从事多元化经营。因为事物总是利弊并存，对那些单一产品市场基础仍很薄弱，不具备多元化经营所需资金、技术、人才条件的企业来说，利弊相权，单一经营可能更为有利。

企业整体经营战略由经营范围决策和资源分配决策两部分组成，其中，经营范围决策是资源分配决策的依据，它又包括企业经营方向和经营结构两个问题，我们将在第 3 节分别予以论述。

□ 案例 5—2

价值链

价值链的概念是波特在他 1985 年出版的《竞争优势》中提出的。他想让经理理解为客户创造价值的组织活动的序列。虽然主要聚焦于单个组织的活动，但是他强调经理必须理解他们的组织是怎样适应行业的整个价值创造活动的。

价值是怎样提供给客户的？是通过将原材料和其他要素转变成最终客户在特定时间、特定地点以特定方式需要的产品或服务。然而，这些原材料和其他要素转变为客户需要的价值以及客户愿意为此偿付的活动看似非常简单，实则包括了一大串相互关联的、由许多不同参加者（供应商、生产者甚至客户）参与的活动——也就是说，这些活动包括了整个价值链。价值链就是从原材料加工到产成品到达最终用户手中的过程中，所有增加价值的步骤所组成的有组织的一系列活动。每一个企业都是设计、生产、营销、交货以及对产品起辅助作用的各种活动的集合，所有这些活动都是价值链上的一个部分。一定水平的价值链是企业在一个特定产业内的各种活动的组合，完整的价值链可能包括从供应者的供应到客户的服务等所有部分。

二、多元化经营战略

企业作出多元化经营决策后，还必须选择是进入相关业务领域或不相关业务领域，还是同时进入这两种业务领域。当各业务的价值链活动间存在竞争性的、有价值的联系时，它们就是相关的；如果各自的价值链中没有共同的相似点或互补性，那么业务间就是不相关的。一般情况下，企业在进行多元化经营时，有以下几种基本的战略选择。

（一）进入新业务领域

进入新业务领域可以采取下面三种形式中的任一种：购并、内部创业、合资。

1. 购并一个已经存在的公司。购并包括收购和兼并，收购是指收购者购买或吸收被购买公司的股权。兼并是指作为一个平等的对手来合并或购买另一个公司，新成立的公司往往会使用一个新的名称。

购并是进入另一行业时最便捷的一种方式，这不仅因为与从头开始一项全新业务相比，它是一条进入目标市场的捷径，而且因为它提供了跨越进入壁垒的有效方法。这些壁垒包括获得技术方面的经验，建立与供应商的联系，达到经济规模的效率和单位成本，在广告和促销方面大量投入以获得市场份额和品牌认知，以及保证有足够的市场空间。购并一个已建好的相关公司可以直接在目标行业中拥有强大的市场地位，但是通过购并进入有吸引力行业的最大困难，是很难发现一个在价格以及其他方面都与公司目标相吻合的公司。

2. 内部创业。通过内部创业实现多元化是在企业原有的架构下创建一家新企业，以进入所期望的行业谋求发展。一个新成立的企业往往需要克服进入壁垒，需要投资形成新的生产能力，发展供应商关系，雇用和培训新员工，建立销售渠道，开拓市场空间，等等。通常，组建新企业进入新业务领域的方式在下列情形下采用：

（1）有足够的时间从事一项新的业务。

（2）行业中原有的企业对新进入者抢占市场的反应迟缓或者缺乏效率。

（3）内部创业比购并进入成本更低。

（4）企业已拥有进行有效竞争所需的大部分或全部技术。

（5）增加新的生产能力不会给该行业的供需平衡带来负面影响。

（6）目标行业存在很多相对较小的企业，因此新建企业不需要与更有实力的竞争对手进行直接对抗。

3. 合资。至少在三种情况下合资是进入一种新业务领域的有效方式。第一，一个组织单独运营不经济或有风险的经营业务时，合资是一种较好的方式。第二，当集合两个或者更多个企业的资源和能力能够为合作企业带来更多的资源和竞争优势，增强合作企业的市场竞争力时，合资是有意义的。在这种情况下，每个合作企业提供其他企业不具备但对竞争成功有重要价值的特殊资源或能力。第三，有些情况下与国外合资者合资是克服进口配额、关税、国家政治利益和文化壁垒的唯一或最好的方式。

（二）相关多元化

相关多元化经营战略，是指进入价值链上与企业当前业务有战略匹配关系和战略匹配点的业务。战略匹配存在于价值链非常相似以至于能为企业带来机会的不同经营业务之间，包括技术共享，形成对供应商更强的讨价还价力量，联合生产零件和配件，充分利用共同的销售能力，使用共同的销售机构和批发商或零售商，共同使用一个知名商标，将竞争性的有价值的技术秘诀或生产能力从一种业务转移到另一种业务，合并相似的价值链活动以获得更低的成本，等等。

相关多元化最常用的一些方法是：

（1）进入能够共享销售队伍、广告、品牌和销售机构的经营领域。

（2）开发密切相关的技术和专有技能。

（3）将技术秘诀和专有技能从一种业务转移到另一种业务。

（4）将企业的品牌和信誉转移到新产品和服务上。

（5）购并有助于巩固企业目前经营地位的新业务。

（三）不相关多元化

尽管相关多元化会带来战略匹配利益，很多企业却选择了不相关多元化战略，进入有丰厚利润机会的其他行业。在不相关多元化中，新业务不需要与企业现有业务有战略匹配关系。企业关注的是：

（1）新业务是否可以实现公司获利的目标。

（2）新业务是否需要注入资金以更新固定资产、扩充资金和提供流动资金。

（3）新业务是否处于有充分增长潜力的行业。

（4）新业务能否对母公司的利润作出重大的贡献。

不相关多元化的吸引力在于：在不同的行业中经营和发展可以分散经营风险；通过投资于任何有利润前景的行业可以使企业的财务资源发挥最大作用；形成稳定的获利能力；能购并到使股东财富增加的具有利润上升潜力的廉价企业，等等。

不相关多元化同样有缺点，它带来的主要问题是：企业可能难以同时有效管理多种不同的业务；无法获得战略匹配带来的竞争优势；不相关业务的业绩往往没有每一业务独立运营时的业绩好，甚至有可能会更糟。

企业多元化的范围究竟应该多大？这是多元化战略必须回答的一个问题。在不相关多元化中，企业必须有效地把握两个问题。

（1）为了获得较理想的增长率和获利能力，最低限度的多元化是什么？

（2）在增加了管理复杂性的前提下，企业能够有效管理的最大限度的多元化是什么？

第 3 节　企业经营方向和经营结构选择

传统上，人们往往从产品生产这一笼统概念出发对经营下定义，但当代更多的是从市场营销和技术创新相结合的角度出发把握经营，因为后者的变化要求企业相应地转换经营活动或扩大经营范围。企业应以市场为轴心协调与外部的关系，以技术为轴心开发利用各种内部经营资源。

一、经营方向决策

经营方向决策，就是要确定企业经营活动的界限，它可以有多种选择，最常见的是像复合多元化经营企业那样，比较自由地进入各种经营领域。但大部分企业还是习惯于在既定范围内选择经营活动，或以此为基点逐渐拓宽活动范围，形成明确的经营方向。

经营方向决定了一个企业的基本经营特征及经营范围的广度，因而具有重要的战略意义。

1. 有利于集中经营决策者的注意力。首先，经营方向选择明确了企业竞争、努力的方向。明确经营方向有利于提高信息搜集工作的针对性和有效性，使该项工作做得更加深入、细致，以求在多变的经营环境中及时发现机会，判断各种挑战和危机，否则，信息搜集工作便会因失去针对性而变得十分盲目，投入大而有效信息少。其次，有利于引导全体员工就企业的发展发表意见，提出方案，通过全体员工参与决策，弥补高层管理者缺乏现场信息的不足。如果经营方向不明，员工提案就会变得五花八门，难以遴选，并可能误导最终决策，造成企业投资过于分散。

2. 指导经营资源的积累。经营方向一旦明确，有关企业发展的一些重大问题也就随之明了，如企业发展需要哪些资源，如何重新分配企业经营资源，以保持和强化企业的特长，哪些经营资源需要重点积累，等等。

3. 创造组织一体感。多元化经营企业的各部分由于自成一体、互不依赖，因此客观上存在本位意识重、协作意识弱的不足，而明确的经营方向正是解决这一难题的有效手段，因为它可以使全体员工感觉到他们是在为共同的目标工作，只是分工不同而已。一旦失去这种感觉，多元化经营的范围效益也就无从谈起，因为组织将会变得支离破碎，不能形成优势。

现实生活中，明确经营方向并不是所有企业的一种自觉的、积极的行动，有些企业是在盲目开展多元化经营之后才回过头来重新确定经营方向，而更多的企业则是在付出重大代价后，才痛感自己需要一个明确的经营方向，用以指导企业发展。

二、经营方向的选择方法

经营方向受市场、技术和功能三大因素制约，相应地，选择经营方向的方法也可大致分为三类（见图 5—3）。

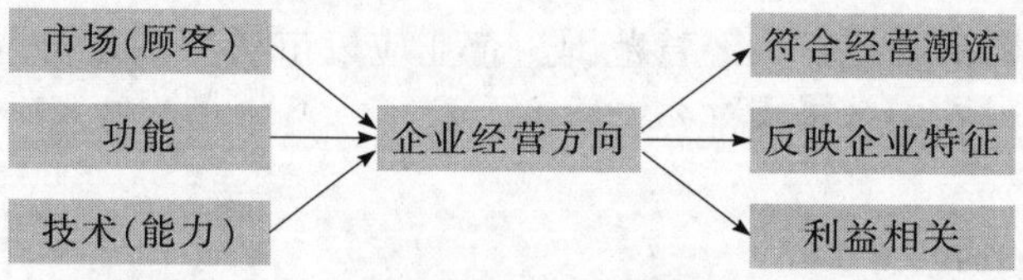

图 5—3 制约经营方向的因素及条件

（1）以市场为中心，向顾客提供一揽子服务，即以服务项目为经营方向。

（2）以功能为中心，将企业自身功能的作用范围确定为经营方向。

（3）以技术为中心，将企业骨干技术能力的辐射范围确定为经营方向。

不管采用何种方法，经营方向的选择及其描述均属创造性工作，需要较强的创造能力。理想的经营方向应符合以下三个条件。

（1）符合经营发展潮流，具有方向性，能激发全体员工的创造性思维。

（2）对企业特征或特长的描述言简意赅，能激发员工对企业的自信心和自豪感。

（3）与员工利益息息相关，能取得全体员工的支持。

确定经营方向也难免发生错误，其中最为常见的是对经营方向描述得过于抽象和笼统，有些描述可谓无所不包，以致发展方向模糊，企业特长不明显，员工持漠不关心的态度。发生这种错误的原因主要来自经营者“只做加法，不做减法”的习惯性思维，他们总是认为：不管开拓多少新的经营领域，也不应砍掉现有经营项目中的任何一项，所有项目都原封不动地予以保留。须知，确定经营方向是面向未来选择企业的发展方向，而非对过去的决策进行归纳和描述；是界定经营活动的范围，而非无所不包。因此，该砍则砍，该拓则拓，力求使企业有一个明确的经营方向。

三、经营结构的选择

现实生活中常会出现这样的现象：两个企业的经营范围、经营规模和经营条件等几乎完全一样，而效益却相差极大。这里就有一个经营结构或投资结构的问题，所谓经营结构，是指在企业经营范围内以经营事业组合所能产生的效益为主要依据，而不能只考虑某种经营事业的得与失。

从理论上说，经营结构决策可以分为两个相对独立的部分：(1) 完全依据对某一领域发展前景的预测，决定是否进入该领域；(2) 确定多元化经营的整体结构，包括多元化程度和各领域之间的关联程度等。当然，实际操作中上述两个部分又是不可分割的，因为某一领域经营效益最佳，并不意味着企业整体投资效益最佳，二者之间需要权衡。

无论是选择局部经营领域还是确定企业经营结构，均应符合追求速度和范围效益、分散风险这一根本要求。首先，就某一经营领域的选择而言，必须充分考虑以下三个方面的问题：(1) 该领域的发展前途；(2) 企业在该领域的竞争力；(3) 对现有经营的影响。对这三个问题，每个经营者都应有一个清醒的认识，并以此为依据就是否进入某一经营领域作出正确的选择。

在对经营领域作出选择之后，要对企业的经营结构进行选择。选择企业经营结构的关键是要对多元化程度、事业间的关联密度和事业间的距离作出正确的选择。

(一) 多元化程度

多元化程度的表现方式很多，通常的做法是以本业与其他事业之间的比例关系为标准，对多元化经营战略实行分类，以示各种形态之间的程度差异。

1. 专业型。只从事单一经营，经营领域与企业名称一致。
2. 本业重点型。以一业为主，其余皆为兼营。
3. 关联型。同时拥有多个重要经营领域，只进入相关领域。
4. 非关联型。对经营领域不作限制，经营布局分散。

从理论上说，多元化程度受制于收益率和增长率二者的相互关系（见图 5—

4)。在一定范围之内，随着多元化程度的提高，企业收益率和增长率均呈同步上升之势，二者呈正比例关系，原因是在这一程度上速度效益和范围效益均得到了良好的体现；而多元化程度一旦超出企业资源能力限度甚至趋于过度，二者呈反比例关系，原因是经营资源过于分散导致了企业在各经营领域竞争力的下降，这又会反过来制约企业的增长率。需要注意的是，收益率和增长率的这种平衡关系是就企业的正常经营活动而言的，因此，必须剔除某些产业（如超高速增长产业等）的特殊发展的影响。

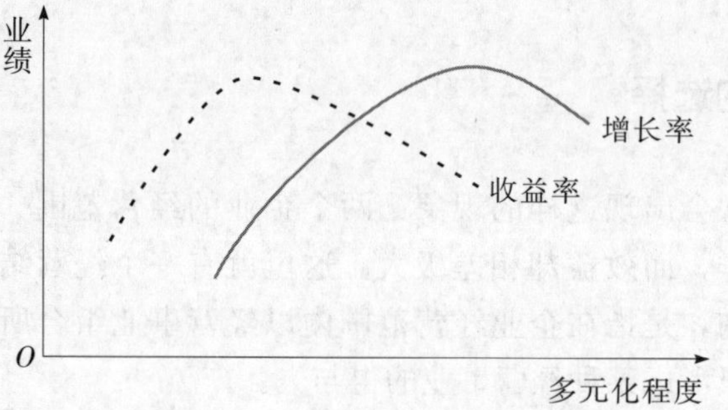

图 5—4 收益率和增长率的关系

（二）事业间的关联密度

这是选择企业整体经营结构所要考虑的第二个因素，它分为两种类型：集约多元化和扩散多元化（见图 5—5）。

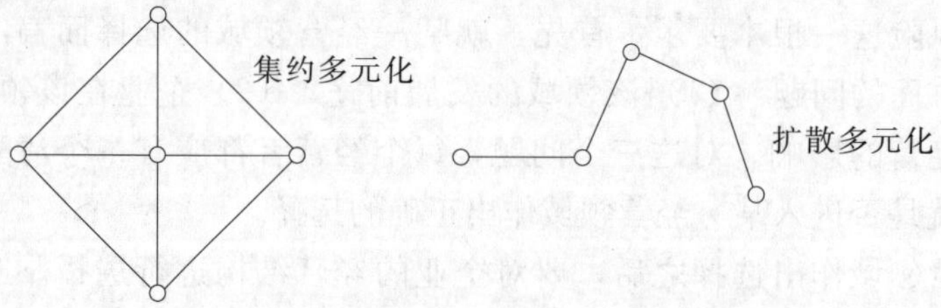

图 5—5 集约多元化和扩散多元化

不论是本业重点型，还是关联型，多元化经营战略都存在一个密度问题。综合考虑密度和广度两个因素，多元化经营又可分为本业重点集约型、本业重点扩散型、关联集约型和关联扩散型四种类型。

集约型战略侧重于范围效益，各事业间的距离短且关联度高，因此企业经营资源利用率高。扩散型战略则侧重于速度效益和分散风险，各事业间的距离并不一定很大，但关联度极低，因此企业经营资源利用率低，收益也不如集约型。

（三）事业间的距离

企业进入任何一个新的经营领域，都会与现有经营事业产生一定的距离，如资源差距（需要不同的经营资源）和能力差距（缺乏现成的经验和技能）等，这是实施多元化经营时不可忽视的。常见的方法有渐进型和突进型两种。渐进型方法是指选择关联性强的领域作为进入和开拓目标，其特点是以现有经营资源的有效利用和范围效益为中心，易于实施集约型多元化，稳妥、有序，但难以实现高速增长。突进型方法指首先进入关联不大的领域，然后通过经营资源差距的弥补，在新旧领域的结合部实施多元化经营，其特点是以经营的积累效应为中心，易于实施扩散型多元化，增长率高，经营成本也高。因此，不能简单地断言哪种方法最好。实际选择时，除了考虑竞争力和预算因素外，还需考虑现有经营资源的可靠性、企业文化、资金充裕度等重要因素。如果企业现有经营资源可靠性强、资金充裕，选择突进型方法也不失为上策。

□ 案例 5—3

一个多元化的典型——3M公司

创立于1902年，总部设在美国明尼苏达州圣保罗市的3M公司，是一个十分典型的实行多元化经营的跨国公司。“3M”是明尼苏达州矿务及制造业公司(Minnesota Mining & Manufacturing Co.）的缩写。实际上，其经营内容与其名字大相径庭。

一般公司的产品结构都有少数几类占有很大比重的支柱产品，3M却与此相反，它有几十个产品部门，主要产品有复印机及配件、教育器材、工业研磨材料、粘接材料、涂敷材料、反射材料、诊断用器具、磁性胶带、化学防护用品、装饰用品、录音材料等十几大类，其中没有任何一类产品的比重超过销售额或利润额的1/5。

1985年《财富》杂志公布全美企业评选结果，3M公司当时生产的产品种类已超过6 000种，平均每年创新100多种。该公司董事长李尔说：“我们正是依靠这些五彩缤纷、层出不穷的产品跻身大公司之列。”

第4节 资源配置

一、资源配置的基本方法

经营结构和资源配置是一个问题的两面。经营结构一经确定，就需在各经营事业之间按一定比例配置资源，为各种经营活动提供前提，否则，多元化经营战略只能是纸上谈兵。

孤立地看，各种经营事业所需要的经营资源总是大于企业资源的保有量，尤其是人才和资金，由此形成资源的短缺。因此，资源配置是一个非常现实而又重要的问题，它涉及各部门的利害关系，极易引发组织的内部冲突。资源配置必须体现企业整体利益的要求，而不应退化为妥协的产物，只有这样，才能使有发展前途的新事业得到足够的经营资源，以提高资源利用率。

资源配置有预算式和分散式两种基本方式。

（一）预算式

预算式是在各经营单位自己申报所需经营资源量的基础上，由总公司统一作出削减，或在上年度资源配置的基础上作出一定量的递增。采用这种方式很难实行集中投资策略，而且还有信息失真的危险，因为各经营单位为了获得足够的资源，总是夸大自身所需的资源数量。

（二）分散式

分散式视各经营单位（如事业部）为投资决策主体，由其独立自主地配置所拥有的经营资源。当然，各种资源尤其是资金，几乎都要由自己来筹措。分散的配置方式是有条件的，主要包括四个方面：（1）尽量减少总公司对下级投资的直接控制；（2）允许各经营单位以自有资金的形式对以前的盈利加以累积，作为今后的投资资本；（3）总公司应具有类似银行的功能，在下属经营单位需要向外部筹措资金时，向其提供贷款，并要求支付利息，防止无偿占用；（4）各经营单位应以企业整体经营战略为方针，指导资源配置。

分散的配置方式具有信息准确、调整及时等优点，但也不可避免地会出现以下两个问题：（1）不同经营单位之间出现资金有余或不足是常有的事，但是如不能形成资金内部流动机制的话，就难免出现资金不足和闲置并存的不合理状况，此存彼贷，形成浪费。（2）投资决策受短期效益影响大，那些具有长远战略意义而短期难以收效的重要项目，很难得到足够的投资。显然，各经营单位的投资决策权应有一定的限度，否则，就会造成现有经营领域投资过多，而新的经营领域投资难以到位的不正常现象，阻碍企业的发展。

因此，在资源配置方式的选择上，不能走极端，应将二者有机地结合起来，在不损害各级经营单位利益的前提下，保留总公司对重大项目的投资决策权。

二、资源平衡配置

资源配置的原理并不复杂，但从投入产出的角度考虑，有许多问题又是非常模糊的，不易把握。首先，很难确切把握各种经营事业投入产出的数量关系。其次，即使信息准确，也很难对投入产出关系进行横向比较。例如，某产品需要投入1 000万元资金，用于产品和技术的研究和开发，而另一产品则需要将同样的资金投入流通环节，以防止市场衰退。显然，要对二者的产出作出准确的比较是困难的，在组织内部存在利害冲突时尤甚。最后，难以在统一的前提下对全部资源作出合理安排，使投入少，产出大。因此，从投入产出的角度考虑，企业宜采取平衡配置方式，以求较好地解决上述三个方面的问题，实现对企业资源的有效配置和开发利用。

平衡配置方式由两个步骤的工作组成：首先，给出企业整体经营布局图（资源分布图），包括资源的投入和产出、经营发展前途等；其次，根据资源分布图，找出最佳资源分配方案。

（一）资源分布图

资源分布图，是一个以经营事业的增长率——发展前途为纵坐标，以市场占有率——竞争力为横坐标而构成的平面图（见图 5—6）。图中的每个小圆圈均代表一种经营事业或产品，圆圈的大小表示其在企业经营活动中所占的比重或地位，多使用营业额指标。其中，对发展前途和竞争力的评估需要借助一系列量化指标。

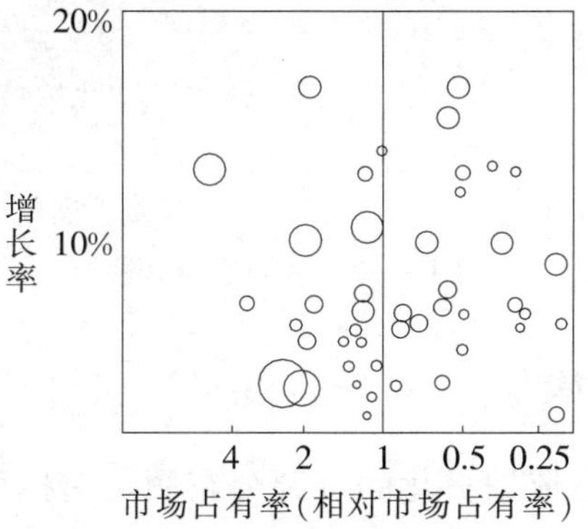

图 5—6　资源分布图

1. 评估市场发展前途的指标。评估市场发展前途的主要指标有五项。

（1）市场规模。全行业前三年市场容量平均值。

（2）市场增长率。前十年平均值。

（3）收益率。包括主要竞争对手在内的前三年平均销售利润率（剔除涨价因素）。

（4）销售波动率。销售额上下波动的平均幅度。

（5）成本变动率。前五年平均值，包括因价格、劳动生产率和通货膨胀等变动而引起的成本变动。

2. 评估企业市场竞争力的指标。评估企业市场竞争力的主要指标有三项。

（1）市场地位。包括市场占有率（三年平均）、国际市场占有率（三年平均）和相对市场占有率（与主要几家竞争对手相比，两年平均）三个方面。

（2）竞争地位。与竞争对手相比，本企业在品质、技术、生产成本、市场营销等方面是处于优势地位，还是居于劣势地位，或是均势。

（3）相对收益率。销售利润率高于或低于主要竞争对手平均销售利润率的数值（三年平均）。

根据上述定量分析数据，可以将一个企业的所有事业以圆圈的形式在平面图上作准确定位。此外，也可以加入定性分析，作综合判断，即将发展前途和竞争力以一定标准区分为高、中、低三个层次，二者组合形成 9 个经营方格（见图 5—7）。企业的任何一种经营事业均可列入相应的方格中，据此作出经营资源配置决策：或增加投入，或维持现状，或退出竞争。

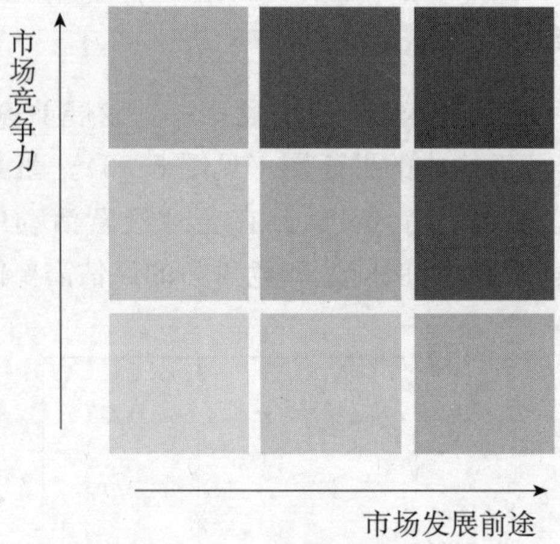

图 5—7　资源配置方法

（二）资金流动规律

资源配置的第二步是依据量化的资源分布图，选择可行的配置方案。实践证明，资金是资源配置的关键所在，因为资金流向代表着竞争的战略指向。资金流向在不同的经营事业中有着不同的特点。有些经营事业只需很少的投入即可有很大的产出，成为下一轮投资资金的来源；而有些经营事业则需要大量的前期投入，短期内并无产出。因此，资金配置必须根据这种特点，对各种经营事业进行合理组合，使资金供求达到平衡状态。也就是说，企业不宜同时存在许多需要大量先期投资的经营事业，但也不能只产出而资金无投资领域可供选择，经营结构必须合理。

仅就一项经营事业而言，资金流向会随着时间的流逝而呈现出不同的形态，或投入或回收；有时是资金的需求者，有时又转而成为资金的供应者。这种变化有一定的规律性，主要取决于四个因素：（1）市场生命周期；（2）增长速度与市场规模；（3）竞争优势；（4）企业的竞争战略。

一般的规律是，市场生命周期的初期投资较大，但实现的销售额相对较小，后期则正好相反，投资少而实现的销售额大。增长速度和市场规模的影响也是不能忽视的，尤其是在市场高速增长时期，往往要求企业在短时期内投入大量的资金。

竞争优势主要是就成本而言的，即来自较低的销售成本率。技术和设备会造成生产成本的差异，商标、品牌形象则会带来销售成本的差异。要确立成本竞争优势，就必须增加资金投入。在市场生命周期的后期，市场增长速度开始放慢，此时，若要提高市场占有率，就要投入比保持现有水平所需量更多的资金。显然，投资为企业竞争战略所左右。

三、波士顿矩阵

一旦作出多元化经营的决策，就要分析企业的业务组合。管理者可以运用企业组合矩阵来对业务组合进行管理。应用最广泛的组合矩阵是 BCG 矩阵，也叫波士顿矩阵，是美国波士顿咨询集团专为分析大型企业而开发的一种资源配置工具。它是把企业经营的全部产品或营业的组合作为一个总体所作的分析，适用于拥有多个产品和市场的企业。在这种企业中，每一个产品和市场都分别作为单独的营业或利润中心进行管理，不存在任何起支配作用的产品和市场。BCG 矩阵将企业业务标在一个 2×2 矩阵中（见图 5—8），以便确定哪项业务可以提供较高的潜在收益，哪项业务在消耗公司的资源。矩阵的横轴表示市场份额，从低到高；纵轴表示预期的市场增长，也是从低到高。根据评估的结果，一项业务可能落在下列四个象限之一。

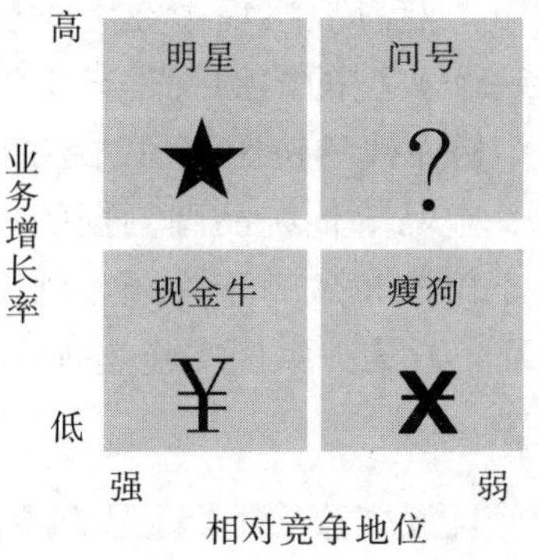

图 5—8　BCG 矩阵

1. 高增长率/弱竞争地位的“问号”业务。这类业务具有市场份额小、增长率高的特征，需要企业加大先期投入以求发展。

2. 高增长率/强竞争地位的“明星”业务。这类业务增长率高、市场份额较大，有着增长和盈利的长期机会。但它们是企业资源的主要消费者，需要大量的投资。

3. 低增长率/强竞争地位的“现金牛”业务。这类业务处于成熟的低速增长的市场之中，市场地位有利，盈利率高，能为企业提供大量现金。

4. 低增长率/弱竞争地位的“瘦狗”业务。这类业务竞争激烈，可获利润非常低。这些业务通常不盈利，应及时处理。

波士顿矩阵的目的在于帮助确定企业的总体战略和平衡资源配置，企业比较理想的组合是有较多的“明星”和“现金牛”业务，只有少量的“问号”业务和极少数的“瘦狗”业务。它指出了每个经营业务在竞争中的地位，从而使企业可以有选择和集中地运用有限的资金，判定当前面临的主要战略问题和企业未来在竞争中的地位。

四、蓝海战略

在进行多元化经营时，由于企业涉及多个产品或行业领域，必然会被卷入各个种类和层次的市场竞争。一旦无法打击竞争对手，如何脱身并另辟蹊径就显得非常重要。

蓝海战略是W. 钱·金（W. Chan Kim）和勒尼·莫博涅（Rene Mauborgne）在《蓝海战略：如何形成无对抗市场空间而使竞争失去意义》一书中提出的。他们认为，聚焦于现有产业的竞争等于接受了市场竞争的限制性因素，即在有限的土地上求胜，但否认了企业开创新市场的可能。运用蓝海战略，企业的视线将超越竞争对手移向买方需求，跨越现有竞争边界，将不同市场的买方价值元素筛选并重新排序，从给定结构下的定位选择向改变市场结构本身转变。所以，大型企业与其在现有产业（或“红海”）中恶性竞争，不如伺机进入那些尚无对抗的“蓝海”。

为了避开现有市场的竞争，蓝海战略集中在无对抗的市场，试图形成新的产品和服务，引发新的需求。一个典型的案例就是丰田汽车公司。为了跳出中低档汽车市场竞争中为降低成本结构而残酷挤压竞争对手的“血腥局面”，同时避开当时高端汽车市场已经被奔驰、宝马等传统品牌割据的现实，丰田开发研制出了低价位的豪华汽车雷克萨斯。丰田汽车致力于为顾客创造价值，推出具有独特性而成本和价格相对较低的新产品，成为一家因实施蓝海战略而取得成功的大型企业。

思考题

1. 产品的市场生命周期包括哪几个阶段？每个阶段的特点是什么？
2. 企业为什么要进行多元化经营？
3. 多元化经营有几种方式？请举出每种方式的典型例子。
4. 企业可以采用哪些方式来选择其经营方向和经营结构？
5. 企业资源配置的方式有几种？如何对企业的资源进行平衡配置？
6. 请解释波士顿矩阵理论的内容和运用。
7. 请说明蓝海战略。
8. 企业在进行多元化经营的过程中会遇到什么样的困难？怎样克服这些困难？
9. 评估企业市场竞争力的指标有哪些？请对你熟悉的一家公司的市场竞争力进行简单评估。

案例分析

三菱集团

三菱集团是日本最大的集团公司，由很多附属公司构成。三菱集团包括28家核心公司：三菱商事（贸易公司）、三菱重工（集团公司最大的生产公司——生产船舶、空调、铲车、机器人、汽轮机）、三菱汽车、三菱钢铁、三菱铝业、三菱石油、三菱石化、三菱汽化、三菱塑料、三菱缆线、三菱电气、三菱建设、三菱纸厂、三菱矿业和水泥、三菱银行、日本水险和火险公司（世界最大保险公司之一）和其他一些公司。在这个核心集团公司之外是几百个与三菱相关的子公司和附属公司。

三菱集团的28个核心公司通过股票的互相持有（其他公司拥有某个公司股份的比例从17%到100%不等，平均为27%）、互为董事、合资公司和长期的业务联系而联结在一起。它们在很多情况中互相使用对方的产品和服务。它们联合力量进行购并是很常见的——5家三菱公司联合起来购买了加利福尼亚州的一家水泥厂；三菱公司在三菱银行信托的财务资助下以8.8亿美元购买了位于匹兹堡的一家化学公司，然后将其分开卖给三菱汽化、三菱人造丝、三菱石化和三菱化工。三菱银行和部分其他三菱金融公司是新事业的一个主要资金源泉，如果集团公司成员碰到困难的市场条件或财务问题，这些金融公司就是一个金融安全网。

三菱集团的每一个公司都独立运作，寻求自己的战略和市场，有时集团成员会发现它们在同样的市场中互相竞争，不会从其他成员处得到有利的交易。例如，在向位于弗吉尼亚州的一家新的发电厂提供汽轮机的竞争中，三菱重工败给了西门子公司，而这家发电厂是由三菱公司拥有全部所有权的钻石能源公司建造的。但独立运作并不妨碍三菱的这些公司认识到它们的共同利益，它们可以不通过正式的控制而进行自愿合作，或者在从事具有战略重要性的商业冒险时选择集团公司的成员作为合伙人。

三菱公司在美国和其他地方推出了大量的消费性产品，都被标以三颗钻石的标志，代表创始的三大经营业务——三菱汽车公司的汽车和卡车、三菱电器的大屏幕电视和移动电话、三菱重工的空调。三菱的经理人员相信使用共同的标志增强了品牌意识，例如在美国，三菱汽车公司为汽车和卡车所做的广告和营销努力帮助了三菱电视机的品牌推广。在几种产品中，一家或多家三菱公司都沿着行业的价值链，在不同阶段进行运作——从零件生产到装配、运输、包装和销售。

在日本的其他五大集团公司内也存在类似的情况：第一劝业有47家核心公司；松下有24家核心公司；三和有44家核心公司；住友有20家核心公司（包括NEC，生产电信设备和个人计算机）；芙蓉有29家核心公司（包括佳能和日产）。很多观察家认为，集团公司模式使日本公司在国际市场上有着重大的竞争优势。正如早稻田大学的一名日本经济学教授所说：“利用集团公司的力量，它们可以参加残酷的竞争。”

资料来源：改编自汤姆森·斯迪克兰德：《战略管理：概念与案例》（第10版），257～258页，北京，北京大学出版社，2000。

思考题

1. 三菱集团的协同效应体现在哪些方面？
2. 集团结合方式为什么能够提高竞争力？

第 6 章

国际化战略

本章要点

- ◯ 企业国际化的动机
- ◯ 国际化的发展过程
- ◯ 国际化经营环境
- ◯ 多国战略
- ◯ 全球战略

对企业而言，市场经营和经营基地一旦超越国界，即称为国际化。市场经营的国际化，指产品销售市场的国际化和生产要素（劳动力、生产资料、资金）市场的国际化。经营基地的国际化，指将产品或服务的生产和开发等活动场所延伸至国外。当今世界，国际化已成潮流，而我国大部分企业还处在起步阶段，许多问题有待进一步探索和研究。

第 1 节　国际化的动机和过程

一、企业国际化的动机

企业无论采取何种国际化形态，其动机主要出自以下五个方面。

1. 寻找市场。主要是指寻找销售市场。当国内市场趋于饱和甚至衰退时，为保持企业的发展，就需要向国外市场扩张。这也是大多数企业发展出口业务、开拓国际市场的首要动机。

2. 寻找资源。指通过国际市场交易获取生产资料，筹措经营资本。而经营基地的国际化则是在劳动力成本相对低廉的国家从事生产、组装或技术支持等活动，以此降低产品或服务的成本，形成竞争优势。不仅经济发展水平、供求关系等因素会形成资源价格的差异，各国不同的经济制度和法律也会带来成本差异。例如，日本等国对粮食实行管制政策，人为地提高大米价格，而美国则与之相反，大米价格很低。有些日本企业就利用这种差异，在美国设厂生产食品、酒类等，然后将其销往日本或别的地区。许多企业在国外建立经营基地，主要动因是享受优惠的税收政策及丰厚的税后利润。

3. 寻求与国际政治体系的协调。企业国际化经营可以避免因国际政治利害关系的变动而对企业可能产生的负面影响。为了消除贸易摩擦、贸易壁垒和地区性的经济联合等贸易障碍，企业可以采用防御性对外投资，保护现有利益不受损害，从而走上国际化道路。防御性投资的主要方法是在国外设立生产和销售基地，其目的不在于扩张市场，而在于保护现有市场地位。

4. 寻求与国际经济体系的协调。国际化经营还可以通过与国际货币和金融体系的接轨，在国外开设生产基地或筹措资金，推进资本运作的国际化，转移或规避金融风险。

5. 提高管理效率。对企业而言，国际市场的扩大会给经营管理工作带来极大的困难，因为企业经营管理人员将不断面临语言、文化、习俗和爱好等方面的障碍。为提高市场营销效率，及时地提供适销对路的商品，可以考虑在当地开发和生产，以缩短生产地与销售市场的空间距离，减轻管理负担。由此可见，市场的国际化必然带来生产基地的国际化，而生产基地的国际化又将进一步推动企业经营的国际化。

□ 案例 6—1

吉利并购沃尔沃

瑞典当地时间 2010 年 3 月 28 日，吉利和福特签署了最终股权收购协议，吉利控股集团以 18 亿美元收购沃尔沃轿车公司 100%股权以及相关资产，包括知识产权。成立于 1927 年的沃尔沃是仅次于奔驰、宝马、奥迪的世界第四豪车品牌，品牌价值接近百亿美元。

让我们简单回顾一下吉利并购沃尔沃的一些细节。

2008 年，福特传出欲将沃尔沃出售的消息。吉利立即成立了一个相关的项目组。项目组成立之后对目标公司进行了深入、全面、细致的了解和研究，制定了收购的总体战略以及整个操作的时间表。

2008 年 9 月，次贷危机变成金融危机，李书福认识到 2008 年的这一危机是吉利面临的一次历史机遇，并将收购沃尔沃真正提上日程。当时吉利秘密成立了以李书福为组长、由 3 位组员构成的 V 项目小组。

2008 年年底，福特明确要出售沃尔沃，吉利第一次向福特提交竞购建议书。这个竞购建议书是由吉利 2008 年年初建立的项目组花了整整一年的时间准备完成的。福特看了之后，对这个建议书的印象非常深刻，吉利准备得非常充分，里面的数据非常翔实，这就奠定了福特跟吉利谈判的基础。

2009年1月，李书福到美国再次拜访福特总裁兼CEO艾伦·穆拉利。双方高层就并购事宜第一次正式会面后，吉利对沃尔沃的并购流程快速展开。随后吉利正式接到了福特发给吉利的邀请——进入沃尔沃并购流程的邀请函。

2009年2月，吉利团队和沃尔沃团队在中国举行见面会，沃尔沃向吉利提供了重要的数据。2009年3月12日，吉利按照国际惯例向福特提交第一轮标书。递交标书时，李书福拿到了国家发改委的排他性支持函。

2009年4月，福特开放沃尔沃数据库，吉利进行全面调查，整个调查持续4个月之久。吉利项目组总共查阅了上百万字的材料，总共有6 000多份文件。吉利聘请的财务顾问、德勤会计师事务所、富尔德律师事务所，全面参与尽职调查过程。

2009年7月30日吉利向福特提交第二轮有法律标识的标书。同时，李书福和顾问团队之一罗斯柴尔德银行不断向福特施加压力，理由是外界无端的骚扰会影响谈判协议。福特公司于10月28日正式宣布浙江吉利控股集团有限公司成为沃尔沃的首选方。

2010年3月28日，李书福在哥德堡与福特签署协议，这不仅仅是一个股权买卖协议，还涉及大量相关的附属合同以及文件，整个协议超过1万页，李书福最终在知识产权部分争取到拥有并使用超过1万项核心专利和专有技术的资格。

并购谈判期间，吉利向福特提问多达上千次，双方进行了上百次专家会议、现场考察、管理层陈述，内容涉及交易价格、财务、税收、知识产权、发动机、零部件供应、汽车模具、信息技术、养老金、汽车金融等诸多细节。

以上五个方面是企业开展国际化经营的主要动机。此外，还有一些动机，如发挥企业知识产权的价值，适应产品生产销售的时效要求，对外进行收购或兼并等，均可能使企业走向国际化经营。

国际化经营与国内经营有着本质的区别，因为国内市场不存在政治和经济制度的差异，更不需要面对汇率变动、语言和文化障碍等问题。

二、国际化的发展过程

企业走向国际化一般要经历几个不同却又相互交替的阶段。

（一）第一阶段：进出口业务

这一阶段是指产品销售市场和原材料购入市场开始国际化。国内市场的饱和或市场发育不成熟，都可能促使企业将目光转向国际市场，实施出口导向型销售战略。而国内市场供应不足或价格过高，则会导致企业在国际市场寻求原材料供应。原材料输入有两种形式：一是从国际市场直接购入；二是开发输入，如矿石的开发输入和食品的加工输入等。

（二）第二阶段：直接投资，建立生产基地

在国外直接投资，建立生产基地，可避免与所在国政府的各种贸易保护政策发生冲突，确保现有的市场地位。它又分为两种形态。

1. 发达国家型。即为保护本国产业免受进口产品的冲击，发达国家开始制定一些保护政策，以限制外国产品的进口，增强本国产品的竞争力。要开拓市场，就需要在这些发达国家投资设立生产基地，如日本在欧美国家设立汽车生产基地就属此类。

2. 发展中国家型。针对这些国家致力于进口替代产品的生产和来料加工出口的政策，要开拓市场就需在这些国家开设生产或加工企业，以帮助其振兴当地产业并赚取硬通货。

（三）第三阶段：投资设立生产企业

为了取得低于国内生产甚至低于世界其他地区生产的成本优势，除了人工费用低外，税率差异和汇率变动等因素也是形成成本优势的重要原因。发展中国家一般都对外来投资采取优惠税率政策，而有些企业则选择在受汇率变动影响小的国家设立生产企业，以规避汇率风险。

（四）第四阶段：在销售市场建立生产基地

从形式上看，它与第二阶段相似，但从投资目的看，第二阶段旨在避免贸易摩擦，属防御性策略；而本阶段旨在使生产经营活动更适合于当地市场的需求，属进攻性策略。这种策略侧重于追求非成本效应，如获取市场信息，吸取先进技术，建立营销网络等。但是仅从成本的角度看，有时并不经济。

（五）第五阶段：全球经营

当一家公司经历了上述各阶段后，伴随着企业在世界范围内的人员、产品、资金和技术的不断扩大，其计划和控制工作变得愈加复杂。这就需要总公司统筹协调，以使总公司和分布于世界各地的众多分公司的生产经营活动连成一体，灵活运作。至此，公司已发展成为在全世界进行各种生产经营活动的跨国公司，其国内业务只是全球经营网络的一个组成部分。

上述五个发展阶段，是企业走向国际化经营的一般历程。但是这五个阶段并没有严格的界限，也不是所有的企业都需要严格按照这种过程一一经历，有些企业可能循序渐进，有些企业可能很快走完这些步骤，甚至跳过其中的某些阶段，都属正常。但是，每个公司都要根据自身的条件和社会配套条件先对主客观条件和环境进行细致的分析，再来决定自己的国际化进程，不可冒进。有些企业急于求成，一起步就想走全球经营的模式，但如果企业自身的软件和硬件条件跟不上，

或者是国家配套条件不够（比如法律条件、对外开放条件不允许等），就可能导致国际化的失败，甚至给企业带来巨额损失。

由此可见，国际化战略由两项重要决策组成：首先，要决定企业所处的发展阶段，即决定进入哪一发展阶段；其次，确定与各阶段相适应的国际化的方针与目标。其中，决定企业所处阶段的核心问题是适应国际化经营环境的动态变化，使企业不失时机地进入新的发展阶段。国际化经营环境复杂多变，不允许企业在某一阶段长期驻足。事实上，许多企业是在安于现状、丧失了主动发展的机会之后，才由于国际化经营环境的外力作用而被动转型，因此付出沉重的代价。

第2节 国际化经营环境

企业在进行国际化的时候要对国际化经营环境的影响作详细的分析，以便采取适当的措施，利用机会，应对挑战。下面将介绍对企业经营影响重大的制度和市场、政治、法律、经济、社会文化和技术环境等。

一、制度和市场环境

制度和市场环境是指企业开展国际化经营所涉及的宏观国际市场的制度和市场环境，主要包括三种具体构成要素：一是经济组织，包括国际性经济组织和区域性经济组织，前者如世界贸易组织、国际货币基金组织和世界银行等，后者如自由贸易区、共同市场和经济联盟等；二是贸易政策，包括关税壁垒和非关税壁垒；三是国际金融市场，主要包括外汇市场、国际借贷市场和国际证券市场等。

制度和市场环境并不单纯是一国制度的体现和发展，它是随着贸易全球化的发展所形成的，影响的不是哪个具体国家的企业经营，而是整个国际经济领域。这一环境尽管建立在各个国家环境组合的基础之上，却超越了国别的限制，更多地反映了国际经营环境中具有规律性和共性的方面。

二、政治环境

在国际经济活动中，政府是关系到企业经营发展的一个不可忽视的影响因素。政治环境是指企业国际化所涉及的国家或地区的政治体制和政府政策等，具体包括政府体制、政治稳定性和政府对外资的态度等内容。

（一）政府体制

政府体制主要包括政府组织结构及形式、政党制度和国家利益。

大多数国家的政府体制可以分为代议制和集权制两种。代议制可细分为共和制和君主立宪制，集权制可分为绝对君主制和独裁制。实行代议制的国家，其政策、法规的透明度比较高，稳定性也相对较好；而实行集权制的国家的政策、法规的透明度和稳定性相对较弱。代议制国家比较倾向于采取公众决策的方式制定国家政策，因此各政党必须围绕特定的立法和行政条例尽量集中公众意见。企业在从事国际化经营时，必须对目标国的政府体制及组织结构进行研究分析，以便采取适当的应对措施和经营策略，适应该国的政策环境。

一国的政党制度可分为多党制、一党制和一党控制制。在各种制度下，每个政党对政府的影响力是存在差异的，由于每个政党的纲领不同，对于国际化经营的态度也会有差异，它们之间的政权交替对国际化经营的影响往往是非常巨大的。例如，每次英国、日本的政党更迭几乎都会导致该国贸易政策的大幅度修改。

各个国家的贸易政策的制定，其出发点都是国家利益。国家利益虽然存在国别差异，但大体上可以从安全、繁荣、声誉、意识形态和自我发展等几个方面进行衡量。一国政府对于他国企业的投资活动和国际化经营行为采取的政策，通常是在衡量了国家利益得失的基础上制定的。东道国希望从外国获得资本、技术，但所需付出的代价必须是可以忍受的。这种利益取向对企业跨国经营也是不小的限制因素。

（二）政治稳定性

政治稳定性是指在政治活动中，关键参与者之间的关系在一定时期内有无根本性或实质性变化的趋势。政治离不开经济，其最终目的是为经济服务，政治不稳定是各个国家发展经济的最大障碍。一般来说，政治不稳定的表现主要有：政权更迭频繁、各种文化之间冲突不断、宗教势力互相倾轧等。所以进行国际化经营的企业一定要尽量避开存在政治风险的经营环境。

（三）政府对外资的态度

即使是对外资持欢迎态度的国家，具体的政策也往往千差万别。国际化经营的企业必须对这些具体的政策进行甄别。例如，东道国是否允许外资在合资经营企业中占大多数股份，是否允许外国对企业独立投资，对外资公司扩张的限制，对外资公司的资金和利润外调的限制，外资企业的经营期限，对外资企业的人员限制以及对外资企业的优惠政策，等等。只有这样，才能更好地实现企业自己的经营目标。

总体上来说，一国政府往往对跨国经营企业采取鼓励和限制并举的政策。常见的控制手段有限制投资领域、限制拥有所有权、分享经营成果、控制外籍人员、限制人员转移等。政府对外国投资进行限制的目的在于保护本国的经济利益不受损失，或者将损失控制在可以接受的范围内。而采取鼓励政策的目的在于使这些外资项目与本国的经济发展目标保持一致，一般的鼓励措施有赠与、贷款、贷款担保、津贴、股份投资、减税、免税、配额保护等。

三、法律环境

在形成一国国际化经营环境的种种因素中，其他因素的作用或者社会机制往往通过一定的法律形式表现出来，而且通过一定的法律制度和规定直接影响国际化经营。跨国经营的企业一方面依据法规来从事国际经营活动，另一方面依靠这些法规来维护自己的正当权益，所以法律环境对国际化经营有重大的影响。

国际化经营的法律环境相当复杂，企业经营往往面临众多法律的限制。这些法律总体上可以分为三个层次：国内法律、国际法律、国外法律。主要包括：各国法律规定，如商贸政策和法规；国际法规，如双边、多边国际条约、国际组织的协议和决议以及国际惯例。

国际法是各国间具有法律效力的条约、公约和规定。在国家签订或参加国际公约、声明，承认某些国际准则，以及按照国际惯例进行交往和活动的过程中，逐渐形成了国际法。国际法所涉及的这些条约、公约和规定可能只限于双边关系，也可能涉及多边关系。无论是哪种情况，只有一国依法定程序参加、接受的，才对该国有法律上的约束力。国际化经营者在决策中，必须考虑国际法的影响，以减少不必要的风险和损失。

各个国家的法律环境相对于国际法来说，对国际化经营的影响更为重大。企业在制定国际化经营决策方案时，必须慎重、仔细地分析目标国的法律环境。

总体来说，对国际化经营影响较大的国外法律归纳起来有以下几种类别：

（1）保护消费者权益的立法。

（2）保护生产者的立法。这类立法又称工业产权法，是专利法和商标法的统称。

（3）保护公平竞争的立法。这类立法又称反托拉斯法、限制性商业管理和保护竞争法。

（4）保护当地雇佣者的立法。主要是劳工法。

（5）外国投资法。

国际化经营实体面对东道国的法律环境，除了要认真研究分析其立法目的、立法态度和各项法律的具体内容外，还要考察东道国的司法状况和司法程序。

四、社会文化环境

在国际化经营意义上，社会文化是指制约一个群体行为的一整套社会规范和对这些规范的反应。正是这些社会规范和反应使得社会文化环境千差万别。一个社会的政治、法律、经济都受到社会文化的深刻影响。从这个意义上讲，整个国际化经营环境都是广义上的社会文化环境。国际化经营实体和决策者们应当对各个文化环境有所辨别，并能把握对国际化经营行动有直接影响的关键文化因素。

营销专家菲利普·科特勒（Philip Kotler）曾将从事国际化经营必须具备的社会文化知识归纳为两种：事实性知识和领悟性知识。

（一）事实性知识

事实性知识是关于某一特定文化的事实，基本上是可以看到和了解到的。主要包括：

1. 语言。语言是传递信息和思想的最基本的工具。对于从事国际化经营活动的人员来说，最直接的障碍来自语言，而接触异国文化的主要通道又正是语言。语言里包含了丰富的历史、情感、知识和态度。国际化经营有赖于信息沟通、商业谈判、函电来往、合同签订、广告信息，等等，这些都要借助语言表达。掌握国际通用语言或者当地语言有如下好处：可以更清楚地了解局势，可以直接与当地人接触，可以理解对方语言中没有直接表达出来的含义和信息，可以很好地理解当地文化。

2. 宗教信仰。宗教是文化的一大源泉，世界上主要的宗教有天主教、基督教、犹太教、伊斯兰教、佛教和儒教。宗教的内容包括生活方式、信仰、价值观和风俗。宗教极大地影响着社会内部和社会之间的各种关系，例如生活态度、消费倾向、工作习惯和企业经营作风等。这些都会对国际化经营产生直接和间接的影响，例如节假日的安排对于生产和消费的影响，宗教意义对于当地居民消费结构的影响，宗教的冲突和由此带来的战争，等等。

3. 物质文化。物质文化是指人们所创造的物质产品以及用来生产产品的方式、技术和工艺。在进行国际化经营决策时，物质文化是不可或缺的考察对象。东道国的基础经济设施、社会设施、金融设施都会对国际化经营效果产生实质性影响。同时，东道国的物质文化特征还影响着该国消费者的消费方式。

4. 审美观念。审美观念主要是指人们对于美和高尚情趣的态度，体现在对美术、音乐、戏剧、舞蹈和颜色形状的鉴赏能力上。审美观念对国际化经营的意义是多方面的。例如，产品的外形和功能设计以及销售和宣传方式都要尽量符合东道国公众的审美观念。

5. 教育。教育水平在很大程度上反映了一国的经济发展水平，同时教育也会影响到文化的很多方面。从国际化经营的角度考虑，教育主要决定了一个国家的人才和消费结构。

□ 案例 6—2

宜家征服世界的五大诀窍

贝斯·考维特（Beth Kowitt）撰写的长篇报道《宜家如何征服世界》，具体入微地剖析了宜家的运营内幕，总结了五大成功诀窍。

运营诀窍之一：本土调查

1985 年，宜家进入美国市场，对床和橱柜使用的依旧是公制的厘米单位。但有趣的是，花瓶销量不错，原来，美国人买了大量的宜家花瓶当水杯。而欧洲尺寸的水杯难以满足美国人喝水加冰的习惯。从此，宜家学会了市场调研。

宜家对全球 8 个城市 8 292 人早上例行要做的事进行了调查。调查结果显示：最快出门的是上海人（56 分钟）；最慢出门的是孟买人（2 小时 24 分钟），孟买也是人们打盹最多的城市（58%的人会打盹）；纽约人和斯德哥尔摩人最可能在浴室工作（16%）；不论哪个城市女性都比男性花费更多的时间选择服装。因此，宜家推出了独立式穿衣镜，镜子背面带有衣架可以悬挂服装和首饰，帮助消费者在晚上将服装搭配好，减少早晨挑选衣服的慌乱与压力。

运营诀窍之二：同种产品、不同布置，适应多种文化

现在，有了调查结果，就要开始设计产品。需要利用规模经济来降低成本的宜家，自然不会为了适应不同的市场而改变产品，必须推出通用型产品来实现量产。于是，宜家将目光对准了自己的样板间和产品目录，通过同一产品的不同布置让消费者了解如何在生活中使用宜家家居产品。

宜家样板间中同样的床和橱柜，在日本会加入榻榻米垫子，在荷兰会使用符合当地建筑风格的斜顶，在美国会在床上扔满枕头。

运营诀窍之三：推出价格极低的 BTI 产品

在宜家，总有一样产品以极低的价格诱惑着消费者，这种价格低得惊人的产品被称为 BTI（breath-taking item）产品，也叫“窒息货”，是宜家商业模式的一部分。在不同的市场中，BTI 产品会有所不同，而进入欠发达地区的市场，选定 BTI 产品会花更长的时间。

中国市场的 BTI 产品是 1 元冰淇淋（宜家通过将 80%的产品放在中国国内生产，砍掉运费成本，降低产品价格）。

运营诀窍之四：省省省！最大限度降低成本

宜家执着于降低自己的成本，不论是制造、人工、库存、包装、材料还是空间。

具体措施有：砍掉不必要的产品装饰和生产过程；将产品组装工作交给消费者自己去做，尽可能地减少系统中的劳动力数量；用平板包装的方式减少库存和运输成本，消费者更容易将家具带回家；设计 L 形包装箱，将产品以拼图的形式码放以节省更多空间；使用最少的材料，以最简便的组装方式设计和生产产品；根据材料价格改变产品材质，等等。

运营诀窍之五：扬长避短，产品再设计，不断尝试新技术

宜家每年推出 2 000 个新品，包括现有产品的再设计。正在开发的产品会在模型工厂中迅速制作模型，体验实物效果（至少是塑料材质的模型），现在，有些宜家设计师已经开始设计 2019 年的产品了。对于未来，宜家表示，还是做好擅长的领域，比如电子技术就是公司不擅长、未来也不会触碰的领域。宜家很久之前就尝试过电视机项目，结果成了公司史上最大的错误之一。

（二）领悟性知识

文化中的领悟性知识主要有：

1. 对待人生的态度。人们对于物质刺激的反应受人生观影响，人生观的不同直接影响人们对工作的态度以及对未来的态度。

2. 对权威的态度。不同的国家对权威体系有着不同的理解和态度并形成了自己的传统。例如，在某些国家，企业的管理决策权是高度集中的，权力很少下放，而在另一些国家，却能在一定程度上给予下属适当的决策权。跨国经营的企业，一定要将企业的管理模式与当地的传统和雇员的期望联系起来。

3. 价值观。价值观一般表示人们对于事物的评判标准，比如对事件的态度、对创新的态度等。价值观主要是指人们判定事物正确与错误、好与坏、重要与不重要等的基本态度，由价值观决定的社会态度会直接影响国际化经营活动。

五、经济环境

经济环境是指企业开展国际化经营所涉及国家或地区的经济制度、发展水平等。在诸多因素中，经济环境是最直接、最基本的因素，也是国际化经营决策中首先考虑的因素。经济环境主要研究经济发展水平、市场的完善和开放程度、基础设施状况、经济和物价的稳定程度和经济政策等内容。

（一）经济发展水平

一般来说，一国的经济发展水平较高，意味着该国有较大的市场、较多的机会和较好的经营条件，对外国投资者有较大的吸引力。

根据一国经济的发达程度，可以把不同的国家划分为发达国家和发展中国家。发展中国家又分为成品出口国、原料出口国与能源出口国。经济发展水平不同的国家，其投资需求和市场结构有着较大的差异。就工业品市场而言，发达国家偏重于资本和技术密集型产品，而发展中国家偏重于劳动密集型产品。就消费品市场而言，发达国家在市场营销中强调产品款式、性能和特色，品质竞争多于价格竞争，而发展中国家侧重于产品的功能和实用性，销售活动因受到文化水平低和传媒少的限制，价格因素重于产品品质。

（二）市场的完善和开放程度

完善的市场体系，意味着各类市场如商品市场、金融市场、劳动力市场、技术市场、信息市场等已发育齐全，形成了一个有机联系的市场体系。同时，完善的市场体系也意味着该体系内的每个市场都是规范的。市场的开放程度，是指一国允许外国投资者不受限制地进入本国市场的程度。如果在对一国市场的利用方面不存在本国投资者和外国投资者的差别待遇，则可认为该国的市场有较高的开放度，否则，就认为其开放度不够。对外国投资者来说，完善和开放的市场意味着较好的投资环境，有较大吸引力；反之，封闭和残缺的市场只会使外商望而却步。

（三）基础设施状况

基础设施状况包括两方面的内容：一是工业基础设施的结构和状况；二是城市生活和服务设施的结构和状况。基础设施的好坏是吸引国际直接投资的基本条件。它的内容主要有：

（1）能源。包括基础能源和水力、电力、热力等供应系统的供应状况。

（2）交通运输。包括铁路、公路、水路和航空运输等方面的条件。

（3）通信设施。包括递送、广播、电视、电话、网络等方面的设施。

（4）原材料供应系统。

（5）金融和信息服务。

（6）城市生活设施状况。包括住房、娱乐、饮食等方面的设施状况。

（7）文教、卫生设施和其他服务设施。

基础设施是与国际投资密切相关的外部物质条件，外国投资者不可能到一个能源供应短缺、交通不便、通信不便和生活条件艰苦的地区进行投资。

（四）经济和物价的稳定程度

经济和物价是否稳定，主要看以下几个指标的情况：（1）经济增长速度是否持续稳定。（2）通货膨胀率的高低。通货膨胀率越高，货币贬值程度就越高。（3）国家债务规模的大小。如果一个国家的债务尤其是净债务规模过大，这个国家的经济就是脆弱的，一些重大事件出现就可能导致该国经济波动。由于经济和物价的稳定是保证企业生产经营活动正常进行的基本条件之一，所以外国投资者在进行国际投资时，都很重视这一因素。

（五）经济政策

一国的经济政策往往与国际经济有着密切的联系，因而对国际投资也有着较大的影响。

1. 贸易和关税政策。国际投资必然伴随或表现为大量的国际商品流动，包括机器设备、原材料、中间产品和产成品的国际交换。一国采取何种贸易和关税政策，是自由贸易政策还是保护贸易政策，是高关税还是低关税，是较少的非关税壁垒还是较多的非关税壁垒，对国际投资有着比较明显的影响。一般来说，那些实行自由贸易政策、关税低、非关税壁垒少的国家，会被认为具有较好的投资条件。

2. 经济开发政策。包括工业化政策、产业开发政策和地区开发政策等。一般来说，符合一国地区开发政策的国际投资，往往能得到一定的优惠。

3. 外汇与外资政策。外汇和外资政策直接影响到外国投资者的利益，关系到资本能否自由进出、利润和其他收益能否汇回等问题，所以也受到国际投资者的关注。

六、技术环境

技术环境是指一国的科技发展水平及其应用程度，通常反映在国家整体的科技发展现状、科技结构、科技普及程度、科技人员的素质以及与企业经营相关的原材料、制造工艺、能源、技术装备等的科技发展动向等方面。一国或地区的技术环境不仅影响企业的国际化经营活动，而且影响对外资的吸纳程度，影响投资者对投资方向的选择。

第3节　企业跨国经营战略

企业在对国际化经营环境进行分析后，接下来要对跨国经营的目标以及所采用的战略进行选择。多国战略和全球战略是跨国公司可以采用的两种不同类型的经营战略。

一、多国战略

如果一个跨国公司经营的事业项目有显著的地域差异，一般会采取多国战略。多国竞争中的每一个国家都是自我封闭的，其特点是分权管理。不同国家的购买者有着不同的期望与不同的喜好，随着国家的不同，其市场上的竞争对手也存在差别。例如，法国、日本和巴西都有各自的金融业，但是这三个国家金融业的市场条件及购买者的期望却存在很大的差别。法国主要的大型银行之间的竞争与日本和巴西两国的国内银行业的竞争没有关系。

由于在多国竞争中每一个国家的市场都是自我封闭的，因此企业在一个国家的声誉、顾客群和竞争地位对它在另一个国家取得竞争成功不会产生太大的影响。因此，企业在某一个国家形成的竞争优势只限于这个国家，不会转移到企业有经营活动的其他国家。

采纳多国竞争战略时，为了针对不同购买者的需求和竞争环境，企业可能运用相同的竞争主题（低成本、差别化等），也可能为满足消费者的需求进行产品定制。目标顾客群在有些国家可能很广，而在另一些国家却可能集中于一个狭窄的市场。企业在一国采取的战略行动与在另一国采取的战略行动相互独立，将企业战略与东道国市场和竞争环境匹配的考虑要优先于跨国的战略协调。

多国竞争特色非常明显的行业有：啤酒、人寿保险、服装、金属制造、食品

（如咖啡、谷类食品、罐装食品、冷冻食品）以及多种类型的零售。

二、全球战略

如果一个跨国公司经营的某种产品或服务在世界各地差异不大，一般会采用这种战略。全球战略中国家之间的价格和竞争环境有着很密切的联系，国际或全球市场才有真正的含义。对于处在全球行业的公司来说，在一国的竞争地位影响到它在其他国家的竞争地位，反过来也受它在其他国家的竞争地位的影响。

在全球竞争的情况下，一家企业的整体优势来自企业全球化的经营和运作，企业在本土的竞争优势与来自其他国家的竞争优势紧密联系。一个全球竞争厂商的市场优势与它以国家为基础的竞争优势组合成正比。全球战略的目标是与竞争对手争夺全球市场占有率，全球战略的核心是在全球范围内合理配置有限的生产资源，其特点是集权化的管理，全球范围内的高效经营是这种跨国公司获得竞争优势的保证。

全球战略具体有以下三种。

1. 全球低成本战略。竭尽全力成为全球绝大多数或所有具有战略重要性的市场上的购买者的低成本供应商。企业的战略行动在全球范围内协调，获得相对所有竞争对手的低成本地位。

2. 全球差别化战略。在一些相同的属性上对企业的产品进行差别化，以创造一个全球一致的形象和全球一致的主题。企业的战略行动在全球范围内协调，获得全球一致的差别化。

3. 全球聚焦战略。在每个有着重要战略意义的国家为相同的清晰的小市场提供服务。企业的战略行动在全球范围内进行协调，在全球范围内制定一致的低成本或差别化竞争策略。

在下列行业中存在全球竞争：汽车、电视、轮胎、通信设备、复印机、手表以及商用飞机。

当企业的全球竞争规模增大时，战略联盟和合作协议成为同一行业中企业竞争的富有潜力的竞争手段，同时还可以保持企业的独立性。

一般来说，这种协议涉及的内容有：建立合资企业、技术分享、联合使用生产设施、相互销售对方的产品，或者联合生产零配件或装配产成品。历史上，工业化国家以出口为导向的企业往往寻求与不太发达的国家中的企业建立联盟，让它们出口并在当地销售这些出口企业的产品。在某些情况下，当企业要想获得当地政府的批准以进入那些不够发达的国家市场，或者必须遵守政府关于当地所有权的规定时，签订这种协议常常是很有必要的。近年来，全球很多企业开始组建战略联盟和合作伙伴关系来加强合作或联盟的能力，为全球各市场服务，提高全球市场的参与度。

思考题

1. 企业为什么要国际化？有哪些动机促使企业采取国际化战略？

2. 国际化经营一般要经历哪些阶段？

3. 影响企业国际化的环境具体有哪些？请运用本章介绍的方法分析我国的经营环境。

4. 企业国际化可以采用哪些战略？请举出每种战略的典型例子。

5. 多国战略和全球战略有哪些相同点？有哪些不同点？

6. 我国企业在国际化中有哪些比较成功的案例？它们分别采用了什么样的战略？

案例分析

星巴克：打造全球品牌

美国星巴克咖啡公司于1971年创办于西雅图，10年之后，霍华德·舒尔茨（Howard Schultz）加入公司，他认为咖啡馆可以发挥远远超出单纯喝咖啡的作用，为了实现他的这种经营理念，舒尔茨于1987年斥资400万美元购买并且重组星巴克。1992年6月，星巴克作为第一家专业咖啡公司在纳斯达克成功上市，迅速推动了公司业务增长和品牌发展。仅仅十几年，其股价已经攀升了22倍，收益远超通用电气、可口可乐、微软以及IBM等巨人企业。

目前星巴克公司已经成为世界领先的咖啡零售商，它在北美、拉丁美洲、欧洲、中东和太平洋沿岸37个国家和地区拥有超过1.2万家咖啡店，包括中国的北京、上海、香港和台湾。长期以来，公司一直致力于向顾客提供最优质的咖啡和服务，营造独特的“星巴克体验”，让世界各地的星巴克店成为人们除了工作场所和生活居所之外温馨舒适的“第三生活空间”。与此同时，公司在全球范围内不断地通过各种体现企业社会责任的活动回馈社会，改善环境，回报合作伙伴和咖啡原料产区农民。鉴于星巴克独特的企业文化和理念，公司连续多年被美国《财富》杂志评为“最受尊敬的企业”。

星巴克在短短30年间能取得如此大的成功，得益于其全球统一的严谨的质量管控和社会责任意识，更重要的是星巴克有一个极为重要的全球品牌联盟和合资经营战略。该战略使其在发展的过程中寻找能够提升自己品牌资产的战略伙伴，开创合资途径，拓展销售渠道，结盟强势伙伴，扩充营销网络。

星巴克旗下零售产品包括数十款全球顶级的咖啡豆、手工制作的浓缩咖啡和多款咖啡饮料，新鲜美味的各式糕点，以及丰富多样的咖啡机、咖啡杯等。此外，公司通过品牌联盟和合资伙伴开发、生产和销售新产品、新服务。巴诺书店是美国最大的连锁书店，也是同星巴克合作最为成功的公司之一。巴诺曾经发起一项活动，即把书店发展成为人们社会生活的中心，这与星巴克“第三生活空间”的概念不谋而合。1993年星巴克开始与巴诺合作，星巴克在书店里开设自己的零售业务，吸引人流小憩而不是急于购书，而书店的人流则增加了咖啡店的销售额。1996年，星巴克又和百事公司结盟为“北美咖啡伙伴”，致力于开发咖啡新饮品，行销各地。星巴克借用了百事100多万个零售网点，而百事则利用了星巴克在咖啡界的商誉，提高了产品形象。2002年以来，星巴克与美国T-Mobile公司联手，在其咖啡店中提供互联网无线上网服务。2007年，星巴克和苹果公司达成一项合作协议，在星巴克的连锁分店中安装相关终端设备，iPod音乐播放器用户和iPhone手机用户都能够在星巴克的连锁店中使用全新的iTunes在线音乐下载服务，将咖啡与音乐融为一体的新服务形式开创了营销先河。此外，星巴克还与德雷尔冰激凌公司、卡夫食品公司联手，在万豪国际酒店、联合航空公司的航班甚至富国银行营业厅等场所提供咖啡。

很显然，通过这样的联盟合资战略，星巴克公司在诸如宝洁、雀巢、卡夫等咖啡和食品竞争对手的巨大压力下取得了国际化经营的成功。

资料来源：改编自海因茨·韦里克、马克·坎尼斯、哈罗德·孔茨：《管理学——全球化与创业视角》（第12版），75～76页，北京，经济科学出版社，2008。

思考题

1. 星巴克是如何利用战略联盟合作关系提升竞争力的？
2. 试通过星巴克的成功分析战略联盟在国际化竞争中的重要作用。

第7章

企业制度与公司治理

本章要点

- ○ 企业的特征
- ○ 产权及其功能
- ○ 企业形态的演变
- ○ 中小企业及其特征
- ○ 股份有限公司及其特征
- ○ 公司治理的内涵与模式

现实世界中，企业是在一定财产关系支配下按照利润最大化原则行动的经济行为主体。财产关系以及与此密切相关的支配关系使企业制度呈现出不同的形态。企业制度不同，导致企业面对的利益关系、支配方式、活动的空间都有所不同。

这是从财产制度来看的问题。除此而外，在制度选择的基础上，企业与许多个人和组织有着直接的利害关系。这些个人和组织视企业为交易场所，向企业提供各种资源或要素，并从企业得到相应的回报。这些主体追求各自的利益：投资者期望获得尽可能大的投资效益；职工期望得到高工资；各级政府期望收取更多的税金；顾客期望商品价廉物美；供应者期望产品卖个好价钱；企业则追求以尽可能低的成本雇用工人、筹措资金、购进原材料和商品。但是，企业不能将自己的要求强加于对方，否则，这些个人和组织就会因无利可图而终止与企业的利益交换关系。因此，从生存和长远发展的角度考虑，企业如何选择自己的财产关系，理顺和维持与这些个人和单位的利益关系，尽可能地满足其各种要求，是本章的基本问题。问题的核心在于如何选择财产关系、分配企业创造的利润并分担风险。

第1节 企业及企业制度

一、企业

（一）企业的特征

企业是在一定财产关系支配下按照利润最大化原则行动的经济行为主体，是为了获取利润而从事生产经营活动，向社会提供商品或服务的独立经济组织。企业是市场经济活动的主体。

1. 企业是经济组织，而且是独立的经济组织。它区别于政治、社会组织和团体，也不是政府行政管理机构的附属物。企业具有与其他组织不同的目标、组织结构和管理方式、运行机制。人类生存的需要、人的经济动机、对财富的追求，或者说一定意义上的企业家动机，是企业产生的直接的、现实的原因。

2. 财产支配关系是企业根本特征之一。企业从根本上说受一定财产所有关系支配。虽然在现实世界中，企业还要受到来自政府、消费者、社区等各方面的制约和压力，但财产的支配是首要的支配。

3. 企业的目的是获得并不断增加盈利。自负盈亏，即以独立资产抵补经营亏损，承担经营责任，是企业得以不断发展的内在动力所在，也是形成自我约束机制的关键。自负盈亏是企业的重要特征。

4. 企业的职能是从事生产经营活动（企业不仅指具有生产加工能力的厂商，也包括金融、保险、服务性企业）。企业必须向社会提供适销产品和优质服务。企业没有义务无偿承担各种非企业性职能，如政府行政职能和社会职能等。

总之，企业属于经济生活范畴，是现代经济活动的基本组织形式。

企业作为一种经济活动的基本组织形式，是在近代工业革命以来，随市场经济发展而登上历史舞台并确立其地位的。企业是市场经济发展或工业化、现代化意义上的产物。在此意义上，企业本身就是一种文化类型的产物。这种类型的文化，是一种以个人平等观念为前提，以个人的私欲作为原动力，以维护商人权益和交换秩序的法律规范为竞赛规则，以自由竞争、价格机制为运转机制的经济文化，是一种货币文化、资本文化、金钱文化。

现代意义上的企业是这种文化中的基本组织形式，或者说是细胞。企业本身就是工业文明和市场经济的产物，只有在这种制度环境中，才有真正意义上的企业；也只有在这种文化意义上，才能理解企业这个概念。私有财产、自由、平等、法制、科学、理性、效率等基本观念，既是企业产生和生存的价值前提，也是企业追求和捍卫的一般价值准则。

(二) 企业的多面性

显然，对企业组织而言，经济方面的性质或经济侧面是企业之所以成为企业的起决定性作用的侧面，经济方面的内容赋予企业以企业特征。

但是由于企业生存环境的千差万别，以及企业的多面性，企业或多或少具有社会的、政治的、文化的性质。在典型市场经济环境下，企业在经济、社会、政治、文化等方面具有内在统一性，企业与其生存环境、生存土壤有亲和力及同一性。在非典型市场经济环境中，上述几个方面呈现出与典型形态不同的特点。

在未经过西方同样发展过程的国家，或者说在非典型市场经济文化类型的国家，企业更多地带有这些国家传统文化的色彩，从而在企业性质方面具有与典型企业不同的特点。这种差别，首先是由于传统文化的基本价值观的差异以及文化类型的不同造成的；其次，它与工业化的程度及市场经济发展的程度相关。

在社会还基本上是一个传统社会，市场经济发展不充分，市场经济体制没有在完全意义上建立起来的条件下，企业容易发生变异，从而呈现出不同的形态。由于程度的不同，有的在基本方面是企业，但带有浓厚的传统文化色彩；有的在基本方面仍然是传统社会组织，徒有企业形式。

二、产权

所有权、产权，是经济学的重要范畴，也是我国经济体制改革以来一直在讨论的热点问题。

(一) 所有权

当我们在经济生活中碰到资源稀缺问题时，或者说出现某种资源相对需求不足的问题时，就需要对这种资源的“所有”加以界定和保护。这种界定和保护的过程就是所有权形成的过程。

所谓所有权，是指对主体拥有财富这一特定事实给予社会性的认可和保护。

所有权是一个规范性的概念，它的基本点是：

(1) 所有权依照严格的法定方式取得。

(2) 所有权具有占有、使用、处分和收益四项权能，所有者可以根据自己的意志行使其中任何一项权能。

(3) 所有权具有排他性，在法律限定的范围之内排除他人对所有权行使过程的干预。

(4) 所有权可部分地转让给他人，但处分权只能由所有者行使。

(5) 所有者在所有权遭到侵害时，可以通过法律手段维护自己的权益。

所有制是所有权的法律制度形态。当我们讨论一种所有制时，实际上是在讨论一种财产法律制度。

产权是所有权的经济用语，它强调的是由谁行使各种实质性的所有权。产权关注的是经济运行过程中实质意义上的财产关系。

（二）产权及其功能

产权是一个社会所强制实施的选择一种经济品的使用的权利。

从经济学角度来分析产权，它不是指一般的物质实体，而是指由人们对物的使用所引起的相互认可的行为关系。它是对必然发生的不相容的使用权进行的分配。它用来界定人们在经济活动中如何受益、如何受损以及相互之间如何进行补偿的规则。

产权的基本内容包括行为主体对资源的使用权与转让权，以及收入的享用权。该项产权的权能是否完整，主要可以从所有者对它具有的排他性和可转让性来衡量，如果权利所有者对他所拥有的权利有排他的使用权、收入的独享权和自由的转让权，其所拥有的产权就是完整的。如果这些方面的权能受到限制或禁止，就称为产权的残缺。

产权结构不同，效率也不同。明确界定和保护产权，有利于资源的有效利用，提高产权的效率。

一种产权配置是否有效率，主要看它能否为在它支配下的人们提供有效的激励。产权制度最基本的功能是明确规定产权主体对客体的关系，以及不同产权主体相互之间的关系，也就是说，明确谁所有、谁支配、谁受益、谁受损。如果这些方面的规定是明确的，不同权利主体之间的关系是明确的，权利的拥有者就会非常关心这些财产的使用，财产权利关系客观上具有激励人们有效利用资源、提高经济效率、增加产出的功能。

理论上分析，私有产权、共有产权和国有产权，实质上是把上述权利界定给了不同的行动主体。

私有产权就是把资源的使用、转让以及收入的享用权界定给了一个特定的人，他可以把这些权利与其他附着了类似权利的物品相交换，他可以通过契约将这些权利转让给其他人，他对这些权利的使用不应受到限制。共有产权意味着一个共同体内部所有成员都有权分享共同体拥有的权利，排除了共同体以外的其他成员和国家对共同体内的任何成员行使这些权利的干扰。国有产权在理论上指这些权利由国家拥有，国家按照可接受、可行的政治程序来决定谁可以使用或不可以使用这些权利。

在共有产权条件下，由于共同体内的每一成员都有权平均分享共同体所拥有的权利，当共同体的成员追求其个人价值最大化时，由此所产生的成本就有可能部分转嫁给共同体内的其他成员承担。从收益方面看，一个共同体成员也可能无法避免其他人来侵占他努力的果实。也就是说，在共有产权之下，个人使用某项权利的成本与收益可能要由他之外的共同体其他成员甚至整个社会来承担，因此制度经济学称这种现象为“外部性”，外部性表明权责关系不够明晰，从而导致产权安排的无效率。在此情况之下，所有成员要达成一个使用共有产权的最优行动的共识，成本可能非常高，或者说共有产权几乎不可能。因而共有产权条件下会产生很多内耗、争执，财产关系不明确，从效率角度衡量不理想。

国有产权条件下，权利由国家选择的代理人——国有企业的管理者行使。作为权利的使用者，由于管理者对资源的使用与转让，以及最后成果的分配都不具有充分的权能，因此使管理者对企业经营好坏和对其他成员监督的关心和激励下降。而国家要对这些管理者进行充分有效的监督可能费用极其高昂，操作上有很多困难，这些都增加了额外的成本。再加上行使国家权力的行政机构往往为了追求其政治利益可能偏离利润最大化动机，因而在选择管理者时具有从政治利益而非经济利益角度考虑的倾向。因而在国有产权条件下，会产生无人真正负责，也会导致财产权利难以发挥作用，从效率角度衡量也不理想。

私有产权条件下，所有者在作出一项行动选择时，必须考虑未来的收益和成本可能，并选择他认为能使其权利的回报价值最大化的方式，来作出资源使用的安排；而且他为了追求自身的收益所产生的成本也只能由他个人来承担，因为财产关系明确，无处推脱，从而产生了更有效利用资源的激励。

以上关于共有产权、国有产权、私有产权三种产权状态的描述，只是一种理论上的抽象分析，关注的核心是产权是否明确，能否产生有效利用资源的激励机制。现实世界中产权要具体化为各种企业形态，财产关系与经济效率的关系要落实到现实的企业制度中进行分析。

第2节 企业形态

在微观意义上，通常根据以下几个方面的特征来区别企业制度或企业形态：

（1）企业是谁的？企业财产归谁所有？

（2）由谁承担企业的经营管理责任？

（3）出资者具有哪些权利，承担哪些义务？

资本主义企业是在私有制基础上适应资本扩张的需要逐步发展起来的。在漫长的发展过程中，西方企业发展依次经历了私营企业发展阶段、股份公司阶段、跨国公司阶段等几个大的发展阶段。这一发展过程经历了量和质两个方面的变化。量变主要体现在资本集中程度方面。质变一是由无限责任变为有限责任，二是所有权和经营管理权由完全结合变为逐步趋向分离。

一、私营企业发展阶段

（一）私营企业的类型

历史地看，私营企业指私人企业和在私人企业基础上形成的合伙公司、两合公司和有限责任公司这些企业形态。

1. 私人企业（individual enterprise）。私人企业是个人独资设立、个人所有、个人经营的企业。私人企业是企业最原始的形态。私人企业不具有法人资格，但拥有公司全部股份的股份公司也可视同私人企业，这在日本尤为普遍。

在私人企业中，投资者拥有经营全权，并承担全部经营责任，经营利润归投资者所有，企业收入成为其个人收入的组成部分。一旦发生亏损，由其个人财产抵补，并对债务关系承担无限责任。私人企业的优点是独立决策、自主经营，经营成本低，便于管理；缺点是资本有限，筹资困难。

随着市场规模扩大、企业扩张和发展，私人企业碰到资本扩大的矛盾。资本扩大有积聚和集中两种途径。积聚依靠私人企业自身利润转化为资本，这一资本扩大方式受到很大限制，集中是个别资本的结合。资本集中可以突破单一资本积聚的限制，加快资本扩大的速度，适应经营发展的需要。但是，资本集中同时会带来所有权关系的变化、资本的扩大和对企业的支配产生矛盾。因而，资本集中必然会导致企业形态的变化。

2. 合伙公司（unlimited or ordinary partnership）。合伙公司是私人企业直接结合而成的形态，是最原始的公司形态。各所有者共同对结合而成的公司财产负责。同时，出资者要承担无限连带责任。

合伙公司形态从结合多个单独资本的意义上超越了私人企业，但由于所有者要承担重大责任，因而结合难度较大，决策要取得所有出资者同意，需要其他因素起协调作用，规模也有限。历史上合伙公司往往是家族成员的联合形态，由家族纽带起维系作用。合伙公司是一种应用范围有限的形式。

3. 两合公司（limited partnership）。两合公司是指由一个以上无限责任股东和一个以上有限责任股东共同出资组成的公司，其中无限责任所有者握有控制权。

无限责任股东和有限责任股东均为公司自有资本的出资者，有权分享利润，需要承担风险。区别只是在于无限责任股东对公司债务应负无限连带清偿责任，有限责任股东仅以出资额对公司债务负责。两合公司是介于无限责任公司和有限责任公司之间的一种公司形式，公司中有限责任部分的资本不分成等额股份。

由于无限责任股东负有无限责任，承担的风险最大，所以多在公司中占据主导地位，享有公司管理权。有限责任股东对外无权代表公司，也不能对内执行公司业务。有限责任股东转让出资，需征得无限责任股东的同意，没有转让自主权。

两合公司既可以通过无限责任股东的存在保护债权人，取得外界信任，又可以通过有限责任股东吸引大量资金。

随着经营扩大，两合公司产生了无限责任所有者难以承担法定责任的问题。出资不能自由转让的特点，使优秀人才参与经营管理变得十分困难。无限责任股东的死亡，通常会导致退股或公司终止。两合公司是一种过渡形态。

4. 有限责任公司（limited company）。有限责任公司是指由 50 人以下股东共同出资，每个股东以其所认缴的出资额对公司承担有限责任，公司以其全部资产对其债务承担责任的企业法人。有限责任公司股东人数一般在 2～50 人，此外，我国公司法对一人有限责任公司的设立和组织机构作了专门的规定。在市场经济国家，有限责任公司一般指股东人数较少，资本不表现为等额股份，不公开发行股票，不允许股份在证券交易所交易，股东负有限责任的中小型公司企业。在股份制企业中，有限责任公司占绝大部分比重。

有限责任公司的基本特征是：

（1）公司不公开订购股份，不公开发行股票，不允许股份上市交易。

（2）股东凭公司出具的书面股份证书，享有公司权益。股东有权直接参与公司经营管理。

（3）公司股份不能自由转让，如需转让，公司设立股东会的，由股东会讨论通过；公司不设立股东会的，由董事会讨论通过。股东会不同意转让的或全体股东未一致同意转让的，应由其他股东购买该股份；同意转让的，其他股东在同等条件下对转让的股份有优先购买权。

（4）公司账目不向社会公开。

与股份有限公司相比，有限责任公司的设立程序比较简单。而与无限责任公司相比，有限责任公司股东的责任有限，风险较小，股东也不限于自然人，筹资较为容易，有利于中小企业扩大资本。但是，由于有限责任公司不能公开发行股票，股权转让又较为困难，所以其筹资范围和规模均比不上股份有限公司，不能满足现代大型企业经营活动的需要。当然，这并不排除某些有限责任公司的股本超过一些股份有限公司的可能性。

有限责任公司的股东认缴股本，可以用货币出资，也可以用实物、工业产权、非专利技术、土地使用权作价出资。

有限责任使得这种形式在资本集中方面有一定优越性，有限的成员又构成了资本进一步扩张的限制。有限责任公司适合于经营规模不太大的情形。

上述各种形式都不同程度存在发展方面的限制。为企业发展提供便利制度条件的是下一发展阶段的股份有限公司。

（二）中小企业的特征

大部分私营企业都是中小企业。

1. 中小企业的特征。中小企业共同的特征主要包括以下七个方面。

（1）中小型。以经营规模为中心，从业人员、资本量、生产规模等多方面都具有中小性质，相应地，组织协调能力、资本调剂能力、市场支配能力也具有中小特点。

（2）强烈的个人色彩。多数中小企业都是个人所有。即使不是纯粹个人所有的，也在相当程度上由个人管理。经营管理以所有者个人为主体，企业行为的各方面都带有强烈的个人色彩。同样，企业的发展也受个人风格影响，受个人能力限制。

（3）单独支配。在大企业，通常是由一个管理群体实施管理。在中小企业内，私人企业自不用说，即使是合伙公司、两合公司、有限责任公司，虽然制度上不是个人完全支配，但大多数企业都具有单独个人支配倾向。

（4）所有权与经营管理权合一。多数中小企业，所有权和经营管理权都是结合在一起的。法律规定有限责任公司的所有权与经营管理权可以分开，但实际上大多数是合一的。这也是造成单独支配的重要原因。

（5）组织不发达。由于规模小，多数中小企业组织仍处于原始状态，职能、阶层都处在一个不发达阶段。与组织职能相比，个人处于中心地位，因而专业人才使用、参谋职能等现代企业组织管理手段的采用受到较大限制。

（6）企业经营具有统一性、弹性、创造性。大企业发展到一定程度后，容易产生官僚化、经营上缺乏弹性和灵活性的弊病。中小企业由于上述个人支配、两权合一、个人中心等特点，具有反应快、决策快、执行迅速，弹性、创造性、灵活性强等优势。

（7）人际关系色彩浓。中小企业由于人员少，日常接触频繁，容易相互理解、增进感情、相互信赖、相互配合，信息沟通快，人际关系好，有利于激发和调动员工的工作积极性。大企业需要刻意去做的企业文化建设在中小企业是自然产生的。

2. 中小企业适合的范围。根据上述中小企业特征，可以看出中小企业适于活动的范围有：

（1）易于发挥个人能力的、经营自主性强的领域。

（2）适合适度规模经营的事业。

（3）手工业和不适合大批量生产的行业。

（4）需求量小、需求品种多样的产品。

（5）不需要太大资本投入的项目。

（6）易于发挥人的创造性的活动。

二、股份有限公司

股份有限公司，是指注册资本由等额股份构成并通过发行股票（或股权证）筹集资本，股东以其所认购股份对公司承担有限责任，公司以其全部资产对公司债务承担责任的企业法人。股份有限公司是一种完善的企业法人制度，是当前西方国家大企业普遍采用的企业组织形式。

（一）股份有限公司的特征

与传统的私营企业相比，股份有限公司的特征主要有四方面：（1）资本证券化；（2）有限责任制；（3）所有权与经营管理权分离；（4）公司账目公开。

1. 资本证券化。股份有限公司的第一个，也是最根本的特征，是通过资本证券化形成的资本集中。

对出资者而言，大都希望能在一定时点收回投入的资本；对企业而言，希望资本留在企业供企业永久使用。这是一对矛盾，股票上市或资本证券化解决了这个矛盾，既满足了企业的需要，也为投资者进入或退出提供了制度可能。

资本证券化的前提是资本细分化。划分为小额等量股份，不仅可以吸收大额投资者，也可吸收一般小额购买者。资本集中的范围、程度，达到了空前的水平。股票作为一种有价证券，可以在市场上自由流通。证券交易市场的发育和完善，使股票转让变得更加容易。股票既是一种凭证，是公司股本的证明文书，也是一种权利，可以此享有公司经营管理的参与权和资本收益分配权。

股票上市或资本证券化是股份有限公司区别于其他类型企业最本质的特征，这也是股份有限公司成为市场经济条件下最具现代特征的企业形态的理由。

2. 有限责任制。股东以其认购的股份为限，对公司债务承担有限责任，与个人财产无关。前述有限责任公司虽然在这一点上与股份有限公司相同，但股本没有证券化，不能流通，不可能成为一般投资对象。两合公司的股本让渡要经过无限责任股东同意，有限责任公司股东数量受法律限制，股份有限公司的有限责任与资本证券化结合起来，才使有限责任制真正发挥作用。

3. 所有权与经营管理权分离。即股东委托董事会负责资产使用和收益，所有者不负责资产经营管理，由代表股东利益的董事会及其管理人员专门从事经营管理。股份有限公司设有权力机构（股东代表大会）、常务决策机构（董事会）、监督机构（监事会）和行政（执行）机构。公司的日常行政和业务活动由董事会聘任的总经理全面负责，总经理对董事会负责。董事由股东大会选举产生，董事会向股东大会负责。股东拥有选举或罢免董事的权利，并以此保护自身利益。

股份有限公司在最初发展阶段，由大股东亲自负责公司经营管理。发展到后来，演变为委托专职管理人员负责，股东逐步转变为证券投资者，只关心股价的升降和红利的多寡，企业经营管理摆脱所有者影响，成为一项独立的事业。

4. 公司账目公开。公开发行股票的公司，其资产负债表、利润表、盈余分配表（或亏损弥补表）等主要财务报表，应依法经会计师事务所查核鉴证，在一定时间内公告。

(二) 股份有限公司的优点和缺点

1. 股份有限公司的优点。股份有限公司这一企业制度具有以下优点。

(1) 有利于保持公司的持久发展。通过发行股票和建立完善的运行体制，使公司彻底摆脱对业主个人能力和年龄的依赖。随着股票的出售，某些投资者包括公司创建人可能不再是公司股东。而经理等经营管理人员的人选从股东扩大到非股东，人员更替变得非常容易。

(2) 有利于吸收大量资本。从事巨大经营事业需要大量资本，自我积累无异于杯水车薪，借款又会背上沉重的利息包袱。显然，这两条路的作用都是有限的。

而采用股份有限公司制度，一方面，责任有限，当公司破产时，股东除了其所认购股份损失外，不负无限连带清偿责任，有利于保护股东的投资热情；另一方面，股份有限公司可以采用发行股票的办法募集资本，尤其是可以吸收社会上的闲散小额资本。因此，股份有限公司的资本来源广泛，可在短时间内集中巨额资本，使公司得以开展大规模经营事业。

（3）所有权与经营管理权分离，非股东也可被聘为公司经理，从而拓宽了经理等经营管理人员的选拔范围。一批受过专门训练、经验丰富的职业经理人有机会得到重用，从而有利于提高公司的管理水平。公司经理等岗位的职业化，又推动了经营管理经验的总结、知识的积累和管理人才的培养。

（4）保护创业者利益。创业伴有很大的风险性，倾家荡产是常有的事。采用股份有限公司制度，新企业可以通过公开发行股票取得可观的发行收入。发行收入减去股本的差额部分，就是对原始创业者和投资者的最大回报。企业经营事业越有发展前途，发行收入就越高。

2. 股份有限公司的缺点。股份有限公司制度存在以下缺点。

（1）股东难以掌握足够的企业信息。与经营者掌握的丰富的企业信息相比，广大股东所能掌握的信息量总是少得可怜，二者之间的差距是巨大的。这种差距往往引发一系列事端，尤以经营者欺骗股东为甚。经营者欺骗股东的问题，自股份有限公司制度诞生开始就为人们所关注。为了弥补这一缺陷，各国都有针对性地制定了一系列规章制度，如财务公开制度等，以保护股东的权利。但是，这类制度不管如何完善，经营者与股东之间信息量的差距仍是一种客观存在。

（2）随着股权的分散和经营活动的复杂化，股东已失去对企业的支配力。从理论上说，股东如认为经营者和董事会成员不称职，可召开股东大会，以投票的形式免去董事会成员的职务，并选举新人出任董事，以维护自身利益。但是，事实上许多股东并不关心企业的经营管理事务，他们只对利益分配感兴趣，要说服其参加投票几乎是不可能的。在这种情况下，企业经营管理权就转到经营者身上，企业所有权和经营管理权开始分离，股东蜕变为被动的食利者。

经营管理权和所有权的分离也会带来事物的另一面。一般来说，股票市场具有两个基本功能：一是帮助企业筹集资金和个人买卖证券；二是买卖企业所有权和支配权。借助第二种功能，个人和法人均可随着买卖股票而自由地买卖对企业的支配权，而企业支配权的买卖则往往被赋予股东的意志，并最终反映到企业经营管理中来。因此，股权的分散反而会强化股东对企业的影响力。企业经营者若忽视股东利益，就会使企业股票在广大股东心目中失去吸引力。此时，大部分股东将选择停止购买并抛售其股票的做法，因为这比集中投票选举经营者更省心、省事。抛售必然导致企业股价的下跌，这对那些期待通过控股和人员变动来保护股东利益的人来说，无疑是一个绝好的机会。他们会借机以低价购入能掌握控股权额度的股份，通过更换经营者重新吸引人们的注意，推动股票价格上扬，使股东得以取得更大的长远利益。

总之，股票的自由买卖使经营者不得不服从于股东的意志，与市场竞争压力相比，来自股市的压力更大。美国的股份有限公司在20世纪60年代末期以后，就受到了这种压力的影响，股东利益最大化开始成为其追求的最高目标，有人因此称这是股东对经营者革命的一次“反革命”，并断言这将影响企业的健康发展。但是，只要经营者和股东之间仍存在信息的不对称，只要经营者损害股东利益的问题还在出现，股东反过来对企业施加影响的现象就难以避免。对此，企业经营者应给予足够的重视。

第3节　公司治理

一、公司治理的内涵与模式

(一) 公司治理的内涵与历史

1. 内涵。公司治理的内涵分狭义与广义两种。狭义的公司治理，是指所有者（主要是股东）对经营者的一种监督与制衡机制，其主要内容包括由股东大会、董事会、监事会及管理层所构成的公司内部治理结构。

广义的公司治理还包括外部治理结构，是指通过一套正式或非正式的制度或机制来协调公司与所有利益相关者之间的利益关系，以保证公司决策的科学化，从而维护公司内外部各方面利益的一种制度安排。① 公司治理的实施主体不局限于股东，而是包括股东、债权人、雇员、顾客、供应商、政府、社区等在内的广大公司利益相关者。公司治理的实施对象包括经营者和董事会。

2. 历史。公司治理的问题是随着现代企业形态的不断演进而产生的。私人企业向公司制企业的演化使得现代公司出现股权结构分散化、所有权与经营权相分离的特征，在促进企业和经济发展的同时，也带来了股东行动不一致和消极参与、对经营者的监督弱化、管理者权力增大损害所有者利益等一系列问题，由此导致公司治理的重要性日渐突出。

随着资本市场的创新与繁荣、大公司信任危机、食品安全、环境保护运动和网络的兴起等诸多新情况的出现，不但公司的内部治理面临着前所未有的挑战，公司与外部环境和外部利益相关者之间的关系也日益重要，外部治理逐渐成为企业需要面对的重大现实问题。当前，公司治理已经成为企业经营和管理中的一个被持续关注的焦点。

---

① 参见李维安：《公司治理学》，11页，北京，高等教育出版社，2006。

□ 案例 7—1

国美股权之争

黄光裕和陈晓两人都有着不同寻常的背景：1987 年，未及弱冠的黄光裕在北京创立公司，之后将一家小型电器商店发展成为规模庞大的上市公司；而陈晓是黄光裕的前竞争对手。他创立的永乐电器一度是中国第三大家电零售企业。在 2006 年永乐电器被国美电器收购之后，陈晓成为国美电器的 CEO。

黄光裕是一个冷静专断的竞争者，他不惜修改规则以达其目的，包括董事会的行事规则。黄光裕曾亲自修改公司章程，授权董事会进行股份增发或回购、任命董事或对管理层进行股权激励，这些后来都成为使他自己险些出局的陷阱——被修改的公司章程后来被他的接班人陈晓所用，使他及他的盟友增加了对公司的控制权。

在国美电器于 2004 年成为上市公司之后，黄光裕连续抛售所持股份。到 2008 年年中，他的股份从初始的 75%减少至 35.55%。2008 年 11 月，时任国美电器董事会主席的黄光裕被警方抓捕。当年年末，非黄氏家族成员陈晓出任国美董事长。

陈晓出任董事长之后，国美董事会未经黄氏家族同意作出一些重要决定。2009 年 6 月，国美电器向全球私人股权投资公司贝恩资本发行了 18 亿港元可转换债券（约占总股份的 11%），引资的同时，摊薄了黄光裕的股份。与贝恩资本的交易还包括确保贝恩资本的三位人员成为非执行董事。

一个月之后，陈晓在没有充分告知黄光裕的情况下，推出了“管理层股权激励方案”，向 100 多位管理人士发放了相当于总股份 3%的股权。借此，黄光裕的股份和权力被进一步摊薄和削弱。黄氏家族怒不可遏，国美控制权之争开始进入公众视野。

在 2010 年举行的年度股东大会上，持有国美电器 33.98%股份的黄光裕通过旗下公司 Shining Crown Holding 否决了贝恩资本的三位董事提名。当晚，陈晓领导的董事会重新提名三位董事，并称黄光裕的决定不代表所有股东意见。此外，陈晓还表示，重新任命三位董事的行动是由公司章程授权的。

8 月 4 日，黄光裕向国美电器致函，要求撤销陈晓的董事会主席职务。次日，国美起诉黄光裕，对他在 2008 年 1 月和 2 月回购股份一事提出质疑，因为此举违背了公司董事的信托责任。

9 月 28 日，事件达到高潮，作为持有公司近 1/3 股份的最大股东，黄光裕提请召开股东大会，对重要问题进行投票表决。投票的结果是，陈晓关于三名来自贝恩资本的董事的提议获准通过，而黄光裕的五项提议中有四项以微弱差距被否决，陈晓仍是公司董事会主席。其中一项提议——关于撤销董事会拥有的配发及买卖国美股份之一般授权——获准通过。

有专家认为，该案例的特殊之处在于，在一个在文化上强调君臣或主仆间忠义关系的国家，大多数舆论曾认为最终胜出的应该是黄光裕。而此刻“小股东作出了痛苦的抉择”。有专家对此案中显示出的对规则和程序的尊重表示赞赏，“我们看到双方最终在股东大会上以如此冷静、合法的流程来解决问题，这很有价值。这件事本身没有失败者，大家都是胜利者。因为游戏规则得到了执行”。

资料来源：改编自《国美控制权之争对中国企业的启示》，http：//www. ceconline. com/financial/ma/8800058166/01/。

（二）公司治理的模式

发达国家的公司治理可以大致分为英美模式和德日模式两种，而家族模式则主要出现在东亚和东南亚等新兴市场，这是各国的经济发展、法律与制度安排和金融管制上的差异等因素造成的。

1. 英美模式。英美国家的企业，股权比较分散，个别股东控制企业的能力较小，所起作用也有限。同时，由于金融管制的限制，银行不能持有公司股份，这也是导致它们区别于德日模式的一个重要原因。机构投资者虽然可能成为大股东，但其投资具有投机性和短期性，更关注短期投资回报，对公司内部监管的动力不足。这样，股份公司的控制权落入管理者手中。但是，英美国家的资本市场和职业经理人市场比较发达，外部审计制度也比较完善，市场竞争可以作为一种外部监督机制弥补股东利益保护不充分和管理者缺乏监督的问题，管理层如果经营不善，将会被资本市场抛弃或者被经理人市场中的同行所代替。因此，这种治理模式也称为外部治理模式。这种模式赋予管理层在经营决策上较大的自由和独立性，股东的意志可以通过买卖股票、影响股票价格来体现。这种股票市场的压力对管理层造成了制约，股东对于公司的监控通过这一间接机制实现。

2. 德日模式。德国和日本虽然也有发达的股票市场，但并非主要筹资渠道。企业主要依靠其他方式融资。企业负债率通常比较高，企业间交叉持股现象比较普遍，股权相对集中并且主要由产业法人股东持有，银行成为企业的重要股东并积极参与企业的经营决策。有时候由某个银行作为诸多企业债务融资的核心和枢纽，并以此结成一组关系密切的公司，即所谓“财团”。这样，公司的大部分债务融资来源于财团中的银行或其他成员，而银行、供应商、客户和员工都积极通过公司的董事会和监事会等机构参与公司经营管理，发挥监督作用。这种企业与企业之间、企业与银行之间形成的长期稳定的资本关系和贸易关系所构成的，对经营者的监督和制约就是德日模式，也称为内部治理模式。

3. 家族模式。东亚和东南亚等地区的许多大型公司都是由家族控制的，因此家族模式盛行。企业所有权或股权主要为家族成员所有，企业主要经营管理权掌握在家族成员手中，家族成员是公司治理系统中的主要力量。企业的重大决定如创办新企业、开拓新业务、人事任免、决定企业的接班人等最终都由家族中的家长作出。家族中其他成员作出的决策也需要得到家长的首肯，即使这些家长已经退出企业经营的第一线，由接班人作出的重大决策也必须征询家长的意见或征得家长的同意。经营者受到来自家族利益和亲情的双重激励和约束。因此，与非家族企业经营者相比，家族模式下的经营者的道德风险、利己的个人主义倾向发生的可能性较低。但这种建立在家族利益和亲情基础上的激励约束机制，使家族企业经营者所承受的压力更大、需要考虑的因素和矛盾冲突更多、更复杂。许多非经营性因素干扰和制约企业的运转，导致家族企业经营管理的风险和不稳定。

二、内部治理

（一）股东大会

我国公司法规定，股东大会是公司的权力机构，行使决定公司经营方针和投资计划，选举和更换董事会、监事会等重大问题的权力。由于股东按其持股种类和数量享有权利和承担义务，并且股东大会采取简单多数的表决制度，因此，股东大会实际上由掌握控股权的大股东控制，分散的小股东意志一般很难在股东大会上得到体现。当然，只要资本市场是竞争和开放的，并且国家法律能给予必要的支持，小股东的权益仍能得到维护。

（二）董事会与监事会

董事会是股东大会或股东代表大会的执行机构，负责公司重大事项决策，对股东大会或股东代表大会负责并报告工作。股东大会或股东代表大会所作出的有关公司重大事项的决定，董事会必须执行。监事会是股东大会领导下的公司的常设监察机构，执行监督职能。监事会与董事会并立，独立地行使对董事会、总经理、高级管理人员及整个公司的监督。为保证监事会和监事的独立性，监事不得兼任董事和经理。

关于董事会结构，英美法系采用单层制，只有董事会，没有监事会；大陆法系则采用双层制，既有董事会，又有监事会。但无论采取哪种结构，都必须有决策、执行、监督、评价与考核、奖惩等制约机制存在，董事会和监事会必须具有科学、合理和完善的运作程序。

（三）独立董事

独立董事，是指独立于公司股东且不在公司内部任职，与公司或公司经营管理者没有重要的业务联系或专业联系，并对公司事务作出独立判断的董事。

独立董事最根本的特点是独立性和专业性。所谓独立性，是指独立董事必须在人格、经济利益、产生程序、行权等方面独立，不受控股股东和公司管理层的限制。所谓专业性，是指独立董事必须具备一定的专业素质和能力，能够凭自己的专业知识和经验对公司的董事和经理以及有关问题独立地作出判断和发表有价值的意见。

（四）执行层

执行层是公司的高层管理者，一般称为首席执行官或者经理，是公司的日常经营管理和行政事务的负责人，由董事会决定聘任或者解聘，对董事会负责。可由董事和自然人股东充任，也可由非股东的职业经理人充任。首席执行官或者经理依照公司章程、公司法和董事会的授权行使公司经营管理权，并有任免管理人员的权力，是公司对内生产经营的领导，也是公司对外活动的代表。

三、外部治理

（一）证券市场

证券市场是指一切以证券为对象的交易关系的总和。从经济学的角度可以将证券市场定义为：通过自由竞争的方式，根据供需关系来决定有价证券价格的一种交易机制。证券市场具有价格定位职能，为公司控制权配置主体评定公司价值和经营状况、决定进入或退出该公司从而影响管理层决策奠定了基础，利用证券市场进行控制权配置是公司外部治理的重要方式。

（二）银行

商业银行是重要的公司外部治理机构，主要通过债权人和公司股东两种角色对公司进行外部治理。作为债权人，银行对其客户公司的监督权主要来自两个方面：一是债务契约授予银行的监督权力；二是银行往往为其客户公司提供周转性的短期贷款，具有业务上的监督便利。此外，金融机构往往是一种重要的公司股东类型。作为股东，银行自然也行使着对持股公司的治理职能。

（三）机构投资者

早期的机构投资者只是消极的股东，并不直接干预公司的行为，也不积极地参与公司治理活动，而是倾向于通过短期炒买炒卖从中牟利。20 世纪 90 年代以来，机构投资者在股票市场和公司总股本中所占的份额越来越大，无法通过简单地抛售股票的传统方式保护其资本价值，于是不得不遵循长期投资理念，采取积极干预的方式参与到公司治理中来，并成为一支日益重要的力量。

思考题

1. 相对于其他社会组织，企业有何特点？
2. 为什么不同国家的企业往往会呈现出不同特征？
3. 产权和所有权的定义各是什么？
4. 产权可以分为几类？各自的定义和功能是什么？
5. 企业一般可以分为几种形态？各自的特点又是什么？
6. 公司治理的内涵是什么？
7. 公司治理有哪几种模式？

案例分析

万科股权之争

“个人的荣辱去留已经不是很重要了。”在2016年6月27日举行的2015年度股东大会上，万科董事长王石表示，“这个公司我是创立者之一，文化也和我密切相关，从某种角度来讲，我的去留已经不重要，重要的是这个文化能延续下去。”

历时一年半的万科争夺战随着万科复牌，再度高调回到公众视线中。宝能系的“董事罢免提请”、华润的站位改变、万科的9 000字举报信，将这场资本战推向新高潮，也让万科站在了舆论的风口浪尖。这场争夺战的结局依旧扑朔迷离。

万科企业股份有限公司成立于1984年，1988年进入房地产行业，经过30余年的发展，成为国内领先的房地产公司，目前主营业务包括房地产开发和物业服务。1991年1月29日，万科正式在深交所挂牌交易，成为国内首家上市房企。

一、宝能，蚕食鲸吞，“万宝之争”拉开序幕

2015年1月，潮汕商人姚振华的宝能系，通过旗下前海人寿、钜盛华等“一致行动人”，开始在二级市场暴力举牌，揭开了“万宝之争”的序幕。

万科的权益变动报告书显示，自2015年1月份开始，宝能系开始“蚕食”万科股份。截至2015年7月10日，前海人寿保险股份有限公司（法定代表人姚振华）合计持有万科A股股票552 727 926股，占当时股本的5.00%，第一次在万科的十大股东中露面。

如果说这7个月是“蚕食”，那接下去就是“鲸吞”。7月24日，短短几日，姚振华旗下的宝能系第二次举牌，通过深圳市钜盛华股份有限公司新持4.07%的万科股份以及前海人寿增持0.93%的股份，对万科A股股票的持有比例达到10%。

11月18日，宝能系又以钜盛华8.38%和前海人寿6.66%的持股比例，拥有万科A股总股本的15.04%，直逼第一大股东华润股份有限公司。

12月4日，宝能系第四次举牌，钜盛华通过资管计划在深交所证券交易系统集中竞价交易买入万科股票，占万科当时总股本的4.969%，至此宝能系以20.008%的持股比例超越华润成为万科第一大股东。

为了巩固第一大股东的地位，宝能系在12月27日第五次举牌，钜盛华再次增持万科A股，与“一致行动人”前海人寿共同持有24.26%的万科股份。

2016年7月6日，在万科A股复牌后的第三个工作日，宝能系第六次举牌，钜盛华和前海人寿合计持有万科25%的权益，稳坐第一大股东的位子。

二、万科，合纵连横，鏖战宝能系

在宝能系频频暴力举牌的压力下，万科也采取了一些行动。

策略一：华润股份有限公司增持万科股份

在宝能系第二次举牌持股比例达到10%并持续增持的情况下，万科意识到了危机，当时的第一大股东华润于 2015 年 8 月 31 日和 9 月 1 日两次增持万科，共耗资约 4.97 亿元。增持后，华润共计持有万科 A 股 15.29%的股份，保住了第一大股东的席位。

策略二：万科回购股份

2015 年 8 月 31 日，万科召开 2015 年第一次临时股东大会，审议通过《关于在人民币 100 亿元额度内回购公司 A 股股份的议案》，通过公司自有资金于 9 月 18 日实施首次回购至 12 月 31 日，万科回购 A 股股份数量为 12 480 299 股，占公司总股本的比例为 0.113%。

策略三：万科 A 股停牌

2015 年 12 月 18 日，万科紧急宣布停牌，公告表示公司正筹划股份发行，用于重大资产重组及收购资产。万科单方面宣布关闭战场，为寻找潜在交易对手并继续谈判赢得时间。

策略四：引深圳地铁，定向增发稀释股权

2016 年 3 月 12 日，万科就拟议交易与深圳市地铁集团有限公司签署合作备忘录，宣称将通过发行新股的方式购买深圳地铁下属公司的全部或部分股权。

2016 年 6 月 17 日，万科与深圳地铁签署《发行股份购买资产协议》，交易完成后，万科将持有前海国际 100%的股权。从 6 月 18 日的《万科 A：发行股份购买资产暨关联交易预案摘要》中可以发现，若该交易完成，深圳市地铁集团有限公司将获得万科 20.65%的股权，从而一跃成为万科第一大股东，华润的股权将从当时的 15.24%稀释到 12.10%，同时宝能系持股比例由 24.29%稀释到 19.27%。不过重组能否成功，还是一个变数。

在董事会审议中，董事会投票以 7：3 通过了与深圳地铁的重组预案，华润系 3 名董事集体投出反对票。华润方面认为，由于赞成票并未超过所有董事的 2/3，因此投票无效。至此，一直低调的华润从幕后走到了台前。

三、华润，反戈一击，“万宝之争”升级为“万华之争”

2016 年 3 月 13 日，万科年报公布了华润之前对万科的承诺：公司原第一大股东华润股份有限公司的母公司中国华润总公司于 2001 年向本公司郑重承诺：将本着有利于万科发展的原则一如既往地支持万科，在其公司及下属公司或者万科可能涉及到同业竞争的投资项目、处理由于同业竞争而发生的争议、纠纷时，保持中立。中国华润总公司始终履行其承诺。

从一如既往地支持万科到 6 月 17 日反戈一击，“万宝之争”升级为“万华之争”。

2016 年 6 月 18 日，华润公开质疑万科关于深圳地铁重组预案决议通过的合法性，并进一步表示，在明确反对后，万科在发布公告前未通报全体董事是否已获得独立法律意见，也未将公告内容提交全体董事，此举严重损害了董事的权益和董事会的尊严。

6月24日，在宝能系发布公告明确反对万科发行股份购买资产预案后，华润再度重申反对万科重组预案。

6月26日晚，华润再次重申对深圳地铁重组预案的反对立场，并对万科公司的治理“高度关注”。

6月27日，万科2015年度股东大会召开，董事会、监事会报告均未获通过。

“天要下雨，娘要改嫁。还能说什么?”王石在朋友圈里发文感叹，“当你曾经依靠、信任的央企华润毫无遮掩地公开和你阻击的恶意收购者联手，彻底否认万科管理层时，遮羞布全撕去了。”

四、主战场白热化，外围战场硝烟弥漫

2016年6月26日，宝能发难，钜盛华和前海人寿作为合计持有万科10%以上股份的股东，提请董事会召集2016年第二次临时股东大会，审议罢免10位董事及两位监事的议案。除了早些时日因个人原因请辞的一位独董外，万科现董事会成员全部被提请罢免。局势更加错综复杂。

6月22日，深交所就万科企业股份有限公司的重组涉及的相关问题向万科下发关注函，涉及包括某独立董事回避董事会表决、增发价是否合理等7个问题。

6月27日，深交所分别向华润及宝能系下发关注函，要求二者各自说明：是否存在通过协议、其他安排等形式共同扩大所能够支配的万科股份表决权数量的行为或事实，并对照《上市公司收购管理办法》说明是否互为一致行动人及其理由。此外，要求宝能系就提出罢免董监事而未同步提名董监事候选人的原因、罢免后对万科的影响及消除影响的措施等问题作出回复。

6月30日，华润与宝能系均回复深交所问询，表示与对方不构成一致行动人。当日，华润发布公告称，对于公告中罢免所有万科董事、监事的提案，华润有异议；华润会从有利于公司发展的角度，考虑未来董事会、监事会的改组。

7月18日，万科集团首次以公司名义，向中国证券监督管理委员会、中国证券投资基金业协会、深圳证券交易所、中国证券监督管理委员会深圳监管局四个监管部门呈递了9 000字的举报信，希望相关监管机构关注钜盛华及其一致行动人的违规行为。

万科争夺战打得如火如荼，各利益相关者的意图也渐渐浮现，正如王石在微博中所言，“谁也逃不过‘时间’这把尺子的检验”，期待这场战争尘埃落定。

资料来源：改编自：《万科股权之争“三幕”》，http：//news. xinhuanet. com/fortune/2016-07/05/c _ 129117227. htm。

思考题

1. 万科之争反映出公司治理和资本市场监管中的哪些问题?
2. 从有利于企业和社会的角度，你有何观点?

第8章

企业外部关系协调

本章要点

○ 企业的外部关系与社会责任
○ 合法性
○ 环境意识及环境保护
○ 股东关系
○ 消费者关系
○ 交易伙伴关系
○ 政府关系
○ 媒体关系

市场经济条件下，企业作为经济活动的行为主体，在具有高度自主性、独立性的同时，对外部环境有较强的依存性。任何一个工商企业在生产经营过程中，随时都会与外部环境发生千丝万缕的联系，并由此形成广泛多样的外部关系。在筹集运用资金的过程中，会形成与股东、债券持有者、银行的关系；在商品购销过程中，直接与供应商、经销商和顾客发生关系；在宣传产品、塑造企业形象时，要与新闻单位及各种传播媒体建立关系；在参与社会活动，承担有关法律、经济和社会责任时，则与所在社区及政府有关部门形成一定关系。凡是外部环境中与企业有直接或间接利害关系的社会组织和个人，都与企业发生外部关系。各种外部关系都从不同侧面、不同程度影响企业生产经营活动的顺利进行，制约企业的生存和发展。除了输出、输入这两方面大的选择外，企业还必须注意协调与利益相关群体、集团的关系。不仅如此，随着环境问题越来越重要，绿色生产、绿色营销逐渐提上企业的议事日程。

第1节 企业的外部关系与社会责任

作为社会系统的一个有机组织，企业随着社会的发展、科技的进步而不断发展。同时，企业的发展也成为推动社会进步、科技发展的重要力量，影响到人们生活的方方面面。人们对企业的认识、要求、期望随着时间的推移不断变化：追求利润被附以社会责任，契约自由不得损害第三方利益，企业由单纯地追求利润到被要求顾及所有利益相关者，等等。这些因素无不体现出企业外部关系的重要性。

人们对企业期望的变化主要源自两方面的影响：企业界自身实践和企业外部环境的变化。

西方工业革命以来，科学技术的进步可谓一日千里，现在更有加速之势。而与此相伴随的是社会制度、思想文化的进步，世界各国、各民族的经济、思想、文化的不断交流与融合。世界区域经济、政治、文化一体化运动如火如荼，各种致力于科教、文化、环保的世界性组织不断涌现、发展。对于新的时代，人们冠以各种新名称，像地球村、全球化时代、信息化时代、新经济等，从中也可以看到时代的特征。

尽管世界经济、政治、文化融合事实上促进了各国的发展，在社会、经济、文化、科技、艺术等各方面都有所进步，从总体上说带来了巨大的好处，但由于世界格局、各国体制的问题，更多的利益并没有保证公平的分配，加上意识形态的巨大差别，导致了各国间在产生利益争夺矛盾的同时，还面临文化、宗教、种族的冲突，企业需要处理的问题更趋复杂。在这样的形势下，产生了一个新的课题——危机管理。

可见，人们对企业的期望、企业经营规模和领域的扩大与外部环境的复杂多变都使企业管理面临更大的挑战。应对外部环境的种种约束、建立良好的外部关系、加强企业的社会责任成为企业管理的新课题。

一、环境的合法性约束

企业作为一个组织，生存在制度环境之中，受到外部的各种法律、规范、观念的约束。这种约束通过合法性机制起作用，即企业的经营管理必须获得外部制度环境的认可与支持、必须具有合法性。这一机制深刻地塑造和影响着企业的行为。

（一）什么是合法性

合法性是指在一个由社会构建的规范、价值、信念和定义的体系中，一个实体的行为被认为是可取的、恰当的、合适的一般性的感知和假定。[①] 合法性机制的基本思想是：社会的法律制度、文化期待、观念制度等一旦成为人们广为接受的社会事实，就具有强大的约束力量，成为规范人们行为的观念因素，能够诱使或者迫使组织采纳与这种共享观念相符的组织结构和制度。合法性机制是一种约束组织的制度性力量，可以引导和规范组织。

人们通常认为，企业就是一个追求利润最大化和资本增值的组织，而容易忽视它的其他侧面。在现实生活中，企业在进行经营决策或管理活动时，不能只从效率角度去考虑，还要顾及其行为是否具有正当性和合理性、是否符合社会认可的规范。“合法性”的概念提供了一个视角，启发人们去关注企业组织的这一侧面，认识到企业除了效率追求之外还有对合法性的追求。

（二）合法性制约

制度环境包含规制、规范和文化认知三个层面。每一个层面都构成了不同的合法性评估标准，同时也产生了三种不同的运作机制：强制、规范和模仿。

规制层面主要是指政府、专业机构、行业协会等相关部门所制定的法律法令、规章制度的制约，其合法性基础是“法律上认可”；规范层面则主要是社会规范和专业规范的约束，合法性源于道德上的支配；而文化认知层面是指有关特定事物或活动的知识的扩散而带来的“被人们广为理解和接受的”“理所当然的”的压力，在这种环境压力下，组织合法性追求“文化支持，可认知性”。

二、协调企业外部关系的重要性

我们已经认识到，企业是一个开放系统，时刻与外部环境进行物质、服务、资金及信息的交换。外部环境及其变化对企业管理的效果、企业运营的绩效有着重要影响。主动适应、调整和改变环境以实现企业目标成为企业管理的一项重要任务，而其中最为突出的就是协调企业的各种外部关系。

协调企业外部关系是指企业在日常经营过程中，正确选择、处理、调整和改善与利益关系群体以及相关社会组织和个人之间的关系，为企业的生存和发展创造良好的社会关系环境的行为。

协调好外部关系对于企业具有多方面的重要意义。

（一）企业正常经营的必要条件

虽然企业是独立的经济组织，但日常的经营活动必须依靠利益关系群体和相关组织、个人的密切配合、协作才能正常进行。显而易见，与银行、社区团体、

---

① Suchman M C，“Managing Legitimacy：Strategic and Institutional Approaches，” *Academy of Management Review*，vol. 20，1995，pp. 571 - 610.

工商、税务、卫生等部门的关系是否协调，原材料供应者、设备供应者、同行业其他企业是否配合，股东利益能否得到维护，消费者对企业印象如何，这些都关系到企业能否正常运转。不论上述哪个环节出现问题，产生阻滞，都会干扰甚至破坏企业的正常经营。

□ 案例 8—1

雀巢公司婴儿奶粉的遭遇

雀巢食品公司总部设在瑞士的沃韦，是一家大型的跨国集团。20 世纪 70 年代初，舆论纷纷认为该公司生产的婴儿奶粉是第三世界国家婴儿高死亡率的罪魁祸首。因为雀巢公司的促销活动在许多第三世界国家市场最为活跃，而当地许多消费者生活在贫困区，经常用不干净的水冲奶粉，并将其装在有病菌的奶瓶中喂给孩子。有时母亲为了省钱，一点点奶粉就冲一大瓶。雀巢公司在快速扩大生产线的同时，生产中确实存在一些严重的质量问题。

1974 年，英国一家慈善机构开始抨击雀巢在非洲错误的市场导向。经过持续两年的审判，雀巢虽然胜诉，但在公共关系上却遭遇危机。公众对雀巢公司的态度日趋恶化，1977 年在美国发起了抵制活动，这是美国有史以来最大的一次非工会性质的抵制活动，许多零售商都把雀巢的产品从货架上撤了下来。整个形势持续了 10 多年，而不是像公司预想的那样几周后便平安无事。事后雀巢的总经理潘根说："我们都上了一堂课，公司必须留意顾客和社会的态度。出现问题时，应该和有关人员坐下来好好协商，寻求解决问题的方法。"在此次抵制和抗议活动中，一些开发商因为雀巢名誉不好而变更了计划，雀巢公司的损失难以估算。

（二）有助于树立良好的企业形象

企业形象是企业在社会公众心目中信誉、地位、声望及特色的整体反映，是企业经营宗旨、经济实力、管理水平、员工素质、产品质量、竞争潜力、发展前景等多方面要素的综合体现。现阶段，市场逐步发育成熟，竞争日趋激烈，企业之间已经由单纯的产品价格竞争、质量竞争和广告竞争，发展为企业整体形象的竞争。良好的企业形象不仅是强有力的促销手段，而且成为企业最有价值的无形资产。具有良好形象的企业，可以获得社会各界公众最广泛的理解、信任和赞誉；可以不断扩大产品销路，提高市场占有率；可以吸引优秀人才加入企业，形成高素质的员工队伍；还可以在身处逆境、发生危机时，赢得有关社会组织与个人的强有力的支持和帮助，协助企业尽快摆脱困境。然而，良好的企业形象并非一蹴而就或自然形成的，除不断提高内在素质外，还需要企业长期坚持不懈地精心培育和加强与顾客、股东、媒体、政府等方面的关系。只有在主动协调外部关系的基础上，不断增进公众对企业的了解，促使其对企业产生好感和心理认同，才能逐步在公众心目中建立起良好的企业形象。

（三）有助于企业建立广泛的经济联系网络

随着社会经济的高度市场化和市场体系的逐步完善，企业的生产经营活动越来越难囿于一地一域的狭小范围和单一的经营领域，趋于把触角伸向更为广阔的市场空间，从事大范围、跨地区、跨行业的多元化经营。不仅如此，为满足加入国际分工体系和开拓国际市场的需要，许多企业或开展国际贸易往来业务，或设立国际分支机构，或进行海外投资，直接在所在国从事生产经营活动。这一格局的形成，一方面，极大地拓展了企业的活动领域；另一方面，使企业面临的外部关系更加复杂化、多样化，不仅包括本地区、本行业、本国的相关公众，而且涉及与不同地区、行业及不同国家的诸多社会组织及个人的相互关系。构建良好的外部关系，并使之网络化、系统化，是企业开展多元化、跨国经营的前提。只有妥善处理企业与方方面面的错综复杂的关系，建立广泛的、协调有序的经济联系网络，才能使企业在各个活动领域都能获得宽松和谐的社会关系环境，包括人事关系环境、舆论环境、竞争环境、合作环境等，从而为企业在新领域的顺利发展创造有利条件。

（四）有助于扩大产品销售，增强竞争力，提高经济效益

通过扩大产品销售增加盈利，提高经济效益，是企业从事生产经营活动的直接目的。企业与供应商、经销商建立密切关系，可以保持稳定的货源和顺畅的销售渠道；与金融机构建立密切关系，可以获得有力的资金和信用支持，促进产品的更新换代；与媒体保持紧密联系，可以充分利用媒体的传播作用，扩大产品宣传。在各类关系中，企业与消费者的关系对促进产品销售具有决定性的影响。消费者是产品的最终购买者。消费者购买什么，购买多少，直接决定产品的市场销售状况，影响企业的效益水平。而消费者在作购买决策时，不仅要考虑产品的质量、价格、外观设计等因素，还经常以对企业的了解、好感和依赖程度为基础。具有较高知名度和美誉度的企业，其产品也容易得到消费者的认可和接受。一定意义上，谁能赢得消费者的信任和支持，谁就能在竞争中居于优势地位。为此，企业必须高度重视与消费者保持良好关系，应当以增进消费者对企业的认识和了解，加强好感和信任，在消费者心目中树立良好形象为中心开展各种促销活动，在与消费者建立和谐、依赖关系的基础上，促进和扩大产品销售。

（五）有助于提高自身素质，完善内部管理

协调外部关系的基础和前提是企业在社会公众心目中具有良好的形象，仅有高超的协调手段和技巧而不具备良好的企业形象，很难赢得公众的真正信任，相互之间的关系也难以长久维持。良好形象的形成主要源于企业拥有正确的经营宗旨、严密的组织制度、现代化的管理系统、高素质的员工队伍、产品的竞争能力，以及高度的创新精神。为此，企业必须加强各项管理基础工作，完善规章制度，

调整劳动组织形式，运用现代化的管理方法和手段，把企业的各项工作纳入科学化、规范化的轨道；要建立以制度为中心的管理体系，运用各种激励手段，最大限度地调动全体员工的积极性，加强内部纵向和横向关系的协调，创造和谐的群体气氛，增强企业的凝聚力。只有在不断提高自身素质、塑造良好形象的基础上，企业才能求得与各界公众关系的协调发展。

三、企业的社会责任

企业的社会责任是指企业在遵守、维护和改善社会秩序，保护和增加社会福利方面所承担的职责和义务。作为开放性质的经济组织，基本功能和职责是通过生产经营活动向社会提供产品和服务并获取盈利。然而，随着社会经济的迅速发展和企业主体地位的加强，现代企业已不再仅仅是经济机构，对社会、经济、政治等人类生活的方方面面都有着深刻的影响，已经成为整个社会体系中的重要组成部分。因此，社会对企业提出了更高的要求，即在发挥自身经济功能的同时，承担起更多的社会责任，更好地发挥自身社会功能。

（一）企业社会责任的含义

关于社会责任的实质和内容，近几十年中人们的认识经历了较大变化。20 世纪初，权威的看法认为企业的社会责任就是通过经营活动获取大量的利润，企业为自身获取最大利润就是为社会提供最大利润。30 年代，资本主义经济大萧条时期，许多企业为避免陷入困境而与大股东等相关公众发展密切的合作与互助关系。当时的观点认为，企业的社会责任是与公共社会建立合作伙伴关系，为彼此的生存而共同努力。60 年代以来，随着企业的迅速发展和向社会各个领域的广泛渗透，人们提出企业与社会相互依存的观点，认为企业的利益必须服从和服务于社会的利益，为社会整体利益作出贡献就是企业的社会责任。在当代，环境保护、绿色经营、管理伦理日益成为社会对企业经营发展的新要求。

对企业社会责任的认识变化，反映了市场经济条件下社会组织结构和利益关系高度相关化、一体化的趋势。具有现代意识的企业应当充分认识到这一趋势的必然性，对企业行为的经济影响和社会影响有足够的理解，努力采取使社会整体利益最大化的经营决策。在日常经营中重视管理伦理，自觉主动地承担起应负的社会责任，在社会生活的各个领域发挥更大的作用。实践证明，自觉履行社会责任，可以为企业赢得社会各界的好评与信任，树立起良好的公众形象；可以建立有效的社会监督机制，促进企业不断改善内部管理，规范企业行为；还可以督促企业主动协调与相关公众的关系，争取他们的理解、支持与合作，为企业的生产经营活动创造宽松和谐的外部关系环境，从而在推动社会利益发展的同时，更好地实现企业的经营目标和经济利益。

（二）企业社会责任的内容

企业社会责任涉及诸多方面，如提供就业机会，资助社会公益事业，保护生态环境，支持社会保障体系，等等。除此之外，就外部关系而言，企业还对股东、媒体、社区、政府、交易伙伴、消费者等相关社会组织及个人负有特定的社会责任。

具体来说，企业对股东承担的社会责任是保护股东及其他出资人的投资，并使之得到合理的收益。对于新闻媒体，企业的责任是保证提供信息的准确、及时，维护新闻传播的真实性、客观性和时效性原则，自觉接受社会舆论的监督。在社区环境中，企业应当通过积极参与本社区的公益活动，提供更多的就业机会和保持环境清洁，为社区居民提供更好的生活场所。企业对政府的社会责任是认真遵守政府的有关法令和政策规定，接受有关部门的监督、指导或管理，自觉履行作为公民应承担的各项义务。就消费者而言，企业应当把满足消费者需要作为责无旁贷的义务，尊重和维护消费者的合法权益，同时担负起教育、引导消费者的职责。

总之，承担社会责任是企业协调外部关系的基础。只有积极履行各项社会责任，为促进实现相关公众的利益和改善社会环境作出贡献，企业才能获得良好的生存和发展条件。

四、环境意识及环境保护

（一）环境意识

自18世纪西方工业革命以来，人类社会由农业社会向工业社会转变。随着社会、经济和生产力的极大发展，人类创造了前所未有的巨大物质财富，大大推进了文明发展的进程。在经济增长的同时，也带来了城市扩大、人口激增、资源过度消耗、环境严重污染和生态日益破坏等一系列后果，并演变成全球性的重大问题。

环境问题突出表现在：对自然资源不加保护地过分开采来换取物质财富所造成的生态破坏，以及工业企业直接向大气、水体和土壤排放大量未经处理的污染物造成的环境污染。环境问题造成工业成本上升，阻碍了工业经济的继续发展和人们生活质量及健康状况的保持和提高，日益威胁着人类的生存和未来的发展。

人类行为就像一把双刃剑，在促使一种文明进步的同时却造成另一种文明倒退，而且这种文明的倒退不但限制了前一种文明的继续进步，甚至威胁到文明的主体——人类自身的安全和生存。

在这一严酷的现实面前，人类不得不重新审视自身的社会行为、经济行为，关注和思考发生在自己身边和远在地球任何角落的环境和环境事件。认识到要想真正解决环境问题，必须通过共同努力去寻求一条社会、人口、经济、环境和资源相互协调的，既能满足当代人需求又不对后人需求造成危害的可持续发展的道路。

当前我国正处在加速推进工业化和城市化发展的阶段。总体而言，经济增长还没有摆脱传统的高投入、高消耗的模式，能源、资源的利用率与发达国家相比还很低，环境污染与资源浪费比较突出，这已成为制约我国经济发展的重要因素。因此，有效地利用自然资源，在发展经济的同时尽可能地减少能源和资源的消耗量是环境保护的重要内容。

企业必须清醒地意识到目前的生产和消费模式的“不可持续性”，同时必须意识到：要在竞争中立于不败之地，必须越来越多地将环保纳入企业的经营战略和长期计划中，否则就不能把握商机，无法与注重环保的企业竞争，也无法满足各相关方日益增长的环境期望。

（二）环境保护

环境管理是将环境保护贯穿企业各项活动的系统化管理方式，是企业主动承担社会责任的表现。该方面的职能部分是企业自愿的结果，部分是社会压力下的结果。环境保护不仅给企业带来经济效益，如节省资金，提高生产效率，增加市场份额，而且可以减少环境因素带来的风险。具有环境意识、及早考虑环境问题的企业无异于掌握了一种竞争利器。

环境保护不仅要求企业在产品设计、生产、销售和经营活动的各个阶段实现污染预防和持续改进，更重要的是把环境保护的理念贯彻到企业的经营理念中，培养员工的环保意识，从根本上实现企业的绿色经营和绿色发展。

1. 把环保理念政策化，直接写入企业的规章制度；对员工实施环保教育培训，使企业整体具有环保意识；明确经营过程的绿色规定，把环保理念落到实处。

2. 改进产品的环境性能，降低产品使用中对环境的影响。企业实施环境管理体系，在产品开发中重视改进产品的环境性能，降低产品在制造和使用中对环境的影响，节省能源和各种资源。此外，要有产品生命周期的概念，考虑到产品使用后废弃所带来的环境影响，使废弃后的产品便于分解、回收、再利用。

3. 改造或更新设备，改革工艺和材料，降低生产过程对环境的影响。生产同类产品的企业由于工艺设备的效率高低不同，原材料的利用率高低不同，运行中对环境的影响往往差别很大，这是造成资源利用率高低差别的主要原因。企业首先要对上述问题进行调查、识别和评价，找出症结所在。在条件允许时，采取一些更新改造措施，使设备运行对环境的影响减少。生产中使用的有害材料和工艺是造成污染的根源，企业要重视采用清洁材料和清洁工艺，从根本上消除污染源。

4. 实行对废弃物分类处理和回收利用。工业废弃物是造成环境污染的另一个重要方面，而工业废弃物本身多数又是可以利用的资源，实现废弃物的减量化、无害化和资源化是实施环境管理体系的重要内容之一。首先，要采取措施降低工艺过程中的废弃物产生量，包括降低废品率，减少边角余料等工艺废料的产生量，从源头上加以治理。其次，对于产生的废弃物，要实行分类处理和回收利用。

5. 加强对能源、资源消耗的管理，实现节能降耗。除了减少废水、废气、固体废弃物等对环境产生污染的因素之外，还要考虑自然资源、能源的经济利用。

企业在建立环境保护体系的过程中，应对本企业的能源消耗和主要材料的消耗进行分析，找出能源或资源消耗中的主要问题。针对存在的问题制定技术措施或管理措施，提高能源或资源的利用水平。

6. 在环保技术方面，加强与政府、科研组织、同行企业的交流，充分利用社会资源，更有效地提高环保能力。同时，促进行业、社会环保意识的增强。

□ 案例 8—2

埃克森公司原油泄漏事件

1989 年 3 月 24 日，埃克森公司瓦尔迪兹号油轮搁浅并泄漏 267 000 桶共 1 100 万加仑①石油，油污进入阿拉斯加威廉王子海峡。此次意外是美国有史以来最严重的漏油事件。

当时，人们的第一反应是震惊，因为这种灾难性事故在技术如此发达、人们如此关注环保的情况下发生，对所有人来讲都是难以接受的。但是，人们也知道没有哪个行业不存在风险。如果公司能够采取适当的行动并及时向公众沟通事故处理情况，就会得到人们的理解。当时公众急于知道：

- 公司是否尝试并阻止事故蔓延？
- 公司早该预料到可能会发生这种事故，是否尽快采取了可能的补救措施？
- 公司对发生的事故是否很在意？

埃克森既没有做好上述三点，也没有采取合适的措施来表示对事态的关注，例如派高层人员亲临现场，指定负责善后的人员，并向公众告知事件的原委、公司的解决办法以及进行情感沟通，等等。

CEO 劳伦斯（Lawrence）在事后 6 天中没有露面，而面对公众时也没有说明危机的严重性。在知晓危机的本质之后，劳伦斯应在 24 小时内在纽约建立危机管理指挥中心作为收集信息并进行甄选的中央智囊团。他还应该建立政府联络办公室，以简要传达公司所做的努力，并要求政府支持。此外，劳伦斯应尽快在纽约建立新闻中心作为公司权威报告、简报及动态报告的交换中心，这样做将保证公司对外口径一致，避免自相矛盾。

然而这些都没有付诸行动。相反，在面对媒体追查时，公司还犯了相当严重的错误。

第一，事发 10 天后，用整幅广告证明事态已经得到控制，但媒体却报道泄漏的石油向更大面积的水域蔓延，明显与事实不符的声明引起了公众的不信任和极大愤怒。

第二，劳伦斯接受了哥伦比亚广播公司的采访，在回答关于如何清除油污的问题时，他说自己不负责了解在桑德进行的油污清除的技术细节。尽管这本身并没有错，但这种说法却使公众认为公司的态度麻木不仁，并且盛气凌人。

---

① 1 加仑等于 3.785 升。

于是公众彻底愤怒了，进而引发了对埃克森产品的联合抵制，导致其股份被迫出售并面临很多苛刻的限制和惩罚。

埃克森油轮搁浅事故的发生表明公司运营中难免出现危机，而公司必须在发生事故前制定适当的危机管理计划。有远见的主管知道危机管理必须作为公司的纪律严格执行。埃克森有危机管理计划，吹嘘说原油泄漏在5个小时内将得到控制，但其最大的问题是这项计划从未被试验过。当油轮船体裂开时，两天过去了，还未见公司采取计划中的措施。如果埃克森公司之前做过危机模拟试验，并使全体船员熟知危机情况的严重性，计划本身的缺点在真正的危机发生之前就应该被发现。

如果及时得以掌控和修正，埃克森的计划或许能够实现其允诺的5个小时内解决问题，原油就不会那样汩汩地流，就不会污染阿拉斯加洁净的海水。埃克森公司虽然有一整套危机管理计划，但却没有发挥任何作用，公司被事件发生的迅速程度和严重程度吓呆了。事情已过去一个多月，埃克森似乎还在危机中。

埃克森的教训在于：应接受危机是不可避免的事实，并有针对性地早做准备；试验并修正公司的危机管理计划；当不可抗力发生时，迅速负起责任；CEO必须决定该说什么，决定怎样做才有效，在做表面文章和采取实际行动之间、在感知和现实之间保持平衡。他必须以最快的速度让公众知道他正在负责，知道危机管理过程和公司本身已控制了局面。上述内容埃克森公司都没有做到。

资料来源：雷盟、雨阳：《知名危机管理案例分析》，载《新材料产业》，2003（5）。

第2节 利益相关群体关系协调

一、股东关系

股东关系是指企业与投资者以及投资相关者之间的关系，也称投资者关系。

（一）股东关系中包括的公众对象

股东关系中包括的公众对象有三类：第一类是为数众多的个人股东，他们因购买股票而或多或少地持有企业的股权，通常分散在社会各个领域，虽然不直接参与企业的经营管理，但与企业有共同利益关系，高度关心企业的盈利状况。第二类是各种投资机构，如银行、投资公司、集团投资者，它们通常以贷款、投资等方式向企业提供大笔资金，为及时收回投资并获取收益，同样对企业的盈亏状况极为关注。第三类是专业的金融舆论专家，如证券分析师、股票经纪人、托管人、证券交易机构、金融新闻人员、金融出版物等。他们虽不直接向企业出资，但对广大投资者的判断与行动具有明显的影响力。所谓股东关系即是企业与上述各类公众之间关系的总和。

股东关系是伴随企业实行股份化经营而形成的一种公众关系，在市场经济条件下极为普遍。第二次世界大战以后，由于经济的快速发展，许多老企业亟须扩大规模，纷纷增股扩股，广泛向社会筹集资金。新建企业更是普遍采用股份制形式，通过发行股票迅速集中社会资金，增加对企业的投入。与此同时，随着收入的增长和生活水平的提高，人们的消费观念和方式也发生了转变，由单一生活消费支出转向货币投资。越来越多的人包括中等收入阶层纷纷投资于有价证券，持有企业股权，由此形成了一支迅速膨胀的、庞大的股东队伍。为适应证券市场发展的要求，各种服务性的证券交易所、证券分析师、金融顾问、股票经纪人等专业机构和人员应运而生。他们与企业有着极为密切的利益关系，是对企业发展具有重大影响的主要公众。企业要获得有利的投资环境，提高资金控制能力，必须妥善处理股东关系。

（二）股东关系对企业的制约

1. 协调股东关系关系到企业能否获得（拥有）充足的资金来源。任何企业的创建和运转都离不开资金。只有搞好股东关系，使股东、投资机构及金融服务机构与人员充分了解和相信企业的信用等级与发展能力，才能创造有利的投资环境，稳定已有的投资，吸引和争取新的或潜在的投资者。

2. 搞好股东关系可以使企业获得有益的咨询和建议。股东或其他投资者由于利益相关，对企业的经营状况极为关注，且能根据各自经验从不同角度发现企业存在的问题，提出独到见解。在协调沟通的基础上充分征求股东意见，可以使企业获得各种有益的建议。

3. 股东关系还影响到企业和产品的知名度。出于对切身利益的考虑，股东往往十分关心企业的知名度及产品的销售状况，不仅主动购买本企业产品，而且说服其他顾客购买，由此成为企业的忠实顾客和义务宣传员。

（三）协调股东关系的方法

协调股东关系的根本要义是充分尊重股东的基本权利和特权意识。股东购买股票后通常对持股企业拥有如下权利：（1）投票选举董事会，并由董事会代表股东行使管理企业的权利；（2）根据持股数额和票面金额享有对企业资产的所有权；（3）买卖转让股票；（4）获得股息和分享红利；（5）了解企业经营政策和盈亏情况；（6）企业解散时，分享剩余资产。由于享有上述权利，股东往往会产生特权意识，认为自己有权了解企业的发展动向和经营成果，对企业的经营政策提出意见和建议。企业在协调与股东的关系时，应尊重股东的特权意识，满足其作为企业主人的心理需要，增进股东对企业的关心和支持程度。要强调对股东一视同仁，不论是仅持一两股的小股东，还是拥有上万股的投资集团，都应予以同等的尊重和对待。

协调股东关系的具体工作包括以下方面。

1. 及时向股东通报企业的有关情况，包括企业的经营项目、年度计划、发展规则、财务预算、盈亏状况、利润分配、新产品开发、销售预测、人事任免、机构调整、生产经营中的重大成果或严重失误等。将上述情况及时与股东沟通，可以获得他们的理解、信任与支持。向股东通报信息的途径有：（1）就企业年内经营情况发布年度报告；（2）编印小册子或刊登通告公布企业状况；（3）与股东进行电话联系或寄发信件；（4）邀请股东参加企业重大决策的讨论。

2. 征求股东对企业的意见和建议，满足股东的合理要求。具体可以采用如下方式：（1）召开定期（如年度）或不定期的股东会议，直接获取反馈信息；（2）鼓励股东提出书面或口头建议；（3）及时回答股东的问题，从中了解和分析股东的态度和要求；（4）发函和访问，了解股东对企业政策的意见。

二、消费者关系

消费者是企业面对的数量最多、范围最广的公众群体，不仅包括直接从企业购买商品的顾客，还包括所有商品使用者和潜在需求者。就购买对象而言，不仅限于生活资源、生产资料等物质产品的购买者，而且包括各种精神产品及服务的购买者和使用者。从一定意义上说，全社会所有成员都在随时随地从事各种消费活动，因而都属于消费者。可见，与消费者之间的关系是企业最普遍的外部关系。消费者作为商品的购买者和使用者，构成现实或潜在的市场需求，他们在市场上购买什么，购买多少，直接关系到企业利益和目标的实现程度。能否赢得消费者的信赖和支持，直接关系到企业经营的成败。因此，明智的企业无不对消费者关系予以高度重视。

建立良好的消费者关系，首先要求企业牢固树立“消费者第一”的经营宗旨，即把满足消费者的需要作为企业的首要目标，置于各项生产经营活动的中心，使企业的一切行为都以消费者的利益和要求为导向，根据消费者需要的变化随时调整企业的经营方向和营销策略。企业应当从产品设计、促销方式、售后服务等方面为消费者提供优质产品和全方位服务，使消费者的物质需要和精神需要到得充分满足。唯有如此，才能在企业与消费者之间建立起稳定、持久的良好关系。

除树立正确的经营宗旨和提供优质产品与服务外，企业还需从多方面采取措施，加强与消费者的联系。具体包括：

1. 及时向消费者传递有关企业的信息。可以通过口头、文字、视听等多种信息交流方式和传播手段，向消费者阐明企业的政策宗旨、经营内容、产品特点、经营能力、销售方式、服务项目等，以使顾客在全面了解和熟悉的基础上，形成对企业的良好印象。

2. 了解消费者的需求及其变化。通过发放问卷、召开用户座谈会、口头询问、电话或信函调查等多种渠道和方式，广泛调查和了解不同年龄、性别、职业的消费者的消费观念、方式、需求和偏好，了解消费者对产品的性能、种类、质量、包装及价格的评价和要求，征询对企业服务质量和服务态度的意见等，根据消费者的意见和要求调整企业的经营策略和产品。

3. 保护消费者权益。要切实尊重消费者的合法权益，建立健全有关保障消费者利益的制度和规定，设立专门负责消费者关系的机构和人员，及时处理消费者的意见或投诉。当发生差错或纠纷时，要以保证消费者利益不受损害为原则，妥善调节并做好善后工作，把不利影响减少到最低限度。

4. 加强对消费者需求和消费行为的科学分析。与消费者保持良好关系不仅仅是迎合或满足消费者的现实需要，还有利于对消费者需求和消费行为进行科学分析，发掘潜在需要，承担起提高消费生活质量的任务。企业可以通过开展多种形式的消费者教育，向消费者传授有关产品性能、使用方法和维修技术方面的知识，指导消费者掌握提高生活质量、实现科学消费的技能。

□ 案例 8—3

无印良品

“无印良品”（MUJI）创始于日本，意为“没有名字的优良商品”。虽然极力淡化品牌意识，但它遵循统一设计理念所生产出来的产品无不诠释着无印良品的品牌形象，它所倡导的自然、简约、质朴的生活方式大受品位人士推崇。

1980年，世界经济增长陷入低迷，日本也经历了严重的能源危机。当时的消费者不仅要求商品有好的品质，也希望价格从优。在这种背景下，“无品牌”概念在日本诞生了。当年，木内正夫创办了无印良品公司，向市场推出了第一批无印良品产品。这些产品包装简洁，降低了成本，口号是“物有所值”。1983年，无印良品在东京青山开设了第一家旗舰店。由于大受消费者的肯定，几年内在日本就有了上百家专卖店。1991年，无印良品在英国伦敦开设了它的第一家海外专卖店，此后陆续进入法国、瑞典、意大利、挪威、爱尔兰等国家，2005年7月，其在中国的上海专卖店正式开业。

2015年7月24日，无印良品的母公司决定在2015年8月以后，将在中国销售的衣物等约260个品类的商品价格平均下调20%。虽然当时中国股市震荡，经济发展减速，但无印良品在华业绩依然良好，2015年3—5月的营业收入同比上涨90%。

无印良品的最大特点之一是极简。它的产品拿掉了商标，省去了不必要的设计，去除了一切不必要的加工和颜色，简单到只剩下素材和功能本身。除了店面招牌和纸袋上的标识之外，在所有无印良品的商品上，顾客很难找到其品牌标识。在无印良品专卖店里，除了红色的“MUJI”方框，顾客几乎看不到任何鲜艳的颜色，大多数产品的主色调都是白色、米色、蓝色或黑色。

在商品开发中，无印良品对设计、原材料、价格都有严格的规定。例如服装类要严格遵守无花纹、格纹、条纹等设计原则，颜色只使用黑白相间、褐色、蓝色等，无论当年的流行色多么受欢迎，都不超出设计原则去开发商品。

为了促进环保和消费者健康，无印良品规定许多材料不得使用，如聚氯乙烯、特氟龙、山梨酸等。多采用透明和半透明包装，尽量从简。由于对环保再生材料的重视和将包装简化到最基本状态，无印良品也赢得了环保主义者的拥护。此外，无印良品从不进行商业广告宣传，就如木内正夫所说："我们在产品设计上吸取了顶尖设计师的想法以及前卫的概念，这就起到了优秀广告的作用。我们生产的产品被不同消费者群体所接受，这也为我们起到了宣传作用。"

有人认为，与其说无印良品是一个品牌，不如说它是一种生活哲学。它不强调所谓的流行，而是以平实的价格还原商品价值的真实意义，并在似有若无的设计中，将产品升华至文化层面。如今，无印良品的产品种类已超过 7 000 种，国际著名的财经杂志《福布斯》曾经将它评为全球最佳中型企业。

资料来源：改编自百度百科（baike. baidu. com）"无印良品"词条。

三、交易伙伴关系

交易伙伴关系指企业与在经营活动中发生业务往来的其他企业组织的关系。根据业务联系的性质不同，可以分为供应商关系、经销商关系、同业关系等。交易伙伴关系是企业面临的最常见、最大量的外部关系，这类关系的协调与否直接影响着企业生产经营活动能否顺利进行。

（一）供应商关系

供应商是为企业提供设备、原材料、零配件、半成品的其他企业组织。与供应商建立良好关系，可以使企业获得正常生产所需的设备、原材料、配件和半成品，获得充足、稳定的货源，为生产经营活动的连续性和稳定性提供保障；可以促进供、产、销一体化的大协作体系的形成，增强企业的经济实力和竞争力；可以充分发挥供应商的积极性和合作精神，帮助企业提高经济效益；可以在市场竞争激烈或企业陷入困境时，使企业得到供应商的支持和援助。

1. 寻求和发展双方的共同利益。建立良好的供应商关系，应树立正确的指导思想，即寻求和发展双方的共同利益。供应商与企业之间在经济利益上直接相关，只有相互支持、互利互惠、共同受益，才能形成长期稳定的合作关系。

2. 制定正确的采购政策。要明确规定供货方和购货方的责任、权利和义务；无论规模大小，给各供应商以公平待遇；选择信誉可靠、能够提供优质适价货源、准时交货的供应商建立交易关系；维护公平、正当的交易程序；重要原材料采取多元采购方式，避免独家供应造成企业对供应商的过度依赖。

3. 保持与供应商的密切联系。具体方式有：（1）邀请供应商参观和会谈，通过实地观察和面对面接触，促进供应商对本企业的了解，征询他们对企业政策及业务的看法。（2）参观访问供应商企业，对供应商的产品设计、成本、质量、规格、包装等提出改进意见和建设性建议。（3）编制和发送有关企业经营状况的资料，如期刊、年度报告，使供应商对企业的发展和需要有进一步的了解。（4）对优秀的供应商和供货员给予优惠，鼓励他们继续保持与企业的良好合作关系。

（二）经销商关系

经销商是以经销、代销、批发、零售等方式为企业销售商品的各种企业组织。由商品最终消费的小量、分散、多样化的特点以及消费市场在空间上的广阔性决定，产品制造企业完全依靠自身力量组织产品销售，不仅有能力不足之虞，而且也是不经济的。经销商凭借网络化的经销渠道、专门化的经销设施和技术手段，以及丰富的销售经验，可以加快商品销售过程，节约流通时间，降低流通费用，为企业生产过程的连续稳定进行提供保证。同时，由于经销商与消费者接触密切，消费者对企业及产品印象的好恶往往受到经销商的直接影响，因此，经销商很容易改善或损害企业的形象。企业在消费者心目中的信誉和形象与作为企业代表的经销商关系极大。为此，企业必须与经销商建立良好的关系。

1. 建立良好经销商关系的基本要求。企业为经销商提供质量优良、设计新颖、价格合理、适销对路的商品，是建立良好经销商关系的基础和前提。经销商关系的本质是利益关系，倘若企业不能保证供应一流的商品，会从根本上损害经销商对企业的依赖与忠诚，丧失双方关系的基础。企业还应在各方面给经销商以切实的帮助和支持，促使它们为扩大企业的产品销售而努力工作。

2. 协调经销商关系的具体途径。主要包括：（1）根据企业的销售状况和发展前景，论证现有经销关系的适用性和合理性，开辟新的经销网点，发展和完善经销关系网络。（2）向经销商说明企业的资源、组织、设施、产品、服务等情况，增强它们对企业的了解与信心。同时征询经销商对企业的意见、建议和要求，据以制定和调整企业的产品销售政策。（3）加强对经销商的业务培训，通过传授、指导、示范等方式提高经销人员的业务素质，增强产品推销能力。（4）为经销商提供服务，包括协助经销商制定广告计划，利用企业的广告网为经销商进行宣传；协助经销商进行商店内部装潢和现场促销；协助经销商为用户提供售后服务。（5）当经销商面临困难时，企业应给予有力的支持和援助。

四、政府关系

政府是特殊性质的社会组织。一方面，政府是国家权力执行机构，它代表国家运用权力行使统一管理全社会的职能；另一方面，政府是国家利益和社会整体利益的代表者和实现者，政府行为对社会各个领域和组织的利益具有不同程度的影响。因此，任何社会组织都存在与政府的关系问题。企业作为社会组织的一分子，同样要服从政府对全社会的统一管理。同时，由其营利性质决定，企业与政府存在更为直接的利益关系。所以，政府是企业的重要相关者，政府关系是企业外部关系的重要方面。

（一）政府关系对企业的影响

1. 政府运用宏观调控手段对企业的微观经济行为实行间接调节和控制。市场经济条件下，政府主要通过政策法规、税收、信贷、价格、工资等宏观调节手段对企业实行间接调控，依靠工商、税务等职能机构监督企业的经济活动。企业作为国民经济系统的基本细胞，必须遵守国家的经济政策、法规和条例，按照宏观调控信号的指示方向调整自身的经济行为，自觉接受政府部门的监督和检查，力求将企业的微观经济活动纳入宏观经济系统的轨道。

2. 政府对企业经济利益的实现程度和分配具有影响和制约作用。企业是物质财富的直接创造者。企业创造的物质财富不仅要以货币收入形式在企业内部分配，而且要作为国民收入在物质生产产业和非物质生产产业以及其他非营利社会组织之间进行再分配。政府作为社会管理者，为保证国家权力机构、军队、学校等非营利组织有效发挥功能，以税收形式向企业征收一定比例的收入，从而直接参与企业物质利益的分配。企业有责任遵守国家的税收法规，按照规定的税种、税率依法纳税。

3. 政府对企业的生产经营活动具有信息导向功能。企业囿于自身地位、能力的局限，难以广泛、全面地收集各种社会经济信息，而政府利用其特殊地位，可以全面、系统地收集、整理各类信息，及时向企业发布。此外，政府和各部门编发的各种文件、简报、通报、内部刊物、参考资料等，也构成重要的信息来源。政府提供的信息以其全局性、权威性和可靠性而对企业具有重要参考价值。

4. 政府是企业重要的资金来源和客户。采用财政拨款、低息贷款、提供基金等方式支援重点建设，扶持弱小行业和产业，是各国政府行使管理职能的惯常做法。出于政治、军事或经济目的，政府还经常向企业进行订货或由企业组织承包，因而政府成为企业获取资金和订单的一个重要来源。争取到政府提供的资金支持和大笔订单，对企业获得优越的资金使用条件和稳定的产品销路，无疑是十分有利的。

（二）政府关系协调

政府对企业有着多方面的行为和利益影响，企业必须正确对待和努力协调与政府的关系。主要包括以下几方面。

（1）及时了解和熟悉政府颁布的各项政策法令，收集汇编各级政府和部门下达的各种文件、条例，及时研究政府政策法令的变动，准确掌握政府的大政方针和宏观意图，以便正确接受并积极配合国家对企业的宏观指导。

（2）自觉遵守政府的各项法规条令，用法规法纪规范企业的生产经营活动；主动协调和正确处理企业与国家的利益关系，服从和维护国家的整体利益。

（3）熟悉政府机关的机构设置和职能分工，弄清与本企业联系密切的职能部门的工作范围和办事程序，与有关部门工作人员经常保持联系并协调关系。

（4）主动向政府有关部门通报企业经营情况，提供有关信息资料，争取政府部门的了解与理解，为政府制定有利于企业发展的政策和法令提供依据。

（5）邀请政府官员到企业参观访问，或出席企业庆典仪式、成果展览、新闻发布会等，利用各种渠道和形式加强企业与政府的联系，增进政府对企业的了解和支持。

（6）主动协助政府解决一些社会问题，如出资赞助社会公益事业，提供就业机会，进行就业培训和在职培训，积极参加各种公益活动，自觉保护生态环境，等等，以获得政府的信赖。

五、媒体关系

媒体关系又称新闻界关系，指企业与掌握和运用各种新闻传播媒体（包括报纸、杂志、广播、电视、网络等媒体）的社会组织机构、人员（包括编辑、记者等新闻从业人员）的关系。

（一）媒体对企业的影响

媒体是企业的重要公众，它们虽然不直接与企业发生利益关系，但由于具有传播信息、影响舆论、沟通联系等功能，在现代社会中居于“无冕之王”的特殊地位，对企业的生存与发展有着重要影响。这种影响表现在：

1. 媒体是塑造企业形象的主要力量。由其专业性质决定，新闻媒体不仅是权威的舆论机构，而且对社会舆论具有强有力的影响和支配作用。通过大量收集、整理和集中发送信息，新闻媒体可以将企业的有关信息广泛输送给社会各界公众，并利用其舆论导向作用，引导公众形成对企业的评价或印象，进而影响企业在公众心目中的形象。现实中，正面的新闻报道经常成为企业塑造良好形象的先导；反之，负面的报道则可能使企业形象受到损害。

2. 媒体能够密切企业与社会各界公众的广泛联系。任何企业，无论其规模大小，性质如何，能够直接接触和影响的公众都是有限的。而新闻媒体尤其是报纸、广播、电视、网络等主要媒体，拥有数量极为庞大的受众群，与公众的联系广泛而密切。企业借助新闻媒体的力量，可以在更大范围内与公众沟通，扩大社会影响，赢得公众的了解与支持。

3. 媒体可以大大加快企业与公众之间的信息交流。企业要在复杂多变的经营和社会环境中求得发展，必须随时收集和整理市场信息，迅速捕捉社会动态，及时了解公众意向以及对企业组织的反应和要求，同时将企业的经营状况尽快传递给相关公众，实现企业与公众的双向沟通。媒体特别是网络媒体采用现代传播工具，反应敏捷，传播迅速，可以大大加快信息传递的速度，促进企业与公众之间的信息交流。

企业要在社会公众中塑造良好形象，密切和扩大与公众的联系，加强信息交流与沟通，必须充分重视并借助媒体的力量，为此，有必要协调好与各种媒体组织及新闻人员的关系。

（二）媒体关系协调

1. 尊重新闻媒体的权利，与媒体业人士建立信赖关系。新闻媒体具有独立的工作原则和权利，如坚持信息报道的客观性、社会性和新闻性，有权对事件进行分析和评价；对任何机构提供的消息、新闻事件有权删改，以适合自己的报道方针、编辑意图和版面安排等。企业应当充分尊重新闻媒体的各种权利，不能对媒体的报道内容和形式横加干涉；应当把新闻界人士视为企业的朋友和支持力量，在相互信任的基础上建立起友好合作关系。

2. 了解各种媒体的特点和要求，如传播方式、传播渠道、受众情况、报道重点和范围等，同时掌握传播的基本知识与技巧，根据企业发布信息的需要选择适宜的传播媒介，同时按照新闻媒体的要求提供各种新闻素材。

3. 充分利用网络平台。企业要掌握网络传播技术，熟悉网络传播特点，办好公司网站。利用网络空间，客观、准确、及时、充分地展示和宣传公司，主动引导舆论，及时发布信息，避免和纠正片面、有害的信息传播。

4. 及时向媒体提供真实准确的信息，帮助它们随时了解企业的发展动态及重大事项，对具有新闻价值的信息予以及时报道。可以采用定期向媒体寄发各类资料和新闻稿件、举办记者招待会或新闻发布会、邀请记者参加企业庆典仪式等多种方式提供信息。

5. 保持与新闻界的密切联系。企业应热诚接待新闻界人士的来访，积极为记者安排与领导或有关专家的会见，主动帮助记者客观地报道企业的政策和活动，还可以选派专人负责与新闻界的联系，保持与新闻界人士的密切接触，并力求建立良好的人际关系。

思考题

1. 如何理解企业的社会责任？
2. 有人说企业只要抓好内部运营管理就可以了，你认为该观点对吗？
3. 协调好企业外部关系有何益处？
4. 环保理念仅仅是口号吗？它对企业经营有现实意义吗？
5. 环境管理对企业提出了什么挑战？
6. 企业仅仅是为股东利益服务的吗？其他的利益相关者有哪些？
7. 网络时代如何协调媒体关系？

案例分析

强生公司的“泰诺事件”

强生公司是全球驰名的保健品制造商，在 1981 年《财富》杂志评选的全美 500 强企业中位列第 68 名，年销售额高达 59 亿美元。强生公司将其产品划分为四大类：医疗专用品、药品、工业用品和日用保健品。日用保健品在强生公司所占的比重最大，包括化妆品、妇女用品、卫生品、婴儿用品、急救用品和非处方药物。这些产品主要面向家庭，在各零售店和超市都可以买到。

自创立之日起，强生公司一直致力于创造和保持对用户负责、让顾客信任的企业形象。经过近百年的发展，强生公司的产品对一切消费者——从婴儿到老人——来说，都是亲切与安全的化身。

“泰诺”是强生公司 20 世纪 70 年代末 80 年代初的明星产品。1955 年，麦克尼尔实验室公司为克服阿司匹林的副作用，开始研制用于替代阿司匹林的新型止痛药物，并将这种新药命名为“泰诺”。1959 年，强生公司并购了麦克尼尔实验室公司，泰诺自然而然地归属到强生的产品序列中。

为全力推广这种没有副作用的新止痛药，强生公司大做广告。第一阶段的广告攻势是针对内科医生的，到 1974 年，在各医院、诊所的内科医生的积极响应下，泰诺的销售额突破 5 000 万美元。从 1976 年开始，强生公司又展开了面向普通消费者的泰诺第二阶段广告攻势，使人们树立了泰诺是家庭必备药品的概念。经过 3 年强大的广告攻势，泰诺一举成为美国日常保健用品中销量最大的品牌。而以前占据这一市场头把交椅长达 18 年之久的产品，是宝洁公司的宝洁冠牌牙膏。一种药品的销量竟然超过了人们天天离不开的牙膏的销量，这足以说明泰诺的市场多么巨大！

泰诺在 80 年代初成为强生公司最重要、利润最丰厚的主力产品。到 1982 年，泰诺已占据了止痛药零售市场 35.3%的份额，其销售额达到 3.5 亿美元，占到强生公司总销售额的 8%，而利润则占到公司总利润的 17%！在竞争激烈的止痛药市场中，泰诺独领风骚。

就在此时，灾难降临了。

1982 年 9 月底的一天上午，在美国新泽西州新不伦瑞克市强生公司总部大楼的五层会议室里，董事长詹姆斯·伯克正在与总裁戴维·克莱尔讨论一些关系到公司发展愿景但目前并不太急迫的事务。这一天两个人的心情都非常好，强生公司的销售额和利润一直保持着强劲的增长势头，整个公司上下洋溢着平和乐观的气氛。

然而，一阵急促的敲门声打破了这里的平静，执行董事亚瑟·奎尔闯进了会议室。他带来了一个令人震惊的消息：在芝加哥，有几位病人因服用了强生公司的泰诺胶囊而中毒身亡。现已查明，在他们服用的泰诺胶囊中含有剧毒成分——氰化物。

法医在受害者家中的药瓶里先后又发现另外10粒胶囊中也含有氰化物，这些胶囊的红色外皮有些褪色并微微膨胀，胶囊里的白色粉末已变成了灰色。其中一粒胶囊中含有65毫克氰化物——通常只需50毫克的剂量就可置人于死地。

强生公司的主管人员是在接到各媒体记者要求他们就泰诺胶囊中毒事件加以评论的电话后，才知道这一悲剧的。很快，各药店、超市、医院、毒剂控制中心以及惊慌失措的消费者的询问电话铺天盖地而来。

猝击之下的强生公司迅速采取行动，搜集相关资料来核查事实。公司很快搞清了受害者的情况、死因、有毒胶囊药瓶的标签号码、出售这些药的商店、胶囊制造日期及其批发分销渠道等详细资料。强生公司同时警告所有用户在事故原因没有查明前不要服用泰诺胶囊。全美所有药店和超级市场都把泰诺胶囊从货架上撤了下来。对泰诺胶囊的恐惧情绪弥漫了整个美国。

这种神秘的污染物来自何方？警方很快就认定氰化物不是在泰诺胶囊制造过程中被有意或无意投放进去的。含有毒剂的胶囊是在强生公司的两家工厂分别生产的，而两家工厂同时发生投毒事件几乎是不可能的。因此，投毒过程肯定是在药品流通领域发生的。美国食品与药品管理局（FDA）怀疑是某人从药店里买了泰诺胶囊，在其中一些胶囊中掺入氰化物，然后又以退货为由将含有毒剂的药瓶退还给药店。如果不是这样的话，中毒事件应该在更大的范围内发生，而不应仅仅局限于芝加哥地区。

虽然强生公司洗清了嫌疑，证实了自己与中毒事件无关，但不论其如何无辜，其主要产品被投毒者利用这一事实还是使强生公司受到了巨大的影响。

泰诺胶囊中毒事件发生后，强生公司拟定了一项重整旗鼓的恢复计划，计划分为三个步骤。

第一步：弄清到底发生了什么。

第二步：估计该事件所造成的破坏并遏制其势头的发展。

第三步：使产品重新赢得市场。

在搞清氰化物不是在生产过程中被投入胶囊这一事实以后，强生公司进入了计划的第二阶段。它对传媒采取了全面配合的态度，向各媒体提供最准确最及时的信息，以阻止对泰诺胶囊的恐慌情绪的蔓延。与此同时，强生公司在全国范围内回收了所有进入市场的泰诺胶囊，其总数多达3 100万瓶，总值超过1亿美元。强生公司还向各个医院、诊所和药店发送了50万份电报，并通过各种媒体发表声明，称暂时将泰诺的剂型改为药片。

为了将尚未使用的泰诺胶囊从零售商和消费者手中买回来并运到处理地点处置，强生公司承受了超过1亿美元的直接经济损失。发送电报的费用至少在50万美元以上。应付与中毒事件有关的产品责任诉讼预计将耗费强生公司上百万美元。

但强生公司关心的不是经济损失，它关注更多的是中毒事件对产品品牌本身的影响和打击。许多人认为泰诺这个牌子从此就完了。有人建议强生公司给该产品取个新名字再重新进入市场，这样可以消除消费者对原有品牌的恐惧心理和恶劣印象，重新开始。

中毒事件发生一个月后，强生公司进行了一次民意调查。94%的消费者认为泰诺与中毒事件有关。虽然他们中87%的人认为泰诺的制造商对致死事件没有责任，但61%的受访者仍声称以后不会再买泰诺胶囊了。更糟糕的是，50%的消费者甚至连泰诺药片也不愿买了。

强生公司陷入了进退两难的窘境。公司极力想保住泰诺这个牌子，这毕竟是公司经过多年的广告宣传、花费了大量心血和财力才树立起来的名牌。如今，真的就要因这几天的灾难而将这一切努力毁个精光吗？强生公司显然不甘心如此。但是，如果强生公司过快地将泰诺重新推向市场，该产品会因公众的恐惧感尚未消退而销不出去，积压公司的大量资金；如果强生公司继续观望等待，对手们就会乘机抢占更多的市场。

值此关键时刻，强生公司的决策层并未完全接受市场调查的结果。尽管调查结果显示消费者对泰诺丧失兴趣，但强生公司仍决定保留泰诺这个牌子。公司的一位高级主管说："市场调查只反映了消费者的主观态度而非实际行动。要想知道消费者真正会做什么，最好的办法是把产品重新投放市场，让消费者来选择。"但何时是泰诺重新上市的最恰当的时机？

强生公司决定将重建泰诺品牌形象的工作重点先放在以前经常服用该产品的老顾客身上，希望这些忠诚的消费者会接受泰诺胶囊和药片这两种剂型。为了重新赢得老顾客的信心，强生公司通过电视广告称它会不惜一切代价捍卫泰诺的荣誉。麦克尼尔实验室的医学主任马斯·盖茨在电视上说："20多年来，泰诺赢得了医务人员和1亿美国人民的信任，我们对此无比珍惜，决不会让它受到玷污。我们祈盼您继续信任它。"

与此同时，强生公司尽量鼓励顾客服用泰诺药片，因为药片比胶囊更难遭受蓄意破坏。在广告宣传上，强生公司指出：用药片代替胶囊并不会改变泰诺的成分和药效。此外，强生公司还在周日的报纸广告上印发了7 600万份订购券，顾客凭此可以2.5美元的优惠价格买到泰诺药片。

强生公司还设计了一种防污染防破坏的新包装，以防止芝加哥的悲剧重演。新型的泰诺胶囊包装为三重密封：盒盖用强力胶紧紧粘住，打开时得把它撕开，痕迹非常明显。药瓶帽和瓶颈处用一个塑料封条封死，封条上印着公司名称。瓶口又被一层箔纸从里面封住。药盒和药瓶上都写着："如果安全密封被破坏，请勿使用。"这种无懈可击的三重密封包装使每瓶泰诺胶囊的成本上升了2.4%，但强生公司坚信这会使消费者恢复对泰诺胶囊的信心，促进销售。另外，强生公司还给零售商提供了远远超过普通标准的订货折扣，折扣率高达25%。那些在恐慌中已把所有泰诺药品都扔掉了的顾客可以拨打免费电话重新订货，强生公司为他们提供价值2.5美元的优惠券。因为每瓶泰诺（内含24粒胶囊）或每30片泰诺药片的售价均为2.5美元，所以他们等于免费得到了一瓶泰诺胶囊。

除了大做广告外，强生公司还发动其国内各经销处的2 000多名推销人员游说医生和药剂师，请求他们继续向顾客推荐泰诺胶囊药片。

在危机刚刚发生时，强生公司在止痛剂市场的占有率从35.3%猛跌至7%以下。竞争对手们抓住这一时机大获其利，就连以前一直被泰诺压得喘不过气来的Norwich牌阿司匹林也开始在全国大做广告，跃跃欲试地打算卷土重来。

但随着时间的推移，人们（包括竞争者们）发现，情况正逐渐朝着有利于强生公司的方向发展。《今日心理学》杂志组织了一次读者调查，调查的题目是"泰诺能否继续存在下去?"94%的读者持肯定态度。该杂志还刊登了部分读者的看法，他们认为泰诺"可靠、真实"，而强生公司非常"诚实和真诚"。

资料来源：改编自大卫·卡拉汉：《哈佛商学院1949届》，北京，机械工业出版社，2005。

思考题

1. 强生"泰诺事件"涉及多种外部关系，试分析其综合性。
2. 强生公司是如何扭转困局的？试分析其危机解决策略。

第 3 篇

企业组织管理

第9章

组织与个人

本章要点

- ○ 组织管理的基本问题
- ○ 组织的本质
- ○ 正式化的机制
- ○ 正式化的限度
- ○ 组织与个人的协调发展
- ○ 组织管理的职能

企业要靠在市场交换关系中获得盈余，以谋求生存和发展。这种盈余的获得与企业内部的各种资源和能力密切相关。人、财、物和信息是企业主要的经营资源，这些资源只有按照战略的要求组织起来，形成力量，才能在与市场环境的交换过程中收支相抵后带来盈余。未组织化的、未形成整体力量的资源起不到这样的作用。

历史上，人们往往更多地着力说明物的问题和财的问题，注重物的管理和财务管理。无疑，物的管理和财务管理都是企业管理的重要内容。但是，物的侧面和财务侧面更多反映的是现象层次的和结果性质的东西，而现象背后的和形成结果的则是人的问题，是关于人的组织管理问题。原因很简单，物也好，财也好，完美的业务计划也好，都要通过人、依靠人才能发挥作用，离开人，再好的设备、技术，再充足的资金，也发挥不了作用。因而，组织内部管理更具有本质意义的是人的问题，是人的组织化问题。企业组织管理的基本问题，就是如何调动和发挥人的力量，如何通过人把各种经营资源结合起来，形成具有特定功能的系统力量，通过人达到经营的目标。

做好人的管理工作，首先要了解人，熟悉个体的人和群体中的人；其次要掌握用人、管人的基本技能。

第1节　组织管理的基本问题

组织管理的对象是两个以上的个人组成的集团。在个人企业中，也存在运用资金、安排工作、调整时间等类似管理的活动。但这不是完整意义上的企业管理活动，真正的企业管理是针对某一团体、为协调大规模集体化协作活动而实施的职能。

一、组织管理面临的问题

1. 分工和配合。分工即委派下属分别从事专门的工作，比如饭店经理将下属分为烹饪师、服务员和采购员等；配合即通过协调，确定和调整各项专门工作之间的关系，明确职责范围和沟通协调方法，把企业设计成为一个具有系统性的整体结构。例如，烹饪师要根据服务生在日常服务过程中了解到的顾客的意见改进饭菜的口味，采购员必须根据每日烹饪师的要求和饭店营业的需要决定采购的品种和数量。不同分工相互之间必须配合起来，协调一致地行动，这样才能为顾客提供合意的服务。所以，除了分工，饭店经理还必须明确规定各项工作相互之间的关系，确定行为的规范以及出现问题时各自所应承担的责任和处理方法。

这样一套分工和配合、协调的基本框架，可以把单独的个人行为组织成为一个行为的整体，实现组织共同的目标。通过组织结构，可以把分工的范围和程度、人与人之间的协调配合关系、各自的任务和职责等用划分部门和层次的方式确定下来。

2. 激励。明确了各自的分工配合关系后，所有的事都有人做，所有的人都有事做。接下来会碰到另一个问题，即员工的工作积极性和热情问题。工作积极性和热情问题包含两个要点，一个是努力的方向或重点，另一个是对工作的热心程度。管理者可以采用各种激励手段，依靠指挥、监督取得一定效果。在所有可用来激励、督促甚至强制员工工作的手段中，各种因素都有其各自的特点和发挥作用的范围、程度，没有包治百病的万灵药。其中，最基本的当然是物质报酬，这是满足人们基本生活需要的手段。但仅靠物质报酬作用很有限，还要设法满足员工在工作内容、事业追求、情感交流等多方面的需要。

所有这些都以个人的需求和动机为基础，管理者必须把这些能满足个人各种需要的因素综合起来，形成一套有效的激励系统，才能真正起到调动员工积极性的作用。

3. 计划与控制。有了分工协作安排、激励体系，还需要有计划和控制系统。计划主要解决未来一个时期业务的全面安排和部署问题，如一定时期的任务是什么，先干什么，后干什么，各项业务之间的比例和要求，将来如何发展，等等。

有了计划的安排和部署后，还有问题需要解决，如计划执行过程中发现计划有失误怎么办，原来认定的条件发生了变化怎么办，计划任务是否保质保量地完成了，这就需要有控制。控制的目的，一是督促、检查，保证计划贯彻实施；二是在发现计划与实际的差距时及时作出调整，避免工作失误。

在组织管理工作中，计划和控制解决的是日常企业业务活动的全面安排、落实和实现问题。它与前述分工协作安排、激励体系结合起来，构成组织管理的基本手段，目的在于实现集体化的协作劳动。但是，要想使集体化的协作劳动在更高水平上实现，还必须有其他一些要素和手段，如领导、企业文化等。

4. 领导。上述所有的手段，还要靠管理者的行动和推动才能合乎目的地运转和发挥作用。管理者的指示、命令、推动和鼓舞是必不可少的，营造人与人之间良好的沟通状态也是非常重要的。诸如管理者的领导方式、领导风格、个人作风和品质，都是十分重要的因素。

5. 企业文化。企业文化是一种渗透于企业组织各方面、各层次的价值观、思维方式和行为习惯。企业文化是在长期的组织共同生活中形成的，它以价值观念为核心，有共同的追求和希望，有独特的行为习惯和准则，表现在企业经营活动的各方面。企业文化在企业管理中有着巨大的作用，因为它影响到企业成员的动机、爱好和价值观念，具有其他一些激励因素所难以达到的功效，能从观念、信仰层次调动和激发个人的力量。

企业文化的形成要受到外部大环境的制约和影响。此外，由于管理者在企业中处于核心位置，因而管理者的信仰、观念、行为方式和风格在企业文化形成中往往具有重要影响。

企业组织与个人的关系如图 9—1 所示。

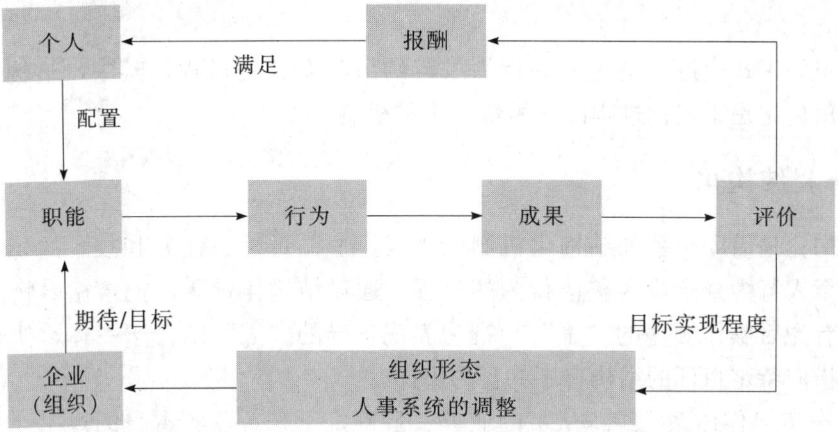

图 9—1　企业组织与个人的关系

中小企业问题看起来相对简单，但随着组织规模的扩大，会出现许多原来规模小时没有的难题。例如，人员增加、组织层次增多所带来的信息传递迟缓和失真；多分店、连锁商店带来的对各分店的有效管理问题，这些都是小企业不会遇到的。但即使是一个简单的小型企业，也会面临上述复杂的组织管理问题。

二、组织的本质

组织是两个以上的个人有意识地加以协调的行为或力的系统。组织的本质在于协作。正是由于人们聚集在一起，协同合作从事某项活动，才产生了组织。构成组织实质内容的是人的行为，这种行为不是简单的个人行为的累加，而是经过周密的安排、部署和调整的行为体系，是一种新形式的集体行为。

这种集体行为不是单靠把个人集合在一起工作就能产生的，必须按照统一的目的，有计划、有步骤地对个体的行为加以规范、引导和调整，从整体上构成完整的功能性力量。所以这种规范、引导和调整，或者说有意识的协调，就显得尤为重要。

第 2 节　正式化的机制

组织管理中按照统一的目的，有计划、有步骤地对个体的行为加以规范、引导和调整，从整体上构成完整的功能性力量，是通过正式化的机制实现的。正式化的过程包括通过结构化机制把个人行为分解、整合为整体行为的过程，也包括对个人行为的约束和塑造过程。

一、正式化的过程

组织的正式化过程是对人的行为进行约束和调整的过程，其中，结构化、规范化、角色化是正式化过程的三种最基本的机制。

（一）结构化

结构化是借助一系列结构化机制或工具，遵循目标、任务和技术的要求，把单独的个人行为结合成为整体行为的过程。通过结构化过程，把遵循事物内在结构、具有先后操作顺序的“事”和行为表现各异的“人”结合于一体，使组织成为一个指向特定目标的结构有序的行为整体。

1. 分工协作体系。组织从事的业务一旦确定下来，业务本身的规律性和从事该项业务所使用的必要技术，就会成为该组织重要的结构性因素。不论是企业组织、事业组织还是行政组织都不例外，只有类型和程度的差异。业务活动的规律性和反映规律性的相关技术，一直以来都是遵循大机器工业生产专业化分工协作的内在规定性而逐步发展和成熟起来的。即把一定的操作分解为若干相对独立的单元，通过分工安排个人专门负责其中部分操作，若干个分工单元的操作结合起来构成一个相对完整的整体。以此类推，若干部分再结合为更大的整体。这样，组织的整体任务分解为横向的部门任务，部门任务落实为员工任务，形成一个横向的组织内分工协作体系。在分工基础上，任务由多个环节共同完成，需要建立有效的协作机制来确保每个个体所执行的操作协调一致，以便完成共同的目标和任务。组织横向的分工协作系统是根据业务和技术的要求而形成的。

2. 分层等级结构。分层等级结构是适用于所有复杂系统的一种普遍机制，大型组织不仅分层次，而且普遍都是分层等级结构。组织被分成若干小单元，小单元再细分成更小的单元，依次细分。

从组织目标的等级来看，这种纵向的分层等级体现了最终目标从上级结构向下级结构逐层分解、逐层落实的层次性。

3. 信息沟通机制。信息沟通是指组织中所有能起到传递信息作用的手段和方式，其基础是人的理性能力和社会性的话语体系。人与人之间的行为配合，分工协调机制和分层等级结构的有效作用，管理过程的实现，都依赖及时、准确、有效的信息沟通。

组织中的信息沟通往往是双向的过程：一方面，信息自下而上从组织的各岗位、部门、层级向上流动，传递给权力中心或者其他需要作出决策的环节；另一方面，决策或命令信息从决策中心传递给组织的其他部分。信息沟通联通了组织中各职位、部门和组织中各等级层次，确保目标—手段逻辑在组织内的协调统一，是贯穿整个组织的血液，维持着组织的生命和活力，是组织结构化的命脉。

4. 目标分解机制。目标分解机制是用来分解组织基本目标、战略和计划的工具。组织目标是支配组织和个人行为的核心，对组织内所有层次、部门的行为都具有指导性。通过分解，将组织目标细分为不同层次和部门的目标，使低层次的目标成为实现高层次目标的手段，这样的分解、细化过程形成组织内体现目标指向性的目标—手段系列。

通过目标分解机制，组织的高层次目标不断细分成为不同部门、不同角色的低层次目标和具体的岗位职能。目标分解过程把抽象的组织目标分解为可操作的具体手段，使每个组织成员的个人行为成为实现目标的工具。

经由以上几个过程，结构化机制把组织打造为一个具有明确结构和秩序的可以协调运转的机器。结构化成为一种机制或工具，成为组织正式化的重要环节，为组织带来确定性、有序性、有效性和稳定性。

（二）规范化

结构化机制形成的行为结构和过程框架，确定了行为分解和协调的体系，确定了目标任务的分配机制，以及信息沟通的渠道和方式。要想保证这种结构化机制有效运作，必须对其中每一过程和每个环节的职能和职责予以规范化，以制度形式确定下来，辅以必要的强化手段。正式化过程需要通过规范化过程来建立科学的制度规范体系，用制度、程序、标准等形式确定组织中从全局性事务到局部事务再到个人行为全系列的行为规范，并在组织内建立制度化的权威体系。

规范可粗略划分为结构性规范、流程性规范和行为约束性规范三类，分别着眼于总体横纵框架结构、业务活动流程和每一节点的行为规范。通常由不同的标准、规程、职能、职责、程序和上下左右关系等方面的规定构成。

经由规范化过程，组织中大部分事项有了明确具体的依据和标准。结构化形成的机制以组织内“立法”的形式确定下来，岗位职责得以明确，组织内行为的秩序和规则得以建立。规范化提高了组织内各层次、各部门、各环节行事的准确性，减少了不确定性，对部门、团队和个体的行为既有激励又有约束，加深并强化了组织的正式化程度，保证组织成为一台运作良好的“机器”。

（三）角色化

角色化是正式化的最后环节。规范化确定的类型化行为落实到特定岗位，具备了鲜明特色，以“优秀员工”“某级技工”“主任医师”等符号化、标识性的称呼指称时，就形成特定的角色。角色既包含对行为的要求，也包括角色的行为规范；既是组织中相应任务、职责、等级地位、报酬、权力关系等一系列相关特征的表述，也反映了组织价值观、组织文化的意义。角色是固化、理想化、具有象征意义的行为集合。

组织通过结构化、规范化、角色化过程确定职责明确的具有象征意义的一系列组织角色，运用相应管理手段和价值、意义系统强化角色，最终达到按照组织需要约束、塑造个体行为的目的。

对个人而言，角色是组织规定的，先于个人而存在。个人可以选择不同的角色，但通常不能改变业已形成的对每种角色的特定要求。相反，组织往往要求个人按照角色要求去约束自己、塑造自己。个人通过在某个岗位工作而在组织中扮演某种角色，接受组织对角色的规范和激励，按组织人格被塑造。同时，组织为不同的角色完成任务提供各种必需的手段和工具，如资源、信息和文化。

通过结构化、规范化和角色化等组织正式化机制，组织成为具有明确结构功能，遵循效率逻辑，按理性原则行事，能够最大限度调动个人力量实现明确目标的主体。一定意义上，组织具备了超越个人的禀赋，在行为深度、广度，精确性、稳定性、连续性、可靠性等方面都远远优于个人。

通过正式化过程，组织将个人行为转化为具有目标指向、明确规定性和价值意义的集体行为。该过程为一个组织的存在和发展提供保障。正式化过程把组织锤炼成为一个理性的、有特定结构功能和明确目标指向的系统，把个体当作能被角色化、作出理性行为的组织机器系统中的一个标准部件。

二、正式化的限度

然而，组织及其正式化的基础在于个人，个体不可能成为完全工具性、理性的存在。因此组织的正式化和理性化必然是有限度的。

（一）正式化的限度

组织的正式化是有限度的，结构化、规范化、角色化等过程也都是有限度的。

1. 结构化的限度。结构化是有限度的。分工越细、层次越多，需要的协调程度就越高，协调的难度就越大；专业化分工程度越高、越单一，工作就越单调、枯燥乏味，缺乏人性。等级层次越森严，对人的要求就越严格，组织对每一环节准确性、稳定性的依赖程度就越深。及时、准确、高效的信息沟通依赖明确单一的渠道、准确的语义和迅速的传递。目标的科学分解不仅要靠科学合理的目标理解、阐释和分解，还需要有对相关环境因素的高度洞察。比较各类组织可以发现，生存环境稳定且不确定性低、技术性强、目标单一的组织，对个人因素依赖程度低，对个体行为和思想控制程度较高，正式化程度比较高。反之，则正式化程度有限。总而言之，组织在一定时期一定范围内可以实现高度正式化，像军队、监狱一样，但这种正式化不可能全面和长久。

2. 规范化的限度。规范化也是有限度的。首先，规范的约束真正有效，要以个体的接受为前提。权威的基础归根结底在于接受方而不是发出方，只有那些被大多数组织成员认可和接受的规范，才可能真正实现。其次，规范约束的程度不能超越个体体力和智力可承受的程度。当对个体的约束超出必要限度，产生人格冲突，或规范的要求超出个体能做到的程度时，规范就不会被遵守。最后，涉及价值观、意义等方面的规范，要以大多数成员共有的价值观和意义系统为基础，否则不具备理解和执行条件。而这些价值观、意义体系又是受环境因素影响的。

3. 角色化的限度。角色化更是有限度的。其一，组织营造出的理想化、固定化角色不是以个性特征、个人人格为基础设计出来的，而是按照组织正式化对个体的要求确定下来的。个人人格和组织人格之间存在一定的张力和背离。其二，个人受需要、欲望支配，局限于有限理性，受环境、沟通的影响，按照理想化角色行事的程度始终是有限的。即使心有所愿也往往难以尽善尽美。其三，虽然有业务特点、技术规律等事实基础，但角色化本质上是人们观念系统和意义系统的产物。受不同价值追求、观念流变、多元价值交互作用，解读和沟通的歧义等多方面因素影响，角色本身的含义和对角色的理解、认同，都存在相当程度的不确定性。

（二）非正式的力量

正式化有限度的根本原因在于组织当中人的基本特征。在组织成员身上，理性和非理性同时起作用，共同支配行为。个体的需要不可能在组织中完全满足，未被组织满足的需要必然寻求其他途径来实现。个体的目标也不可能在组织中全部达成，个体同样会寻求其他实现目标的途径。

组织当中存在非正式组织。组织的正式化过程超出必要限度，往往与个体的需求和个性产生背离。组织成员不能或未被正式化包容的目标、需要、兴趣部分或有差异的部分，会寻求正式化机制之外的表达或实现途径。这种正式组织不能或未能包容的部分，是非正式组织形成的根源之一。

此外，组织的正式化过程发展并强化了一部分共同的价值，从而限制、约束了那部分没有"共同化"的需要、目标、个性的实现和满足。被约束和限制的部分导致相反的组织行为出现。在此意义上，正式组织的存在本身成为非正式组织形成的原因。

显然，个体的未得到重视、未得到体现的需要和追求的部分越大，到非正式组织中寻求实现的欲望就越强烈，力量也越大。非正式群体就会演变为体现此类目标、需要和追求的力量。这种力量能够削弱正式化的程度；可能与正式组织相抗衡；或者渗透、依附于正式组织，借助正式组织的力量实现小集团、派别的利益和目的。在极端情况下，会导致组织崩溃。

可见，正式化的限度归根结底在于组织整体与个体之间的矛盾，以及正式化与非正式化之间的矛盾。

一方面，个体具有可约束、可规范、可角色化塑造的特性，可以组织人格行事，正式化机制得以形成和发展起来。另一方面，组织的正式化过程给个体提供的机会和满足无法囊括个体所有需要、情感和价值追求，个人人格的力量作为一种自然的、反组织化的力量始终存在，甚至变异为非正式组织力量。由此形成组织整体与个体之间的永恒矛盾。

正式化和非正式化作为组织的两极构成一对矛盾。正式化是任何组织中必然发生的过程。通过结构化、规范化、角色化等正式化机制，组织有了超越个人的力量，有了理性、精确性、稳定性、连续性和可靠性，可以实现个人状态下无法想象的目标。但正式化导致工作单调、枯燥乏味，个人依附于组织和社会，被组织支配、异化，同时导致、激发、强化非正式化倾向。正式化和非正式化成为组织中永恒的两种力量。

深刻认识组织中这一矛盾，认清组织管理这种两难处境，提高对组织管理过程的认识，把握正式化的合理限度，避免和协调非正式力量的破坏作用，积极协调和处理组织发展和个人发展的关系，对所有类型组织的管理过程都具有重要价值。

（三）组织与个人的协调发展

组织化的理想状态，是要实现组织发展与个人发展的平衡。组织发展与个人发展既有统一，也有矛盾。

从统一角度看，组织发展离不开个人发展，个体不能得到充分满足和发展的组织，得不到成员的热情参与和充分努力；个人的成长和发展也离不开所依托的组织，个人能力发挥需要适当的平台和空间。这看起来是老生常谈，但却是真理。组织发展与个人发展是一体两面。

从矛盾一面看，在某一个时期组织平衡价值砝码偏向组织，过度强调效率和效用，会损害个人的需要和个体的发展，破坏个人与组织之间的平衡；过分重视个人权利和个人发展，要以牺牲部分效率和效用为代价，组织的发展会受到限制。

当今世界，不论是行政组织、事业组织，还是企业组织，发展水平较高的，往往对个人价值的重视程度也比较高，组织平衡过程中组织价值砝码和个人价值砝码是相对平衡的。

第 3 节　组织管理的职能

个体的行为和学习是组织生活中个体层次的基本要素。个人的行为必须结合成集体化协作行为才有意义。在这种结合的过程中，正式化的机制和过程是主要的途径。只有综合考虑个人层次和组织层次两方面，才能把独立的个体力量结合成有目的的集体力量。

在现实的管理操作中，首要的是在人的行为规范和学习提高方面下功夫。在个体层次，决定行为和学习的是决策和心理力量，而后两者又取决于目的、知识、思维方式和情感四个要素。所以，问题就归结为如何通过目的、知识、思维方式和情感去影响个人的行为和学习。同时，在组织层次，还必须考虑在影响个人行为和学习的过程中，有效地把握和发挥正式化的机制和过程的作用。

一、组织管理的主要工作

在组织和管理层次上主要通过三方面的工作实现上述要求。

（一）设计和确定正式化的管理框架

设计和确定一个组织的正式框架，或者说搭建一个组织的基本架构，首先是人的集团化，也就是挑选组织成员，形成基本的组织单位；其次，要明确组织目标及为实现组织目标必须达到的要求，经营目标、战略，相应的经营哲学、观念等都是其中的组成部分；最后，要进一步明确分工协调的正式化框架，确定信息沟通的渠道和方式。通过这些基本的规范，为组织成员各自的行为搭起一个结构有序的正式框架，为他们行使职能、发挥作用提供现实的条件。

（二）发挥垂直的影响作用

在组织管理过程中由上而下地运用各种管理手段对组织成员的行为、学习、决策、心理活动、目的、认识、思维方式和动机等不同层次的要素施加影响，是组织管理手段中最基本的组成部分，工作安排、报酬、提升、荣誉等均属此类。

为什么用影响而不用指挥来概括？因为管理并非无所不能，它只能从个人行为的外部施加影响而不能直接支配个体的行为。个体的行为有赖于个体的决策和心理活动，管理者只能通过影响个体的目的、知识、思维方式和情感间接地影响个体的行为。所以，影响的提法更接近管理实际。

（三）利用横向的相互影响

日常工作过程中成员相互之间发生的交往、配合、影响甚至冲突，都会给交往双方的认识、思维方式、心理活动带来各种各样的影响长期的交往和影响会在一定范围内形成类似的思维方式和心理习惯，形成理解的共同基础，或者说成员互相之间共同的成分越来越多。这种相互作用导致的一致性，客观上有助于组织成员相互之间的理解、沟通和配合，能起到一种特殊的激励和鼓舞作用，能造就团结、融洽的合作气氛。所有这些都是协作活动或组织管理所必需的，而且是依靠其他手段难以做到的。

从现象看，上述状况主要发生在组织成员自发的交往和作用过程中，似乎不是管理的基本手段，但仔细分析可发现，这种交往和作用首先是由于管理者设定了基本的分工协作框架，而且交往的范围和深度、限度受组织基本结构的制约；其次，垂直的影响过程也会影响到成员的横向交往。因此，实际上横向作用也是组织管理过程的一个基本要素。

基本框架、垂直影响、横向作用这三种基本手段就是组织管理层次上的三个基本范畴（见图 9—2）。

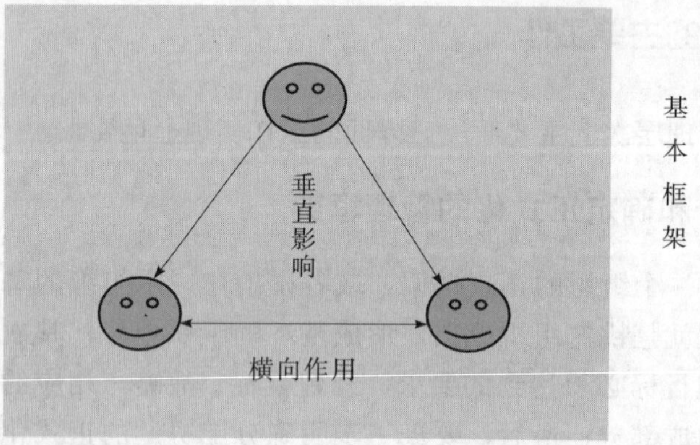

图 9—2　形成集体化协作的基本环节

二、管理者的职能

从管理者的职能来分析，管理工作包括两大组成部分：一部分是正式化的管理组织或管理体系的设计；一部分是设计好的管理体系的运用。

(一) 正式化管理体系的设计

正式化管理体系或管理组织的设计，除了要做到组织中所有的事有专人负责，所有的人有明确的职责外，更重要的是有效地发挥垂直影响和横向作用在组织管理中的作用。一方面，要为成员间的横向交往和作用创造条件，促使其围绕组织目标发挥最好的作用；另一方面，要便于管理者自上而下地进行管理，使垂直影响发挥尽可能大的作用。

正式化管理体系的设计基本上有两部分工作：一是行为协调体系；二是计划与控制体系。

1. 行为协调体系。行为协调体系的设计通过组织结构设计和制度规范的制定实现。通常是通过部门化、层次化两种路径，明确成员各自所处的位置和交往、沟通的范围，实现正式化机制中结构化的要求。职权的划分、组织结构形式的选择、沟通的渠道与方式的确定等，都属于组织结构化设计的范围。

明确有序的组织结构确定下来之后，就是如何引导、规范组织成员行为的问题了。总的要求是建立一套引导、激励、规范的机制。这样一套机制除组织结构体系外，侧重于调动个人积极性、增加心理力量的是物质报酬、工作环境、非物质报酬等一系列对个人有激励作用的因素的综合运用系统，或者说激励报酬系统；侧重于约束个人行为范围的是制度规范体系。通过这两套体系，实现规范化、角色化的要求。

2. 计划与控制体系。计划与控制体系主要侧重于从业务活动的规划安排和实施控制角度规范个体的行为。计划和控制可以借助一些行之有效的管理工具和方法实现，如目标管理、全面质量管理、平衡计分卡等。所有这些管理体系，都是本着如下基本精神设计安排的：一方面，为个体的行为划定一个大致的范围，强调他律，强调组织整体；另一方面，给个体活动以一定程度的自由，并辅以各种诱导、激励手段，尽可能利用和发挥个体的自主性和创造性，强调自律，强调个体。

具体的设计和调整过程还有许多具体而复杂的工作要做。

(二) 管理体系的运用

即使设计出了一套完美无缺的管理体系，也不是组织管理工作的全部。体系还需要人去操作、推动，有赖运用之巧妙。体系的运用是日常管理工作的具体内容。

1. 领导。领导是具体、直接的管理工作，如经营目标、战略的决策，日常事务、纠纷的处理，各项制度、规范的执行，各种指示、命令的下达，等等。这是具体推动、运用管理体系的一项管理工作，是一项最直接的管理工作。

2. 企业文化建设。创造一种组织气氛或者环境气氛。环境的气氛或组织文化对个人的目的、知识、思维方式、情感都有不同程度的影响。这种影响经过长时间的积累，个人的价值观、心理倾向都会发生变化。风气或者气氛是看不见摸不着的，却会对环境中的每个个体产生巨大的影响。例如，在一个讲究卫生的集体中，不讲卫生的人会自觉改变自己的作风；若身边的同事都在废寝忘食地工作，偷懒的人也会渐渐勤快起来。

基本上，企业文化是自然形成的，主要取决于企业成员共有的特征。有两个因素对这种形成过程有较大的影响。一个因素是企业所处外部环境的特点，特别是民族的传统文化，对企业文化的形成具有根本性的制约作用；另一个因素存在于企业内部，是管理者个人的价值观、品质和风格。它对下属有明显的影响作用。环境因素对企业来说基本上不可逆转，核心是如何有效地借助和利用传统文化因素的积极作用为管理服务。管理者个人因素则有所不同，管理者可以通过价值观念的宣扬，通过具体的指示，通过对各种问题的处理，通过身体力行，有意识、有目的地塑造企业文化。

组织管理的基本概念和过程可简单地图示如下（见图 9—3）。

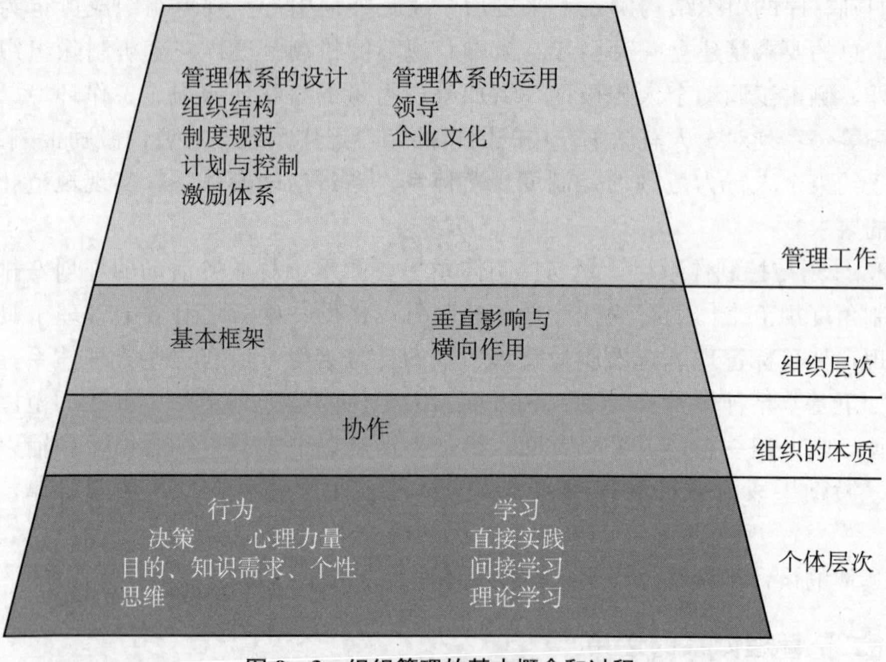

图 9—3　组织管理的基本概念和过程

思考题

1. 什么是组织管理？
2. 组织管理面临的主要问题是什么？
3. 如何理解组织管理的本质？
4. 正式化包括哪几个主要过程？

5. 正式化的限度何在?
6. 如何实现组织和个人的协调发展?
7. 组织管理的主要工作是什么?
8. 组织管理的职能包括哪些?

第 10 章

组织结构与制度规范

本章要点

- ○ 分工与部门化
- ○ 权限关系
- ○ 程序化
- ○ 制约组织结构设计的因素
- ○ 组织结构形式
- ○ 制度规范的类型与特点
- ○ 制度化管理的实质
- ○ 制度化管理的优越性

组织结构是指组织内部分工协作的基本形式或框架。分工是协作的前提，但又离不开协作，否则，分工就会造成组织效率低下，失去意义。分工和协作犹如车的两个轮子，缺一不可，而组织结构的功能就在于为分工协作提供一个基本框架。之所以使用“基本”一词，是因为分工协作的手段是多种多样的，组织结构只是其中的一种。管理者可以随时通过发布指示和命令来决定人们之间分工的方式，并予以协调；一个团体也可能利用人与人之间的默契实施有效的分工协作。对一个较小的组织而言，这就足以维持其分工协作关系了。但是，随着组织规模的扩大，仅靠个人指令或默契远远不够，需要组织结构来提供一个基本框架，事先规定管理对象、工作范围和联络路线等事宜。

第 1 节　组织结构设计

一、分工与协作

为确立分工协作的基本框架，必须明确以下五个方面的问题：分工关系、部门化、层级化、沟通与协调、程序化。

（一）分工关系

为实现企业目标和履行社会责任，组织必须完成一系列基本工作，这些基本工作是组织的基本职能。如制造业必须从事制造、销售和产品开发等基本工作，又如商业的基本职能是采购和销售，银行的基本职能是取得存款和融资、转账支付以及国外汇兑。企业只有全面完成这些基本职能，才能实现预定目标。

企业基本职能的顺利完成，离不开辅助职能的配合。企业要了解盈利情况，要筹措和运用资金，就需要会计和财务职能，这是完成基本职能所不可或缺的。

如同组织职能可以细分为基本职能和辅助职能一样，基本职能和辅助职能也可以进一步细分。如产品制造这个制造业的基本职能就可以细分为试产、生产计划、生产作业和质量检验等若干环节，而上述各环节还可以进一步细分下去。这些被细分并由不同人分担的工作叫作职务或任务，分工就是确定由谁来做这些工作。

1. 分工给组织带来的利益。

（1）分工可以使各种工作简单化，这在现场作业中表现得尤为明显。例如，汽车组装是一项极为复杂的工作，包括引擎装配、车身组装和各种部件的安装等。若将所有的工作不加分工地交给某个人或集体完成，确实是极为复杂的，但若将其细分成若干比较简单的工作，就可以让许多工人甚至非熟练工人从事这些工作。分工使各项工作变得简单化。得益于此，许多非熟练工人只需经过简单的训练即可上岗。

（2）专业化工作使每一个工人都能掌握专业化技能。分工限定了工人的实践范围，使其变得更加专注，进而提高操作熟练程度并获得更高层次的专业知识。对那些需要较高专业知识和操作技能的工作来说，这具有非常重要的作用。

（3）分工有助于从组织外部聘请受过良好训练的专家，使现代组织得以进行高度专业化的工作。

2. 分工给组织带来的弊端。

（1）分工会带来工作的单调化。简单的重复工作会使人产生孤独感和单调感。卓别林主演的电影《摩登时代》曾对作业简单化带来的非人性的一面予以讽刺。

当今各国在进行各种研究和尝试，推行自动化或半自动化，以避免因过细的分工而造成工作的非人性化。

（2）分工会阻碍组织内部人员的流动，降低其对组织变化的适应能力。在工作高度专业化的组织中，这种情形表现得尤为明显。随着环境和技术的变化，企业中的职位会作相应调整，如减少或增加某些职位。但是，职位的调换会产生才职不相称的现象，在新的职位上，有些人很难掌握新的工作技能，因此他们对组织变革持抵制态度，就像机械工人反对工厂自动化一样。

（3）专业化会助长组织内部冲突。专业化操作要求人们不仅具有相应的能力，而且形成相应的思维模式。于是，人们的思维方式会因分工而异，从某种意义上说，这就是组织的分化。分化必然导致组织内部交流的困难。人们在热爱本职工作并与工作融为一体时，会抵制一切不利于本职工作的决定，尽管这些决定有利于整个组织。从系统论角度看，这种行动只能达到组织活动的部分最优，而非整体最优。此外，分化还容易引起部门间乃至不同岗位工人之间的对立。

因此，组织结构所要解决的第一个问题就是：全面权衡分工的利弊，决定组织分工程度，并在此基础上确定每个人的职务。

□ 案例 10—1

顺丰靠什么成为“快递巨头”

在国内，民营快递大多给人以价格便宜、递送却不太让人放心的印象，但有一家叫“顺丰速运”的民营快递，却以“快人一步”的时效和“价高一筹”的服务，走出了一条完全不同的道路。2013 年销售额突破了百亿元，成为可与中国邮政特快专递（EMS）抗衡的民营快递巨头。

从一开始，低价就不是顺丰速运的经营之道，公司有非常明确的市场细分和产品定位：主要做文件和小件业务，其中尤以商业信函等高附加值的快件业务为主。当然，告别低价的背后也需要各种系统和制度的支撑，与其他民营快递不同，顺丰速运拥有自己的飞机，而且实行直营，这是保证其服务质量和核心竞争力的重要因素。

与申通、圆通等江浙民营快递巨头相比，顺丰速运的价格绝对可以称得上昂贵。不过，还是有很多客户尤其是企业客户愿意选择顺丰速运，因为它的确快而可靠。如果你在当天下午 4 点寄出包裹，基本上第二天下午就可以收到顺丰速运发送的“货已签收”短信。而如果选择其他快递公司，则需要三四天，包裹到没到还需要自己打电话向对方确认。

要做到快而准并不是一件容易的事。对此顺丰速运的一位管理人员说，顺丰速运与其他快递公司的差异，主要是由直营管理模式和管理制度规范的不同带来的。

在创业之初，顺丰速运和所有民营快递企业一样，为节约投资成本，加快网络扩张速度，新建的快递网点多数采用合作或代理的方式，这种形式和加盟类似，分公司归当地加盟商所有。不过，到2002年，顺丰速运最终将全部的经营网点股权收回，确立了直营模式，并在深圳设立了总部。

直营模式确立后，对各地网络的管理自然更加得心应手，顺丰速运负责递送的员工开始按月进行绩效考核，表现与收入挂钩。同时，直营模式也为公司建立起贯穿整个快件流转过程的信息监控系统，对各环节的运转时效进行准确的控制提供了基础。从2010年开始，顺丰速运就研发出对快件跟踪、时效预警、路由规划等系统全部环节监控的“时效管理系统”，从客户呼叫开始，系统就启动了跟踪流程，递送员要严格执行收1（1小时内收件）派2（2小时内派送签收）的时效要求，超时派件将直接影响当月的业绩考核。

资料来源：改编自陈姗姗、孙雪姣：《顺丰靠什么成为快递巨头》，载《第一财经日报》，2013-03-29。

分工离不开协作，缺乏协作的分工是危险的。如果我们不能协调零部件与成品之间的生产数量关系，不能协调前后工序之间的衔接关系，就会影响组织效率。协调分工的方法很多，市场协调是重要手段之一。市场协调借助的是看不见的手，而组织中的协调则以看得见的组织系统为手段。市场协调不是万能的，组织系统就是为了协调大规模的、复杂的分工而产生的。

（二）部门化

组成部门是组织协调的一个方法，通常是给每个团体安排一个管理者，由其全权负责，统一协调团体内的所有工作，这种团体就叫部门或组织单位。把组织的全体成员分别归属到若干部门，将使协调工作变得相对简单。

1. 部门化的原则。（1）因事设职和因人设职相结合的原则。为了保证组织目标的实现，必须将组织活动落实到每一个具体的部门和岗位上去，保证“事事有人做”；组织中的每一项活动终归要由人去完成，组织部门设计就必须考虑人员的配置情况，使人尽其能、人尽其用。（2）分工与协作相结合的原则。因为分工有利有弊，所以要全面权衡分工的利弊，决定组织分工程度，并在此基础上确定每个人的职务。（3）精简高效的原则。部门设计应当体现局部利益服从组织整体利益的原则，并将单个部门效率目标与组织整体效率目标有机结合起来。另外，部门设计应在保证组织目标能够实现的前提条件下，力求人员配置和部门设置精简合理。

2. 部门化的方式。划分部门的方式很多，其中按职能划分、按产品划分、按顾客划分和按地区划分是最常见的。这些方式各有优缺点。

企业组织部门化的主要形式是职能制组织和事业部制组织。职能制组织按企业的主要职能建立部门，而事业部制组织则按产品、地区和顾客建立若干自我完整部门。前者以企业整体构成一个自我完整组织，而后者则是一个由若干自我完整组织构成的联邦制组织。在这二者之间，还有许多组织结构的变化形态。

（三）层级化

1. 管理幅度与管理层次。

受认识和情报处理能力的制约，管理者的有效协调人数有一个客观的限度，我们把管理幅度定义为管理者能够有效控制的直接下属人员的数量界限。

每一个管理者的管理幅度都是有限的，管理幅度的有限性导致了组织层次的产生。组织以几个层次为宜？如果减少每一个团体的成员人数，即缩小管理幅度，就会增加管理层次，使组织呈狭长形态；反之，扩大管理幅度，就会减少管理层次，使组织呈扁平形态。狭长型组织有利于强化统一管理，但会增加管理者人数及管理成本；扁平型组织虽然会减少管理者人数，缩短信息传递路线，但存在协调困难、易于失控的缺点。那么，管理幅度究竟以多大为宜？对这一问题的种种争论可谓由来已久，被称为“最佳管理幅度”的数量标准也是五花八门。如 7～8 人、15～16 人或者更多，但一直没有定论。事实上，我们不可能给管理幅度规定一个理论上的最佳数字，因为它是由许多因素综合决定的。如管理者的能力、被管理者的训练水平、工作性质和内容、控制手段等，而这些因素在不同的企业里有很大的差异。因此，最佳管理幅度是因企业、因人而异的。

2. 权限关系。

管理幅度的有限性导致了组织层次的产生，进而又产生了层次之间的协调问题，这就是权限关系。每一个组织都要作各种决策，而且要相互协调。在所有决策都是由最高经营者一人作出的情况下，决策之间的协调是非常容易的。但是，这种决策方式并不适合工作性质和内容复杂的组织，因为这会降低组织效率。经理不是精通一切的全才，他不可能对各项工作都作出正确的决策。此时，就必须将决策权限授予下级，让其分担决策责任。问题在于：决策权授予谁？授权程度如何把握？这是权限关系所要解决的两个问题。

集权与分权相结合是正确处理决策权限关系的基本原则。集权是指将决策权限尽量集中于组织上层，而分权则将决策权限分散于组织下层。集权和分权不是二者必居其一的关系，因为集权和分权都不是绝对的，而是相辅相成的。任何组织都是既需要集权，又需要分权。所以，集权和分权问题的关键在于分权的程度。这一程度可以从两个方面予以把握：一是分散决策项目的多少，分散决策项目越多，分权程度越高；二是分散决策的自由度，如是自主决策还是必须征得上级同意。

客观地说，集权和分权各有利弊。

集权的优点是政令统一，上下左右行动协调，但存在三个方面的缺点：（1）所有事项都须征得上级许可，决策周期长。（2）缺乏第一手材料，决策科学性差。（3）排除下级对决策的参与，使下级有一种遭冷落的感觉。

分权的优点是决策快速，员工参与意识强，但存在协调困难等缺点。

总之，集权和分权都存在一个度的问题，这个度又受制于许多具体因素，诸如企业工作性质、组织战略、企业规模、企业传统等。

（四）沟通与协调

在现代经济活动中，普遍存在信息不对称、个体对信息的获取能力和判断能力有限等问题，导致个体行为的有效性难以提高。从博弈论中关于“囚徒困境”问题的讨论中不难发现，合作是个体行为有效性改善的最佳选择，而沟通与协调是合作的基本前提。

如前所述，全体组织成员的相互交往会形成许许多多的信息传递路线。1 000 人的相互交往，其信息传递路线可达 50 万条之多。此时，如能按 10 人为 1 组，将其划分为 100 个小组，分别配置 100 位基层管理者，然后依次配备 10 位中层管理者和 1 位最高管理者，则可以使传递总路线锐减至 1 110 条，仅为原来的 1/445。这种分层次的传递方式可以有效地减少传递路线，而管理者也就成为分层传递路线的连接点，对沟通上下关系起重要作用。在此，管理者不是扮演信使的角色，原封不动地传递各类信息，而是必须对各类信息进行加工、整理，并据此作出自己的决策和解释，然后予以上传或下达。

但是，加工整理也会带来信息失真和遗漏等问题，在狭长型组织中，这一问题会变得更加突出。传统的组织管理特别强调统一指挥原则，认为下级只能接受一个直接上级的指示和命令，而不能同时接受两个或两个以上领导者就一项工作分别发出的命令，以免多头领导，互相冲突。这无疑会简化信息传递路线，使信息变得更加集中。

然而，简化信息传递路线也会带来一些新问题，其中最大的问题就是各部门之间的沟通和协调变得更加困难。因为在严格遵循分层传递路线的情况下，各部门之间的沟通和协调必须通过各自的管理者进行，而他们又无权直接协调，于是不得不求助他们的共同上级。这样一来，部门间的沟通和协调就变得极其复杂，不仅信息传递易失真、费时，而且会使管理者的信息传递负荷过重，影响其对重大问题的决策。为此，必须设计横向沟通和协调路线，方法很多，如在每一个部门配备承担横向沟通和协调任务的联络员，设立由各部门代表组成的会议或委员会，任命专门从事横向协调的管理人员，等等。

（五）程序化

程序化是事先制定行动方案，以便在某些事件发生时及时处置，如事先规定在事件 X 发生时采取甲方案，事件 Y 发生时采取乙方案。有些程序存在于个人的头脑中，如个人经验、工作习惯等；有些程序则以书面的形式出现，如规则、职务分工规程和作业标准、程序等。在某些情况下，当事者只要按既定规章、程序办事，即可保持日常工作的正常运转，因此，程序化有利于加快工作进度，减轻日常协调的工作量。

程序化是针对经常发生、周期性重复出现的常规工作而言的，它不可能事先提供一切行动方案，因为现实中还会有许多偶发性事件，这些事件不经常发生，没有周期性规律可循，但又存在发生的可能性甚至必然性。但是，程序化同样适用于偶发性事件中常规部分的处理。这样，要借助非程序化方法解决的就只剩下例外部分了，协调工作也会因此变得十分简单。

非程序化方法包括向上级请示、协商和管理者协调等，这就是所谓例外原理，它有助于减轻管理人员的压力，使其有时间处理新问题和重大事件。

二、组织结构的确定与调整

世界上没有十全十美的组织结构形式。一定条件下，某种组织结构可能具有显著的优越性，但是一旦条件发生变化，也可能会失去这些优势，并使现有结构转而成为组织进一步发展的障碍。因此，评价一种组织结构的优劣，不能离开具体条件，即制约组织结构的各种因素，要依据其变化及时调整组织结构。

制约和影响组织结构设计的因素主要来自信息沟通、技术特点、经营战略、企业规模和环境特点五个方面。

1. 信息沟通。

信息沟通贯穿管理活动的全过程。如果说组织结构是组织的骨骼系统，那么信息系统就是组织的神经系统。信息是组织保持与外部环境联系的中介，组织结构设计必须充分反映外部信息的要求，而组织内部分工、部门和权限划分、工作评价、关系协调等，也都要依靠信息沟通。可以说，组织结构功能的大小，在很大程度上取决于它能否获得信息，能否获得足够的信息以及能否及时地利用信息。组织必须建立起一个完整、畅通、清晰、高效的信息沟通体系。体现在组织结构上，有六个方面的具体要求。

（1）要通过明确工作任务、职权和职责关系等，使每一个组织成员都能清楚地了解各自的信息沟通对象、内容、方式和渠道，并将其视为职责范围内的事。

（2）沟通渠道要尽可能直接、快捷、高效。信息传递要借助语言文字，由于个人表达、理解能力的差异以及加工整理中的偏差，往往造成信息传递的失真，引起误解。而且，信息传递路线越长，失真的概率就越大。所以，信息沟通的渠道要尽可能地短和高效。

（3）信息必须按既定路线和层次进行有序传递。不论是上传还是下达，都应经过信息联系的每一个层次，不能随意越过。否则，就会产生互相冲突的信息传递，损害某些层次的威信和权力，造成不必要的猜疑和摩擦。

（4）要在信息联系中心设置称职的管理人员。在大型组织中，信息沟通机构处于中心地位，它要求处于这一地位的管理人员具有综合能力，能按企业目标和经营战略的要求，对各种信息作出准确的识别和分析判断，并转化为相应的对策和措施。受个人知识能力的限制，很少有人能满足现代大型组织的要求。因此，必要时可配置专门机构和人员，协助管理人员承担此项工作。

（5）保持信息联系的连续性。这要求组织设计把重点放在职位上，而不能放在个人上，即要因事设人，而非因人设岗。同时，组织还要建立任职者因故出现缺位时自动代理职务的制度。

（6）重视非正式组织在信息沟通中的作用。共同工作会使人们形成一种独特的人际关系，它可以沟通正式组织所不能提供的信息，所以，组织结构设计必须尊重非正式组织及其沟通方式。

2. 技术特点。

技术决定结构。最早对技术与组织结构之间相关关系进行研究的是英国工业社会学家琼·伍德沃德（Joan Woodward）。她收集了英国南部100家小型制造企业的数据，根据三种基本的生产技术将这些企业分为三类。

（1）小批量和单件生产。这类企业根据客户所需产品的规格成批生产一种或几种产品，如提供定制服装和水力发电涡轮机的厂商。

（2）大量生产。这类企业的技术特点是标准化的生产流程，主要包括大批量生产的制造商，如冰箱、汽车厂家。

（3）连续生产。这类企业的主要特点是整个工艺流程的机械化，技术最先进、复杂程度最高，代表企业有化工厂、炼油厂、酿酒厂等。

这三种技术的复杂程度依次升高。小批量和单件生产技术复杂程度最低，而连续生产复杂程度最高。通过研究，伍德沃德发现，不同的技术类型和相应企业结构之间存在明显的相关性，而且组织的绩效与技术和结构之间的匹配程度密切相关（见表10—1）。

表10—1　　技术、结构与效能的关系

	单件和小批量生产	大量生产	连续生产
结构特征	纵向分化程度低 横向分化程度低 正规化程度低	纵向分化程度中等 横向分化程度高 正规化程度高	纵向分化程度高 横向分化程度高 正规化程度低
最有效的结构	有机式	机械式	有机式

通过进一步研究，伍德沃德得出结论：制造业企业并没有一种通用的最优组织结构，每一种技术类型的企业都有与其相匹配的特定结构形式。例如，单件和小批量生产企业以及连续生产企业运用有机式结构最有效，而大量生产企业采用机械式结构最有效。

对现代大型企业组织来说，生产经营技术特点不仅是决定组织成员素质和工作内容的重要因素，而且直接决定着组织结构的几乎所有方面的问题。

技术特点主要包括技术复杂程度和稳定性两个方面。技术复杂程度决定组织的分工和作业的专业化程度，进而决定部门大小及其构成、管理层次多少、管理幅度大小、管理人员比例、技术人员比例、生产经营活动特点等一系列因素，造成组织结构方面的很大差异。技术复杂的组织总是由许多不同的部门构成的，而技术简单的组织则根本不需要那么多部门。

从技术的稳定性角度看，较少变革、比较稳定的技术，适宜采用机械式组织结构形态，即任务、职位、职责和权力等都有明确、严格的规定，组织内部的关系以垂直的上下级等级关系为主。与此相反，对于多变、不稳定的技术来说，具有较强适应性的有机式的组织结构形态则是最有效的。因为它更具开放性和灵活性，任务和职位的确定不十分严格，允许根据变化作适当调整，而内部交流则趋向多元化，而非以垂直等级控制为主。

3. 经营战略。

战略决定组织结构。最早对战略与结构之间相互关系进行研究的是美国管理学家阿尔弗雷德·钱德勒（Alfred Chandler）。他对美国100家大型公司进行了长达50年的跟踪考察，详细分析了杜邦、通用汽车、新泽西标准石油以及西尔斯等公司的历史案例资料，明确探讨了战略与结构之间的关系，认为战略决定结构，结构服从战略。

经营战略是现代企业经营的主要标志，它包括确定长期目标以及为实现这一目标所必须实施的计划和资源分配。组织结构必须服从经营战略，随经营战略的变化而调整，否则，组织活动将毫无效果。

在组织的起步阶段，其战略重点是扩大规模，因此，并不需要系统、完整的组织结构；在地区开拓阶段，则需要设立若干职能部门，以解决地区分散而产生的协调、标准化和专业化等问题；进入纵向发展阶段，需要进一步扩大组织功能，提高组织效率；而到了产品多样化阶段，就可能引起组织结构的重大变革，即从集权制结构转向分权制结构。总之，组织结构的计划和调整要以经营战略为依据，并为实现经营战略服务。

4. 企业规模。

企业规模是制约组织结构的又一重要因素。一般的规律是：企业规模小，管理工作量小，为管理服务的组织结构也相应简单；企业规模大，管理工作量大，需要设置的管理机构多，各机构间的关系也复杂。可以说，组织结构的规模和复杂性是随着企业规模的扩大而相应增长的。小企业不需要专职管理机构甚至专职管理人员，大企业却需要设置许多分担管理职能的机构，并要花费很多时间和精力去协调这些机构之间的分工关系。如事业部制是一种适应企业规模扩大而出现的新的组织结构形式，它解决了许多直线制或职能制所不能解决的问题。但是，事业部制对企业规模的适应力也是有限的，一旦各事业部的规模过大，以至超过了它能有效运转的规模，就必须及时寻求新的组织对策，否则，整个企业就会因此变得笨重、失灵，丧失活力。

5. 环境特点。

企业面临的环境特点，对组织结构中职权的划分和组织结构的稳定性有较大的影响。如果企业面临的环境复杂多变，有较大的不确定性，就要求在划分权力时给中下层管理人员较多的经营决策权和相机处理权，必要时还要及时调整组织结构，以增强企业对环境变动的适应能力。如果企业面临的环境是稳定的、可把握的，对生产经营的影响不太明显，则可以把管理权较多地集中在企业领导者手里，设置比较稳定的组织结构，实行程序化、规范化管理。任何一种组织结构都离不开一定的外部环境，只有那种与外部环境变化保持动态对应的组织结构，才可能成为有效的组织结构。

组织结构设计必须认真研究上述五个方面的制约因素，并与之相互衔接、相互协调。

□ 案例 10—2

“客户至上”的组织结构

拥有 6.8 万名员工的丰田汽车公司曾进行了一次组织结构方面的重大变动，废除了处、科体制，建立起重视工作能力、以工作成绩为中心的工作小组制，把企业建成具有客户至上形象的组织。

原各技术、事务部门的部、处、科等金字塔式的纵向组织结构，经过改革成为没有层次的扁平的组织结构，即工作室制。具体做法是把原来部里的 2～3 个处合并建立工作室，各工作室根据各个时期的任务不同，临时建立各种相应的工作小组。这样做的目的有两个：(1) 部长或室长一个人就能解决室内的事务，加快了领导决策的速度。(2) 从部长到组员都是室内的普通一员，小组的领导者根据任务的不同随时更换。也就是说，原来的部长、处长、科长的各种工作，根据不同情况临时选人担任。这样，在公司的实际工作中，就取消了各种等级职务。在代表公司对外接触方面，考虑到资格、待遇等因素，因此在新组成的工作小组中全都是一般组员，而在对外处理问题时还可保留原来的头衔。通过这种灵活的组织结构，实现了繁重工作所要求的高效率，达到了理想的效果。

第 2 节　组织结构形式选择

客观地说，要设计一种适合各种企业的理想的组织结构形式是非常困难的，因为每个企业所依托的环境、经营战略、技术特点和管理体制等都有各自的特点。即使仅针对某一特定企业，也难以设计出满足各种要求的组织结构形式，因为有许多要求实际上是相互矛盾的，例如：希望某种组织结构形式既能满足迅速作出决策的要求，又能保证决策的高质量；既具有较强的创新和应变能力，又要保持相对稳定。

实际上，组织结构并不能解决所有的组织问题。一个组织能否正常运行，除了要选择合理的组织结构形式外，还取决于人员配备、工作激励、行为控制和组织文化等诸多因素。因此，指望仅仅依靠组织结构解决所有问题是不切实际的。

企业的组织结构形式很多，在此重点介绍几种基本的组织结构形式及其适用范围。

一、直线制

直线制是一种最简单的集权式组织结构形式，又称军队式结构。其领导关系按垂直系统建立，不设专门的职能机构，自上而下形同直线（见图10—1）。

图10—1 直线制组织结构

直线制组织结构的优点是：结构简单，指挥系统清晰、统一；责权关系明确；横向联系少，内部协调容易；信息沟通迅速，解决问题及时，管理效率比较高。

其缺点是缺乏专业化的管理分工，经营管理事务依赖少数几个人，要求企业领导者必须是经营管理全才，但这很难做到，尤其是在企业规模扩大时，管理工作量会超过个人能力所能承受的限度，不利于集中精力研究企业管理的重大问题。

因此，直线制的适用范围是有限的，它只适用于那些规模较小或业务活动简单、稳定的企业。

二、直线职能制

直线职能制是一种以直线制结构为基础，在厂长（经理）领导下设置相应的职能部门，实行厂长（经理）统一指挥与职能部门参谋、指导相结合的组织结构形式（见图10—2）。

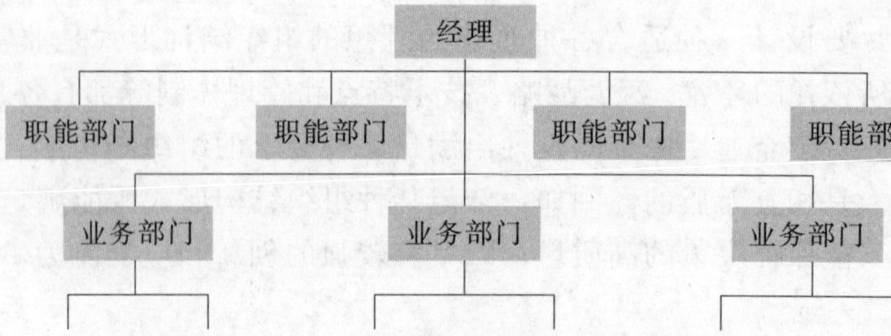

图10—2 直线职能制组织结构

直线职能制的特点是：

(1) 厂长（经理）对业务和职能部门均实行垂直式领导，各级直线管理人员在职权范围内对直接下属有指挥和命令权，并对此承担全部责任。

（2）职能管理部门是厂长（经理）的参谋和助手，没有直接指挥权，其职责是向上级提供信息和建议，并对业务部门实施指导和监督，因此，它与业务部门的关系只是一种指导关系，而非领导关系。

直线职能制是一种集权和分权相结合的组织结构形式，它在保留直线制统一指挥优点的基础上，引入管理工作专业化的做法。因此，既能保证统一指挥，又可以发挥职能管理部门的参谋指导作用，弥补领导者在专业管理知识和能力方面的不足，协助领导者决策。所以，它不失为一种有助于提高管理效率的组织结构形式，在现代企业中适用范围比较广。

值得注意的是，随着企业规模的进一步扩大，职能部门也将随之增多，于是，各部门之间的横向联系和协作将变得更加复杂和困难。加上各业务和职能部门都要向厂长（经理）请示汇报，使其无暇顾及企业面临的重大问题。当设立管理委员会、完善协调制度等改良措施都不足以解决这些问题时，企业组织结构改革就会倾向于更多的分权。

三、事业部制

事业部制组织结构也称分权制组织结构，是一种在直线职能制基础上演变而成的现代企业组织结构形式（见图 10—3）。

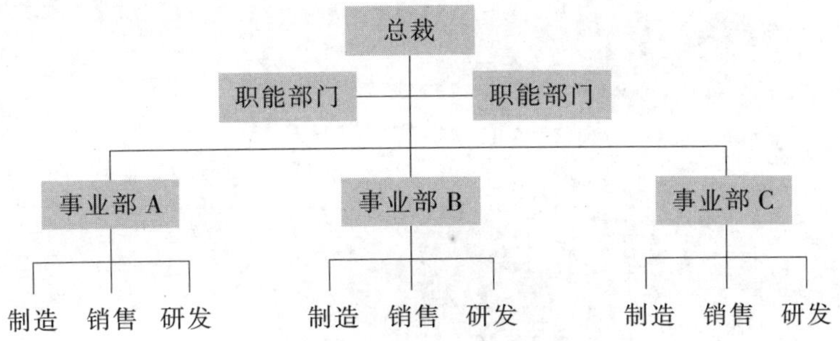

图 10—3 事业部制组织结构

事业部制组织结构遵循“集中决策，分散经营”的总原则，实行集中决策指导下的分散经营，按产品、地区和顾客等将企业划分为若干相对独立的经营单位，分别组成事业部。各事业部在经营管理方面拥有较大的自主权，实行独立核算、自负盈亏，并可根据经营需要设置相应的职能部门。公司总部主要负责研究和制定重大战略规划、战略决策，确定重大投资、重要人事任免、经营监督等基本决策和重要事项，并通过利润指标对事业部实施控制。

事业部制组织结构的优点是：

（1）权力下放有利于最高管理层摆脱日常行政事务，集中精力研究外部环境，制定长远的全局性的发展战略规划，使其成为强有力的决策中心。

（2）各事业部主管摆脱了事事请示汇报的框框，能自主处理各种日常工作。

有助于加强事业部管理者的责任感，发挥他们搞好经营管理的主动性和创造性，提高企业经营的适应能力。

（3）各事业部可集中力量从事某一方面的经营活动，实现高度专业化。整个企业可以容纳若干经营特点有很大差别的事业部，形成大型联合企业。

（4）各事业部经营责任和权限明确，物质利益与经营状况紧密挂钩。

事业部制组织结构的主要缺点是：容易造成组织机构重叠，管理人员膨胀现象；各事业部独立性强，考虑问题时容易忽视企业整体利益。因此，事业部制结构适合那些经营规模大、生产经营业务多样化、市场环境差异大、要求有较强适应性的企业。

四、矩阵制

矩阵制组织结构由纵、横两个管理系列组成，一个是职能部门系列，另一个是为完成某一临时任务而组建的项目小组系列，纵、横两个系列交叉，即构成矩阵（见图 10—4）。

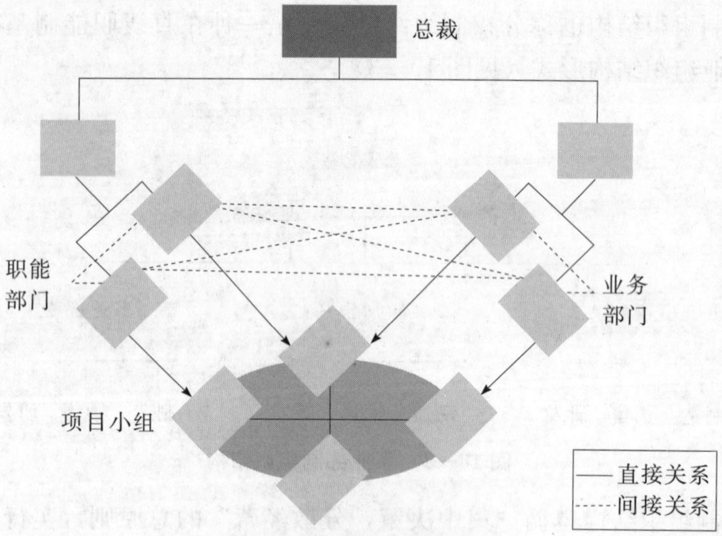

图 10—4　矩阵制组织结构

矩阵制组织结构的最大特点在于其具有双道命令系统，项目小组成员既要服从小组负责人的指挥，又要受原所在部门的领导，这就突破了一个员工只受一个直接上级领导的传统管理原则。

矩阵制组织结构具有四个方面的优点：

（1）将企业横向联系和纵向联系较好地结合起来，有利于加强各职能部门之间的协作和配合，及时沟通情况，解决问题。

（2）能在不增加机构和人员编制的前提下，将不同部门的专业人员集中在一起，组建方便。

(3) 能较好地解决组织结构相对稳定和管理任务多变之间的矛盾，使一些临时性的、跨部门性工作的执行变得不再困难。

(4) 为企业综合管理和专业管理的结合提供了组织结构形式。

但是，矩阵制组织结构关系比较复杂，一旦小组与部门发生矛盾，小组成员的工作就会左右为难。此外，有些小组成员可能会因原部门工作而分散精力，受临时工作观念影响。

五、子公司和分公司

子公司是指受集团公司或母公司控制但在法律上独立的法人企业。子公司不是母公司本身的一个组成部分或分支机构，因为它有自己的公司名称和董事会，有独立的法人财产并以此承担有限责任，可以自己的名义从事各种业务活动和民事诉讼活动。在母公司和子公司的关系上，母公司通过股权对子公司的经营方向和主要负责人的任免等进行控制。

子公司的界定一般有四种形式：

(1) A 公司拥有 B 公司一半以上的普通股股本。

(2) A 公司拥有相对控制 B 公司多数表决权的股本。

(3) A 公司能实际控制 B 公司的董事会。

(4) B 公司是 A 公司拥有的子公司的子公司。

凡符合上述情况之一者，B 公司即为 A 公司的子公司。如果一个子公司被百分之百地控股，那么该子公司便是母公司的全资子公司。

分公司是总公司的分支机构或附属机构，在法律上和经济上均无独立性，不是独立的法人企业。分公司没有自己独立的名称，只在总公司的名称后加上“某某分公司”的字样，没有独立的章程和董事会，也没有独立的资产负债表，其全部资产是总公司资产的一部分。如果发生资不抵债的情况，总公司必须以其财产对分公司的债务负责，这是分公司与子公司的根本区别所在。因为子公司负债或破产，都由其所拥有的法人财产承担民事责任，母公司除了股份受损失外，不承担连带责任。但是，分公司可以在总公司授权下，以总公司的名义独立经营、独立核算。

从组织结构来看，子公司和分公司集中在母公司或总公司周围，共同构成企业集团的紧密层组织。它们的功能是组织生产经营活动，成为利润中心，其所属单位则以提高质量、降低成本、发展品种为主要职能，成为成本中心。一个企业如果没有子公司和分公司，就不成其为企业集团，只是一个松散的联合体或大企业。因此，子公司和分公司的形式适用于大型企业集团和集团公司等企业组织。

索尼公司从 1994 年开始变“事业本部制”为“分公司制”，以发展信息技术为核心，重组旗下的 10 个分公司。总部赋予各分公司最大限度的自主权，同时设立高级行政委员会，任命首席执行官，进一步明确公司董事会职责，清晰地界定公司经营决策者和业务执行者的权限和职责。改革的目标是为了建立经营责任更明确、监督更有力、能更有效地开展跨国业务的管理体制。

六、网络结构

企业集中精力于最擅长的具有核心价值的部分，将其他业务外包给那些在专门领域有明显优势的公司，依靠契约关系整合业务链，便形成网络结构。网络结构是指以公司的战略选择和商业模式为核心，将主要职能（如制造、分销、营销或其他关键职能）分包给外部独立的公司，并以一个小型的总部组织协调这些公司分担的活动。运用网络信息技术，可以快捷地传递数据与信息，协调供应商、制造商、装配商和分销商的业务，实现公司的业务战略。图 10—5 是一个网络结构的示例。

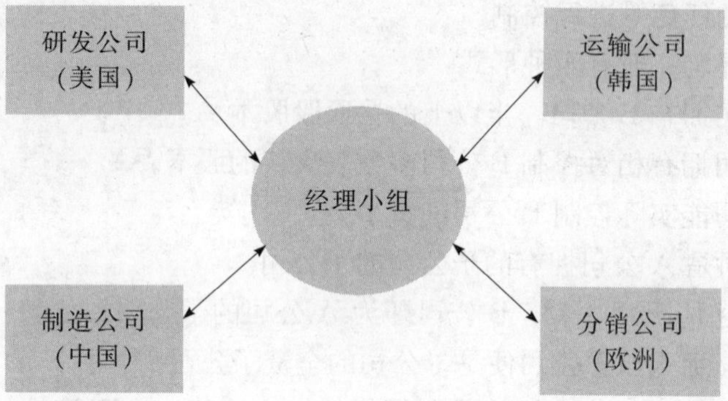

图 10—5　网络结构举例

拥有网络结构的组织具有快速、灵活、经济的优点。组织可以在全球范围内整合资源，以较低的价格获取各种生产要素，并能在全世界销售产品。网络组织可以根据需要，随时雇请任何类型的服务，而无须拥有固定的工厂、设备和设施。因此，在市场环境变化时，可以灵活作出调整，快速把握市场机会（见表 10—2）。

表 10—2　网络结构的优势和劣势

优势	劣势
全球竞争力	控制力弱
灵活性	可能会丧失组织职责
管理费用低	员工忠诚度低

网络组织也有一些不足。第一，网络结构的管理者对制造活动缺乏控制力，对供应品的质量也难以保证。第二，由于必要的服务不在同一个公司内，不在管理层的直接控制之下，不确定性较大。第三，网络组织中的员工忠诚度比较低，

网络组织中各成员是根据协议临时联系在一起的。随着市场需求的变化，组织为了追求恰当的技能组合，随时有可能解雇和招聘员工。在这种氛围下，不大可能建立起高度一体化的企业文化，员工流动率会比较高。

第 3 节 制度规范

制度规范，是组织管理过程中借以约束全体组织成员行为，确定办事方法，规定工作程序的各种章程、条例、守则、规程、程序、标准、办法等的总称。制度规范属于管理体系和框架，是组织管理必不可少的一个环节，是合理组织集体化协作行为、规范个人活动、实行科学管理、维系企业组织正常运转的手段。

制度规范可以从狭义和广义两个层面予以分析说明。广义的制度规范包括组织管理中所有具有稳定性和约束力的、体系化的标准和规程，如组织结构、计划和控制规范，具有制约和规范作用。狭义的制度规范指组织结构和计划与控制规范基础上用来约束和协调企业全体员工行为、规定活动程序和方法的制度规范。本章主要说明狭义的制度规范。

一、制度规范的类型与特点

（一）制度规范的类型

制度规范可以用多种标准分类，依照制度规范涉及层次和约束内容的不同，可分为五大类。

1. 企业基本制度。企业基本制度是企业的“宪法”，它是企业制度规范中具有根本性质的、规定企业形成和组织方式、决定企业性质的基本制度。企业基本制度主要包括企业的法律和财产所有形式，企业章程及股东大会、董事会、监事会等高层管理组织等方面的制度和规范。

企业基本制度规定了企业所有者、经营管理人员、企业组织成员各自的权利、义务和相互关系，确定了财产的所有关系和分配方式，制约着企业活动的范围和性质，是涉及企业所有层次、决定企业组织根本的制度。

2. 管理制度。管理制度是对企业管理各基本方面规定活动框架、调节集体化协作行为的制度。管理制度是比基本制度层次略低的制度规范。它是用来约束集体行为的成体系的活动和行为规范，主要针对集体而非个人，如各部门、各层次的职权、责任和相互间的配合、协调关系；各项专业管理规定（人事、财务、业务）；信息沟通、命令服从关系等方面的制度。组织管理的体系中，有相当一部分是管理制度，它是将单独分散的个体行为整合为有目的的集体化行为的必要环节，是管理依托的基本手段。

3. 技术规范。技术规范是涉及某些技术标准、技术规程的规定。技术规范涉及内容很多，从各类技术标准到生产工艺流程，乃至包装、保管、运输、使用、处理，都有其内在规律。它反映生产和流通过程中客观事物的内在技术要求，科学性和规律性强，是经济活动中必须予以遵守的。企业组织管理中经常碰到的，主要有标准、操作规程、生产工艺流程、保管运输要求、使用保养维修规定等。技术规范所约束的主要是业务活动。此外，由于技术的特殊性质和与其他方面的相关性，管理过程要充分遵守技术规范，个人行为也要受技术规范的制约。

4. 业务规范。它是针对业务活动过程中那些大量存在、反复出现，又能摸索出科学处理办法的事务所制定的作业处理规定。业务规范所规定的对象均具有可重复性特点。业务规范多为定性的、程序性的，是人们用来处理常规化、重复性问题的有力手段。业务规范大都有技术背景，以经验为基础，是概括和提高了的工作程序和处理办法，如安全规范、服务规范、业务规程、操作规范等。有些业务规范与其他制度规范有交叉、重叠，与其他制度结合在一起。

□ 案例 10—3

快餐业巨人——麦当劳

麦当劳可以说是世界上最成功的特许组织，在全球共拥有3.1万家分店。大约每隔9个小时，麦当劳就要开一家新店。

在发展过程中，为了避免厨师个人因素造成的产品质量不稳定，麦当劳对所有生产工艺过程都科学地定性定量，实现了标准化生产。全球的麦当劳产品几乎都质量稳定、口味统一。麦当劳在生产中实行了快速、合理的物料供应机制和现代化工业生产方式，从选料、配方、计量、厨具、加工程序到服务，都有严格、固定、统一的标准，并细分工序，环环相扣，既保证了质量，也提高了工作效率。正如麦当劳向顾客所承诺的：60秒内顾客就可吃到食品。麦当劳对所有参加特许经营的加盟店，都使用统一的全球通用标准。例如，总部通过“麦当劳大学”为分店提供员工培训服务，分店独立经营，科学选择店址，统一外观设计和内部装潢。麦当劳一直对遍及世界各地的连锁店保持严格的控制，充分了解出现的问题和存在的机会，增加它们的资产，促使其保持良好的形象和服务标准。加盟者的所有方面都要受到检查，从炸薯条的油脂含量到洗手间肥皂的供应。一旦纠正无效，特许就有可能被收回。只有实行这些严格的制度化管理才能保证麦当劳高质量、统一的经营水平得以维持。

5. 个人行为规范。企业组织当中，规范个人行为的，有些是其他类型的制度规范，如上述第2、3、4种规范，都对个人行为有特定要求；另一些是专门针对个人行为制定的规矩，如个人行为品德规范、劳动纪律、仪态仪表规范等。个人行为规范是所有对个人行为起制约作用的制度规范的统称。它是企业组织中层次最低、约束范围最宽、最具基础性的制度规范。个人行为规范是组织中对行为和活动约束的第一个层次，其效果好坏、程度如何往往是更高层次约束能否有效实现的先决条件。

□ 案例 10—4

华为公司员工守则

1. 热爱祖国，热爱人民，热爱华为。
2. 遵纪守法，服从公司管理。
3. 顾全大局，善于合作。
4. 努力学习，踏踏实实做好本职工作，不断提高业务水平。
5. 一切为用户着想，减少人为差错，努力提供优质的产品与服务。
6. 团结互助，尊重他人，树立集体奋斗的良好风尚。
7. 严守公司机密，自觉维护公司安全。
8. 待客热情礼貌，服务周全，维护公司形象。
9. 谦虚谨慎，戒骄戒躁，勇于批评与自我批评。
10. 坚持真理，坚持原则，不做有损公理道德之事。
11. 爱护公司财物，坚持反贪污、反腐败、反盗窃、反浪费。
12. 保持环境整洁，注意仪表、仪容。
13. 加强品德修养，倡导精神文明。

资料来源：《华为公司员工手册》。

可见，制度规范包括的范围很广，从个人行为到企业形态、基本制度；从技术要求到业务规程、管理过程，涉及企业所有层次和所有方面。所有这些制度规范结合起来，构成了管理过程中一套完整的约束系统。

(二) 制度规范的特点

与其他管理手段相比，制度规范有其独特的性质和特点。

1. 权威性。制度规范一经形成，确定下来，所有成员都必须执行，违反规定要受到惩罚。制度规范是企业的“法”。

2. 系统性。企业组织中各方面、各层次均有完整配套、具体严密的制度规范。它们具有内在一致性，互相衔接和补充，形成一套严密完整的制度规范体系。

3. 科学性。制度规范建立在科学合理的基础上，有的是技术规律要求，有的充分体现事物客观规律，有的合情合理。它反映了企业经营管理科学、成熟、合理的一面。

4. 无差别性。制度规范作为一种带有法规性质的管理手段，具有无差别性。它不分具体情况和具体人，在规范约束范围内一律对待，没有变通的余地。它是一套理性的、非人格化的体系，是一系列抽象的、封闭的准则，往往以成文的形式确定下来，具有明确的、是非分明的特征。

5. 借助强制力。制度作为现实地约束和规定组织中活动和行为的管理手段，需要借助强制力。强制力是制度发挥作用的力量，没有强制力的制度规范只是一纸空文。在企业组织中，强制力主要表现在行政处分、降职降薪、开除等惩罚措施上。

6. 稳定性。管理制度往往都是在长期管理实践基础上，经过分析研究，总结经验，提炼上升形成的理性准则。它在相当程度上反映了企业组织活动和管理过程的内在要求，具有较高的稳定性。在条件未发生较大变化的前提下，一般不作改动。稳定性也是维持权威性的手段之一。更重要的是，唯有稳定，才能现实地发挥制约作用。频繁变动的制度不易贯彻执行，更难巩固。

二、制度化管理

以制度规范为基本手段协调企业组织集体化协作行为的管理方式，就是制度化管理。制度化管理通常称作“官僚制”“科层制”或“理想的行政组织体系”，是由德国著名思想家马克斯·韦伯提出，并为现代大型组织广泛采用的一种管理方式。

（一）制度化管理的实质

制度化管理的实质在于以科学确定的制度规范为组织协作行为的基本约束机制，主要依靠外在于个人的、科学合理的理性权威实行管理。

在企业组织经营管理过程中，由于管理所依托的基本手段不同，存在不同类型的管理方式。市场经济发展早期，企业组织管理中多依靠个人的权威，以传统的权威和“神授”的权威为基本的控制手段。伴随工业文明和资本主义经济发展，企业组织、行政组织和各种大型组织逐渐把管理过程中依赖的基本权威由个人转向理性的管理制度和规范。

以理性的、正式规定的制度规范为基本权威实施管理，就是制度化管理的实质。当然，这并不意味着不允许发挥个人权威的作用，只是说起基本制约作用的是制度权威而已。

制度权威也可叫正式权威，个人权威则称非正式权威。正式权威来自组织结构中对管理者地位和权力的正式规定。这种形式下，管理者拥有组织授予的奖惩权，可以视被管理者工作的不同情况，决定给予奖励或惩罚。它建立在强制力的基础上，是法的权威，不是个人的权威。而非正式权威来自个人所具有的特殊品质，如个人在某方面的专长，或非凡的组织领导能力等，具有这种品质的某个人可以将众人吸引到自己身边，服从其管理和领导。非正式权威是建立在对个人的忠诚关系之上，是对个人负责。制度化管理是依靠正式权威来进行管理的管理方式。

从前面提到的麦当劳的例子中也可以看出，制度约束的基础正是组织的权威。

它所依靠的主要是组织制度和职责权力。管理者的主要作用在于命令、监督和控制，对被管理者强调服从。

（二）制度化管理的主要特征

从管理制度的内容和制度化管理的实质来看，制度化管理的主要特征是：

（1）在劳动分工的基础上规定每个岗位的权力和责任，并且把这些权力和责任作为明确的规范而制度化。

（2）按照各机构、各层次不同职位权力的大小，确定其在企业中的地位，从而形成一个有序的指挥链或等级系统，并以制度形式巩固下来。

（3）以制度形式规定职位特性以及该职位对承担责任的个人应有素质、能力等的要求。根据通过正式考试或者训练和教育而获得的技术资格来挑选组织中所有的成员。

（4）在实行制度化管理的企业中，所有权与管理权相分离。管理人员不是所管理企业的所有者。管理人员只是根据管理制度赋予的权力暂时处于拥有权力的地位，原则上企业中所有人都应服从制度的规定。

（5）管理人员在实施管理时有三个特点：一是根据因事设人的原则，每个管理人员只负责特定的工作。二是每个管理者均拥有执行自己的职能所必需的权力。三是管理人员所拥有的权力受到严格的限制，要服从有关章程和制度的规定。这些规定不受个人情感的影响，普遍适用于所有情况和所有人。

（6）管理者的职务是管理者的职业，他有固定的报酬，具有按资历、才干晋升的机会，他应忠于职守，而不是忠于某个人。

（三）制度化管理的优越性

与传统的以个人权威为主进行的管理相比，制度化管理更具优越性。

1. 个人与权力相分离。在制度化管理中，职务是职业，不再是个人身份，所有管理行为都来自规章、制度的规定，管理权威源自规章和制度，而不是控制在某些人手中。在规章制度面前每个人都享有同等地位，从而排除了个人偏好或专断的影响，确保个人与权力的分离。制度化管理摆脱了传统管理的随机、易变、主观、偏见的影响，具有比传统管理优越得多的精确性、连续性、可靠性和稳定性。

2. 制度化管理是理性精神的体现。这是制度化管理的主要指导思想。制度化管理以经过理性分析研究制定的管理规章和制度为基础，是一种不徇私情的管理体系。在典型的制度化管理中，存在一套有连续性的规章制度网，涉及管理过程的主要方面，它规定了种种活动应怎样进行，特殊情况应怎样处理，并给每项工作确定了清楚、全面、明确的职权和责任，从而使组织运转和个人行为尽可能少地依赖个人。

3. 适合现代大型企业的需要。早期传统的管理由于过分依赖个人和裙带关系、人身依附关系，采用任意的、主观的、多变的管理方式，不适合现代大型企业。现代大型企业由于规模大，内部分工细，层次多，更需要高度的统一，需要有准确、连续、稳定的秩序来保证各机构之间的协调一致，从不同的侧面保证企业经营目标的实现。

现代股份有限公司从某种意义上来看，就是得益于制度化管理的优越性。

当然制度化管理也并非十全十美，它没有更多考虑人的因素，缺乏人际温情。但它与传统管理方式相比要优越得多，先进得多。现代企业的生命力就是通过制度化管理维持的。

三、制度规范的制定与调整

（一）制定制度规范的基本要求

企业组织管理中各项制度的制定和形成，要满足下列几项基本要求。

1. 从实际出发。制定制度规范要从企业实际出发。根据企业业务特点、技术类型、管理协调的需要，充分反映企业活动的规律性，体现企业特点。制度规范应具有可行性、实用性，切忌不切合实际。

2. 根据需要制定。制度规范的制定要从需要出发。需要是制度规范制定与否的唯一标准，制定不必要的制度规范，反而会扰乱组织的正常活动。在有些非正式行为规范或习惯能很好地发挥作用的前提下，就没有必要制定类似内容的行为规范，以免伤害企业成员的自尊心和工作热情。

3. 建立在法律和社会道德规范基础上。法律和社会道德规范是在全社会范围内约束个人和团体行为的基本规范，是企业正常生存与发展的基本条件和保证。企业制定的各种制度规范，不能违背法律和一般道德规范的规定，必须与它们保持一定程度的一致性，否则，企业整体在环境中的生存与发展，以及对组织内部各方面的约束，都会受到影响。

4. 系统和配套。企业制度规范要全面、系统和配套，基本章程、各种条例、规程、办法要构成一个内在一致、相互配套的体系。同时要保证制度的一贯性，不能前后矛盾、漏洞百出。应避免发生相互重复、要求不一的现象，同时要避免疏漏。要形成一个完善、封闭的系统。

5. 合情合理。制度规范要体现合理化原则，即一方面要讲究科学、理性、规律，另一方面要考虑人性的特点，避免不近情理、不合理等情况出现。在制度规范的制约方面，要充分发扬自我约束、激励机制的作用，避免过度使用强制手段。

6. 先进性。制度规范的制定要从调查研究入手，总结本企业的经验，同时借鉴其他企业的先进经验，引进现代管理技术和方法，保证制度规范的先进性。

（二）制度规范的制定和调整

1. 制度规范的制定者。

企业中有各种不同类型的制度规范，相应的制定主体也不同。一般而言，企业基本制度由企业所有者和主要经营管理人员根据法律规定，在与有关政府机构磋商的基础上制定；管理制度由制度涉及的部门、管理者和有关组织成员确定；技术规范有些直接来自国家标准和规定，有些以技术专家为主会同约束对象和管理者协商制定；制定业务规范的主要是直线操作人员和管理人员；个人行为规范通常是在充分征求企业成员意见基础上由高层管理人员确定的。不管是哪种类型的制度规范，都应充分考虑该项制度约束对象的意见和要求。因为制度规范确定下来以后，要靠他们执行，事前能否得到他们的理解和认可，直接关系到制度规范实施的状况。这一点必须注意。

2. 制度规范的制定程序。

制度规范的形成和制定过程，一般有四个基本步骤，即提出—讨论和审查—试行—正式执行。

第一步：提出。由有关部门和人员根据管理工作的需要，提出制度规范制定要求。经上级有关部门和人员同意后，进行充分的调查研究，提出制度规范草案。

第二步：讨论和审查。制度规范草案提出后，需要广泛征求相关各方的看法和意见，并充分讨论。在讨论、研究的基础上，改正其中不切实际和疏漏之处，调整与其他制度规范矛盾、重复之处，使制度规范草案进一步完善。修改后的制度规范草案，要报请上级管理部门审批。

第三步：试行。制度规范草案经上级管理部门审批后，可以试行。试行的目的是在实践中进一步检验和完善，使之成熟化、合理化。对于新制定的制度规范，试行是必不可少的一个阶段。

第四步：正式执行。制度规范经过一段时间的试行、完善，即可稳定下来，形成正式的、具有“法律效力”的制度规范文本，按照确定的范围和时间正式执行。与此同时，要向相关方面说明情况，并报送上级管理机关备案。

3. 制度规范的调整。

制度规范应当保持较高的稳定性，但也不是一成不变的，当赖以存在的前提发生变化时，制度规范也需要作相应调整。制度规范从本质上说是管理的手段，要服从管理和协调集体化协作行为的需要。当管理协调整体结构的过程发生变化时，必须相应作调整。

制度规范的调整，包括现行制度规范的修改和废除等。

(1) 管理制度规范的修改。管理制度规范的修改，通常发生在下列情况下：与企业制度规范有关的国家法令、政策发生变化，原制度规范出现与国家法令、政策不一致的地方；企业管理基本决策发生大的变化，如企业联合、集团化、战略调整、经营范围调整等，需要变更制度规范体系与之相适应；当实施过程中暴露出制度规范本身不合理、不完善时，需要对不合理、不完善的规定作修改和调整。

制度规范修改的内容、程度取决于具体情况。有时可能是个别条款，有时可能是某一类规定，有时可能是制度规范约束的程度。调整的程序与制定过程大体相同，但一般不必经过试行阶段，修改审批后即可付诸实行。

（2）管理制度规范的废除。管理制度规范的废除发生在下列情况下：企业组织破产倒闭，制度规范自然消除；某些基本法令制度的废除使企业有关制度规范失去依托，失去意义；制度规范所约束的事项已告结束；同一事项有了新的制度规范，原制度规范自然作废，如国家颁布了新的技术标准，原标准自然失效。

管理制度规范调整的主要工作是修改，其中一个需要注意的问题是把“破”与“立”结合起来，认识到原制度规范不合理时，应积极调整和修改，但在新制度规范正式推行之前，要继续执行原制度规范，避免出现无约束的现象。另外，要注意制度规范的调整不宜太频繁，局部的、小的不合理出现时不宜轻易修改制度规范，要维护制度规范的严肃性和稳定性。

思考题

1. 分工可能会给组织带来哪些利和弊？
2. 简述部门化的方式及其优缺点。
3. 如何把握集权与分权的尺度？
4. 程序化有哪些好处？
5. 影响和制约组织结构设计的因素主要有哪些？
6. 比较几种基本的组织结构形式，指出各自的利弊及其适用范围。
7. 事业部制组织结构有何优缺点？
8. 矩阵制组织结构有何优缺点？
9. 简述制度规范的五种类型。
10. 制定制度规范的基本要求是什么？
11. 制度化管理有哪些优越性？

案例分析

神华集团的制度管理变革

神华集团是1995年10月经国务院批准设立的国有独资公司，是以煤为基础，集电力、铁路、港口、航运、煤制油与煤化工为一体，产运销一条龙经营的特大型能源企业，是我国规模最大、现代化程度最高的煤炭企业和世界上最大的煤炭经销商。神华集团在2014年度《财富》全球500强企业中排名第165位，全年实现营业收入3 286亿元，利润总额640亿元。尽管过去成绩斐然，但是面对新时期的新挑战，神华集团选择大刀阔斧地进行制度管理变革，以在"世界一流清洁能源供应商"的建设过程中继续保持领先地位。

在变革过程中，神华集团面临的首要问题是：需要搭建一个什么样的制度管理体系？在这个制度管理体系中，神华集团需要明确组织结构、制度关系和决策流程。神华集团认为，制度体系的建设是制度升级的前提，混乱的制度体系就像是错位的骨骼，无法支撑后续的制度建设。

具体来说，在组织结构方面，神华集团强调纵向的"分级管控、有效衔接"和横向的"归口管理、全员参与"。"分级管控"实际上就是建立起清晰的层级制，使得神华集团总部、二级单位、三级单位之间的上下级关系得以厘清。"有效衔接"是指上下级单位各司其职，其中上级单位要履行指导、监督、评价的职责，而下级单位主要承担配合工作、汇报业务的职责。"归口管理"是指具有专业经验及配套能力的管理部门对各项制度相关工作进行统一规划。"全员参与"是指各业务部门作为制度内容建设的主责部门，积极参与和严格执行制度建设的规定，达到以制度支撑业务发展的目的。

在制度关系方面，神华集团需要明确的是大大小小、方方面面的制度之间是什么关系？如图1所示，各项制度彼此之间的关系需要由业务领域和制度属性两个维度来确定。其中，业务领域维度划分为"战略发展""业务运营""管理支持"3个一级业务领域、37个二级业务领域，并进一步细分为163个三级业务领域。制度属性维度划分为"纲领类""原则类""实施类"3类。其中实施类制度占全部制度文件的主体部分，涵盖细化且可执行的管理标准和操作标准，具体体现为制度附件中的流程图和业务表单。

在决策流程方面，神华集团将制度中的决策事项简化成了清单式的授权体系，形成了《神华集团公司内部管理授权手册》（简称《手册》）。这个《手册》一是明确各层面的授权内容，明晰各事项的审批核决程序，减少模糊地带，以避免在实际运行过程中各部门无法确定权责或者相互推诿；二是通过授权实现权力分配的优化，培养子分公司的经营管理能力，平衡决策效率和经营风险；三是简化审批程序，有利于提高整个经营决策的效率。

在搭建了制度管理的体系之后，骨架就建立起来了：各部门明确了自己的权责，各项制度也被分门别类地归置清晰。可新制度究竟是如何产生的？一

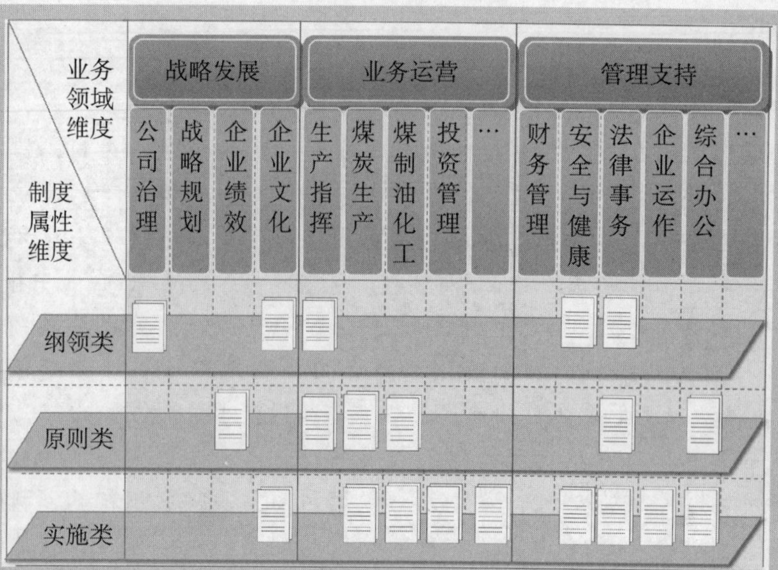

图 1 神华集团制度框架

项制度从诞生到执行甚至到废止又要经历什么样的过程？

首先，神华集团把制度管理的各项业务流程、管理要求和工作标准进行总结，编制发布了《神华集团公司制度管理办法（试行）》，作为神华的“立法法”，实现了制度管理工作的“有法可依”。其次，神华集团实施了制度全生命周期闭环管理的业务流程。也就是说，制度“源、立、行、查、改、废”等各个环节都有详细的规定，包括制度计划、制度新增与修订、制度培训、执行检查、制度回顾及制度废止等六个主要业务流程。通过这样的设计，过去制定的制度就不会成为将来面对新情况时的绊脚石，而是可以采取合理合法的手段来促进制度与当下环境的适应，保持制度的活力，提高集团的灵活性。

以制度的新增和修订为例，如图 2 所示，凡是需要新增和修订的制度，由主责部门按照制度模板和编写规范，明确规定业务管理的重点、标准等内容，同时充分考虑部门间的沟通与协同，以及与相同业务领域内关联制度的衔接；每一项制度都应当交由指定的主管部门进行合法性、规范性及风险审核，按照制度适用范围广泛征求意见，并根据授权管理体系要求提交相应层级会议审批，以公文形式正式发布。

为了促进此次制度改革在全集团范围内得到广泛关注和有效执行，神华集团还设计开发了一个制度管理信息化平台。这个平台通过收集制度管理全生命周期业务数据、实现制度业务的表单化流转以及提供完备和权威的制度数据库，实现了全集团的统一覆盖，从而能够减少信息传递过程中的损失，为制度管理人员提供强大的查询统计功能，避免制度执行过程中的模糊，固化制度管理各项业务流程。

值得注意的是，信息化是“三分建设七分应用”，相对于建设环节，这个信

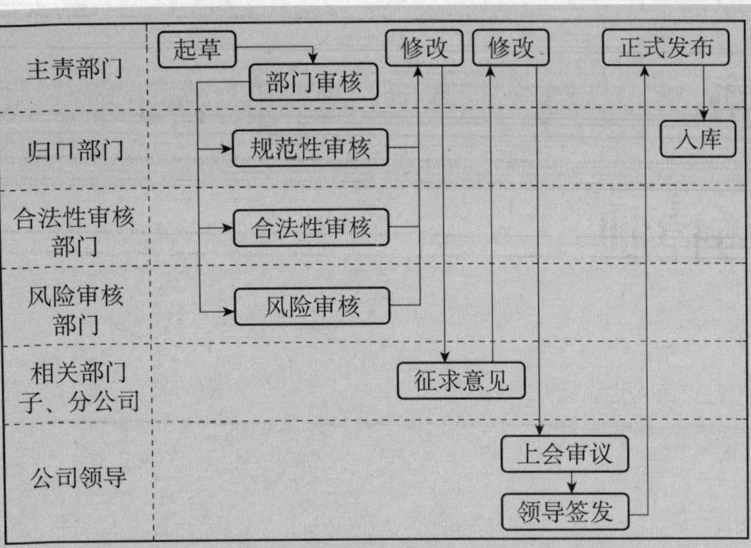

图 2　神华集团制度新增流程图

息化平台的应用推广环节更加重要，直接影响系统使用效果的发挥。平台建成后，神华集团先后组织了集中培训和子、分公司现场培训 30 多场，直接参加培训人数近 2 000 人。集团所属的煤制油化工公司等单位也按照集团的统一要求，积极组织本单位内部的业务培训和系统推广。通过这样的措施，神华集团基本实现了信息平台的全覆盖。

那么，纸面上的制度建立起来以后，如何保证这些制度能够发挥各自的效力呢？这就需要采用考核与评价机制。神华集团的制度评价包括两个方面：一是对各单位制度管理工作效能的评价；二是对各单位制度管理系统使用水平的评价。神华集团的制度评价共有 20 项评价指标，覆盖制度的规范性、合法性、执行有效性、管理及时性、业务契合性等指标数据。每个指标评分为0～5分，全部指标满分 100 分，每个年度评价一次，评价结果纳入神华集团的组织绩效考核。这样的考核一方面能够督促制度管理变革的深入开展，另一方面为制度管理工作的不断优化提供指导。

总体来说，以上这些精心设计的制度变革措施体现出神华集团对制度管理的高度重视。但制度变革的成果需要在更长的时期内去观察和评价。这些变革措施会在何种层面上以何种方式提高神华的内部管理能力和外部竞争力，将取决于制度设计与实际需要的匹配以及制度执行的程度。

资料来源：改编自中国企业联合会管理现代化工作委员会：《国家级企业管理创新成果（第二十二届）》，北京，企业管理出版社，2016。

思考题

1. 神华集团的制度管理有什么特点？
2. 你认为神华集团所设计的制度变革能真正落地吗？为什么？

第 11 章

计划与控制

本章要点

- ○ 计划与控制
- ○ 计划的类型
- ○ 计划系统的设计
- ○ 控制的类型
- ○ 控制系统的设计
- ○ 计划与控制的协调
- ○ 计划与控制的工具

计划是事先对未来应采取的行动所作的规划和安排。控制则是为了保证各项行动按计划开展，对各项活动进行监视的过程。计划和控制两者相得益彰，可以说计划是力图使组织做正确的事，而控制追求尽可能正确地做事。

企业是以经营为基本职能的经济组织，而计划与控制是有关经营战略的制定与实施的活动，贯穿企业经营管理全过程。企业所有的管理活动几乎都与计划和控制过程相联系。不管是业务活动，还是人事调整，甚至有关员工生活、福利方面的问题，都与计划和控制过程有一定关联。计划和控制与企业组织的所有层次、所有成员有关。企业组织的各层次、各部门、各类人员，都在一定程度和范围内从事计划和控制工作，通过计划和控制履行自己的职能。

第 1 节 计划与控制

一、计划与控制系统

计划与控制系统是为了促进、约束和调整企业组织中复杂而多样的计划与控制过程而形成的管理体系或框架。不论是对组织成员，还是对组织整体，计划与控制过程都是必不可少的。对个人而言，在处理决策问题和操作问题时，不可能根据环境条件的变化频繁地改变行动，个人需要依据环境条件的基本趋势把工作的基本框架确定下来。换言之，计划与控制系统使个人能够适应环境的变化，是个人有步骤、有安排地开展工作的基本手段。

对组织而言，任何集体协作性质的工作都需要事先筹划、安排、调整和沟通。在协作的过程中，还要通过沟通和行为的调整来保证计划任务按部就班地完成，并且在出现问题时纠正计划的偏差。所有这些工作都需要有一套基本的工作程序和规范。

计划与控制系统是为组织中各层次、各种类的计划和控制行为提供基本程序和规范，调整计划与控制过程，对计划与控制工作作出基本安排和设计的系统。没有这样一套系统，仅有组织结构和职能分担，企业管理业务是无法展开的。随着企业业务规模的增大，需要沟通的问题会增多，部门、层次间的协调会越来越复杂。小企业或许可以没有明确的计划与控制系统，但大企业却一刻也离不开这样一套系统。

有效的计划系统可以保证组织目标的实现，完备的控制系统可以保证组织的各项活动都朝着实现组织目标的方向开展。计划和控制系统越完善，管理者实现组织目标就越容易；计划与控制系统运行适当，通常会带来较高的企业绩效和较高的资产收益率。

二、计划与控制的基础

计划与控制的基础是信息。在计划的制定过程中需要收集与工作有关的信息；部门沟通和协调计划需要信息的传递；计划报请上级管理者批准、计划返回、同意计划执行的过程也是信息流动的过程。控制的本质是按照预定的标准来调整运营活动，要想及时发现偏差、采取适当的修正行动，首先必须掌握有关环境变化的信息，同时要掌握有关计划要求和计划执行结果的信息。

计划与控制过程的背后同时存在多重信息流，包括环境与组织之间、组织内部各部门之间、管理者与被管理者之间的各种信息流，计划与控制系统中所进行的沟通、调整、管理也是信息流的一部分。因此，计划与控制系统的核心内容就是确定组织的信息流结构。

计划与控制系统和信息沟通体系之间存在双向的影响关系。一方面，计划与控制系统依存于信息沟通体系，没有必要的信息沟通体系运载信息，计划与控制就不可能实现；另一方面，计划与控制过程产生的信息内容及其流动方向，制约和影响着实际的信息沟通过程。因此，在这个意义上，计划与控制系统不是单纯的上下级之间的指挥和控制系统，在计划与控制过程中所形成的信息和情报对企业组织的发展有着更为重要的意义。

第2节 计划系统

一、目标与计划概要

目标是组织预期实现的一种理想状态，实现这种状态需要组织付出一定的努力。组织是为了一定的目标而存在的，目标详细表达了组织存在的目的，并能被组织成员所理解和接受。

企业的目标不是单一的，而是多样的，如外部目标与内部目标、根本目标与阶段性目标、远期目标与近期目标，等等，将不同的目标组织起来就形成了企业的目标体系。目标体系是跟踪公司业绩和进度的标尺，将公司的战略展望和前进方向转化为具体的业绩目标，是公司管理者对预计获得的具体经营成果作出的一种安排。

可以说，目标是组织活动的目的地，也是组织活动的动力和测定器，而计划则是一个决定怎样才能实现目标的过程，它具体阐明了必要的资源分配、时间进程、任务划分及其他相关活动。

目标着眼于未来的目的，而计划着眼于眼前的方法，因此，计划是对组织在未来一段时间内为实现目标所作的安排与筹划，并通过组织、协调、整合内外部资源和控制来实现目标（见图11—1）。

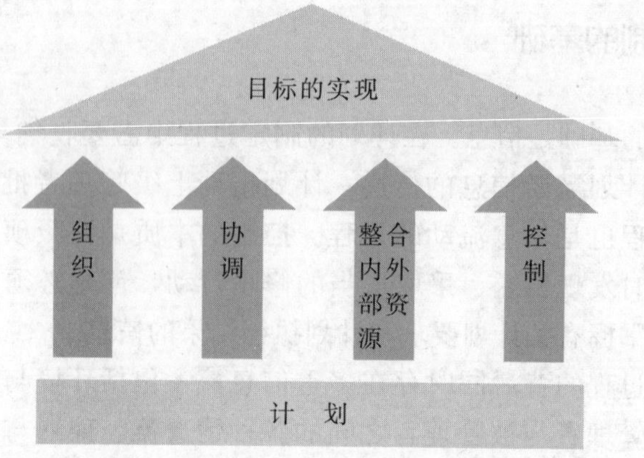

图11—1 计划与目标的关系

图 11—2 说明了组织中目标和计划的不同层次。组织的使命是计划活动的起点，它是战略层面的目标和计划的基础，并通过战略层面影响战术层面的目标和计划，进而决定了作业层面的目标和计划。每一层面的计划都会影响到其他层面的计划，因此要支持其他层面的计划。上下层面并不完全是指令与被指令的关系，而是一种相互影响、相互协调的关系，它们都要对共同目标负责，并共同服务于组织的使命。

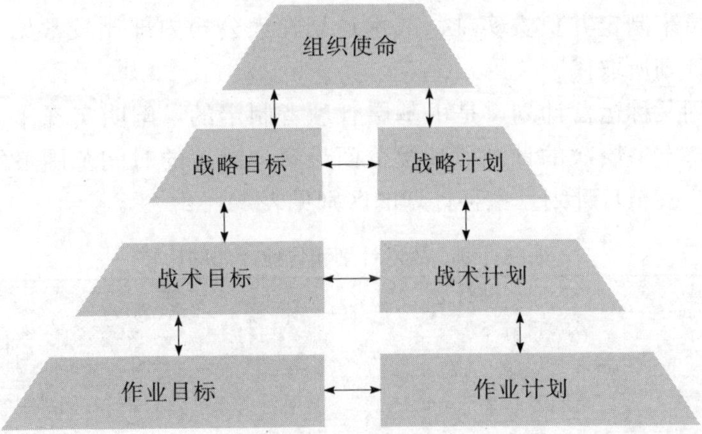

图 11—2 使命、目标与计划的关系

二、计划的类型

计划可以为组织经营发展指明方向，减少环境变化带来的冲击，降低组织的浪费和冗余，通过设立控制标准而使控制成为可能。按照不同的标准可以将计划分成不同的类型，最常见的分类标准包括计划的广度、时间、明确性和使用频率等（见表 11—1）。

表 11—1 计划的分类

分类标准	类型
广度	战略计划、作业计划（中间有战术计划）
时间	长期计划、短期计划（中间有中期计划）
明确性	指导性计划、具体计划
使用频率	一次性计划、重复性计划

这些分类标准并不是绝对的，很多时候它们是相关的，如战略计划一般是长期的、指导性的和一次性的计划，而作业计划一般是短期的、具体的和重复性的计划。此外，还有其他一些划分方法，如按照专业化程度可以将计划分为综合性计划和专业性计划；按照职能或目的可以将计划分为营销计划、理财计划、筹资计划等。

（一）战略计划、战术计划和作业计划

战略计划从组织整体出发，为组织设立整体目标并寻求组织在环境中的定位。高层管理者要对战略计划的制定和实施负责。战略计划是组织最高层次的计划，覆盖的领域最宽，涵盖组织的各个方面。战略计划制定是企业战略管理的主要职能。

战术计划是为了实施战略计划而制定的中等层次的计划，一般由组织内部的中层管理人员来制定并负责实施。战术计划在大公司内部比较常见，但在小公司可能被作业计划所取代。

作业计划又称运营计划，是由基层管理者制定的，阐明实现作业目标的行动方案，并支持上一层次的计划，其覆盖面最窄，涵盖的时间范围最短，如月度计划、周计划，甚至日计划。三种计划的区别见表 11—2。

表 11—2　　战略计划、战术计划和作业计划的比较

比较维度	战略计划	战术计划	作业计划
针对的目标	战略目标	战术目标	作业目标
覆盖面	整个组织	事业部	部门
制定者和负责人	高层管理者	中层管理者	基层管理者
责任中心	投资中心	利润中心	成本中心
时间	长期（5 年左右）	中长期（1～5 年左右）	短期（1 年以内）

（二）长期计划和短期计划

长期计划是组织对其发展方向和定位所作的较长期间的规划和设计，规定了组织在未来一段时间内的蓝图。

短期计划是对组织运作中的具体环节方面所作的短期安排，它是组织内部在最近的一段时间内所要完成的任务。介于两者之间的计划可以称为中期计划，它是衔接长期计划和短期计划的桥梁。不过有时候中期计划在组织内部表现得不是很明显。

随着竞争的加剧和外界环境的剧烈变化，用来划分长期计划与短期计划的时间标准也在不断调整，长期计划的年限逐渐缩短。一般将时间跨度超过 5 年的计划定义为长期计划，而将 1 年或短于 1 年的计划定义为短期计划，介于两者之间的可以归为中期计划。当然这种划分标准会因不同的组织而有所变化，与传统产业的划分标准相比，高新技术企业的长期计划的时间跨度就短得多。

（三）指导性计划和具体计划

指导性计划为组织发展提供方向性和原则性的规划，具有灵活性和方向性。在不确定的环境下，指导性计划显得尤为必要。例如，一家零售企业计划在各方面不断提升，争取在 10 年内做到本地区零售业的前三名，这就是一种指导性计划，它为该企业指明了方向，提供了宏观意义上的指导。至于具体如何去实践，就要

在各阶段制定具体的计划。

具体计划是清晰具体地陈述组织目标的计划，不存在半点模糊和歧义，具有很强的操作性。例如，管理者要在未来 3 个月中将本部门的生产成本降低 10%，还要增加 5%的收入，这就是一个具体计划。

（四）一次性计划和重复性计划

一次性计划，顾名思义，是指为了满足特定需要而设计的一次性解决方案的计划，如某公司突然接到一个很大的订单，高层经理就需要采用一次性计划来指导活动，完成订单。一次性计划一般是应对突发事件而制定的。

重复性计划又称持续性计划，是对重复进行的活动进行持续的指导，涉及组织内的政策、规则、程序、制度等方面。例如，在生产车间为了确保员工安全而制定的一系列规章制度，如戴安全帽和手套等规定。

三、计划制定过程的意义

企业的计划过程，不仅对计划制定者个人和部门有重要意义，对上级管理部门、与之有协作配合关系的其他个人和部门，以及与计划制定者有业务联系的各方面，也有重要意义。这种重要意义，首先是个人或部门层面的，其次是整个企业层面的。

（一）对计划者个人的意义

1. 了解和把握环境。通过对环境的分析研究，可以加深对环境的认识，减少工作的不确定性和失误。主要表现在：一方面，通过对环境的分析研究，可以加深对环境变化趋势和关键因素的了解，增强对环境变化的预见性，有利于合理选择控制过程的手段并控制关键因素；另一方面，通过分析研究可以减少不确定性，提高把握环境的能力。譬如分析市场需求，虽然未必能准确预测市场需求变化的量和结构，却可以进一步明确需求变化的方向和范围，降低不确定性。

2. 明确工作目标。计划制定过程正是组织明确工作目标的过程。明确的工作目标本身具有激励作用，它也为工作提供了具体的依据和标准，对目标制定者有重要意义。

3. 确定必须采取的行动。在明确了环境和目标的基础上，针对特定的条件应采取什么样的行动，也就有了肯定的答案。这是落实目标、实现目标的具体行动方案，包括活动的时间安排、资源配置、行动步骤和任务指标等方面的内容。

（二）对企业的意义

对企业来说，计划制定过程具有更为重要的现实意义。理想的计划制定过程等于计划实现了一半，许多问题都是在计划制定阶段解决的。

1. 沟通和协调。计划制定过程也是组织中信息沟通、相互了解和事前协调的过程。不管是计划由下至上申报，再由上而下的批准过程，还是与其他部门协调、互通信息、相互配合协调的过程，都是事先在企业内部共享信息、集思广益的过程，是形成良好理解与配合关系的沟通过程。

2. 形成总体计划。在充分沟通、协调的基础上，形成包含各部门、各层次、个人作业计划在内的企业总体计划。有了这样一种总体计划，组织内的协作才能变成现实具体的组织活动，组织结构确定的基本框架才有用武之地。

3. 施加管理影响。组织管理工作可粗略地划分为两项：一项是设计管理的基本体系和框架，另一项是借助这些基本的体系和框架，影响和指导企业中个人的行为。计划系统就是管理体系的一种。通过计划系统这一基本的管理体系，管理者可以施加影响，贯彻最高管理层的意图。计划制定过程中管理者的态度、认可和批评意见、修正建议等，都能起到影响下级的作用。

在计划制定过程中，通过在不同部门间进行协调和安排，可以从组织整体要求出发协调各部门的决策，使计划形成一个有机的整体。

□案例 11—1

气囊丝生产现场管理

作为汽车安全气囊的重要原材料，气囊丝产品质量与人的生命安全息息相关，统计数据表示，发生交通事故时，安全气囊配合安全带可使交通事故死亡率降低18%以上。气囊丝产品质量有极其严格的要求。用于制造安全气囊的丝线，由约100根超细纤维纺制形成，每根超细纤维的粗细约为人类发丝的1/10，在气囊丝产品制造过程中，平均20万米仅允许出现毛丝2个，每根毛丝的长度不允许超过0.3毫米。

神马博列麦气囊丝制造有限公司以生产现场为核心严格把控生产过程，提出了“物料、人员、信息”现场管理三要素，通过现场管理标准化、操作标准化和信息标准化实现质量提升。

在现场标准化方面，公司推行现场5S管理，综合应用目视管理和管理看板等方法和工具，形成了适合自己的现场管理方法，如在生产现场安装自动门，保证车间温湿度，同时便于员工持推车通过；在危险部位采用软性材料设置警示标志等，从更加人性化的角度完善现场。通过现场标准化管理措施的实施，生产现场整洁有序，所有工器具、物品按分类标识定置摆放，现场流动设备按轨道运行。

在生产作业标准化方面，公司在操作规程的基础上，对从干燥到纺丝、卷绕、分级包装的生产工序进行操作细化、优化，逐步形成标准化操作模式。明确生产中每个活动的内容、顺序、时间控制和结果等工作细节，选择各岗位最佳操作员工，按标准化生产流程进行操作录像，配以标准化操作语音讲解，制作成视频，进行员工操作标准化培训。

在信息沟通标准化方面，生产信息流主要依靠生产数据采集系统（PDA系统)、控制系统、工作传票三种方式传递，实现全员生产流程信息覆盖。控制系统与PDA系统在卷绕工序实现对接，控制系统负责生产操作信息的记录、采集。工作传票则用于制造人员与维修人员的对接。PDA系统可以完整记录每一个丝筒从下机到出库的全部信息，公司管理者、技术人员、各岗位操作工可根据不同的职权进入系统进行信息查阅、处理。通过PDA系统可以随时查阅任意时间的产品信息，报警数据库记录生产波动情况，便于质量追溯，确认质量疵点的范围，锁定有问题的丝筒，并通过隔离系统防止流入客户。

四、计划系统的设计

计划制定过程既然对企业有如此重要的意义，就不能听任各部门、各单位随意自由行事，必须依据基本的规范对计划制定过程全面综合地考虑。企业组织的不同层次、不同部门都要制定本单位的计划，这些计划各有特点，不能用一个固定的模式去限制。计划系统的设计不是要设计出一套适应每一个单位的模式，也不是分别为不同部门设计模式，而是就各部门、各类计划的共同点、基本点作出一般性规定，确定计划制定过程的基本问题和范围。

这些共同、基本的方面是：

1. 计划制定者。即由谁来制定计划。一般来说，计划应该由对计划确定事项担负决策责任的人或计划的执行者制定。但是在现实的企业活动中，计划往往是由专门从事计划工作的职能管理人员制定的。职能管理人员制定出来的计划，很容易成为纸上谈兵，不切实际。从本质上说，制定计划是直线管理人员的职责，职能管理人员不过是一种参谋和辅助而已。因此，在确定计划制定者时，应当与组织结构确定的职能和职务分担有效地结合起来，使计划的制定更适合组织的实际。

2. 计划的范围。不同的计划涉及的范围不同，属于各部门、各层次的局部计划，范围一般都比较明确。有些计划涉及几个部门之间的协调，应以主要职责部门为主，相关部门配合，上级管理者亲自过问。计划范围的确定与计划制定者的确定应结合起来进行。

3. 与资源配置的协调。决策必然伴随着资源的使用，如果要增加某种商品的广告宣传，需要进行广告预算；如果要制定一定时期内的增产计划，必须考虑必要的设备投资。因此，在计划制定过程中，人、财、物是必须考虑的因素。

在计划的实际制定过程中，经常出现与资源配置脱节的情况，如企业中的人员和资金这两种资源，分别由人事部门和财务部门负责制定人事计划和财务计划。由于各个部门的独立性，导致计划脱节，这也是一些企业的计划沦为纸上谈兵的原因。计划设计过程必须考虑与资源配置的协调，这样才能确保计划的有效实施。

4. 与业绩评价的协调。计划所确定的内容，是计划期内应该实现的目标。计划确定的内容要想真正成为业务工作的指导方案，首先需要计划的执行者将计划作为工作指针认真对待。通常，计划执行者对自己制定的计划能够认真对待，切实贯彻。由计划执行者自己制定计划是最好的选择。这里需要强调的是，使执行者认真对待、切实贯彻的另一个重要条件是计划与业绩评价的协调，特别是与事后评价的协调，因为计划执行者最关心的是事后评价。然而，确定计划的哪些内容与业绩评价挂钩，在操作上并不是一件简单的事情，因为计划制定的行动方案和目标完全建立在事前预想的基础上。大多数情况下，环境的变化是人们难以预料到的，盲目地按照事前制定的方案行动，未必是计划的理想状态。

5. 计划的形式。即以什么样的形式来描述计划。以适宜的形式对计划进行描述也是计划制定过程中的重要问题。例如，有的企业要求将计划的最主要内容汇集在一页之内，即在提案中以最简要的形式对计划的基本目标与特征、计划执行的主要问题以及计划执行的结果进行描述。这样的形式能够引导人们对计划的核心问题进行思考，而忽略一些枝节问题。

上述五个方面不仅是大型企业组织制定计划系统时必须考虑的，其他任何类型的组织，只要涉及组织整体的集体协作活动，在计划过程中就要考虑这些方面。由谁制定计划，计划涉及哪些内容，如何配置资源，怎样与事后业绩评价结合起来，计划的形式是什么，都必须明确。

计划过程是组织中人与人之间交流、沟通和人们发挥创造性的过程，计划系统设计得恰当与否，直接制约着上述沟通过程的质量和创造性的发挥。

第3节　控制系统

一、控制过程

控制过程是调节组织行为，使其与组织的绩效标准、目标和计划相一致的系统过程。控制论将控制过程理解为“调整、检查、评价、制约”，管理学中的控制过程可以简单地描述为“衡量、比较、纠正”（见图11—3）。

第一步，衡量实际绩效。这个步骤涉及三个关键的问题：衡量什么？怎么衡量？由谁来衡量？衡量什么的问题即确定衡量的标准，组织中的多数活动都是可以度量的，所以一般情况下都会把组织活动分解成能够量化的工作，即使不能用量化方式表达，管理者也应该寻求尽量客观的衡量标准。怎么衡量的问题即衡量的依据。正如前文所言，控制的基础是信息，那么信息就是衡量的依据。在组织内部，有四种信息常被管理者用来衡量实际绩效，这四种信息是：个人观察、统计报表、口头汇报和书面报告。由谁来衡量的问题就是衡量主体的问题，衡量的主体一般有上级、同级和自身。

第二步，与标准相比较。与标准相比较可以发现实际工作与标准之间的偏差，如果偏差超出可接受的范围，就需要引起管理者的注意。

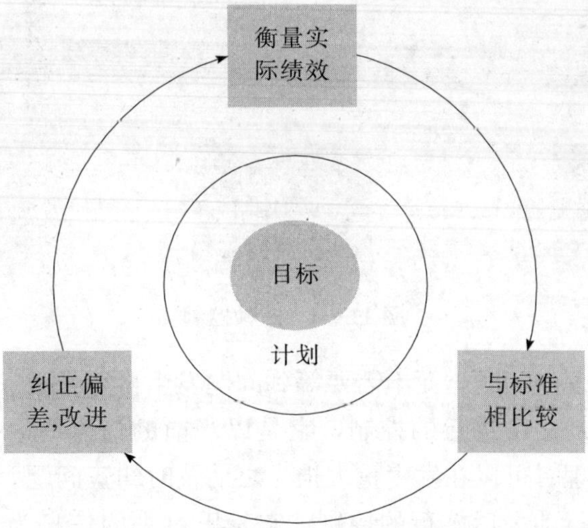

图 11—3 控制过程

第三步，纠正偏差，改进。比较之后要采取管理行动，如果不采取任何行动，控制就失去了意义。一般来说，如果偏差在可接受范围内，就可以维持下去；如果偏差超出可接受范围但不是很大，就要采取纠正行动；如果偏差超出可接受范围很大，就要考虑是不是要修订标准，当然要先弄清楚偏差产生的原因再采取相应的行动。

总之，控制是一个持续改进的过程，上一次控制过程中得出的改进方案可以作为下一次控制过程有价值的参考。

二、控制的类型

与划分计划的标准一样，划分控制的标准很多。表 11—3 列举了一些常见的分类标准。

表 11—3 控制的类型

分类标准	类型
控制手段进行的时间	前馈控制、并行控制、反馈控制
控制中采取的行动	正馈控制和负馈控制
控制力量的来源	直接控制（内在控制）、间接控制（外在控制）

（一）前馈控制、并行控制和反馈控制

根据控制进行的时间可以将控制分为前馈控制、并行控制和反馈控制。现实中对这些控制类型的说法不一样，图 11—4 显示了三类控制以及一些意义相同或相近的说法。

前馈控制是在行动之前施行的控制，它是以未来的信息为导向的，这样就可

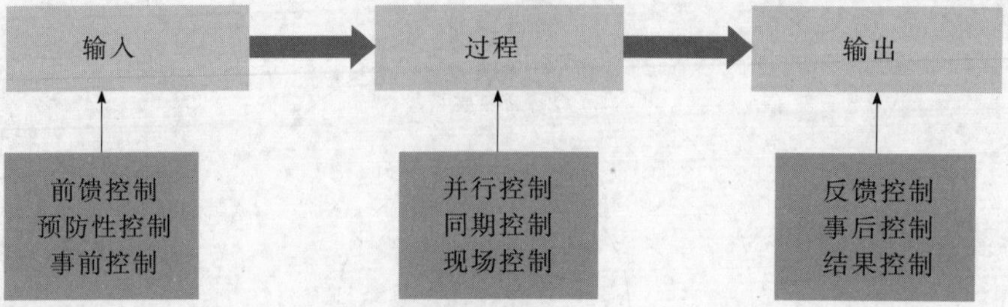

图 11—4　三种控制

以事先避免可能出现的问题，而不需要等到问题发生再行补救。

并行控制是行动之中进行的控制，它是以当前的信息为导向的。在活动进行之中予以控制，管理者可以在发生重大损失之前及时纠正问题。

反馈控制是在行动之后施行的控制，它是以过去的信息为导向的。这种信息通常是准确而又真实的，可以为下次控制提供参考依据。在许多情况下，反馈控制是唯一可用的控制手段。

（二）正馈控制和负馈控制

将控制过程中的第三步工作（采取相应的管理活动）分为纠正偏差和调整控制标准两种类型。前者期望执行结果符合控制标准的要求，为此需要将管理循环中的实施环节作为控制对象；后者是改变控制标准，从而更好地符合内外现实环境的需要，其控制作用的发挥主要体现在管理的计划环节，这种控制包括控制标准本身。“负馈”意味着偏差得到缩小，“正馈”意味着控制标准和目标发生变动。

在现实中，要处理好这两方面的关系并不容易。组织平衡不是静态的平衡，而是一种动态平衡，现代管理中的控制过程也应该是一种动态平衡，能促进控制系统在朝着目标前进的过程中适时地根据内外部环境条件而调整、适应和变化。这样才能保证计划与控制的灵活性和原则性。

（三）直接控制和间接控制

直接控制又称内在控制，它是一种自我控制，作业人员不仅要检测和发现问题，还要订立标准并纠正偏差，这需要组织成员具有足够的积极性和主动性。例如，在企业中从事生产作业的工人，一边观察机器设备运行状态和产品质量变化，一边调整作业计划就属于这种类型的控制。这种控制是通过采取行动与环境取得平衡来实现的，是一边观察成果的反馈，一边采取恰当的修正行动的控制方式。

间接控制，又称外在控制、影响控制。由其他人或其他部门承担控制工作从而保证目标和标准得以顺利实现，而作业人员只负责检测、发现问题和报告偏差。这里的控制者主要是作业人员的上级管理者。

为了使作业人员能够比较好地实现控制，管理者可以直接改变作业人员计划，也可以下令调整，由作业人员自己按照命令的要求修改计划。管理者的这种行为本质上属于直接控制。但管理者如果频繁地采用这种方式，就失去了给作业人员分配任务的意义。既然给作业人员分配了任务，并授予了相应的权限，就不应过多干涉（特殊情况除外）。

除此以外，最主要的控制是业绩评价，即上级管理者对作业人员的业绩进行事后评价。由于作业人员事前知道这一点，为了获得好的评价，需要采取恰当的控制活动。通过事后业绩评价影响作业人员当时的行动，就是间接控制，即所谓影响控制。

从上面的分析可以看出，不管生产作业是什么，管理者在给被管理者分配任务时，必然会导致两种类型的控制：作业人员对工作过程的直接控制和管理者通过业绩评价对作业者的间接控制。

1. 直接控制的过程。

直接控制是典型的反馈控制，其控制过程如下：

（1）采取某种控制行动。

（2）对控制行动的结果进行观察、测定。

（3）对观察、测定的结果与应有的标准进行比较、评价。

三个步骤循环往复，就形成了现实的控制行动。由于对结果评价的反馈可以决定以后的控制行动，因此直接控制又称为反馈控制。

2. 间接控制的过程。

从业绩评价的影响中，可以看到典型的间接控制过程。

（1）确定应达到的目标标准。可以通过各种方式确定，如由上级管理者规定，或根据作业人员自己的申报通过协商议定。

（2）作业人员对工作进行控制。

（3）一定时期后，管理者对作业人员的成果进行观察、测定。

（4）管理者对观察、测定到的成果与标准进行比较、评价。

（5）在比较、评价的基础上，管理者决定奖惩措施。

正因为控制的对象是人，上述控制过程才有意义。直接控制没有业绩评价和奖惩这两个环节，只能借助直接调整。因此，有必要区别这两种不同性质的控制。直接控制和间接控制是同一控制系统中并存的两种过程。如果不能准确把握二者之间的区别，很容易导致使用上的混淆和偏差。最容易出现的误解是上级管理人员把对作业过程的控制看作直接控制，在作业人员执行任务期间频繁、细致地观察和过问下级的工作。作业人员同样是有知觉、有感情、有自尊的人，不是执行职能的机器，过多的干涉会伤害下级的自尊和工作热情，反而不利于顺利完成计划任务。所以，对两类不同性质的控制必须有清醒的认识。

三、控制系统的设计

控制系统设计的主要项目有：

1. 目标变量。目标变量是指用来测定控制对象（工作和人）工作成果的指标。在预算管理中，作为目标变量的指标主要有利润、销售额、费用、利润率、增长率等。

2. 确定目标变量的测定方法。例如，在计算利润时，需要考虑它包含哪些项目，还要考虑作为控制对象的个人的行为变化。另外，在企业组织中还有许多难以用数值测定的变量，如人员素质就无法用数值准确表示，而需要管理者通过自己的观察来测定，这是管理者的职责。

3. 确定事前标准。对目标变量进行测定，会发现结果与标准的偏差，这是正常的。也就是说，反馈信息的内容通常是标准与实际的偏差，例如管理者在工厂巡视时，根据自己的观察，与头脑中所有的“企业正常状态”比较，发现偏差，形成反馈信息。

反馈需要有事前确定好的标准，控制系统中必须明确标准的制定方法。在上述管理者巡视的例子中，可以把他头脑中所有的“企业正常状态”作为标准。在目标管理的个人申报制度中，事前标准是在自己申报的基础上，经与上级管理者协商来确定的。通常也可以将过去的业绩作为事前标准。实际上，计划本身规定的业务达到的程度，就是控制的事前标准。这是计划系统与控制系统的连接点。

4. 测定结果的沟通方式。产生反馈信息并不是控制活动的最终目的，重要的是要以一定的方式把这些信息传送给进行控制的人，这也是控制系统设计的重要项目，即进行控制活动的人如何将这种信息传送给其他人。

在一些管理者巡视的例子里，问题比较简单，管理者会很自然地将观察到的事情通知有关人员。但许多问题并非如此，由于信息反馈的内容是成员工作的成果，是被普遍关注的，反馈信息（尤其是那些与标准不一致的反馈信息）的不同沟通方式会引起个人不同的反应。例如，企业对各班组的控制中，如果在所有班组中公开各组的工作成绩，就必然导致各班组之间的竞争；如果在企业中只汇总公布班组的不良品率，就会促使不良品率高的班组设法改善自己的状况。

5. 事后标准的确定。事后标准是指根据实际工作环境来确定目标变量的一种评价方式。在实际工作中，事后标准与事前标准的作用是相同的，在考虑到计划执行中的环境变化时，就需要制定与事前标准不同的事后标准。在环境理想的情况下，事前标准会显得过于宽松；相反，如果环境比预想的恶劣，事前标准就会成为不合理的、苛刻的评价标准。

确定事后标准首先要考虑环境的实际变化，然后作出决定。事后标准的确定十分困难，人们通常用事前标准或者用从事类似工作的人们的实际业绩的平均值代替。尽管事后标准的确定十分困难，但它仍是业绩评价的主要依据，而且实际运用中十分重视这种事后的评价，所以事后标准必须公正，否则就会失去间接控制的意义。

四、计划与控制的协调

计划系统不只制定事前计划，同时也作为目标制定控制的事前标准，这是信息反馈的源泉。另外，在计划中也暗含了事前标准背后的控制努力。计划不只是事先的分析和调整，更主要的作用是作为现场控制活动的指导方针。由于与控制的这种联结，计划成为管理过程中非常受重视的一个环节。

计划系统与控制系统之间具有相互依存的关系。一方面，作为控制系统的要素，计划输出（事前计划、事前标准、约定的控制努力）是十分必要的；另一方面，由于计划系统本身所具有的意义，与评价和控制结合起来使用是十分必要的。正因为如此，两个系统往往结合为一个联结程度很高的体系（见图 11—5）。

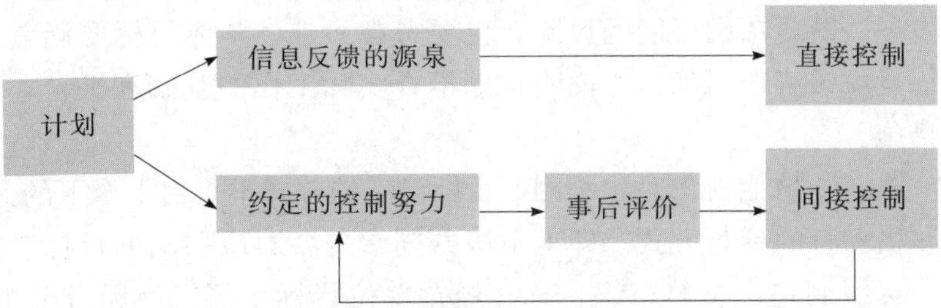

图 11—5　计划与控制过程

第 4 节　计划与控制的工具

计划与控制的工具很多，这里介绍一些比较成熟的在管理实践中使用较广泛的工具：目标管理、全面质量管理和平衡计分卡。

一、目标管理

（一）目标管理的含义

目标管理（management by objective，MBO）又称标的管理、成果管理。它是一种为实现组织目标而层层落实、全员参与的系统管理方法。在这种方法的指导下，组织中的各部门和成员自上而下地制定各自的目标，自主确定行动方针、安排工作进度、自我控制并对成果严格考核。从本质上讲，它是一种将组织整体目标转换为部门目标和个人目标的有效方式。

德鲁克于 20 世纪 50 年代在其《管理实践》一书中提出目标管理，随后风靡全球，目前很多企业把它作为业务计划和控制的手段，同时它也是激励员工或评价业绩的工具。目标管理的精髓是建立共同的责任感，依靠团队合作来实现目标。

（二）目标管理的要点

目标管理在实践中表现得多种多样，归结起来，主要有四大要点：明确目标、参与决策、规定时限和评价绩效。

1. 明确目标。目标管理的第一个要点是定义企业的目标。通常情况下，高水平的绩效通常与明确的目标紧密相连。一个组织只有制定了明确的目标，并且在组织内部形成紧密合作的团队，才能取得成功。如果目标含糊不清，不但不能逐层细化目标，而且执行起来缺乏效率，不利于最终的考核，目标也难以实现。高层管理者应明确组织的总体目标，然后将其转变为不同部门和任务的具体目标。

要做到目标明确，需要对企业的方方面面做通盘的考虑，包括企业的现状以及未来的发展。既要考虑可能的风险，也要考虑机遇。整体目标要涵盖企业的主要领域，而且应该清晰明确，并说明定期检查实际工作的基础和平台，以及进一步改进的措施。

2. 参与决策。在目标管理过程中，目标设定的方式不是由上至下的命令方式，而是上下积极配合的参与方式。即上下级共同参与各对应层次的目标制定，通过共同协商，逐级制定出整体组织目标、经营单位目标、部门目标乃至个人目标。这样制定出的目标才更适合组织的实际情况，并且能减少实际运作中所发生的冲突。

3. 规定时限。目标管理制定的每一个目标都应有明确的期限要求，这样的目标管理才会更有效率。大多数情况下，目标的制定可与年度预算或主要项目的完成期限一致。此外，组织层次越低，为完成目标设置的时间往往越短。

4. 评价绩效。目标管理寻求不断地将实现目标的进展情况反馈给每个人，使成员对目标的进展情况有清楚的了解。如果自己不能按照规定完成自己的任务，就要及时调整修正，否则就会影响到其他部门和个人的目标实现。同时，任务完成情况的及时反馈能让员工明确自己对部门的贡献，从而增强他们乃至整个部门完成任务的信心，提高组织效率和凝聚力。在这个过程中，重要的一点是管理人员要努力吸引下属人员对照预先设立的目标来评价业绩，用这种自我评价和自我发展的方法鞭策员工投入工作，创造一种激励的环境。

（三）目标管理的步骤

目标管理的步骤可以归纳成以下四步。

1. 建立目标体系并制定行动计划。目标和计划是两位一体，因此在明确组织的使命和宗旨后，要分别制定出各层目标和计划。这些目标和计划必须是具体且现实的，有明确的对象和时限，并将责任落实到人。这一步可细分为以下五个小步骤：（1）制定组织的整体目标和战略；（2）在经营单位和部门之间分配主要目标；(3) 各单位管理者和他们的上级一起设定本部门的具体目标；(4) 部门所有成员共同参与设定自己的目标；(5) 管理者和下级共同商定实现目标的行动计划。

2. 实施行动计划。目标和相应的计划制定之后，紧接着就是重要的一步：实施计划。罗宾斯通过研究发现：当高层对目标管理高度负责并亲身参与目标管理的实施过程时，生产率改进幅度达 56%；而当高层管理者的承诺和参与水平较低时，生产率平均改进幅度仅为 6%。因此实施计划时要注意以下两点：(1) 高层领导者要多给予员工指导和协助，提供确切的信息情报，创造良好的工作环境；(2) 高层领导者应该充分授权，依靠下属的自我控制来完成任务。

3. 定期评估行动。接下来就是对各级目标的完成情况定期检查，检查的方式有自检、互检、竞赛，以及由专门的检查委员会进行检查等。

4. 考评绩效，实施激励。最后一步就是谨慎评价组织内的个人和部门的目标是否完成。实现目标过程的成功和失败都会作为绩效考评的一部分，也成为加薪和其他奖励的依据。这种基于绩效的奖励能够促进组织目标的成功实现。

二、全面质量管理

(一) 全面质量管理的含义

全面质量管理（total quality management，TQM）是在 20 世纪 50 年代以后质量革命的基础上逐渐发展起来的，这场革命的代表人物是“质量运动之父”W. 爱德华兹·戴明（W. Edwards Deming），全面质量管理就是在“戴明十四点”基础上发展起来的。20 世纪八九十年代，全面质量管理在改善企业管理方面作出了极大的贡献。

全面质量管理是一种全面的、面向顾客的管理方法。核心内容是不断提高组织的过程、产品和服务质量。它要求组织高度关注顾客、全员参与、持续不断地改进组织中的每项工作质量、向雇员充分授权等。全面质量管理还是一种组织承诺，即把质量观念渗透到组织的每一项活动当中，在此基础上向员工灌输全面质量的价值观，以不断提高质量。

全面质量管理是一种由顾客需要和期望驱动的管理哲学，也是一种基于分权控制哲学和过程观点的管理方法。

(二) 全面质量管理的要点

全面质量管理包括四个重要组成部分，即重视顾客需要、全员参与、持续改进和标杆管理。

1. 重视顾客需要。顾客的含义不仅包括外部购买者，还包括组织的内部顾客。上下道工序之间的关系就是服务与被服务的关系，即下道工序的员工就是上道工序的顾客。只有满足了外部顾客的需要，企业才能有市场；只有满足了内部顾客的需要，企业才能有满足市场需要的能力，因此两者缺一不可。

2. 全员参与。全面质量管理需要组织内部所有成员都积极主动地参与质量控制。结合前一点就是所有员工都聚焦于顾客，发现并满足顾客的需要和预期。全员参与需要向雇员授权，广泛采取团队形式作为授权的载体，依靠团队发现和解决问题。

3. 持续改进。全面质量管理是一种永不满足的承诺，需要组织有一种不断改进的理念，只有“更好”，没有“最好”。因此，质量持续改进的对象包含了组织内的各项工作，全面质量管理中的“质量”是一个“大质量”的概念，它不仅与组织的最终产品有关，而且包括组织的服务质量、顾客关系管理的质量甚至整个流程的质量。

4. 标杆管理。通过与竞争对手的比较，发现其优势，然后努力模仿或改进自己，从而超越竞争对手，实现卓越绩效。

（三）全面质量管理的方法

实施全面质量管理可以采用许多技术方法，如质量控制小组、标杆管理、六西格玛管理、缩短周期、持续改进等，在此对前三种方法做一简要介绍。

1. 质量控制小组（QC 小组）。由 6～12 名员工自愿组成一个小组，定期讨论并解决影响工作质量的问题。QC 小组成员可以通过多种途径来发现和解决问题，例如他们可以随意收集数据信息和展开调研，这样他们会比其他任何人更熟悉有关工作情况，也就能提出切实可行的建议。日本小松制作所通过 QC 小组的活动大大改善了工作业绩。

2. 标杆管理（benchmarking）。最早是施乐公司于 1979 年引入的，随后风靡全球，成为全面质量管理的一种重要方法。标杆管理是参照在某方面最强劲的竞争对手或公认的行业领袖的做法来衡量并改善自己的产品、服务和经营的一个持续管理过程。它主要有三个步骤：分析组织的业务流程并找出需要改进的地方；选择值得模仿的竞争对手；制定详尽的具有执行力的行动方案并在组织内推行。

3. 六西格玛（6σ）管理。最早由摩托罗拉公司于 20 世纪 80 年代中期在提高产品质量过程中提出，后来通用电气公司将之发扬光大。6σ 本来是一个很高的质量标准，即在 100 万个事件中只允许出现 3.4 个失误事件。发展到现在，6σ 已经演变成一种质量管理方法，即实现高质量标准的过程。

（四）全面质量管理的成败因素

全面质量管理也不是万能的，在现实中的运用也会出现一些问题。有很多企业在这方面投入很大却收效甚微，主要是由于现实中有很多偶然因素会影响全面质量管理的效果，这些因素包括组织文化、人员能力、领导能力、管理水平等。

如果一个组织具有重视质量、重视顾客、要求持续改进的组织文化，那么全面质量管理项目很有可能获得成功；反之，失败的可能性很大。

如果组织成员具有从事挑战性工作的能力和意愿，那么组建质量控制小组能够充分发挥员工的聪明才智，比较容易解决复杂的问题，也有利于实施全面质量管理计划；反之，则不利于实施该计划。

领导能力也会影响到全面质量管理的实施效果，在我国，TQM 也被戏称为“头 QM”，从一个侧面可以看出领导者在实施全面质量管理过程中的重要作用。只有从上到下全面贯彻全面质量管理的理念，在实施过程中才会有效率和效果。

三、平衡计分卡

近年来计划与控制方法上的一个创新就是诺顿（D. Norton）和美国哈佛商学院教授卡普兰（R. S. Kaplan）共同提出的平衡计分卡（balanced scorecard），这两人分别是学术界和实业界的精英，因此有人说平衡计分卡是学术和实业相结合的产物。

平衡计分卡来自这样一种认识，即任何单一的绩效指标都难以反映组织的绩效全貌。这是一种综合性的管理控制系统，是把计划与控制工作的不同方面（包括组织内部的财务考核和统计报表、组织内部流程、组织学习与成长和对顾客的关注等）整合起来，并由一系列绩效指标所构成的简洁的文档。文档中将这些绩效指标归纳成四个类别的衡量指标：财务方面的指标、内部过程的指标、学习与成长方面的指标和顾客方面的指标（见图 11—6）。这些指标与组织成败的核心决定因素紧密相连。

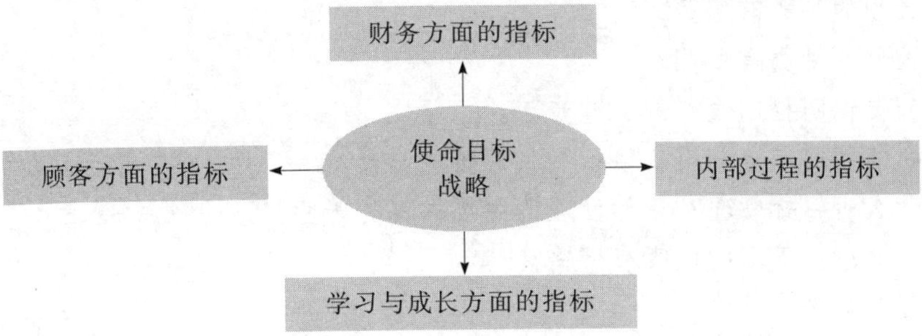

图 11—6　平衡计分卡

有四个问题与平衡计分卡紧密相连，它们分别是：组织所采取的行动对改进财务业绩是否有帮助？组织内部活动和流程能否为顾客、股东、员工等利益相关者创造利益？组织是否在不断地学习、变革和改进？组织对客户服务水平如何？这四个问题对应以下四项指标：

1. 财务方面的指标。财务指标用来反映组织活动对于改进组织短期财务业绩和长期财务业绩是否有贡献，包括净收入、净利润率、资产收益率、新产品销售额在总销售额中的比率等一系列财务指标。

2. 内部过程的指标。内部过程指标主要指的是生产和运营统计，它反映出组织流程能否给顾客带来便利，能否为股东创造更多的价值，能否激励员工并使之在工作中感到满意和愉悦，等等。相关指标可以从不同方面加以细化，如顾客从下订单到提货需要经历多少个步骤，需要耗费多长时间，顾客对此是否满意，等等。

3. 学习与成长方面的指标。学习与成长方面的指标侧重于组织未来的发展和知识资本的储备。它反映了组织是否具有发展潜能，是不是一个学习型组织，能否给员工创造一种热爱学习的气氛，等等。相关指标有核心骨干流动率、员工保有率、新产品开发速度、专利申请数量等。

4. 顾客方面的指标。顾客方面的指标侧重顾客关系的管理，顾客是否对本公司产品和服务满意以及满意程度有多高，能反映出企业是否追求顾客满意。相关指标包括顾客流失率、顾客满意度、顾客信任度、新客户数量等。

平衡计分卡作为一种新型管理工具的确在现实中产生了很好的效果。据统计，到2000年为止，在《财富》1 000强企业中有40%的企业采用了平衡计分卡系统。尽管如此，运用平衡计分卡要注意组织内部与实施平衡计分卡相配套的其他制度是否健全，包括财务核算体系的运作、内部信息平台的建设、岗位权责划分、业务流程管理以及与绩效考核相配套的人力资源管理的其他环节等。

思考题

1. 为什么说计划与控制贯穿企业运营的整个过程？
2. 为什么说计划与控制的基础是信息？
3. 计划的种类有哪些？
4. 控制的种类有哪些？
5. 简要说明控制过程的实施步骤。
6. 企业如何综合利用直接控制和间接控制？
7. 什么叫目标管理？目标管理的主要内容有哪些？
8. 全面质量管理的内容有哪些？
9. 什么是平衡计分卡？

案例分析

平衡计分卡重塑中外运敦豪

在过去的一年中，中外运敦豪公司（DHL）的许多客户得到了更好的服务。不仅全年的服务价格大大降低，而且DHL还给它们配备了专用电脑。通过互联网，客户可以实时监测快递货品的当前位置。良好的服务让DHL拿下了2002年中国国际快递市场37%的份额。

这些转变与DHL采用平衡计分卡有很大的关系。

明晰作业成本

1986年由中国对外贸易运输集团总公司和敦豪环球速递公司各注资一半成立的中外运敦豪公司（DHL），在全国拥有39家分公司、2 800名员工，网络覆盖全国318个城市。但是公司董事总经理谢耀侬却遇到了难题，“快递员从国贸取一个银行的快件寄到美国，跟从中关村拿一个10公斤重的包裹寄到欧洲，它们的成本是不是一样？从表面来看，这两单业务都在北京，成本应该相差不大，但实际上两者的成本差距非常大。如何核算这些成本将直接影响到单一产品和客户盈利性的衡量”。

按照DHL原来的成本体系，成本和利润的核算一般都是以个人或者事业部为单位。这种成本体系在分配间接的产品、服务和客户成本（企业的一般管理费用）方面往往能获得准确的数据。根据价格制定的“成本+合理利润”原则，就需要核算单一成本和希望获得的合理利润率：财务成本有多少，市场投资有多少，最后的利润能有多少。但是按照原来的标准成本体系，这些数据无从得知。

“所以在价格制定上，有盲人摸象之嫌，全凭直觉和经验。虽然有时也会考虑竞争对手的报价水准，但是具体到每一条服务产品线，DHL究竟是盈利还是亏本？在争取最具价值客户时，价格到底要优惠到什么程度？一切无法得知。”谢耀侬希望对此能有清晰的把握。

几年前，DHL在全球200多个国家的分公司中采用哈佛商学院罗伯特·卡普兰教授的作业成本法和平衡计分卡，并将其推广到中国。

1998年，DHL在北京、上海和广州的三家分公司开始执行作业成本法。具体操作就是以作业为中心，根据资源耗费情况将成本分配到作业环节中，然后根据产品和服务所耗用的作业量，最终将成本分配到产品与服务中。如今全国已有10家分公司在实行这个方案。1998年，DHL开始在中国调查它的成本结构，希望建立一个全新的成本体系。敦豪环球速递公司拥有一个巨大的数据库，世界各地分公司的成本构成资料都在里面。但是在中国，各地的成本差异很大。一辆车在北京可以覆盖100个客户，在哈尔滨可能只覆盖50个客户，后者的作业效率显然要低于北京，单位成本相对要高，不过哈尔滨员工的薪水肯定低于北京，因此成本结构比较复杂。在深入了解各地成本结构的基础上，DHL将一个作业的整个流程，即从客户打进电话要求服务一直到快递货品到达目的地，分解成50个成本动作；然后再压缩成5～6个成本动因：取件成本、空中运输成本、转移中心分拣成本（比如说亚太区的转移中心在中国香港，货品需要先到香港，再到目的地）、清关成本（报关等费用）和目的地派送成本。同时在业务的流程中涵盖了客户服务的成本（按一个电话为一个成本单位）、财务成本（每个客户的月账单、大客户不同价格的核算）、管理成本。这样一来，与传统的按照生产工时、定额工时、机器工时、直接人工费等比例分配间接成本的方法相比，作业成本法无疑能够提供更为精确的成本信息。

"建立成本模式之后，一票文件从北京到伦敦，按作业成本法来计算，马上就能知道成本，制定合理的价格变得轻而易举。"谢耀依这样高度评价作业成本法，"作业成本法的精彩之处在于能够准确地将一般管理费用分配到单个产品、服务和客户，将成本分配给活动和流程，而不是部门。"

区分客户价值

作业成本法还为客户进行分析和管理提供了实际的参考。

大客户的收益贡献率往往很低，有时甚至是导致亏损的主要根源。小客户却给企业带来了利润，这是使用作业成本法后许多企业的共同体验。因为传统的成本管理法通常没有办法估算企业为吸引、留住不同客户所耗费的成本，分析的结果一般都是大客户的收益贡献率高，小客户的收益贡献率低。

其实，企业为不同客户所耗费的成本有很大的区别。有些客户交易量大，需求量平稳，对产品及服务的要求并不高，这些客户的服务成本很低。有些客户交易量虽然大，但需求量波动大，对产品及服务要求苛刻，经常会有投诉，企业需要投入大量人力、物力专门对其进行销售与服务工作，这些客户的成本就很高。实施作业成本法以后，市场部门马上作出相应对策，争取维护收益贡献率高的客户，改变工作方法、降低成本以应对收益贡献率低的客户，必要时甚至有所放弃。另外，利用作业成本法DHL发展了很多利润率模型，可以很灵活地根据不同客户的情况，制定更有效的价格策略。

在作业成本的调查过程中，DHL发现，每一票快件从客户处到公司的快件中心，客户需要填写资料信息，而公司的作业人员要将这些信息录入计算机系统中。通过给大客户提供电脑或软件，由对方填写单子并上传到系统中，减少了此环节70%的成本。一票快件不管到哪儿，最起码要扫描15次条码信息，每一次信息都会传输到DHL全球数据库，客户可以通过网络实时跟踪货品的最新位置和到达信息。

在销售结构中，DHL还将客户分为全球客户和本地客户。全球客户是从跨国公司中筛选出来的200～300家能带来最高回报和最具潜力的企业。由一个独立的销售小组负责回应其各种要求并提供服务。在此基础上，DHL根据不同客户的背景和要求，提供不同服务和结算方式。譬如根据中国企业用人民币结算的特点推出进口快递业务，与大客户协商一致的全年价格而不是烦琐地按单结算等。

运用平衡计分卡

服务关系到企业的未来发展。但是如果不跟个人、部门和分公司的利益挂钩，推行起来往往会流于形式。DHL 打破原来分公司业绩衡量的方式，推出平衡计分卡，将分公司、部门、员工衡量的内容加以拓展，不但有财务指标，同时还有客户服务、作业成本。2001 年年底，在准备推出平衡计分卡的动员会上，谢耀依这样说："作业成本法能够报告活动和产品的成本，平衡计分卡则提供一种全面的测量框架，它把组织的能力与为客户创造的价值挂钩，最终与未来的财务业绩相联系。"

DHL 的平衡计分卡具体涵盖了三个环环相扣的内容：财务指标、作业指标(成本和效率)、客户指标。假设总分为 100 分，则三者分别为 40 分、30 分、30 分。各指标仍可细分。比如客户指标一项又具体包含"客户保有率""新客户的开发""客户满意度"三方面内容。

在推行平衡计分卡之初，谢耀依亲自挂帅，华北、华东、华南区域负责人和部分优秀地区经理组成一个特别行动小组。一年多时间过去了，回忆起当时的情形，谢耀依认为推行这个计划的关键在于高层的沟通和对指标体系的共识。让分布于不同城市的 39 个分公司服从一个指标体系，这本身就不是一件容易的事。财务、客户、作业相互比例是多少，如何看待客户保有率，快件必须从快递中心到达客户手中的要求是不是适用于所有分公司，这些问题必须经常沟通协调。

"差不多每两三个月我们就有一个大会，邀请不同的区域负责人、总部职能部门的有关人员、某些分公司的负责人一起，在一个房间里做'困兽斗'，把不同的指标定下来。"谢耀依笑着说，"前期的沟通花了六七个月，指标体系出来了。不过最重要的是在沟通的过程中，大家对企业的目标是什么更清楚了，也更明白如何达到这个目标。"

在运行的过程中，许多目标都经过了微调。以客户满意度调查为例，开始的方案是请一家第三方调研公司对不同的分公司进行跟踪，但是很少有调查公司有遍布 39 个城市的网络，同时每月一次的调查频度会带来大量的费用。后来让区域管理办公室审查辖区的分公司，按照公司表格内的问题来了解员工的服务态度、解决问题的能力等。但是此法影响到调查结果的客观性，公司决定改为跨区域公司互访，北方区打电话到南方区，尽量把不公平的元素抛开。

2003 年 2 月，一年一度的 DHL 中国经理年会在杭州拉开帷幕。整整一天，大家忙着讨论 2003 年公司应该拟订哪些平衡计分卡指标，每一个指标对应的目标又是什么。相对于半年前的沟通，这次会议显然轻松多了。大家已经达成了一种无声的默契和共识，因为与 DHL 关键战略因素相对应的平衡计分卡，不仅提高了客户服务能力，甚至在某种程度上改变了 DHL 的管理基因，重新塑造了它的竞争力。

资料来源：《平衡计分卡应用成功案例》，http：//www.doc88.com/p-805812933184.html。

思考题

1. 结合 DHL 的实践分析运用平衡计分卡需要具备什么条件。
2. 平衡计分卡给企业带来了哪些效应？

案例分析

中海壳牌：执行力从计划开始

在中海壳牌“计划无处不在”。无论是公司、部门还是个人，在做每项工作时都要设定各种计划，并将它们分解细化为一项项具体的行动。中海壳牌认为，计划工作是提高效率的基础。工作只有从计划开始，层层细分，才能做到工作有序，忙而不乱，执行力才能有保证。

战略落实必须分解计划

中海壳牌的公司计划通常分为三级，分别是总体规划、计划、执行计划。总体规划是指公司的总体计划和未来几年的规划，主要由公司管理层制定，解决的是“为什么要做”的问题；计划是指中层部门的计划，通过分解公司的总体计划，各中层部门需确定“要做什么”和“由谁来做”；执行计划则是由基层部门制定出具有可操作性的计划，主要是解决“怎么做”的问题，原则是责任清晰、工作落实。

公司的工作计划需要先分解到部门，然后才能分解到个人。中海壳牌在进行工作分解时通常使用工作责任分解表和矩阵等管理工具来分解责任。表的内容分为横向和纵向，其中横向为责任人及备注等内容，纵向则是具体的工作内容、目标及工作。这个表非常清晰，一目了然，便于落实责任和检查工作。

执行行动表是另一种管理工具表格，主要用来细分计划。其纵向为每一项即将要做的工作，横向则为完成工作所需要的时间，包括开始时间以及完成这项工作需要的时间。最终被细化的工作计划均会显示在这个工作表中，员工只要按照表上的内容去做，工作效率就能大大提高。在具体执行的过程中，人们还会用红、黄、绿三种不同的颜色区分完成情况：红色表示还未开始，黄色为正在进行，绿色为已经完成。通过颜色区分，可以很好地避免丢三落四的现象，也方便管理者了解下属的工作进度。

在计划分解的过程中，每个管理岗位的权限是非常清晰的。比如年度生产销售计划由公司最高管理层审核批准；90 天计划由生产部和销售部总经理共同讨论审核；30 天计划由装置经理和商务部各类产品销售经理共同讨论审核及执行；每天的生产及销售情况则由每个装置的计划员和商务部的销售人员协调对接。这样，最高管理者的战略得到了切实的贯彻和落实，取得预期的效果也就有了坚实的基础和可靠的保证。

有了计划，一切都会有条不紊。因此，注重计划的公司，通常不会有激动人心的事情出现，这其实也是成熟企业的一种体现。

制定可执行的计划

制定计划时，中海壳牌通常先采取“闭门造车”的方式，在办公室内做一个初步计划和方案，然后征求其他人的意见。一些较重要的计划还要组织员工进行充分的讨论，广开言路，集思广益，再进行下一步工作的分解细化，直到把计划做得完全彻底。对于一些非常重要的计划和方案，就要下更大的功夫，分析可能出现的问题，定出各种方案，然后进行利弊分析。最终，要对倾向选择的那个计划方案作出相关的理由陈述，以供决策者客观地作出决策。

在中海壳牌，计划覆盖到几乎每一件事情，即使是外出访问和交流，以及集体外出活动，也必须事先精心计划、周密安排。2003 年 4 月，中海壳牌决定由开工总经理约翰·史蒂夫带队去茂名石化访问，这次访问为期两天，其中一天为来回路程，一天为访问时间。整个计划中的每项内容都要事先通过电话或电子邮件多次与对方确认。详细内容包括：整个来回路程所要耗费的时间，工厂内参观路线的确认，要会见的茂名石化高层领导姓名、职务，会议经验介绍，携带的礼品档次，住宿的宾馆，等等，就连进入厂区要安装汽车尾气阻火器也考虑到了。由于计划做得详细具体，访问也就十分顺利和成功，达到了预期的效果。

精确预算，控制成本

每年年初，中海壳牌的管理者和各部门都要花费一定时间和精力做年度费用预算。年度预算包括每项开支费用的内容、发生时间及支出理由等。预算做完之后要进行汇总，然后报上级审批。预算费用一旦得到批准就不能轻易更改，这样就保证了各级人员花钱时无须再经过太多的请示和汇报。由于每个管理者都知道不可能额外申请预算，所以他们就不得不在自己的预算范围内有效控制费用，使每一分钱都花在该花的地方。

中海壳牌的员工在花钱时，遵循的是“看菜吃饭”的原则，也就是花钱之前要考虑是否有预算，如果没有预算又没有特殊理由，那么员工是不能随意花钱的。有时也可以对预算进行一些调整，但调整只能在本部门的范围内，余地并不大。虽然这么做有时显得不够灵活，却能实现企业总体成本的有效控制。中海壳牌之所以如此严格地控制预算，与它一贯坚持的财务保守性相吻合。财务人员在审核报销员工的开支时，会按照每笔预算对号入座地入账，对那些不在预算范围内的开支通常不予报销。如果有的部门因为种种原因造成预算花费没有完成，公司并不会对其下一年度的预算按比例扣减。所以，即使没有花完预算，中海壳牌也不会出现年底突击花钱的现象。

计划是严肃的

计划在执行中的扭曲和变形，是对公司战略的最大危害。在壳牌，只有遇到紧急情况和特殊情况才能更改计划。当然，前提是必须上报并经上级批准。擅自更改任何计划都是不被允许的，一旦有人违反就要受到查处。例如，中海壳牌在每年春节后都要分批组织全体员工携家属外出度假，一次为期两天。2005 年年初的度假计划是，第一天参观广东番禺香江野生动物园等景点，第二天参观广州市博物馆等地，下午返回惠州市住地。在返回时，几个年轻的女员工擅自更改了计划，自行去了广州市北京路购物逛街。这一行为并不在计划之内。因此，负责人只好将两辆大巴车上乘坐的人员进行调整：一辆车先回惠州，另一辆开去广州市北京路。此事后来被公司最高管理层得知，下令调查，并通过内部网络向全体员工发布信息，要求违纪人员在限定的时间内到人力资源部主动说明情况并认错。公司这样做主要还是为了教育员工认真遵守工作计划，强化他们按计划执行的行为习惯。

资料来源：改编自蔡丰：《壳牌：执行力从计划开始》，http：//money.163.com/14/1011/08/A88VJ6MQ00253G87.html。

思考题

1. 中海壳牌是如何分解计划的?
2. 如何把握计划的严格性和灵活性?

第 12 章

激励与领导

本章要点

○ 激励的实质和功能
○ 激励过程
○ 激励模式
○ 激励系统设计
○ 领导的职能
○ 领导的权力
○ 领导的影响方式
○ 领导的有效性和领导方式

企业组织的发展需要每一个成员长期的协作努力，如何激发、调动组织成员工作积极性，是组织管理的一个基本课题。

从大的方面着眼，激发、影响和改变个体的行为有两大途径。一是针对个体的需要、动机，提供能够满足个体需要的各种物质和非物质因素，满足个体的需要，以调动其积极性；二是设法影响和改变个体行为的动机。两种途径各有不同作用，实践中必须结合考虑。

激励主要是通过第一种途径改变个体行为的方法。了解和学习激励的基本知识，首先需要对激励因素、激励过程、激励的作用机制有较为透彻的把握。同时应尽可能了解激励的模型和方法，根据具体情况设计和调整激励系统。

领导是管理者运用权力和影响力引导和影响下属按照企业目标的要求努力工作的过程，是直接、具体的管理工作。领导工作主要借助权力和影响力，是一项推动和运用管理体系的工作。同时，它也与企业文化建设、集团成员横向作用过程密切相关。从事领导工作，需要具备一定的素质，采用适当的领导方式，掌握领导的艺术。

第1节 激励的作用机制

一、激励的实质和功能

现代企业管理的核心是人的管理。管理者面临的首要任务是引导和促使员工为实现企业的共同目标作出贡献。然而，员工加入企业的目的往往与企业目标不尽一致，工作的努力程度也经常与企业的预期要求有差距。如何才能使员工把企业的目标任务变成自己的目标任务？怎样使他们为实现这种目标作出最大的努力？这就需要研究员工的工作动机。

所谓激励，是指人类活动的一种心理状态，它具有加强和激发动机，推动并引导行为使之朝向预定目标的作用。通常认为，一切内心要争取的条件（欲求、需要、希望、动力等）都构成人的激励。

激励作为一种内在的心理活动过程或状态，不具有可以直接观察的外部形态。但是，由于激励对人的行为具有驱动和导向作用，因而通过行为的表现及效果可以对激励的程度加以推断和测定。例如，两个技能水平相同的员工，前者完成的工作定额大大超过后者，则可以推测这个员工受到了激励。激励的这一特点决定了激励过程总是与人的行为过程紧密结合在一起，是在行为过程中发生和进行的。

个人的行为表现和行为效果很大程度上取决于他所受到的激励程度或水平；激励水平越高，行为表现越积极，行为效果也就越显著。二者呈正相关关系。

激励是现代管理的主要职能之一。一个管理者如果不懂得怎样激励员工，则无法胜任工作。激励在企业管理中具有多方面的重要作用，大量的管理实践已经证实了这一点。

1. 有助于激发和调动员工的工作积极性。积极性是员工在完成工作任务时一种能动的自觉的心理和行为状态。这种状态可以促进员工智力和体力能量的充分释放，并导致一系列积极的行为后果，如提高劳动效率、超额完成任务，精湛的工作技能、良好的服务态度等。实验证明，未受激励的员工，其积极性只发挥20％～30％；而受到激励的员工，由于思想和情绪处于高度激发状态，积极性的发挥程度可以达到80％～90％，在工作中始终保持高昂的士气和热情。

2. 有助于将员工的个人目标导向实现企业目标的轨道。个人目标及个人利益是员工行动的基本动力。它们与企业的目标和总体利益之间既有一致性，又存在诸多差异。当二者发生背离时，个人目标往往会干扰企业目标的实现。激励的功能就在于以个人利益和需要的满足为基本作用力，诱导员工把个人目标统一于企业的整体目标，推动员工为完成工作任务作出贡献，促进个人目标与企业目标共同实现。

3. 有助于增强企业凝聚力，促进各组成部分的协调统一。企业是由若干员工个体、工作群体及各种非正式群体组成的有机结构。为保证企业整体像一部机器一样协调运转，除了用严密的组织结构和严格的规章制度加以规范外，还需要运用激励的方法，满足员工在尊重、社交等多方面的心理需要，鼓舞员工士气，协调人际关系，进而增强企业的凝聚力和向心力，促进各个部门、群体、人员之间的密切协作。

二、激励的心理机制

心理学研究表明，人的行为都具有目的性，而目的源于一定的动机，动机又产生于需要。由需要引起动机，动机支配行为并指向预定的目标，是人类行为的一般模式，也是激励赖以发生作用的心理机制和基础。

（一）需要

需要是指人对某种事物的渴求或欲望。当人们因缺乏所需事物而产生生理或心理紧张时，就会出现需要，并为满足需要而采取行动。因此，需要是一切行为的原动力。但是需要并非纯主观的现象，而是客观事物在人脑中的主观反映，即需要的形式和内容主要取决于所需对象物的存在。当给予、改变或剥夺对象物时，需要会发生相应变化，或因满足而消失，或因缺乏而增强。在管理中运用激励方法，正是利用需要对行为的原动力作用，通过提供外部诱因，满足员工需要，进而引发员工的积极行为。

一般而言，人的需要具有以下基本特性。

1. 多样性。由于人的社会实践活动范围极其广泛，在此基础上形成的需要也是多种多样的，除了衣食住行等基本物质生活需要外，人们还有知识、交往、尊重、成就等社会和精神方面的需要。

2. 结构性。人的多种需要之间相互关联、相互制约，由此构成复杂的结构体系。在需求结构体系中，各种需要处于不同的层次地位，从而对行为产生不同程度的影响。其中占据主导地位的需要对人的行为具有决定性支配作用，称为优势需要；其他需要则处于次要地位，对行为的影响作用相对较弱。不同个人在不同时期或环境条件下有着不同的优势需要，而优势需要与其他需要的不同组合结构又决定了人们行为方式的差异。

3. 社会制约性。需要是人的主观感受与客观环境共同作用的结果，因而必然受到所处环境条件的制约。归根结底，人的需要是由特定社会历史条件下的生产水平、社会关系性质及个人的社会角色地位决定的。尽管不同个人因主观感受的区别而存在需求差异，但任何人都无法超越所处历史阶段形成某种不存在客观可能性的需要。

（二）动机

动机是在需要基础上产生的，引起和维持人的行为，并将其导向一定目标的心理机制。

如上所述，在人的行为过程中，需要具有原动力作用。但是，需要作为一种潜在的心理状态，并不能直接引起行为。只有当需要指向特定目标，并与某种客观事物建立起具体的心理联系时，才能由潜在状态转为激发状态，成为引发人们采取行动的内在力量。

在需要与目标对象衔接基础上形成的、直接驱动行为的内在力量就是动机。动机是引发行为的更为直接的原因和现实动力。它体现了客观事物对行为的激励作用，并把行为引向能满足需要的具体对象。动机的产生依赖两个条件：一是个体的生理或心理需要；二是能够满足需要的客观事物，又称外部诱因。一般情况下，前者处于既定状态，后者则能够人为地予以改变，引起期望的行为。

在企业中，员工的各种积极或消极行为同样受到各种动机的支配。运用激励手段调动员工积极性，就是利用动机对行为的这种驱动和支配作用，通过外部诱因激发动机，直接引导员工产生积极行为。

动机在激发行为过程中的具体功能表现在以下几方面。

1. 始发功能。即由动机唤起和驱动人们采取某种行动。

2. 导向和选择功能。动机总是具体指向某一目标，因而对行为具有定向作用。正确的动机指向积极的目标，可以引发良好的行为，产生有益的效果。在进行行为定向时，动机还指导人们对各种行为方式加以评价比较，从中选择能够达到预期目标的最佳行动方案。

3. 维持与强化功能。长久稳定的动机可以维持某种行为，使之持续进行。动机也可因行为结果而得到加强或抑制，对以后的行为产生强化作用。因良好结果而不断得到加强的动机，可以促使该行为重复出现；因不良结果而减弱的动机，会抑制该行为的重复发生。

(三) 目标

目标是行为所要实现的结果。人们采取的一切行为总是指向特定的目标。

目标在行为过程中具有双重意义：一方面，目标表现为行为的结果。目标实现，需要得到满足，行为即结束。另一方面，目标又表现为行为的诱因。构成目标内容的是能够满足需要的各种对象性事物，如职位、金钱、荣誉等。它们在行为过程中推动着动机的产生，引导和调节着行为的方式与方向，从而成为诱导行为的主动因素。

在管理实践中利用目标对行为的诱导作用，通过合理选择和设置目标，可以有效地激励和改善员工的行为。

由需要及动机指向的复杂性决定，员工的行为体系中存在多种目标追求。某些较为复杂的行为，包括一系列相互联系的目标。对目标进行合理选择和设置，是有效运用目标诱因进行激励的重要环节。

除上述方面外，个性特征如兴趣、信念、价值观、气质、性格等也是激励赖以发生作用的重要心理因素。同样的外部诱因会因员工的个性差异而导致完全不同的激励效果。

三、激励过程

需要、动机和目标作为激励的主要心理机制分别处于行为的不同阶段。三者既彼此独立，又相互依存，并按照所处阶段密切连接，顺次对行为发挥激励功能。由此构成一个完整的激励过程，如图 12—1 所示。

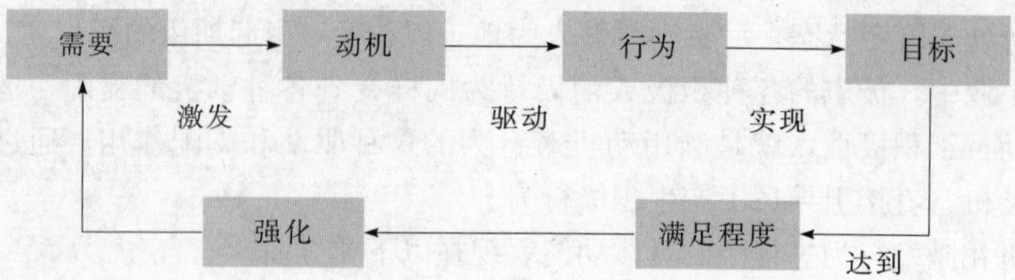

图 12—1 激励过程

处于过程起点的是人的各种需要。当需要萌发而未得到满足时，会引起生理或心理紧张，从而激发寻求满足的动机。在动机的驱使下人们采取行动，行动的结果达到预定目标，使需要得到满足，进而进一步强化原有需要，或促进生成新的需要。新的需要导致新的激励过程开始。

可见，激励实质上是以未满足的需要为基础，利用各种目标诱因激发动机，驱动和诱导行为，促进实现目标，提高需要满足程度的连续的心理和行为过程。在企业管理中，根据激励的作用原理，对过程的不同阶段施以各种诱因或条件，可以达到有效激励员工行为的目的。

第 2 节 激励理论

激励理论是关于激励的基本原理、规律、机制及方法的概括和总结，是激励在管理活动中赖以发挥功能的理论基础。20 世纪 30 年代以来，西方许多管理学者和心理学家分别从不同角度研究探索，提出了多种激励理论。在借鉴前人研究成果的基础上，将有关激励的理论归纳为如下几种模式。

一、需要激励模式

需要激励模式是以需要为主要作用机制，针对员工需要的内容提供诱因，通过满足需要达到激励目的的模式。这种模式也称为内容激励模式，从需要的内容来研究什么东西能够产生激励。该模式的理论基点包括如下几个方面。

（一）需要层次论

员工的需要是多方面的，多种需要在员工的需要体系中处于不同层次地位。未满足的需要是激励行为的基本动力，当低层次的需要得到满足后，人们会转而追求满足高层次的需要。高层次需要对员工行为的激励作用更为强大、持久。关于员工需要内容和层次的研究，以美国心理学家马斯洛的需要层次论影响最为广泛（见图 12—2）。

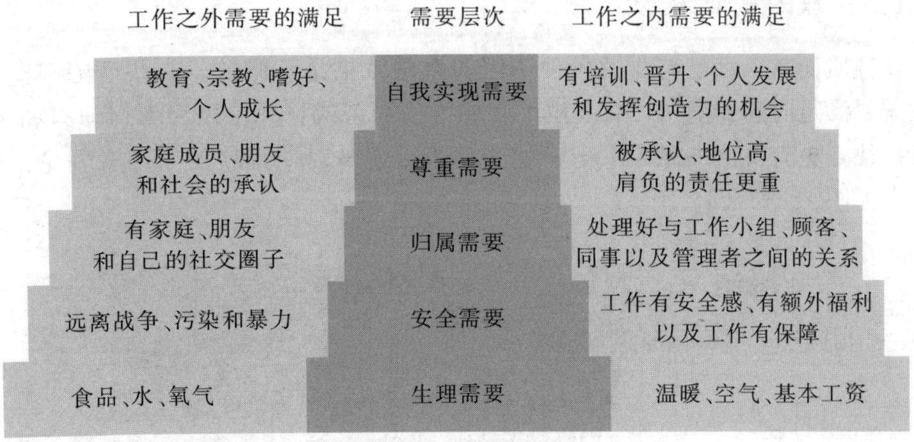

图 12—2　需要层次论

马斯洛认为，人类有五种基本需要。

(1) 生理需要。即人最基本的物质需要。

(2) 安全需要。即人们对安全、有保障的环境的需要以及不受暴力威胁、追求有规则社会的需要。

(3) 归属需要。即人们归属某种集团、获得良好人际关系的需要。

(4) 尊重需要。即人们需要树立良好的自我形象，并赢得他人的注意、认同和欣赏。

(5) 自我实现需要。即人类最高级的需要。包括最大限度提高自己的能力，成为更加优秀的人才等。

这五种需要按照先后次序排列成如图 12—2 所示的层次：中间体现了需要层次的逐渐升级，两旁显示了各个需要层次的具体内容，左边是人在自然环境和社会环境中需要层次的体现，右边是人在组织环境中需要层次的体现。

马斯洛认为，一般情况下，人们按照上述层次逐级追求自身需要的满足，并从中受到激励。但已经得到满足的需要不再是重要的激励因素。同时，占主导地位的优势需要会随着人们经济状况的变化而改变。

与马斯洛的需要层次论不同，克莱顿·奥尔德弗（Clayton Alderfer）提出的

"ERG需要理论"认为，人的需要可以归结为三种：生存（existence）需要、相互关系（relatedness）需要和成长发展（growth）需要（故称为ERG需要理论）。人不是必须在低层次的需要满足之后才能追求高层次的需要，多种层次的需要可以同时存在，还可以越级出现。

马斯洛的需要层次论和ERG需要理论的应用价值在于，管理者要认识到员工需要的侧重点不同，可以根据五种基本需要对员工的多种需要加以归类和确认；了解员工的真实需要，然后针对未满足的或正在追求的需要提供诱因，进行激励；同时更加注重高层次需要的激励作用。

（二）双因素理论

就性质而言，满足需要的各种诱因的激励效果是不同的。有些诱因只能使员工在需要满足时感到满意；有些诱因则成为使欲望或目标得以实现的动力和努力。后者往往是更有价值的激励要素。这一论点可以从赫茨伯格的双因素理论中得到印证（见图12—3）。

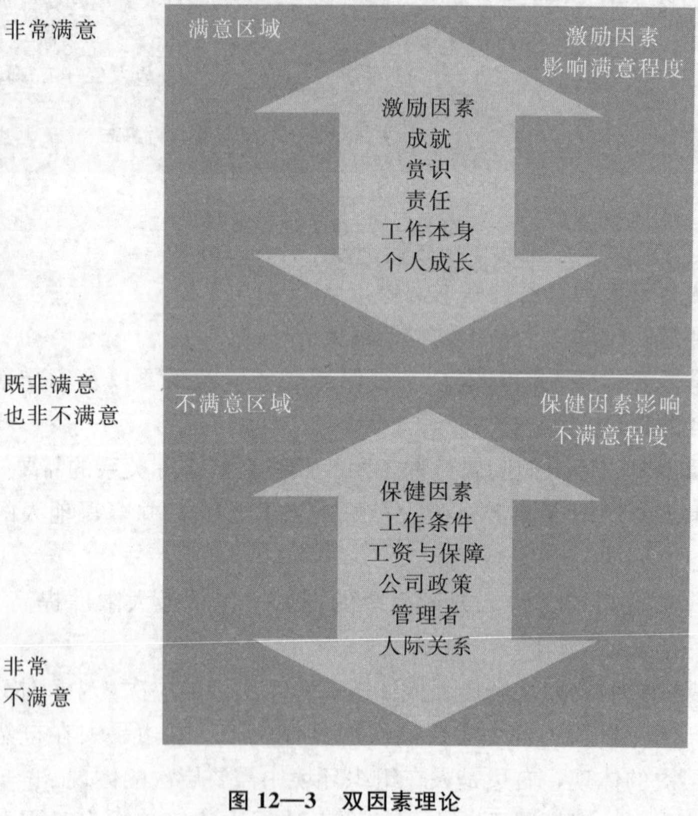

图12—3　双因素理论

双因素理论也称激励—保健因素理论。20世纪50年代末期，美国心理学家赫茨伯格在企业调查中发现，员工感到不满意的因素大多与工作环境或工作关系有关。这些因素的改善可以预防或消除员工的不满，但不能直接起到激励作用，故称为保健因素。属于保健因素的有：公司政策与管理、监督、工作条件、人际关系、工资、地位、保障等。

与此相反，使员工感到满意的因素主要与工作内容或工作成果有关，这些因素的改善可以使员工获得满足感，产生强大而持久的激励作用，所以称为激励因素。属于激励因素的有：工作成就、晋升、任务性质、个人发展的可能性、职务上的责任感等。

双因素理论的研究表明，有些因素会给员工带来满意，还有一些因素可以消除不满意。该理论关于两类因素具有不同激励作用的观点，可以给管理人员以启示，即单纯依靠增加薪金、改善工作条件等外在诱因难以达到有效激励的目的，为使员工积极性得到充分发挥，必须重视内在激励因素的作用，为员工提供作出贡献与成就的工作条件和机会，丰富工作内容，增加工作趣味，并赋予必要的责任，使员工从工作中获得成就感，得到企业及他人的承认。

（三）三种需要理论

个体在工作情境中的需要与工作绩效之间有深刻的关系，看重不同需要的个体适宜的工作是不同的。麦克莱兰提出的三种需要理论研究了这种关系。

麦克莱兰将个体在工作情境中的需要分为三种。

（1）成就需要。达到标准、追求卓越、争取成功的需要。

这类人有强烈的内驱力要将事情做得更加完美，使工作更有效率，以获得更大的成功。但他们追求的是个人的成就感而不是成功之后所获得的奖励。他们寻求那种能独立发挥能力、得到关于工作绩效的及时反馈的工作；希望通过努力而不是运气获得成功。

（2）权力需要。影响或控制他人，且不受他人控制的需要。

权力需要指影响和控制别人的愿望或动力。高权力需求者喜欢支配别人，喜欢复杂的人际关系，喜欢地位取向的工作环境。

（3）归属需要。建立友好亲密的人际关系的需要。

归属感使人寻求被他人喜爱和接纳，高归属需要者渴望友谊，喜欢合作而不是竞争的环境，希望彼此之间沟通和理解。

麦克莱兰对高成就需要与工作绩效的关系作了十分有说服力的推断。权力需要和归属需要的研究结果是一致的。让高成就者经营自己的企业、管理大公司一个独立部门及处理销售业务等能够使其获得高度激励和建树；高成就者未必是一个优秀的管理者，在大的公司，可能更适合做技术人员或推销员；最优秀的管理者是权力需要很高但归属需要很低的人；可以通过训练来激发员工的成就需要。

员工的需要受到社会文化环境及自身个性心理特征的影响。由于各个国家、民族的文化背景不同，每个员工的心理特征千差万别，因而员工的需要也存在诸多差异。管理者必须充分考虑和重视上述差异，针对不同员工的需要构成施以适当的诱因，以便取得最佳激励效果。

二、动机—目标激励模式

该模式立足于提高员工实现行为目标的动机水平，也称为过程激励模式，认为在较高的动机水平下，员工能够自动产生高强度的行为动力，进而形成强大的激励力。而提高动机水平的主要途径在于，提供适宜的目标诱因，使员工能够选择更符合自身需要并更具成功可能性的目标，以便为实现该目标采取相应的行动。这一模式的理论基础源于美国心理学家维克托·H. 弗鲁姆（Victor H. Vroom）提出的期望理论（见图 12—4）。

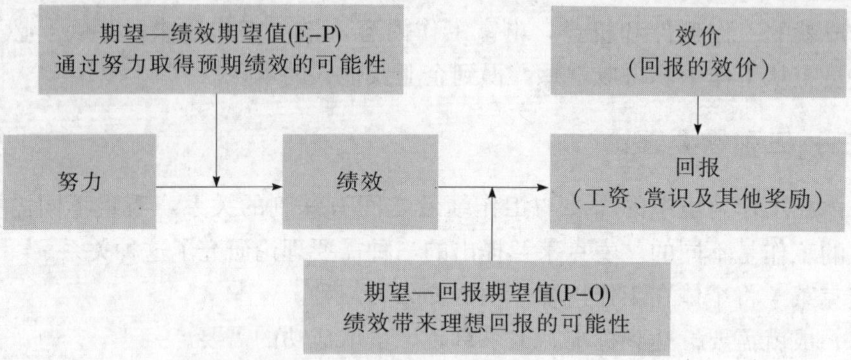

图 12—4　期望理论的主要构成因素

弗鲁姆提出的期望理论认为，激励是评价选择的过程，人们采取某项行动的动力或激励力取决于他们对行动结果的价值评价和对实现目标可能性的估计。这种估计包括绩效期望值和回报期望值。

激励力的大小取决于效价与期望值的乘积。用公式表示为：

激励力＝效价×期望值

式中，效价指个人对某一行动成果的价值评价，它反映个人对某一成果或奖酬的重视与渴望程度；期望值是个人对某一行为导致特定成果的可能性或概率的估计与判断；激励力则是直接推动或使人们采取某一行动的内驱力。显然，只有当人们对某一行动成果的效价和期望值同时处于较高水平时，才有可能产生强大的激励力。

期望理论的主要贡献在于运用效价和期望值的概念揭示个人选择目标及目标影响行为的过程。以该理论为基础，运用动机—目标激励模式，管理者可以通过帮助员工调整对行动成果的效价，提高实现目标的期望值，来增强动机水平和激励强度。具体步骤包括：

（1）描绘出每个员工的行动成果的效价。

（2）规定实现期望目标所要求的行动表现的标准和要求。

（3）说明所需要的行动表现的标准和要求是可以达到的。

(4) 使员工的行动表现与期望目标的实现紧密地结合起来。

(5) 认真分析妨碍员工实现目标的各种相关影响因素，并为其创造有利的环境和条件。

(6) 确定优厚的报酬。

三、强化激励模式

强化激励模式也叫“行为修正模式”，强调行为结果对员工行为本身的反作用，主张通过给某种行为以肯定或否定等强化刺激，达到加强积极行为、减弱消极行为、修正固有行为的目的。强化模式所依据的激励原理是美国心理学家斯金纳（B. F. Skina）创立的强化理论（见图 12—5）。

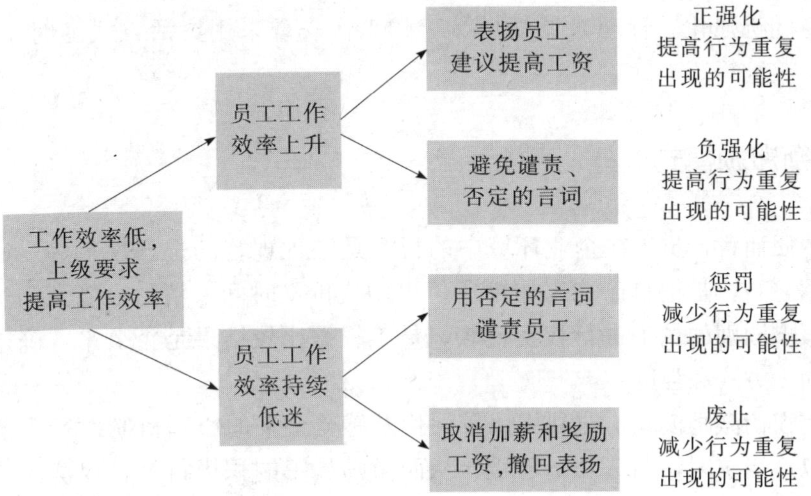

图 12—5 通过强化改变行为

强化理论是斯金纳在对有意识行为的特性深入研究的基础上提出的一种新行为主义理论。他认为人的行为具有有意识条件反射的特点，即可以对环境起作用，促使其产生变化。环境的变化（即行为结果）又反过来对行为发生影响。因此，当有意识地对某种行为进行肯定强化时，可以促进这种行为重复出现；对某种行为进行否定强化时，可以修正或阻止这种行为重复出现。根据这一原理，采用不同的强化方式和手段，可以达到有效激励员工积极行为的目的。

运用强化激励模式时，可以采用以下四种方法。

1. 正强化。即对合意的行为给予令人愉快的奖励性认可，保持和增强某种积极行为重新出现的频率。属于正强化的有表扬、奖励、提薪、晋升等。在正强化下，员工因原有行为受到鼓励和肯定而自觉加强该行为。一些非经济性的刺激手段，如正反馈、社会认同、关注等，和经济手段一样有效。

2. 负强化。即通过终止某个令人不愉快的结果，或摆脱某种不利的情况从而使某种积极行为活动得到增强。员工通过避免出现令人不愉快的局面来做正确的事情。负强化的目的也是提高某种行为活动重复出现的可能性。

3. 惩罚。即把令人不愉快的后果强加给员工。惩罚通常与不合意的行为联系在一起，这时，管理者用口头批评、停职或者开除等手段，减少该行为出现的频率。

4. 废止。即撤回正面的奖励或者对某种行为不予理睬，从而减少某种行为出现的频率。其理论依据是，某些行为如果没有得到正强化，那它在将来重复出现的可能性就较小；如果该行为一直得不到强化，那么它将逐渐消失。

上述强化方法在实施中可以采取多种形式，包括：

（1）连续强化。即员工的积极行为每出现一次就给予强化，如计件工资。

（2）定期强化。员工的积极行为保持一定时期后，给予一次强化，如月工资、月奖金。

（3）随机强化。管理人员根据员工的工作表现采用灵活方式随时予以强化，如表扬、奖励等。

四、权衡激励模式

就本质而言，员工在企业环境中的行为是一种理智的选择性行为。而选择的主要依据之一，是把自己在工作中所付出的代价（时间、精力、能力和经验）与取得的报酬同别的员工进行权衡比较。员工根据比较结果是否公平，确定自身行为的方向、方式和强度。

所谓权衡激励模式，即利用比较评价及感受公平的心理机制对行为的引导作用，施以适当诱因，创造公平环境，从而激励员工的积极行为。权衡激励模式的理论基础源于美国管理学家 J. 斯塔西 · 亚当斯（J. Stacy Adams）提出的公平理论。

亚当斯认为，在企业环境中，员工更加关注的不是报酬绝对值的大小，而是报酬的分配是否公平合理，以及自己是否受到公平的对待。公平与否的结论源于员工对所付代价与所得报酬的比较。前者包括技能、经验、资历、工作绩效等；后者表现为工资报酬、组织对员工承认和尊重的程度、晋升、人际关系的变化等。

员工会自觉不自觉地拿自己付出的代价和所获得的报酬的比率跟朋友、同事或组织中其他成员作横向比较，也会与自己的过去作纵向比较。当员工发现自己所付代价与所得报酬之比同他人所付代价与所得报酬之比相等时，就感到所受待遇是公平合理的；反之，则产生不公平感。在缺乏公平感的情况下，员工会产生不满情绪，采取减少付出、要求增加报酬、放弃工作等消极行为。

公平理论所描述的关于公平的感受是一种普遍的心理现象。它广泛存在于企业环境中，并直接作用于员工的行为过程，影响员工的工作积极性。为实现有效激励，管理者必须深入了解员工对其劳动报酬是否感到公平，并通过合理分配奖酬、调节奖励形式、纠正认知偏差、适当减少比较机会等方式消除不公平感，力求使每个员工都得到应有的报酬和待遇，进而增加其满足感，激发员工的积极性。

第 3 节 激励系统设计

在企业中，激励表现为管理主体运用各种方法手段作用于管理对象（员工），使之为实现企业目标作出努力和贡献的动态过程。管理者必须精心设计激励系统。包括在选择激励模式的基础上，设定激励原则，确定激励方法等。只有经过周密的系统设计，才能推动激励过程的顺利实施，达到最大限度激发员工积极性的目的。

一、个人的期望和组织给予的激励

激励系统设计，首先要明确个人在组织中的期望和组织给予个人的激励。如果组织的管理者充分了解组织成员的期望，并以此为基础设计和运用激励系统，就可能发挥良好的激励作用。

个人在组织中的期望主要包括：

1. 物质的激励。典型的物质激励是金钱报酬。无论何时何地，物质报酬总是最基本的激励因素。员工对企业的期望不管有多少复杂的情况，获得物质报酬始终是最基本的要求。更何况在当今世界，其他类型需求的满足都离不开金钱等价物。当然，金钱不是万能的。到一定程度，金钱的激励作用就会下降。

2. 评价的激励。评价的激励或评价的期望指的是人人都期望自己的行为能够得到企业的管理者、同事或者其他机构和个人的承认、认可或者公正的评价。公正的评价是个人满足自己的尊重需要、树立自信、获得社会认可的必要环节。

评价可以是针对工作成果的，也可以是针对个人对组织贡献的。评价者可以是上级直接管理者，也可以是本部门同事，或者是其他部门的人员。评价的标准可以是企业的明确尺度，也可以是私下认可的相对标准。不管何种情况，重要的是评价本身。

来自上级的评价往往与物质激励联系在一起。有意思的是即使没有物质刺激，只要有明确、适当的评价，也能起到激励作用。

评价的激励对组织中的成员非常重要。评价一定程度上与个人的自我实现有关。自己的能力、自己的价值，如果不能得到组织中某种程度的认可和承认，个人无法证明自己的能力和价值。

3. 群体的激励。群体的激励主要指来自人际关系的激励，或者说人们对人际关系的期望。这包含两方面内容。一是与工作同事的人际关系是否协调。如果日常接触的同事关系协调，易于合作，性格爱好相投，那么个人可以获得极大的鼓舞和激励；反之，工作能否顺利进展都成问题。二是集团对个人的吸引力。集团持有什么样的价值观？行事的规则和习惯是什么？个人能否自然而然地与集团融为一体？这些对个体有极其重要的激励作用。群体的激励更多地与个人的感情需求相关。

4. 观念的激励。如果组织能给个人一种感觉，即他做的是有意义、有价值的事情，工作使他有一种使命感，就能对个人起到激励作用。企业精神、价值观之所以重要，就是因为它们具有特别重要的激励意义。

5. 自我实现的激励。自我实现的激励是个人或者在组织中获得了实现才能的机会，或者是充分实现了自己的价值，由此而达到某种程度的自我实现，产生强有力的激励效果。自我实现的期望是组织中个人最高的期望。

上述个人的期望与个人的需要密切相关（见图 12—6）。

自我实现的激励——自我实现需要
观念的激励——尊重需要、自我实现需要
群体的激励——归属需要
评价的激励——尊重需要、自我实现需要
物质的激励——生理需要、安全需要

图 12—6 个人的期望与需要

上述个人在组织中的期望转换一个角度，就是组织给予个人的激励。组织给予个人的激励当然不可能一一针对个人的需要或期望设计。除了一些专用的手段——报酬体系、晋升制度、业绩考核制度等，组织管理中其他所有方面都与对个人的激励有关。

二、激励系统设计

（一）对激励系统设计的要求

一套激励系统应该对个人产生什么样的影响、达到什么样的效果才算比较理想呢？从组织整体需要出发，主要的内容有：

（1）个人选择合乎组织目标要求的行为。个人选择合乎组织目标要求的行为，是对激励系统设计的第一个要求。组织管理中所有激励因素的综合作用，最终要有利于引导个人的行为满足组织目标的要求。如果激励系统客观上不引导个人注重长期的业绩，个人会倾向于选择短期行为。如果考核中强调对错误行为的严厉惩罚，个人就会选择保守的行为方式。激励系统设计最基本的目标是引导个人行为满足集体化协作的要求。

（2）努力做好自己的工作。如何运用管理者可以使用的手段，最大限度地激发个人做好自己的工作，是对激励系统设计的第二个要求。物质报酬也好，晋升的机会也好，荣誉感也好，如果运用得当，可以激发个人的工作热情，为组织作出更大贡献。

（3）积极与他人配合。工作中能否积极与他人配合，不仅关系到个人工作效率和效果，更与协作行为的效率和效果有关。激励系统设计不能只从个人角度考虑问题，还必须考虑集体协同工作，这样才能收到理想效果。

（4）善于在工作中学习。工作中个人的学习过程关系到个人能力能否提高，关系到对其他人的影响，关系到组织整体的学习和提高。所以激励系统设计要考虑到促进个人和组织的学习过程，要创造一种努力提高个人能力、争创一流业绩、积极进取的组织风气，为企业发展培养人才，积累经营资源。

（5）有效沟通信息。有效沟通信息是组织集体化协作过程的关键。有效沟通信息最基本的要求是使组织管理的基本框架、基本过程得以维持。进一步的要求是组织中每一个人对变化、对新情况有较强的敏感性，使环境条件的变化及时反映到相关决策层次，保持组织的活力和弹性。

这五个方面的要求很难同时做到恰如其分。有时强调甲因素可能会忽略乙因素，照顾乙因素又可能在丙因素方面产生负面作用。现实生活中，过分重视个人业绩和物质报酬往往伤害个人的协作、配合精神和有效沟通的积极性。但从组织整体利益和长远利益来看，上述五个方面都是必须予以重视的。

□ 案例 12—1

德国企业里的工厂委员会

在德国企业里，参与管理主要通过工厂委员会的协商、董事会的共同决策、监事会的制衡及其他一些方式实现。工厂委员会由不包括管理层的所有员工选举的代表组成，委员会定期与雇主举办联合会议。法律规定雇主有义务向工厂委员会提供各种信息和有关文件，尤其是涉及财务、生产、工作流程的改变等方面。员工超过 100 人的企业，工厂委员会必须委任一个财务委员会，定期与管理层会面，了解公司的财务状况；1 000人以上的企业，每季度雇主还必须书面报告企业各方面的情况。委员会几乎可以对企业中所有重大的决策与举措表达看法。在工作时间、工资福利等方面，委员会还具有共同决策权，特别是当发现劳动条件的改变损害了员工的人性化需要时，可以要求雇主予以改变或赔偿。

（二）激励系统设计的要点

归结起来，激励系统设计的要点就在于如何在个体之间分配个人在组织中追求的因素，达到组织期望的结果（见图 12—7）。其中主要的环节包括：以什么因素为核心考虑激励系统，在核心要素之外如何综合平衡其他因素。毫无疑问，核心应当是个人对组织的贡献。具体要注意以下几点。

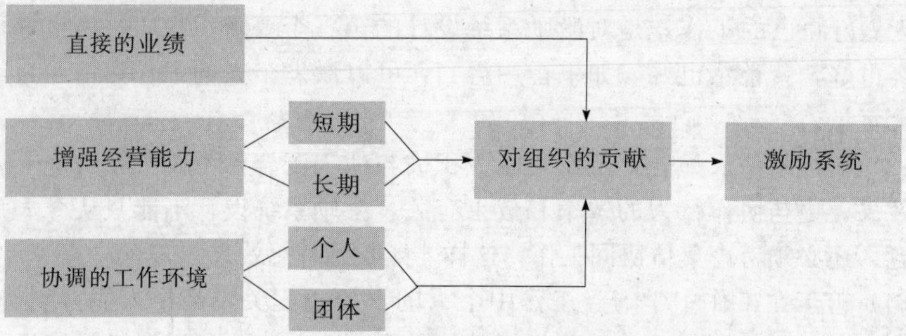

图 12—7　激励系统设计的主要制约因素

1. 以业绩为核心。这是任何类型的激励机制都要考虑的基本要素。业绩可以用销售额、营业额、利润率等数量指标衡量，也可以用其他业绩指标衡量。

2. 对增强企业经营能力的贡献。个人对组织的贡献，有些可以表现为具体的业绩，有一些无法直接表现为个人业绩，却有助于增强企业经营能力，如提高企业的信誉、维护企业形象、增强企业竞争力、积累企业技术资源等。设计激励系统时要考虑在内。处理这些因素还需要考虑是注重短期效果还是长期效果。设计考核指标、考核方法时，不同的导向会产生截然不同的结果。

3. 对增进协调的工作环境的贡献。除了个人对组织的贡献，激励机制还需要考虑个人行为对工作环境、工作中人际关系的影响。引导和促使每一个人为创造良好的人际关系和工作环境而努力。激励系统设计如何在个人和团体之间把握平衡，是更多地注重团体还是注重个人，与此关系极大。

（三）激励的经济性

现实组织中，可供管理者使用的激励的资源是有限的（见图 12—8）。激励因素的使用必须考虑诱因与贡献之间的平衡。运用有限的资源，达到理想的激励效果。物质因素在人们生活水平较低阶段有很强的激励作用，但超过了必要限度，作用便开始下降。地位和名誉因素如果使用过量，作用也会减弱。有些非物质因素也要花费物质资源，如与地位因素相伴随的待遇就要花费金钱。

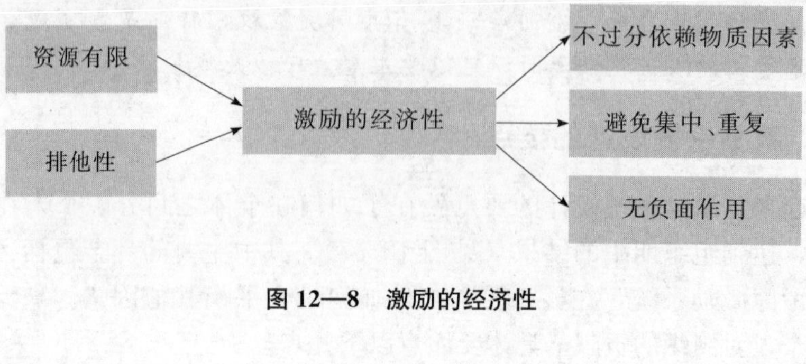

图 12—8　激励的经济性

激励因素的另一特点是排他性。一个位置给予某一个人的同时也就排除了其他人占据该位置的可能。地位、荣誉等因素都有类似的特点。

在运用激励因素时，必须考虑上述特点。工作中要尽可能做到：

1. 不过分依赖物质因素。物质因素在满足人的基本需要上有重要作用。但激励不能过分依赖物质因素。物质资源有限，超过一定限度，效果会减弱。

2. 避免集中、重复。如果物质报酬、地位、荣誉等激励因素最终都指向同样的对象，就会形成激励因素的集中、重复使用。这一方面缩小了激励的范围，另一方面浪费了资源。激励系统设计要避免出现这种情况。

3. 无负面作用。即表彰、鼓励一部分人的同时，不要产生打击、贬低另一部分人的结果。奖励A的措施如果同时意味着对B的惩罚，激励的同时就产生了负面作用。应避免出现这种情况。

第4节　领导的基础

一、什么是领导

领导是一种职能活动，是拥有权力的个人或集团向他人施加影响，使之为实现预定目标而努力的过程。领导有时也指一定的地位集团。在企业组织中，董事、理事、厂长、经理、部门主管等均可归入此种意义上的领导。

为便于准确把握领导的内涵，有必要首先明确与领导有关的三个概念，即权力、影响和职权。

权力是指个人所具有的并施加于别人的控制力。影响是人们自觉或不自觉地运用权力对别人施加作用的过程和结果。而职权则是企业组织中某一职位所赋予的权力。一方面，三者之间具有密切联系。例如某公司正式任命张君为销售部门的负责人，那么他就被授以指挥和管理销售部门人员的职权。该部门的员工必须在本部门活动范围内确认和接受公司赋予张君的地位、职权和作用。同时，在销售部门内，张君就有了权力和影响作用，并成为公认的领导者。另一方面，权力、影响和职权之间又非绝对相关。倘若张君不具备领导者的素质和能力，不为员工接受和认可，那么即使被公司授予相应职权，也无法有效地行使领导职能。

在实践中，人们常常把领导者和管理者混为一谈，但实际上这两个概念是有差别的。领导不等同于管理，领导者也不等同于管理者。管理者是受到上级任命在岗位上从事工作的人，而领导者既可以是上级任命的，也可以是从群体中自发产生的。

从本质上说，管理是管理者依据法定职权规定下属的工作方向和方式，对其工作过程进行计划、组织、协调和控制的活动。而领导则是领导者运用权力和影响引导下属为实现目标而努力的过程。二者的差异主要在于其作用基础不同，这也是领导者区别于管理者的主要差别之一。领导者和管理者的权力来源以及下属对他们的服从程度是不同的。管理者的权力来源于组织，权力促进了组织的稳定性、秩序和解决问题的能力的发展。领导者的权力则可能部分地来自个人因素，例如个人的兴趣、目标和价值观。它促进了企业愿景、创造力和变革。因此，在企业组织中，当一个人仅仅利用职权的合法性采用强制手段命令下属工作时，充其量只是管理者，而不是领导者。只有当他在行使法定职权的同时，更多地依靠自身的权力和影响指挥并引导下属时，才可能既是管理者，又是领导者。显然，卓越的领导能力是成为有效的管理者的重要条件之一。

二、领导的职能

卓越的企业领导者是企业获得成功的重要条件之一。一定意义上，没有成功的企业领导者就没有成功的企业。杰克·韦尔奇、比尔·盖茨、李嘉诚、任正非等著名企业家，以及他们统治的企业王国的杰出业绩一再证实了这一点。相反的实例也反复证明，领导的平庸无能是使企业断送发展前途乃至走向衰退的决定性因素。

领导的职能在于以下几点。

（一）履行集团的职能

1. 确定集团的主要任务、基本职能和奋斗目标。任何层次的领导，首要任务都是明确所在集团一定时期应完成的基本任务、基本职能和奋斗目标。

2. 确定组织基本价值观和行为规范。价值观和行为规范是制度约束之外统率、引导和影响个人行为的最有力手段。组织中不可能事无巨细都通过制度规范规定，管理过程中必须借助价值观的统率作用和行为规范的约束力量。

3. 指示工作任务和方法。领导的另外一项重要工作，是对直接下属的工作任务、方法给予指导和帮助。上级领导不应包办下级管理者职责范围内的工作，但必要的指导、建议和帮助是必需的。

4. 给集团及下属以有效的激励。指望所有下属都热诚地、满怀信心地为实现企业目标作出贡献是不现实的。很少有人会以持续的热情和长久的高昂士气去工作。领导的作用就在于通过有效的激励诱导或劝说下属，以最大的努力自觉地为实现企业目标作出贡献。

5. 对集团及下属的行为作出恰当的评价和对待。领导需要在适当的时机对下属一个时期的工作给予恰当的评价和相应的奖罚，充分肯定成绩，根据下属表现采取适当的手段表明组织鼓励、提倡的行为和反对的行为。

（二）维持和提高集团的经营能力

领导的职能不仅在于要做好眼前的工作，更重要的是维持和提高集团的经营能力，为企业未来的发展打下坚实的基础。因此，在日常管理过程中，要注意促进集团知识和经验的积累，注重集团学习过程、学习机制的培育和维持，维护组织的集体感和活力，形成良好的集团气氛，为企业下一步发展奠定基础。

（三）构建管理框架体系，酝酿企业文化

领导的职能还在于构建和维持一个良好的组织管理框架，促进和提高企业组织的运转水平。合理的组织结构、严密的管理制度和鼓励员工积极向上的激励、评价、报酬体系是保证企业正常运转的基本条件。要使企业组织的运转状态达到高度有效与和谐的水平，还有赖于企业文化建设。领导要善于创造和形成一种适合本企业特点和追求的文化氛围。正式、明确规定的管理框架只是一套干巴巴的规则和程序，没有血肉。有了企业文化，有了协调的人际关系、通畅的内部沟通网络，员工之间形成融洽的相互作用的“场”，企业的各组成部分才能达到高度整合状态。

（四）协调外部关系

代表集团对外交涉，维护集团利益，协调集团与外部的关系，是领导应担负的另一职能。任何层次的领导，都或多或少要承担这方面的职能，企业主要领导担负着重要的对外交涉、对外协调责任。协调外部关系，树立企业形象，对企业发展有非常重要的促进作用。

（五）连接上级集团

连接上级集团是大多数管理人员都要承担的职能。除了高层管理者必须承担决策责任，独立负责外，其他层次的管理人员都或多或少要担负起连接上下级团体、协调横向关系的任务。中层管理者在这一点上表现得尤其突出。中层领导者既要协调下级单位关系，又要满足上级领导者的要求，还要协调同级其他部门的关系，往往处在各种差异、矛盾、冲突的焦点，连接、协调的特点表现得最为突出。

三、领导的权力

领导的权力，是指领导者有目的地影响下属心理与行为的能力。权力是领导者对他人施加影响的基础，也是领导者发挥职能的基本条件。企业组织中，各级领导者之所以能对下级员工施加影响，率领和引导员工为实现企业目标而努力，原因就在于他们拥有相应的领导权力。

领导的权力部分来自领导者在组织结构中所处的职位，部分来自领导者的个人特质。在企业内部，领导的权力按其来源不同共有五种表现形式。

（一）法定权

这是组织内部各领导职位所固有的合法的、正式的权力，通常由企业组织按照一定程序和形式赋予领导者。法定权力的作用基础是组织的等级链和职位的权威性，凡是处于某一职位上的领导者都拥有一定的法定权力，可在其职权范围内运用有关权力。被领导者亦必须服从领导者依权发布的指示、命令。值得注意的是，这种权力不一定必须由领导者本人来实施。领导者向直属下级发布命令、下达指示是法定权力的直接体现，组织内制定的有关政策、程序、规章制度则是领导者法定权力的间接体现。

（二）奖励权

这是指领导者拥有的决定给予还是取消对下属的奖励、报酬的权力。奖励的范围包括增加工资和奖金、提升职务、表扬、提供培训机会、分配理想工作、改善工作条件等。奖励权建立在利益性遵从的基础上。当下属认识到服从领导者的意愿能带来更多的物质或非物质利益的满足时，就会自觉接受其领导，领导者也因此享有相应的权力。在企业组织中，领导者对奖励的控制力越大，这些奖励对下属的重要程度越高，领导者在对下属的奖励方面拥有的权力就越大，该领导者的影响力也就越大。

（三）强制权

这是一种对下属在精神或物质上施加威胁或惩罚性措施，强迫其服从的权力。这种权力建立在惧怕惩罚的基础上，实质上是一种惩罚性权力。当下属意识到违背上级的指示或意愿会导致某种惩罚，如降薪、扣发奖金、分配不称心的工作、降低待遇、免职等，就会被动地遵从其领导。但是研究表明，领导者对下属采用的强制权越大，强制性措施越严厉，下属对他的不满和敌意就越强烈。

（四）统御权

也叫参照权。这是因领导者的特殊品格、个性或个人魅力而形成的权力。这种权力建立在下属对领导者尊重、信赖和认同的基础上。企业领导者若公正无私，胆略过人，勇于创新，知人善任，富于同情心，具有感召力，善于巧妙运用领导艺术，则易得到下属的尊重和依从，并获得统御他人的权力。

（五）专长权

也叫专家权。这是领导者个人由于具有某种专门知识、特殊技能而获得的权力。这种权力以敬佩和理性崇拜为基础。领导者本人学识渊博，精通本行业务，或具有某一领域的高级专门知识与技能，即可获得一定的专长权。专长权的大小取决于领导者的受教育程度、掌握运用知识的能力，以及实践经验的丰富程度。

领导者拥有的专长权越丰富，越容易赢得下属的尊敬和主动服从。

上述各项权力中，法定权、奖励权和强制权主要取决于领导者在企业组织中的职位，属于职位权力（职权）。例如，基层车间主任所处的职位等级低于部门经理，他所拥有的法定权、奖励权和强制权也少得多。公司总经理有权调配和奖惩所有员工，部门经理则不能。

职权是一种将职位和责任结合在一起的制度化的权力。企业各级领导者为履行所在职位的职责，必须拥有相应的权力；当领导者调离所在职位时，其权力也随之解除。这种权力具有外在性，经过法律、制度、组织的直接或间接肯定而为社会所承认，并对权力施、受双方具有约束力，是一种外在性权力。

外在性权力是领导者行使职能的组织保障，也是社会化大生产条件下企业管理的客观要求。在企业组织中，领导的外在性权力具体表现为决策权、用人权、指挥权、奖惩权等。这些权力通常以职权的形式体现出来。

统御权和专长权是一种内在性权力。它与外在性权力截然不同，不以社会的法律、制度、组织规定为基础，无须外界授予，也没有正式的授权形式，仅仅来自领导者本身的因素。权力的大小取决于领导者的品格、知识、才能等个人素质。内在性权力对权力施、受双方均没有强制性的约束力。掌权者没有行使内在性权力的严格规范，接受权力者也不会因未服从权力而受到惩罚，权力双方为影响和依赖关系。

外在性权力和内在性权力都是领导权力不可缺少的组成部分。其中，外在性权力构成领导权力的基础，内在性权力则是提高领导效能的重要方面。企业领导者应在合法权力内敢于用权，善于用权；同时充分发挥内在性权力的作用，提高领导影响力。

四、领导的影响方式

领导行为中，领导者运用权力的目的是对被领导者施加影响，使其心理和行为发生预期的改变。权力是影响的基础，影响则是权力的实施过程。根据权力性质不同，以权力为基础的影响也分为两类，即外在影响和内在影响。

（一）外在影响

外在影响以领导的外在性权力为基础，主要通过推动、强制等方式发生作用，对被领导者的影响带有强迫性和不可违抗性。被领导者的心理和行为表现为消极、被动的服从。外在影响的具体作用方式有以下几种。

1. 传统观念的影响。这种影响基于人们在长期的社会生活中形成的传统观念，即承认职位的权威性，认为组织中处于较高地位的人是既定的权威，享有支配他人的当然权力，职位低的人理所当然地应服从职位高的人。在企业管理中，借助建立在法定权基础上的传统观念的影响，可以使员工对企业领导者产生敬畏感，自动听从其指挥命令，有助于增加领导者影响力的强度。

2. 利益满足的影响。人们从事任何活动的目的都是获取一定的利益，以满足自身的物质或精神需要。当领导者运用奖励权使员工的利益要求在不同程度上得到满足时，可以有效地激发员工的工作动机，形成驱动力，激励他们自觉采取积极的行为方式，提高绩效。

3. 恐惧心理的影响。趋利避害是人类的本能之一。当被领导者意识到领导者握有某种惩罚权，能够使他陷于生理或心理上的痛苦时，便力求迎合领导者的愿望，遵从其旨意，避免受到伤害。建立在惩罚权基础上的影响，使被领导者产生某种恐惧感、强迫感，领导者可以利用这种影响防止员工违抗命令的消极行为发生。

（二）内在影响

内在影响建立在领导者的内在性权力基础上，主要着眼于以领导者的良好素质和行为吸引、感化被领导者，通过激发内在动力，对员工心理和行为产生影响。内在影响不带有任何强制性，而以潜移默化、自然渐进的方式发生作用。因此，受到内在影响的员工多以积极、主动、自觉的态度接受领导。具体的影响方式包括：

1. 理性崇拜的影响。即领导者因个人的品格、能力、知识、专长等在企业中赢得稳固的威信或声望，引发被领导者的尊敬、信服、敬佩乃至崇拜，从而遵从、接受其领导，甚至以其言行为楷模，加以效仿。这种方式下，领导者无须发布指示命令或进行说服，即可达到影响的目的，并且能够引起被领导者深层心理活动的变化，产生持久、强大的影响。

2. 感情的影响。感情是联结人与人之间关系的纽带，也是影响他人心理与行为的有效途径。当员工感受到领导者关心、尊重他们，并与之建立起超越正式组织关系的更为密切的人际关系时，就会产生一种亲密感，因而从感情上自愿接受、支持其领导。运用感情的力量进行影响，有时可以达到理性力量无法企及的深度。

从以上两方面可以看出，内在影响与外在影响有着完全不同的权力基础和作用方式，因而影响方向和效果也迥然相异。外在影响表现为领导与服从的关系，被领导者仅在无差别圈内被动地受影响。所谓无差别圈，即被领导者不受个人立场影响接受和服从命令的界限和范围，也就是下属必须接受和服从命令的范围。在无差别圈内，下级可以不同原因和价值而服从上级的指令，超越这一界限，指令就会失去效力。被动的服从方式和无差别圈的存在使外在影响的效果受到极大限制。

内在影响表现为领导者与被领导者的双向沟通过程。被领导者以主动自愿的态度接受影响，并自觉将之内化于个人的思想和行为之中，这就突破了无差别圈的限制，大大扩展了影响的深度和广度。因此，在领导的影响构成中，具有决定意义的是内在影响，内在影响可以弥补外在影响的不足，在特定场合甚至可以代替外在影响。

企业领导者应特别注意发挥内在影响的作用，通过内在影响与外在影响的合理结合与相互补充，提高自己的影响力。

第 5 节　领导的有效性和领导方式

一、领导者的素质

所谓领导者的素质，是指领导者的品质、性格、学识、能力、体质等方面特性的总和。在早期的领导理论研究中，许多学者将注意力集中于领导者的品质、性格等特性分析，试图寻找出某些领导者共有的或必备的基本素质，希望以此作为选择"正确"的领导者的依据，并作为提高领导效能的基础和前提条件。其中有些研究成果不乏参考价值。

□ 案例 12—2

关于领导者的素质

美国学者斯托基尔发现与领导才能有关的有五种身体特征（如精力、外貌与身高等），四种智能特征（如思维能力、反应敏捷程度等），十六种个性特征（如适应性、进取性、热心与自信等），六种与工作有关的特征（如追求成就的干劲、毅力和首创性等），以及九种社会特征（如愿意与人合作、人际关系协调能力和管理能力等）。

吉赛利提出领导者的八种个性特征和五种激励特征，其中个性特征包括：才智、主动性、督察能力、自信、为员工所亲近、决断能力、性别、成熟程度。激励特征包括：对工作稳定的需求、对金钱奖励的需求、对指挥别人的权力的需求、对自我实现的需求、对职业成就的需求。

还有一些研究认为，一个好的领导者应具备这样一些特点：勤奋、忠诚、聪明、自信、果断、正直、关心他人、平易近人、幽默、善于鼓动人等。

关于领导者素质的研究并未能取得预期的成果，原因在于无法证实某些特性与领导效能之间存在必然联系。大量实践证明，具备同一素质的领导者在某类企业环境可以取得成功，在其他企业环境中却可能遭到失败；反之亦然。不能把素质特性视为决定领导效能的唯一因素，不等于领导者不需要具备相应的良好素质。换言之，良好的领导素质是有效领导和提高领导水平的不可或缺的重要条件。

一般而言，一个卓有成效的企业领导者应具备如下素质。

1. 品德高尚。领导者要公正无私，襟怀坦荡，富于牺牲精神，严以律己，宽以待人。

2. 个性完善。领导者应性格开朗，豁达大度，意志坚强，自信，有自知之明，对事物拥有广泛的兴趣和热情。

3. 富于进取心和创新意识。领导者通常有较强的事业心和成就需要，希望通过事业的成功体现自身的价值，有魄力和独创精神，勇于积极开拓新的活动领域。

4. 博学多识。领导者应具有较完备的知识结构，不仅通晓与企业领导工作有关的现代管理科学知识，而且精通与本部门业务活动性质有关的专业知识。

5. 多谋善断。决策是领导的主要职能之一。企业领导者应善于发现问题，提出多种解决方案，从中选优决策；要能够根据情况的变化，随机应变地进行跟踪决策和适时处理。

6. 知人善任。领导的核心是用人。有效的领导者应当善于观察人，了解人，用人之长，唯才是举，充分发挥每个成员的潜力和积极性。

7. 沟通协调能力强。现代企业领导者应具有较强的人际交往能力，善于与下属及外部公众建立良好的沟通关系；能够调解各种复杂矛盾，促进企业内外关系的协调发展。

二、领导的有效性

领导是一种特殊形式的社会活动。如同企业的生产经营和各项管理活动一样，领导活动也必须讲求效益，即要以较少的投入取得较大的产出。这种投入和产出之比，就表现为领导的有效性。在领导过程中，职权、知识、能力等因素为实施领导提供了必要的资源投入。这些投入能否形成较大的产出，主要取决于领导者能否合理配置、利用各项资源，提高领导效能。有效性是领导活动的主要衡量标志，是领导水平的总体反映。

在企业管理中，领导的有效性是一个综合的概念，指通过领导活动实现企业预定目标的程度。由于不同企业组织或同一企业不同职位的领导活动内容复杂，形式多样，因而难以用固定、机械的同一标准衡量有效性的高低。就一般意义而言，一个企业或群体的领导是否有效，可从以下方面反映出来。

1. 下级的支持。下级员工主动而非被迫地支持领导者，不论这种支持是出自感情还是利益上的考虑。

2. 相互关系。领导与下级员工之间保持密切、和谐的交往关系，并鼓励群体成员之间发展亲密的、相互满意的关系，企业内部关系处于协调状态。

3. 员工的评价。绝大多数员工都能高度评价所在企业或群体，并以成为该企业或群体的一员而感到自豪。

4. 激励程度。员工因自身需要获得满足而焕发出较高的工作热情和积极性，个人的潜能得到充分利用。

5. 沟通的效果。领导者与下级员工之间能够及时、顺畅地沟通信息，并以此作为调整领导方式、协调相互关系的依据。

6. 工作效率。在领导者的引导、指挥和率领下，企业的各项资源得到合理配置，生产经营活动得以高效进行。

7. 目标的实现。领导活动的效能或效果最终要通过是否实现企业的预定目标，以及实现的程度反映出来。其中既包括经济效益目标，也包括社会效益目标。

如上所述，领导活动是领导者、被领导者和环境三方面因素相互影响、共同作用的过程。这一过程是否有效，直接取决于三方面因素的契合或适应程度。

因此，提高领导有效性的关键，在于最大限度地促成领导者、被领导者与环境之间的相互适应和协调。具体来说，可以采取以下两种基本途径：一是根据领导者的素质特性，选择和配置与之相适应的被领导者及组织环境；二是根据现有员工状况和企业条件，采取适合其特点与要求的领导作风和领导方式。

三、领导方式

领导方式指领导者在运用权力实施影响的过程中采取的行为方式。它是领导者在特定环境中，根据作用对象的特点所实施的对策性行为，集中体现领导者在提高领导效能中的主动性。

与动机一样，领导也一直是研究者广泛关注的话题，有关领导的大多数研究都希望回答这样一些问题：什么是有效的领导者？什么样的领导方式是最有效的？这些关于领导的理论为我们认识领导方式奠定了基础。关于领导方式的类型，有多种划分方法。

（一）基于职权运用的领导方式

基于这一划分方式的研究主要有艾奥瓦大学的库尔特·勒温（Kurt Lewin）及其同事进行的研究、密歇根大学的利克特（R. Likert）的研究、坦南鲍姆（R. Tannenbaum）和施米特（W. H. Schmidt）的研究。库尔特·勒温的研究发现了三种领导风格：独裁型、民主型和放任型，并发现在民主型的领导方式下，下属有更高的满意感。利克特的研究把领导方式分成四类：专权命令式、温和命令式、协商式和参与式，并认为只有参与式领导方式才能真正实现有效的管理。坦南鲍姆和施米特研究发现，领导方式是一个连续体，两端分别是专制的领导方式和民主的领导方式，中间则是领导者权力与下属权力多种不同的结合方式，领导者根据自身、下属和环境三方面的因素选择合适的领导方式。

结合前人的研究，从领导者如何运用其固有职权的角度，根据权力定位和工作定位的不同，我们可以将领导方式分为集权型、民主型、任务型、关系型和兼备型五种。

（1）集权型。这是一种以专制、独裁为特征的领导方式。采用这种方式的领导者认为权力来自他们所处的地位和担负的职务，认为员工的本性是懒惰消极的，不愿接受约束，并害怕承担责任，因此不能予以信任，必须严加管制。基于以上认识，领导者将权力定位于个人手中，集各种权力于一身，大权独揽，独断专行，仅依靠个人经验、能力和意志领导企业活动；同时采用强制的方式下达各种指令，强调下级的绝对服从，而缺乏对员工的关心与尊重。

（2）民主型。这种方式强调领导的权力由企业员工群体赋予，认为被领导者是勤奋的、勇于负责的，受到激励后，能够主动协调个人行为与工作的关系，具有自我控制能力。主张将权力定位于员工群体手中，使之享有充分的民主权利，鼓励员工自行决策，实现自主管理。领导者仅以劝告说服的形式，提供各项意见和建议。

□ 案例 12—3

爱穿工作服的总裁

当我们在旅行中或在电视里看到驰骋在世界五大洲的本田轿车和摩托车时，一定会自然而然地想起本田公司的创始人——本田宗一郎。这个奇迹的创造者并非富家子弟，也不是名牌大学的高才生。本田宗一郎出身清贫，没钱上学，全靠自我奋斗，自学成才。他是从修自行车起家的，在艰苦的创业道路上屡遭挫折。

他的公司只认才干，不认文凭，不拘一格选拔人才是他一贯的用人之道。在公司里，经常可以看到他身穿白色工作服和工人们一同出入车间，同桌进餐。本田认为，这样有利于沟通意见，协调关系，也能够及时了解工人的生产情况和苦乐情绪。在他眼里工人绝非机器，如果将工人和机器置于同等地位，那么企业就要破产了。他鼓励工人发牢骚，提建议，献计献策。工人的建议被采纳后会记录评分，当积分达到某一标准时，将颁发“本田奖”或让员工免费出国旅游。因此，工人非常喜欢这位穿白色工作服的总裁。

（3）任务型。这种类型的领导方式把完成工作任务作为一切活动的中心。注重形成精密的劳动组织和严格的劳动纪律，强调指标和效率，欣赏紧张有序、快节奏的工作气氛，并将全部精力和注意力集中于工作任务本身。一定程度上忽视对员工利益、要求及工作情绪等方面的关心。

（4）关系型。这一领导方式强调人是企业各项工作的中心。高度重视对员工的关心、体谅和支持，注重满足员工的各种物质和精神需要，强调维持良好群体关系的重要性。注意建立多方位的沟通渠道，利用各种机会与下级保持密切接触。同时在经营管理中创造宽松环境，以营造融洽友善的群体气氛。

（5）兼备型。这种领导方式兼有以上各种类型的特点。既强调权力的适当集中，以保证指挥的统一和企业组织的整体性，又注重必要的分权，使员工的主动性、创造性得到发挥。同时把完成工作任务与满足员工需要放在同等重要的地位，既注重工作效率，又重视对人的关心；既有严格的管理，又维持良好的人际关系。

值得指出的是，以上所列仅是几种类型的领导方式。现实的领导活动中企业领导者往往并不单纯采用某种典型方式。由于个人风格不同、性格不同，部分由于先天的原因，部分由于选择的结果，具体的领导方式通常是几种方式组合形成的个性化方式。由此，在集权与民主、关心任务与关心人等极端方式之间，形成一系列中间化、混合型的领导方式。

领导方式的系列化、多样化带来一个不容回避的问题，即如何评价各种方式的优劣，什么样的领导者更有利于提高领导效能。根据权变理论的观点，包括上述类型在内的各种领导方式都有各自不同的适用范围。某种方式在一定企业环境中具有明显效果，而在另一环境中则未必成功。例如，对刚刚进入企业，缺乏基本技能和纪律训练的新员工，采用集权、命令的领导方式较为有效，而以同样方式对待具有较高技术水平和工作经验的专业人员或老员工，则有可能挫伤他们的自尊心和积极性。又如民主型领导在常规性程序化工作中可取得良好效果，但对于性质复杂、职责分工不清的工作环境则不一定适用。因此，各种领导方式的优劣具有相对性，并不存在一种适用于一切情境的最佳领导方式。什么样的领导方式更适宜要视被领导者和企业的具体状况而定。

（二）基于行为与态度取向的领导方式

从领导者行为倾向的角度，可以将领导方式分为关心生产式的与关心人员式的两种基本类别。这两个维度的划分来自布莱克（R. R. Blake）和莫顿（J. S. Mouton）二人提出的管理方格论。

如图 12—9 所示，他们以“关心人”与“关心生产”为两个坐标轴分别划出 9 个等级，从而产生了 81 种不同的领导方式。但是，管理方格论强调的并不是领导产生的结果，而是领导者为了达到这些结果所应考虑的主要因素。

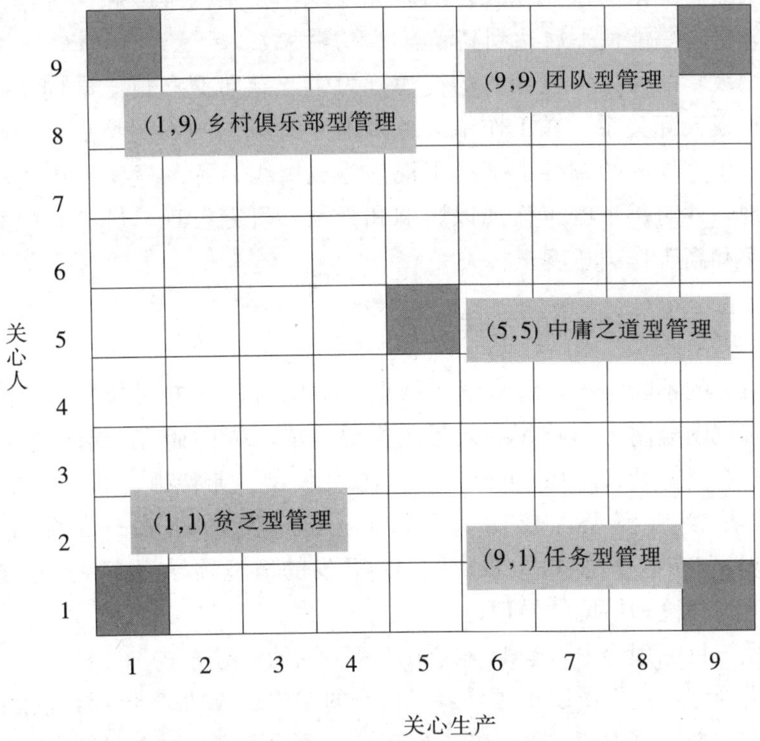

图 12—9 管理方格论图

管理方格论主张，关心生产和关心人是两个不同的方面，但并不是对立的两面。对人的关心并不意味着必定忽视生产，对生产的重视也并不意味着必定缺少对人的关心。领导者可以根据现实需要和可能，对这两个因素或其中之一表现出一定程度的关注。因此，在管理方格中存在的 81 种领导方式中，布莱克和莫顿主要阐述了五种最具代表性的类型。

(1)（1，1）贫乏型管理：领导者以最小的努力完成任务。

(2)（9，1）任务型管理：领导者只重视生产任务的结果而不重视下属的发展和士气。

(3)（5，5）中庸之道型管理：领导者维持足够的生产效率和令人满意的士气。

(4)（1，9）乡村俱乐部型管理：领导者只注重支持和发展下属而不关心生产的效率。

(5)（9，9）团队型管理：领导者通过协调和综合工作相关活动，提高生产效率和下属士气。

布莱克和莫顿认为：（9，9）团队型管理是一种最理想的领导方式，应该以此作为领导者检讨和改进现有领导方式的努力方向。

基于这一划分方式的研究还有俄亥俄州立大学和密歇根大学的研究。

俄亥俄州立大学的研究从结构维度和关怀维度研究领导者的行为，结构维度是以工作任务为中心，强调组织的需要；而关怀维度是以人际关系为中心，强调员工的个人需要。俄亥俄州立大学的研究发现，在结构维度和关怀维度上表现都比较好的领导者更能使下属达到高满意度和高绩效。

密歇根大学的研究将领导者的行为分为生产导向型和员工导向型。员工导向的领导者重视人际关系，在工作中会更多地考虑员工的不同特点，关心员工的生活和福利；生产导向的领导者把员工视为达成组织目标的资源，更关注员工在工作中的表现，并对员工的工作加以影响和干预。研究发现，员工导向的领导方式与高生产率和高工作满意度正相关。

（三）基于权变思路的领导方式

随着研究的不断深入，许多学者认识到情境对领导方式与有效性的影响，并进行了许多试图分离出影响领导效果的主要情境因素的研究。基于这一划分方式的研究主要有费德勒（F. Fiedler）开发的权变模型，弗鲁姆、耶顿（P. Yeton）开发的领导者参与模型，豪斯（R. House）开发的路径—目标理论，赫塞（P. Hersey）与布兰查德（K. Blanchard）开发的情境领导理论。这里我们主要介绍路径—目标理论和情境领导理论。

在路径—目标理论中，豪斯确定了四种不同的领导方式。

(1) 指导型：让下属明了领导者对自身的期望、成功绩效的标准和工作程序。

(2) 支持型：努力建立舒适的工作环境，领导者亲切友善，关心下属的要求。

(3) 参与型：领导者与下属共同磋商，在决策前充分考虑他们的建议。

(4) 成就导向型：设定挑战性目标，期望下属实现自己的最佳水平。

如图 12—10 所示，路径—目标理论提出了环境因素和下属自身因素这两类情境变量。环境因素决定了所要求的领导方式，而下属的个人特点决定了个体对环境和领导方式如何解释。豪斯认为，领导者的领导方式应当是灵活多变的，同一领导者可以根据不同的情境表现出以上任何一种领导方式，力求使企业组织的产出最大。

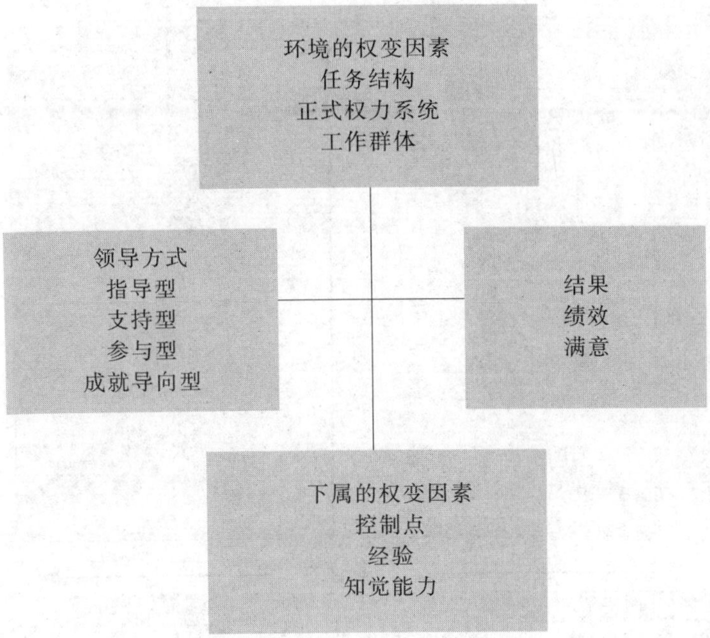

图 12—10　路径—目标理论

情境领导理论是一种关注下属状态的权变理论。赫塞和布兰查德认为，成功的领导者是通过选择恰当的领导方式实现的，选择的依据是下属的成熟度。这里的成熟度指的是个体能够并且愿意完成某项具体任务的程度。情境理论定义了下属成熟度的四个阶段。

M1：对于承担某种工作任务既没有能力又不情愿。不够成熟。

M2：愿意从事必要的工作任务，有积极性，但是缺乏足够的技能。比较成熟。

M3：有能力却不愿意去做领导分配的任务。比较成熟。

M4：既有能力又愿意完成领导分配的任务。最成熟。

根据下属的成熟度不同，领导者选择不同的领导方式。

如图 12—11 所示，情境理论使用任务行为和关系行为两个维度，并将每个维度划分成高、低两个层次，从而组合成以下四种领导方式。

(1) 指导（高任务—低关系）。领导者定义角色，告诉下属任务的内容和完成方法。

（2）推销（高任务—高关系）。领导者向下属同时提供指导性的行为与支持性的行为。

（3）参与（低任务—高关系）。领导者主要提供的是便利条件与沟通，常与下属共同决策。

（4）授权（低任务—低关系）。领导者向下属提供极少的指导或支持。

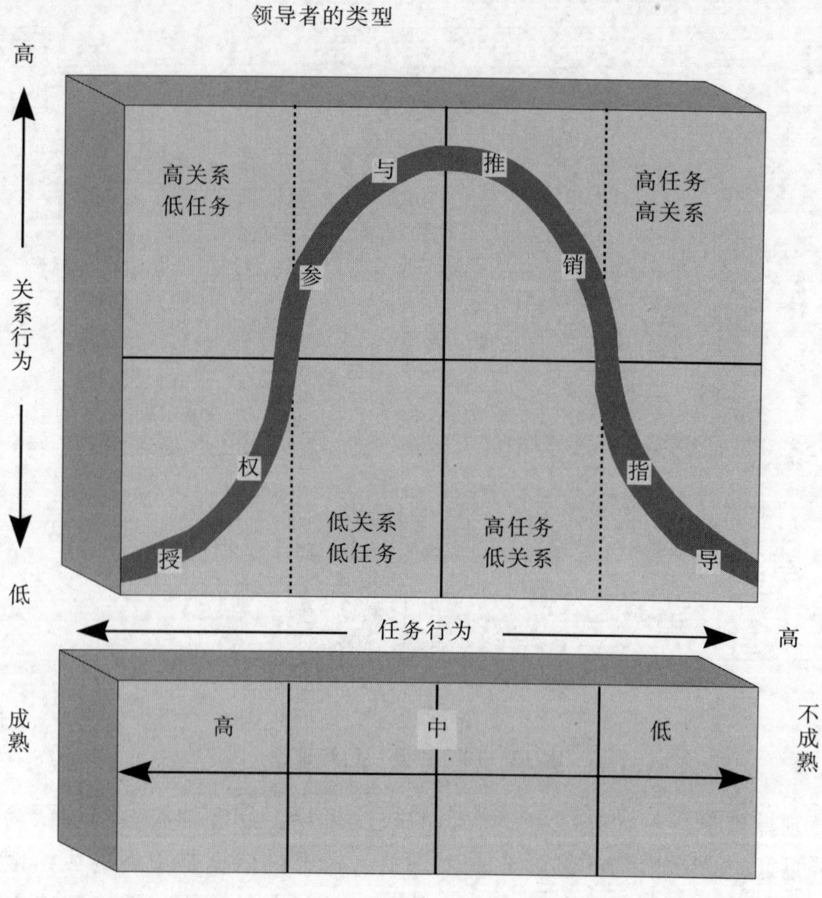

图 12—11 情境理论图

随着下属成熟度水平的不断提高，领导者的领导方式应随之改变，领导者对下属的控制程度应逐渐放松。在下属不成熟的 M1 阶段采用指导型方式，M2 阶段采用推销型领导方式，M3 阶段采用参与型领导方式，在下属非常成熟的 M4 阶段采用授权型方式。

思考题

1. 什么是激励？
2. 激励的过程是怎样的？
3. 双因素理论和需要层次论有什么异同？

4. 个人在组织中的激励因素包括哪些?
5. 激励系统设计的要点是什么?
6. 什么是领导?
7. 领导的职能是什么?
8. 领导的权力有哪几种?
9. 如何运用领导的影响力?
10. 各种领导方式孰优孰劣?

案例分析

卓越领袖——通用电气总裁杰克·韦尔奇

如果说领导是门艺术，那么杰克·韦尔奇必定是位艺术大师。很少有人能像他一样如此充分地演绎领导艺术，而能像他一样使领导艺术不断结出丰硕果实的人更是寥寥无几。几十年来，许多大公司和它们的领导者在无情的全球经济中就像多米诺骨牌一样纷纷倒塌，韦尔奇却领导着通用电气（GE）创下一个又一个收入和利润纪录。因此韦尔奇成了全世界企业家和经理的榜样，并享有“全球第一CEO”的美誉。

1960年，韦尔奇加入GE塑胶事业部。1971年年底，韦尔奇成为GE化学与冶金事业部总经理。1979年8月成为GE副董事长。1981年4月，年仅45岁的韦尔奇成为GE历史上最年轻的董事长和首席执行官。

1981年，也就是韦尔奇成为GE的CEO的第一年，该公司收入大约为268亿美元，而2000年则将近1 300亿美元；当年，韦尔奇接管GE时，公司市值大约为140亿美元，而今天市值高达4 900亿美元，GE已成为当今世界最有价值的公司。韦尔奇的过人之处随之成为人们关注的焦点。

当杰克·韦尔奇执掌GE时，这家已经有117年历史的公司机构臃肿，等级森严，对市场反应迟钝，在全球竞争中正走下坡路。按照韦尔奇的理念，在全球竞争激烈的市场中，只有在市场上领先对手的企业才能立于不败之地。韦尔奇重整结构的标准是：这个企业能否跻身同行业的前两名，即任何事业部门存在的条件是在市场上“数一数二”，否则就要被砍掉——整顿、关闭或出售。

于是韦尔奇首先着手改革内部管理体制，减少管理层次和冗员，将原来8个层次减到4个层次甚至3个层次，并撤换了部分高层管理人员。此后的几年间，砍掉了25%的企业，削减了10多万份工作，将350个经营单位裁减合并成13个主要的业务部门，卖掉了价值近100亿美元的资产，并新添置了180亿美元的资产。

可当时正是国际商业机器公司（IBM）等大公司大肆宣扬雇员终身制的时候，从GE内部到媒体都对韦尔奇的做法产生了反感或质疑。也正是由于不为所动的铁腕裁员行动，韦尔奇还得了个“中子弹杰克”的绰号。

多年后，韦尔奇为当年的决断寻找的理论依据是：这是一个竞争日益激烈的世界，游戏规则在发生变化。没有一个企业能够成为安全的就业天堂，除非它能在市场竞争中获胜。更让韦尔奇自豪的是：“在GE，我不能保证每个人都能终身就业，但能保证让他们获得终身的就业能力。”

在管理上，韦尔奇自有他独特的方法，最为著名的莫过于“聚会”“突然视察”“手写便条”了。韦尔奇懂得“突然”行动的价值。他每周都突然视察工厂和办公室，匆匆安排与比他低好几级的经理共进午餐，无数次向公司员工突然发出手写的整洁醒目的便条。所有这一切都使他的领导被人们感受到并对公众的行为施加影响。

韦尔奇也十分重视企业领导者的表率作用，他总是不失时机地让人感觉到他的存在。他向从直接的汇报者到小时工等几乎所有的员工发出的手写便条具有很大的影响力，因为这些便条给人以亲切和自然感。韦尔奇的笔刚刚放下，他的便条便通过传真机直接发给他的员工了。两天之后，当事人就会收到他手写的原件。他手写的便条主要是为了鼓励和鞭策员工，或者是为了促使和要求部下做什么事。

韦尔奇认为，挑选最好的人才是领导者最重要的职责。他说："领导者的工作，就是每天把世界各地最优秀的人才延揽过来。他们必须热爱自己的员工，拥抱自己的员工，激励自己的员工。"作为一个过来人，韦尔奇给公司领导者传授的用人秘诀是他自创的"活力曲线"：一个组织中，必有20%的人是最好的，70%的人是中间状态的，10%的人是最差的。这是一个动态的曲线，即每个部分所包含的人一定是不断变化的。但一个合格的领导者，必须随时掌握那20%和10%的人的姓名和职位，以便采取准确的奖惩措施。最好的应该马上得到激励或升迁，最差的必须马上走人。

尽管韦尔奇和GE本身在过去20年达到了很高的高度，但韦尔奇却一直强调GE是一个无边界的学习型组织，一直以全球的公司为师。

他说："很多年前，丰田公司教我们学会了资产管理；摩托罗拉和联信推动了我们学习六西格玛；思科和Trioloy帮助我们学会了数字化。这样，世界上商业精华和管理才智就都在我们手中，而且，面对未来，我们也要这样不断追寻世界上最新最好的东西，为我们所用。"

韦尔奇初掌GE时，盈利15亿美元，市场价值在全美上市公司中仅排名第十，而到1999年，GE实现了1 110亿美元的销售收入（世界第五）和107亿美元的盈利（全球第一），市值位居世界第二。韦尔奇初掌GE时，旗下仅有照明、发动机和电力3个事业部在市场上保持领先地位。而如今已有12个事业部在其各自的市场上数一数二，如果单独排名，GE有9个事业部能入选《财富》500强。在韦尔奇执掌GE的19年中，公司一路迅跑，并因此连续3年在《财富》杂志"全美最受推崇公司"评选中名列榜首。

从1981年韦尔奇就任总裁到1998年，GE各项主要指标一直保持着两位数的增长。在此期间，GE的年收益从268亿美元增长到1 005亿美元，净利润从15亿美元上升为93亿美元，而员工则从40万人削减至30万人。到1998年年底，GE的市场价值超过了2 800亿美元，连续多年位居《财富》500强前列。1998年的上述业绩产生了100亿美元的自由现金流量，再加上公司AAA信用等级，使它能够在1998年度投资210亿美元收购108家公司，以支持全公司三大措施中的两项：全球化和服务。从所创下的股东收益方面来看，无论是微软的比尔·盖茨、英特尔的安德鲁·格罗夫，还是沃伦·巴菲特或者沃尔玛零售大王山姆·沃尔顿，都无法同杰克·韦尔奇相比。股东通过公司的储蓄计划已拥有170亿美元以上的GE股票。1998年，GE股票每股的回报率高达41%；而在过去18年中，GE给予股东的年均回报率为24%。

1989年，美国《财富》杂志介绍杰克·韦尔奇的人格特征和经营理念时，归纳了以下六点：第一，掌握自己的命运，否则将被人掌握；第二，面对现实，不要生活在过去或幻想之中；第三，坦诚待人；第四，不要只是管理，要学会领导；第五，在被迫改革之前就进行改革；第六，若无竞争优势，切勿与他人竞争。杰克·韦尔奇的这些内在思想深深影响着GE的经营理念，同时也影响着GE的命运。

有人问韦尔奇，在企业管理中是独裁领导好还是民主领导好？他说最好是二者结合，即决策前应该广泛征求意见，但决策时必须一个人说了算。

资料来源：根据MBA智库百科网资料整理。

思考题

1. 杰克·韦尔奇的领导风格是什么样的？

2. 你认为卓越的领导者必须具备什么样的素质？这些素质在韦尔奇身上有何体现？

第 13 章

企业文化

本章要点

- ○ 企业文化的定义
- ○ 企业文化的构成
- ○ 企业文化的功能
- ○ 价值观的形成和共有化
- ○ 思维方式的形成
- ○ 共有的行为规范
- ○ 企业文化的运用

有了一套科学、合理的管理体系框架，只是奠定了有效管理的基础，还不是组织管理的全部。科学确定的组织结构、管理制度和控制规范，充其量只能比作一架设计精良的机器，现实的组织是充满活力和生命力的组织，还需要一些软性的融通和润滑的要素。

企业文化是弥漫于企业各方面、各层次的价值观、思维方式和行为习惯，是组织的风气、风格，在组织内部垂直影响和横向作用过程中，都起着不可或缺的作用。它对企业组织的运转而言是一种必不可少的润滑剂，而且能够创造良好的组织气氛和组织环境，从观念、信仰层次调动组织成员的工作积极性和忠诚心，这是其他管理手段所无法替代的。

第 1 节 企业文化的构成和功能

一、经营目标与经营理念

企业组织的目标表现为两种形态：一种是具体的、物质的形态，即企业的增长率、利润率等；另一种是抽象的、理念性的形态，如组织为什么而存在，组织存在的意义何在等。

经营目标解决企业物质追求方面的问题，经营理念解决企业精神追求方面的问题。经营目标所解决的是表现为数据、结构、规范、程序的问题。而对于如何去理解、考虑问题，应有的行为规范是什么，如何使承担职能性活动的组织成员"活起来"，如何使大家都参与到日常的经营管理活动中来等问题，最终要靠经营理念、观念形态来解决。这种观念形态的东西集中表现为企业文化。

□ 案例 13—1

公司使命和愿景的导向

公司使命和愿景是有关公司目前业务使命和未来期望与追求的集中表述。使命和愿景是一套未来导向的指导方针，通常涉及准备满足的顾客需要、选定的购买者集团和市场、试图成为的公司类型等方面。即便是非常成功的公司，在公司使命和战略的表述上也各有侧重，反映出公司的未来导向。

麦当劳：占领全球的食品服务业。在全球范围内处于统治地位，在建立客户满意度标准的同时，通过执行"服务便利、增加价值、履行承诺"战略，提高市场占有率和盈利率。

IBM：无论是一小步，还是一大步，都要带动人类的进步。成就客户、创新为要、诚信负责。

通用电气：以科技及创新改善生活品质，使世界更光明。

迪士尼：成为全球的超级娱乐公司，使人们过得快活。极为注重一致性和细节刻画；通过创造性、梦幻和大胆的想象不断取得进步；严格控制、努力保持迪士尼"魔力"的形象。

荷兰银行：透过长期的往来关系，为选定的客户提供投资理财方面的金融服务，进而使荷兰银行成为股东最乐意投资的标的及员工最佳的生涯发展场所。

惠普：为人类的幸福和发展作出技术贡献。"我们对人充分信任与尊重，我们追求高标准的贡献，我们将始终如一的情操与我们的事业融为一体，我们通过团队，通过鼓励灵活与创新来实现共同的目标——我们致力于科技的发展是为了增进人类的福利。"

二、企业文化及其构成

企业文化是以组织基本目标和价值观为核心，包括成员的思维方式和行为方式在内的一整套观念—行为。

任何组织都有文化。任何组织都有其基本的风格、风气，不论好坏、积极消极、是否明确，都有其不同于其他组织的特点。不同之处就是该企业文化的特色。在日常生活中，人们议论某组织是"官僚化"的、某团体"富有创新精神"、某企业"内聚力强"，等等，说的都是企业文化。

（一）企业文化的缘起

企业文化是与企业相伴而生的，从企业这一经济组织形态诞生之时起，就存在企业文化。但是，人们对企业文化现象的认识和研究始于 20 世纪 80 年代初期。首先提出并倡导企业文化理论的是美国的管理学者。

从 20 世纪 70 年代起，美国经济长期陷于停滞状态，而日本经济迅速发展，其产品大量冲击和占领美国曾居于优势的市场领域。这一严峻挑战震惊了美国各界，并引起了深刻反思。经过多方面的比较研究，美国学者发现成功的企业管理是日本经济发展的重要原因之一。日本的企业管理方法中有不少是为美国企业所忽视的，美日企业管理方式的根本差异表现在：美国企业注重管理的硬件方面，强调理性的科学管理；而日本企业则不但重视全体员工共有的价值观，更注重强化企业对员工的凝聚力，注重企业中的人际关系。比较的结果使美国学者认识到，文化是企业管理中不可忽视的重要方面，对企业能否成功具有深刻的影响。为此，他们提出要向日本学习，借鉴日本社会和企业中许多独特的文化因素，培育和发展美国的企业文化。与此同时，许多学者著书立说，探索企业文化的有关理论与模式。美国关于企业文化的研究引起企业界和理论界的强烈反响，并相继波及其他国家，由此掀起一股世界范围的企业文化热潮。

（二）企业文化的构成

在抽象意义上，企业文化中包含价值观和思维方式两个组成部分，具体表现为行为规范（见图 13—1）。

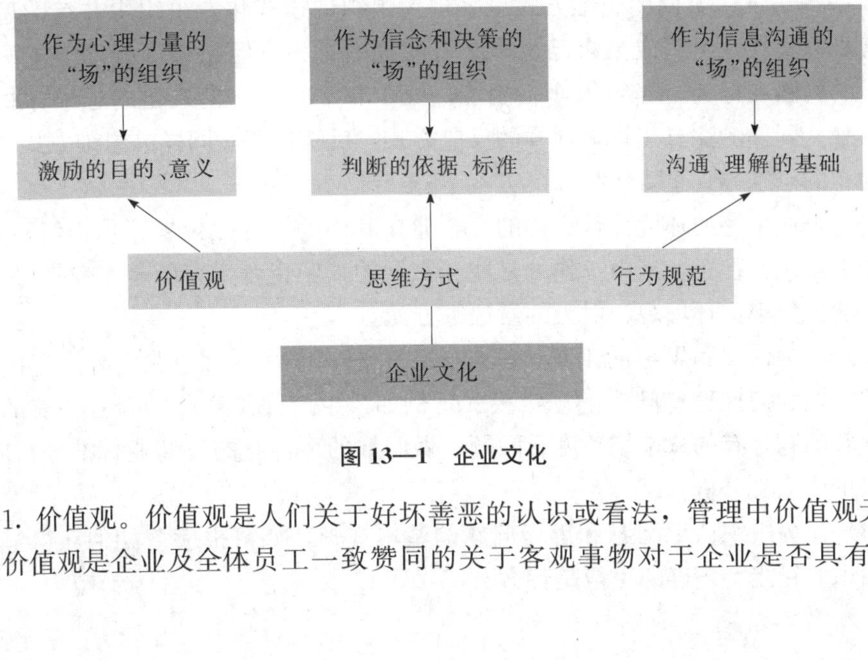

图 13—1　企业文化

1. 价值观。价值观是人们关于好坏善恶的认识或看法，管理中价值观无处不在。价值观是企业及全体员工一致赞同的关于客观事物对于企业是否具有价值，以及价值大小的共同认识或看法。它体现了一个企业的基本概念和信仰，反映了企业内部衡量事物重要程度及是非优劣的根本标准，因而是企业文化的核心和基石。价值观的确立对企业文化的其他要素具有决定作用，其他要素如制度规范、习俗仪式等，都是以一定的价值观为基础建立和形成的。价值观的实质在于客观事物能否满足企业及全体员工的共同需要。对能满足其需要的客观事物的意义予以肯定，是价值观形成的基础。

价值观体现了企业的最高目标和宗旨。任何企业总是把自认为对自己最有价值的对象作为本企业努力追求的最高目标、最高理想和最高宗旨。因此，企业最高目标、企业宗旨等是企业价值观的集中反映。对企业具有价值的客观对象往往不是一个，而是多个，如人才、顾客、利润、社会责任等。各种价值的重要程度也有所不同。将多种价值按照其重要程度加以排序组合，就构成企业价值观体系。具有稳定的、为全体员工共享的价值观体系是企业文化发育成熟的重要标志。

组织中之所以要有价值观，是因为：

（1）作为目标。价值观作为组织追求的目标而发挥作用，对不同价值观的追求会导致不同的组织目标。

（2）作为依据。共同的价值观是企业发生社会交往，沟通、处理和协调问题的基本前提和依据。

（3）作为标准。即作为选择、决策的标准。处理决策问题时，注意力的方向、资料的重要程度、构思解决问题的方案，确定解决问题的方法，都与价值观相关。

（4）作为价值意义。组织管理中许多本身并不属于价值问题的因素由于被用来作为某种目标而具有价值意义。

价值观作为目标、作为依据、作为标准和意义起作用，使组织作为产生心理力量的“场”、作为信念和决策的“场”、作为信息沟通的“场”而发挥作用。

2. 思维方式。共同的思维方式也表现为组织的模式化，组织中共有的思维方式通常难以察觉，组织成员自己也未必有明确的意识，但在相当程度上支配着组织成员的判断和行为。当组织面临困境，处于非常时期，模式化的思维方式容易表现出来。同样的注意焦点，同样的反应方式，反映出背后同样的思维方式。

共有的思维方式主要包括：

（1）企业生存的环境是什么样的？企业在其中处于什么位置，承担何种职能，扮演什么角色？在企业当中工作的是些什么样的人？企业生存的基本前提是什么？即企业的世界观、环境观、对人的看法等方面。

（2）作为认识和思考的工具、框架、方法论，也就是对企业内外发生的事情的分类方式和把握这些问题的思维模式，例如，生产同类产品的企业，有的从技术角度看问题，有的从市场角度看问题；做同样的事，有的以商业标准分析问题，有的以价值意义分析问题。

（3）作为组织认识问题和思考问题的基本规则。如情报应该如何获得？获得情报知识的正当、正确的手段是什么？

价值观和思维方式构成抽象意义上的企业文化。两者相互补充、相互强化，融为一体。

3. 行为规范。价值观和思维方式是很抽象的，它们的最大特点是一般性、融通性、普遍适用性。不管碰到什么样的具体问题，不管行为发生何种变化，只要有共同的价值观和思维方式，基本的看待和处理问题的方式就不会发生太大的变化，就存在解决问题的一般准则。

抽象性同时也是价值观和思维方式的局限所在，仅仅依靠抽象的价值观和思维方式并不能达到集体化协作的目的，必须把它们变成具体的行动方针。管理者往往需要把价值观和思维方式具体化为政策：组织的规章制度、管理体系。通过这些手段，告诉组织成员在具体情况下应该如何行动，以此来确定行为规范。组织中除了明确的行为规范外，还存在未明确化的行为规范，后者是组织当中人们碰到各种不同情况时，根据共有价值观和思维方式而自发形成的、内化了的、实际存在的行为规范。

在企业的日常工作中，在上司面前应当如何表现？碰到顾客投诉时应当如何处置？如何对待长辈、同事？几乎在组织管理的所有方面，都有未被明文规范所确定的事件存在，同时又有非正式的规则起着约束作用。

4. 共有的意义。以上企业文化的三个层次，关键在于被成员所共有。从理论上讲，并不需要三个方面都被共有，但由于价值观、思维方式、行为规范的内在一致性，文化熏陶的结果必然是共有化。

在这里，个人的价值观、思维方式、行为规范在企业中经历了一个同化的作用过程。日常工作交往、沟通协调和非正式的接触过程中，人与人之间相互影响会不知不觉地发生价值观的整合、思维方式的模仿和调整、行为方式的强化和规范化等，由此形成了企业的风气、氛围，或者说初级层次的文化。再经由主要管理者的提炼、理论化，经历宣传、影响、灌输，以及成员共同经历和经验的强化，便形成了较为完善的企业文化。个人行为的感觉层次、意志层次受传统影响并且被企业文化制约，即使是理性层次的行为，也要受感觉层次和意志层次的文化影响。

此外，领导者个人的观念和风格，员工个人的信仰和情感倾向，个人有意识无意识受传统影响、教育和强化的过程，组织中生产生活实践基础上的共同的经历、经验和社会化过程，都是企业文化的基本方面。

三、企业文化的功能

文化在组织中的功能可从三个方面来说明，即共有价值观的意义、思维方式共有化的意义、行为规范共有化的意义。

（一）共有价值观的意义

价值观是一个组织的基本理念和信仰，构成了企业文化的核心，也可以视为组织文化的灵魂，具有强势组织文化的公司都拥有员工广泛认同的、内容丰富的价值观体系。

价值观可以促进企业凝聚力的增强。这是由于，通过价值观及目标的引导，企业将不再是仅由相互利益需要而聚集起来的群体，而是一个由具有共同的价值观、精神状态和理想追求的个体凝聚起来的组织。在这个组织中，每个成员都有着强烈的认同感和归属感，对企业的发展前途充满责任感和自信心，积极参与企业的各项活动，主动将个人利益与企业利益联系在一起，与企业结成命运共同体。同时，在企业文化的长期强制性约束下，共有的价值观内化于员工的思想行为之中，形成员工对本企业文化的自然适应。这种自然适应强化了员工与企业的依存关系，使员工尽量避免脱离本企业而进入其他文化圈。

在增强凝聚力的同时，企业文化还可以成为强有力的激励机制，通过共同的价值取向和良好的文化氛围，激励员工为实现自我价值和企业目标而勇于奉献，不断进取。

（二）思维方式共有化的意义

1. 有利于组织成员间理解和沟通。组织之间、人与人之间的纠纷，在很大程度上是由于缺乏沟通和误解造成的。有共有的思维方式，对组织内的行为和事件的理解和解释就会比较一致，沟通也会变得顺畅。

2. 对思考变成行动有重要影响。当个人得知大多数人的想法和自己一样时，能够确认自己行为的正确性和正当性，增加自信心。当企业的战略、管理方式与自己的判断一致时，个人会产生强烈的信赖感。

3. 可以促进组织的学习过程。共有的思维方式会提示组织成员应该学习什么，个人学习和经历的结果经过沟通和理解，会变成共有的东西，个人层次的知识和经验逐渐变为大家共有的知识和经验。

（三）行为规范共有化的意义

企业文化基础上形成的行为规范，具有自动控制、自动调节、约束行为的功能。它可以在没有明确规范约束的条件下调节行为，并在明确规范未能规定的范围内起约束作用。

此外，共有的行为规范有助于迅速决策，即组织成员对特定条件下应该采取的行为达成共识，对彼此的行为有了一定的预期，沟通和调整的过程就可以大大缩短。

如此，企业文化对人的选择、行为、学习、努力方向等各方面产生全面而深刻的影响。在组织日常活动过程中，企业文化会潜移默化地、一点一滴地持续产生影响，假以时日，便会形成蔚为壮观的文化结构和体系，对外逐步树立起鲜明的形象，这成为管理的一个重要方面。

企业文化的各项要素具有不同的能量和效用。当各要素处于孤立状态时，其能量和效用是潜在的，唯有将各要素按照一定方式加以组合联系，使之以整体的企业文化形式存在，才能使各要素的潜在能量发挥出来，形成效用上的一致性，进而以整体功能的方式发挥作用。

□ 案例 13—2

沃尔玛："尊重每一个员工"

沃尔玛一直非常重视企业文化的作用，用良好的企业机制改造传统商业，充分发挥企业文化对形成企业良好机制的促进和保障作用，增强企业的凝聚力和战斗力。公司创始人山姆·沃尔顿为公司制定了三条座右铭："顾客是上帝""尊重每一个员工""每天追求卓越"。这成为沃尔玛企业文化的精髓。

在沃尔玛的整体规划中，建立公司与员工的合伙关系被视为最重要的部分，沃尔玛处理员工关系常采用分享信息和分担责任的方式，它使人产生责任感和参与感。尊重个人是沃尔玛的企业文化。"我们的员工与众不同"不仅是一句口号，更是沃尔玛成功的原因，它的含义是每个员工都很重要，无论他在什么岗位都能表现出众，沃尔玛还把这句话印在每个员工的工牌上。沃尔玛注重与员工的沟通，倾听员工的意见。同仁所提出的想法，始终都能受到高度的重视。沃尔玛推行的是开放式管理，任何员工都有权走进管理人员的办公室讲述任何话题，发表任何意见，很少有等级森严的气氛。同时，沃尔玛在员工培训方面给予足够的重视和巨大的投入。

第2节 企业文化的形成

企业文化的功能具有普遍适用性，任何性质、任何形式的企业都可以依靠强有力的企业文化获得成功，而优秀的企业文化不是自然生成的，其功能的充分发挥有赖于精心培育和长期建设。培育和建设企业文化是管理理论与实践进入新的发展阶段的要求，根据本社会、本民族、本行业、本企业的特点培育独具特色而又卓有成效的企业文化，是现代企业走向成功的必由之路。

一、价值观的形成和共有化

组织价值观的背后是企业生存的社会文化环境。如果仅就组织特有的价值观考虑问题，共有价值观形成的基础有二：一是经营理念；二是组织过去的成功体验。

组织过去的成功体验会使人意识到导致成功的思维方式、行事方式是正确的，这种思维方式和行事方式会作为共有的价值观铭刻在人们心里。人们往往相信自己亲身经历的事或自己体验到的成功，成功的体验对人有非常大的说服力。

仅以这种成功的体验形成的观念或印象作为共有价值观还不够，还必须通过某种语言表现出来，让其他人听明白、意识到。这种语言化、概念化的过程可以是自然发生的，或者是在大家用相近的语言表达成功经验的过程中逐步规范化的。也可以由主要管理者把这种思维方式和行为方式背后的思想用适当的语言表达出来，得到大家的认同。

很多时候是管理者、创业者基于某种信念获得初步成功后，将这种信念抽象成价值观，经由进一步的成功得到大家赞同，成为共有价值观。

这种价值观到企业文化还有一段距离，仅仅是归纳、提炼还不够，还必须经由渗透、传承的过程，才能成为企业文化的核心。渗透和传承的手段有四个。

1. 用易懂、体现理想或追求的语言表述。即要用简练的几句话概括企业的追求，表明企业文化的宗旨，使人能够产生神圣感，而且要通俗易懂，如本田的“企业发展的原动力是思想”。同时，企业宗旨不可太过现实，否则难以成为共有的、长久的东西。无论如何，企业宗旨必须有鼓舞人心的作用。

2. 体现在共同的、具体的行动中。仅为观念层次的作用是有限的，必须与个人的工作、生活体验结合起来。共同的行动或经历、经验，会使外在的信念变成个人的体验，两者结合起来，企业理念就会深入人心。

3. 强调共有的象征。象征是凝聚人心的必要手段，但象征往往是空泛的，所以必须具体化到某一对象物身上。对企业而言，价值观的象征可以表示为企业的英雄人物、典礼仪式、故事等形式。英雄人物可以是一个人，也可以是若干人。英雄人物不在于地位高低，关键是其象征意义。英雄人物往往是企业的创业者，和企业的传奇故事联系在一起，很多时候，核心人物的某些惊人举动有象征意义。

4. 持续的教育和学习强化。企业文化需要通过不断的教育和学习来加以强化，使员工在多方面对企业文化有切身的了解、认识和体会，这样形成的价值观才具备社会化的基础，才能够成为指导员工行为和态度的共享观念。

二、思维方式的形成和共有化

思维方式是企业文化中受价值观支配、作用于管理全过程的基本文化要素。它把精神性的价值观转化为人的具体行为规范，又把行为层次的改变上升为观念，在企业文化三层次结构中具有联结和过渡、转化作用，是企业文化中同化过程的主要承担者。

思维方式决定了人们考虑问题的注意力和取向。价值观作为行为的目的，作为决策和执行的依据，作为评价判断的标准，赋予事物以价值意义，这些功能都要通过思维方式实现。从工作操作过程中得来的感觉和经验，要转变和上升为观念，也要通过思维方式实现。思维方式是行为和观念之间的纽带。

不仅如此，个人在组织中的职能化、角色化行为和个人化、非角色化行为都由同一人承担，都在个人的思考和判断基础上发生。因而思维方式制约了正式化、科学化的过程，也制约了非正式组织、文化作用的过程。思维方式将两种过程在个人的思考和判断中结合起来。换言之，思维方式是组织管理中硬性的、显在的科学管理过程和软性的、潜在的文化作用过程之间的结合点。

企业文化建设中看似思维方式无法把握，其实思维方式恰恰通过同化的过程起作用，是企业文化结构中的过程性因素，这一点需要予以“十二分”的重视。其中，具体的途径如下。

1. 工作及技术的影响。个人所从事的工作以及所采用的技术对人的思维方式有至关重要的作用。如常年从事正常信贷业务的银行职员和从事股票、投机买卖业务的职员之间，思维方式和行为方式有很大不同。外科医生与屠夫对生命的看法，政府官员与大学教授对权势的看法，都存在很大差异。

2. 市场的影响。是激烈的市场竞争环境还是缓和的竞争形势，对人考虑问题的长远性、决策速度、反应能力等诸多方面都会产生不同的影响。

3. 管理方式的影响。企业内计划与控制系统的导向，激励系统的引导，考核、评价标准的倾向性，都会对人的思维方式产生影响，其中一些会影响人与人之间的接触和作用。例如，事必躬亲的领导风格、过分细致的评价考核、一切等待最高管理者决定的管理方式，容易形成家长式的企业文化。

4. 企业文化的有形载体。包括符号、传奇故事、英雄人物、口号和仪式等。这些有形载体反映了企业的基本价值观，对人们的思维和行动产生引导作用。在行为规范的形成方面，有形载体同样发挥着重要作用（见图 13—2）。

（1）符号。符号是向他人传递意思的一种物体、行为或者事件。与企业文化相关联的符号能够向公众传递公司的重要价值观。

惠普公司由比尔·休利特（Bill Hewlett）和戴夫·帕卡德（Dave Packard）于 1939 年创立，最初的实验室和工厂就设在帕卡德家的车库，这个车库创造了硅谷最成功的一家公司，之后被美国加利福尼亚州政府列为历史古迹予以保存，同时也成为惠普的一个符号，代表着发明、发明、再发明。

（2）传奇故事。传奇故事是基于组织和员工之间频繁复述和分享的真实故事所讲述的事情。给员工讲述公司的传奇故事，其目的是保证公司的主要价值观能够不断地流传下去。

通用汽车公司流传着这样一个故事。1990 年 2 月，通用汽车公司的机械工程师伯涅特在领工资时发现少了 30 美元，这是他一次加班应得的加班费。为此，他找到顶头上司，而上司却无能为力，于是他便给公司总裁斯通写信，信中说道：“我们总是碰到令人头痛的报酬问题。这使一大批优秀人才感到失望。”斯通立即责成最高管理部门妥善处理此事。三天后，他们补发了伯涅特的工资，同时还了解到那些“优秀人才”待遇较低的情况，因此调整了工资政策，提高了机械工程师的加班费。这个故事经《华尔街日报》刊载后广为流传，反映出通用汽车公司的“大家庭观念”，表现了员工与公司之间的充分信任。

（3）英雄人物。英雄人物是代表强势文化的行为、品行和特征的化身，是员

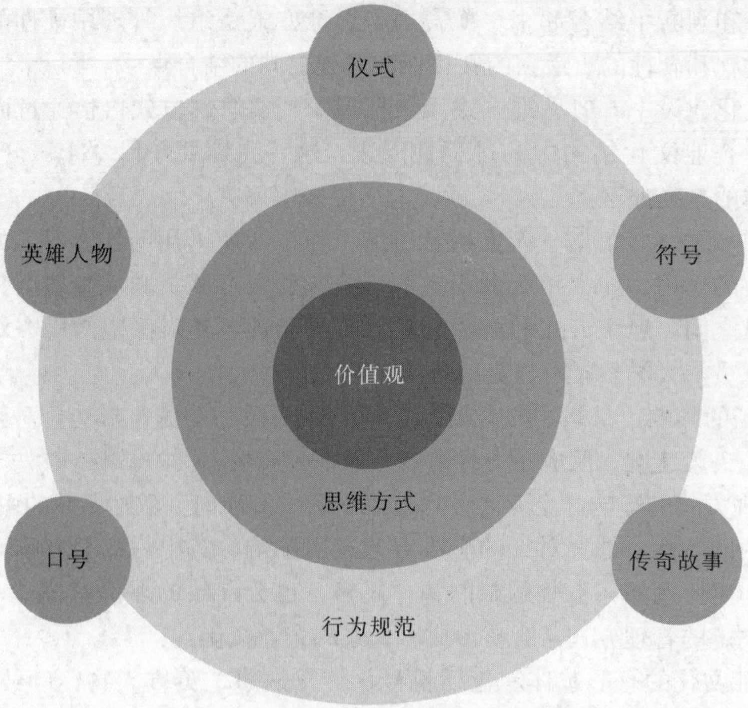

图 13—2 企业文化的渗透

工学习的榜样。英雄教会我们在组织中如何做正确的事情。具有强势文化的公司利用已经取得的成就来描绘英雄的形象，英雄是公司的核心理念的代表者。英雄人物可以是创业者或者企业家，也可以是作出突出贡献的员工和长期为企业服务、体现公司价值观的员工。

比如在海尔的《企业文化手册》里就有这样一则故事。1998 年，海尔健康型冰箱刚推向市场，就受到广大消费者的喜爱，特别吸引大家目光的是健康型冰箱的包装箱图案设计：活泼可爱的海尔兄弟拿着气球在欢快地奔跑。包装箱图案为淡绿色，设计新颖，蕴含健康之义。让人想不到的是，参与设计者之一黄蔚竟然是刚进厂的实习生。黄蔚白天在车间实习，下班后就来到科研所机房里。她大胆参与了健康型冰箱包装箱的设计，利用休息时间在机房里反复琢磨。包装箱图案设计获得通过后，深受鼓舞的她又自告奋勇承担了灶具面板的设计，她设计的燃气灶灶具面板已经投入生产，产生了经济效益。这位英雄人物的事迹启发了人们：海尔从不论资排辈，为每个人提供了广阔的发展空间，只要你抓住机遇就可以成功。

（4）口号。口号是表达公司核心价值观的一些简洁的句子或短语，许多公司利用口号或者某种说法向员工传达特殊的意思。当诺基亚在中国的品牌宣言和口号“科技以人为本”出现在电视中时，很多人都被这句独特的广告语所征服。诺基亚的文化对员工的个人情趣和家庭生活给予非常大的尊重。诺基亚认为，努力工作和良好的业绩并不是公司对员工期望的全部，因此，公司尽可能地通过一系列可行的方案为员工提供多方面的安排，包括身体健康、心理健康、娱乐休闲、个人技能的发展以及家庭理财方面的指导等。这一切正体现了诺基亚的口号："以人为本。"

（5）仪式。仪式是为了纪念特殊事件而举行的有计划的活动，举行仪式常常是为了公众利益的需要。通过举行仪式，公司管理者可以为员工树立起公司价值观的典范。仪式就是一些特殊的场合，通过让员工共同参与重要的事件、神圣化的程序和向英雄人物学习，达到强化公司的价值观、增强公司的凝聚力的目的。

日本松下电器公司每个新年伊始都要隆重举行新产品出厂的庆祝仪式。这一天，员工身着印有公司名称字样的衣服来到集合地点，作为公司领导者的松下幸之助会即兴挥毫书写清晰而明快的文字，如"新年伊始举行隆重而意义深远的庆祝活动，是本年度我们事业蒸蒸日上、兴旺发达的象征"。在松下幸之助向全体员工发表热情的演讲后，员工乘公司分派的卡车，满载着新出厂的产品，奔赴各地的商店，商店热情地欢迎和接收公司的新产品，公司员工拱手祝愿该店生意兴隆，最后，员工返回公司，举杯庆祝新产品出厂活动的结束。松下电器相信，这样的活动有利于发扬松下精神，统一员工的意志和步伐。

三、共有的行为规范

管理制度和规范是企业文化的重要内容，也是企业文化得以维护和延续的基本保证。在企业文化建设中，应当以共有的价值观体系为宗旨，围绕实现企业目标建立健全各项规章制度，形成严密的规范网络，使员工的各种行为活动、相互关系的确立和调整以及行为效果的评价等均有法可依、有章可循。

行为规范的共有和传承，主要依靠日常的相互作用。个人具有模仿和从众的倾向，个人通过观察身边其他人的行为，可以明白所在组织中什么是合理的，什么是应该做的、受赞扬的，并由此决定自己的行为。在利用规章制度对员工行为进行强制性约束的同时，也要注意发挥非正式规范的软约束作用。通过倡导、示范、舆论、人际关系、群体归属等形式，使员工感受到无形规范强大的影响力量，并在积极遵从的基础上对自身行为进行约束。

习俗礼仪是企业文化个性或独特性的具体反映，也是企业文化的主要表现形式。因此，在构建企业文化时，要注重保留和维护能反映本企业优良传统和文化特点的风俗、习惯，同时根据企业发展的需要创立各种礼仪形式。礼仪文化的建设应当以弘扬企业价值观、提高员工素养为宗旨，以是否符合上述宗旨作为评价和取舍各种礼仪形式的标准。为强化习俗礼仪在倡导企业精神、规范员工行为、增强凝聚力等方面的效果，应当尽量采用多样化、趣味化、娱乐化的表现形式，使之成为广大员工喜闻乐见、乐于参与的群体性活动。礼仪建设的实质是使企业的价值观、精神追求、道德准则和行为规范进一步习俗化，成为每个员工的自觉要求和自觉行动。而要达到企业文化的这一最高境界，就要把礼仪建设贯穿和渗透于企业经营管理的全过程，在工作秩序、办事风格、会议形式、待人接物、信息沟通方式以及内部公文格式等各个方面充分体现本企业特有的习俗礼仪。

概括起来，在企业文化的形成方面，重要的是：

（1）人们经历了什么，正经历着什么。

（2）组织中相互作用的方式是什么。

（3）经验的积累和传承是通过何种方式进行的。

（4）主要管理人员日常的言行是什么。

□ 案例 13—3

“1 分钟”节约运动

日立公司是日本著名的三大电器公司之一，拥有 20 个工厂，8 个研究所，近 8 万名员工，另外还有近百个与它保持密切联系的系列公司。日本管理界认为日立公司成功的支柱除了人和技术，还有是节约精神。

日立公司在开展节约运动时提出了“1 分钟在日立应看作 8 万分钟”的口号，意思是说，1 个人浪费 1 分钟，日立公司的 8 万人就要浪费 8 万分钟，按 1 人 1 天劳动 8 小时计算，8 万分钟就等于 1 个人劳动 166 天。在这个口号的鼓动下，日立公司从上到下普遍树立起“公司越是庞大就越要节约”的观念。

为了使信封能多次使用，日立公司内部使用的信封上贴着一张画有几条横线的纸。第二次使用时，收信人的名字写在第二行，同时把上次的收信人的名字涂掉。在公司里写便条或记点什么东西如果用了新纸马上就会挨批。即使公司董事使用的笔记本也是用使用过的纸装订起来的。在公司里有一条不成文的规定，不用的电灯就一定要关掉，虽然灯的开关都是集中控制的，但每一盏灯都有一个自己的开关，午休的时候员工们把灯关掉。

所有这些都卓有成效地推进了整个公司的节约运动，降低了公司的成本，大大增强了公司的竞争优势。

四、企业文化的运用

（一）理想的企业文化

企业文化不存在好坏之分，只有成功的企业文化和失败的企业文化，关键在于文化是否适宜企业的战略和环境。一般的评价对企业意义不大，对企业有意义的是文化是否给企业带来高效率和高效益。

例如，有甲乙两个企业，在甲企业，人人都早到晚走，办事认真，有板有眼，认真执行规章制度，工作勤勤恳恳，听从领导指示；在乙企业，人人上下班时间随意，办事强调自己的主见，随意性强，以个人的想法、创造性为主。一般来讲，似乎甲企业比较理想，但实际上要看企业类型才能下最后结论。如果是广告公司、报社而不是普通企业，或许乙企业更有优势。所以，文化适宜与否，主要取决于企业的业务性质、战略和环境特点。

（二）让企业文化真正发挥作用

在很多企业，文化仅仅停留在口头上，这样的企业文化徒有虚名，不能真正发挥作用。要使企业文化真正起作用，以下三个环节是非常重要的。

1. 主要管理者的信心和身体力行。很多企业管理者只是在口头上讲一套自己都未必清楚、未必相信的文化，其结果可想而知。

2. 共同的经历和体验。共同的经历和体验的重要性前面已经强调过，这里强调其规模和程度。如果不是大部分成员都有的深刻的经历和体验，就很难实现观念和经验的契合和相互印证，企业文化就很难在深层次扎根。

3. 管理方式与文化精神的渗透。明文规定的管理体系框架、制度，是否与文化倡导的基本精神相一致，是很关键的一个环节。或者说，企业文化的基本精神要体现到具体的管理体系框架中去，才能真正发挥作用。

五、企业文化的负面效应

企业文化同样存在负面效应。企业文化的负面效应首先表现在思维方式的同质化上。即当企业内部形成同质化的思维方式后，就会在变化面前丧失反应能力；就会压制不同意见，压制多样化，反对不同的思维方式；导致大家只能作出同样的反应，从而对市场、技术、产品等方面的变化置若罔闻，丧失时机；同时会压抑个性，压抑个人的创造性，挫伤个人的努力热情。

同质化的思维方式另一种后果是陷入一种偏执的境地，形成一种自我保护的本能，类似个人较顽固、偏激的思维方式，总以为自己是正确的，不到最后关头，不承认自己的偏颇和失误。特别是经历了上一阶段成功的组织，更易陷入这种境地。人们常说“失败是成功之母”，有些时候，成功也是失败之母。

思考题

1. 什么是企业文化？
2. 经营目标与经营理念的区别与联系是什么？
3. 企业文化的发展历程是怎样的？
4. 企业文化的构成是怎样的？
5. 企业文化的功能有哪些？

6. 如何塑造企业文化？
7. 怎样运用企业文化？
8. 中国企业应该如何建设自己的企业文化？
9. 如何理解企业文化的负面效应？

案例分析

华为总裁《致新员工书》

您有幸加入了华为公司，我们也有幸获得了与您合作的机会。我们将在相互尊重、相互理解和共同信任的基础上，与您一起度过在公司工作的岁月。这种尊重、理解和信任是愉快地进行共同奋斗的桥梁与纽带。

华为公司不单需要高层次、高素质的科技人才和管理人才，同时还必须有一个能被这些人才认同的价值体系，这就是说要建立一个员工共同拥有的企业文化。华为的企业文化是建立在民族优良传统文化基础上的企业文化。同时，这个文化是开放的、包容的，不断吸纳世界上的优良文化。如果把这个文化封闭起来，以狭隘的民族自尊心、狭隘的华为自豪感、狭隘的自我品牌意识为主导，排斥别的先进文化，那么华为一定会失败。这个企业文化鼓励全体员工团结合作，走群体奋斗的道路。

公司管理是一个矩阵系统，运作起来就是一个求助网。希望您们成为这个大系统中一个开放的子系统，积极、有效地既求助于他人，同时又给予他人支援，这样您就能充分地利用公司资源，借助别人提供的基础，吸取别人的经验，很快进入角色，很快进步。求助没有什么不光彩的，做不好的事才不光彩，求助是参与群体奋斗的最好形式。如果封闭自己，怕工分不好算，想单打独斗，搞出点名堂来，是万万不可能的。实践是您水平提高的基础，它充分地检验了您的不足，只有暴露出来，您才会有进步。实践再实践，尤其对青年学生十分重要。只有实践后善于用理论去归纳总结，才会有飞跃性的提高。要摆正自己的位置，不怕做小角色，才有可能做大角色。

我们崇尚雷锋、焦裕禄精神，并在公司的价值评价及价值分配体系中体现：决不让雷锋们、焦裕禄们吃亏，奉献者定当得到合理的回报。在华为，一丝不苟地做好本职工作就是奉献，就是英雄行为，就是雷锋精神。

实践改造了、也造就了一代华为人。“您想做专家吗？一律从基层做起”，已经在公司深入人心。进入公司一周以后，博士、硕士、学士以及在原工作单位取得的地位均消失，一切凭实际能力与责任心定位，对您个人的评价以及您应得到的回报主要取决于您实干中体现出来的贡献度。在华为，您给公司添上一块砖，公司给您提供走向成功的阶梯。希望您接受命运的挑战，不屈不挠地前进，您也许会碰得头破血流。但不经磨难，何以成才！在华为改变自己命运的方法，只有两个：一、努力奋斗；二、做出良好的贡献。

公司要求每一个员工热爱自己的祖国，热爱我们这个刚刚开始振兴的民族。只有背负着民族的希望，才能进行艰苦的搏击而无怨无悔。我们总有一天会在世界舞台上占据一席之地。无论任何时候、无论任何地点都不要做对不起祖国、对不起民族的事情。要遵守国家法规和社会公德，要遵守公司的各项制度与管理规范。对不合理的制度，在正式修改之前，您必须严格遵守。任何人都不能超越法律与制度，不贪污、不盗窃、不腐化。

您有时会感到公司没有您想象的公平。真正绝对的公平是没有的，您不能对这方面期望太高。但在努力者面前，机会总是均等的，只要您不懈地努力，您的主管会了解您的。要承受得起做好事反而受委屈，“烧不死的鸟就是凤凰”，这是华为人对待委屈和挫折的态度和挑选干部的准则。没有一定的承受能力，今后如何能做大梁。生活的评价是会有误差的，但决不至于黑白颠倒，差之千里。要深信，在华为，是太阳总会升起，哪怕暂时还在地平线下。

世上有许多“欲速则不达”的案例，希望您丢掉速成的幻想，学习日本人踏踏实实、德国人一丝不苟的敬业精神。现实生活中能精通某一项技术是十分难的。您想提高效益、待遇，只有把精力集中在一个有限的工作面上，不然就很难熟能生巧。您什么都想会、什么都想做，就意味着什么都不精通。做任何一件事对您都是一个学习和提高的机会，都不是多余的。努力钻进去兴趣自然在。我们要造就一批业精于勤、行成于思，有真正动手能力和管理能力的干部。机遇偏爱踏踏实实的工作者。

公司永远不会提拔一个没有基层经验的人做高层管理者。遵循循序渐进的原则，每一个环节对您的人生都有巨大的意义，您要十分认真地去对待现在手中的任何一件工作，十分认真地走好职业生涯的每一个台阶。您要尊重您的直接领导，尽管您也有能力，甚至更强；否则，将来您的部下也不会尊重您，长江后浪总在推前浪。要有系统、有分析地提出您的建议，您是一个有文化者，草率的提议对您是不负责任，也会浪费别人的时间。特别是新来者，要踏踏实实地一点一点地去做，不要哗众取宠。

公司建立了各级管理团队，在高层实行开放民主。在公司的授权下，各级部门首长办公会议负责日常运行的管理。部门首长办公会议实行权威制，一旦决定了要坚决执行，有不同意见可以反映，但必须服从它的决定，并且快速反应。

公司管理决策的原则是从贤不从众。管理的原则是集体负责制。这种建立在统一经营管理理念基础上的民主决策和权威管理的经营管理体制，有利于防止一长制的片面性，在重大问题上发挥集体智慧。这是公司成立10年来没有摔大跟头的因素之一。

物质资源终会枯竭，唯有文化才能生生不息。一个高新技术企业不能没有文化，只有文化才能支撑她持续发展，华为的文化就是奋斗文化，我也不能形象地描述什么叫华为文化，我看了名为《可可西里》的电影，看了残疾人表演的《千手观音》，我想他们的精神就叫华为文化吧！对于一个新员工来说，要融入华为文化需要一个艰苦过程，每一位员工都要积极主动、脚踏实地地在做实的过程中不断去领悟华为文化的核心价值，从而认同直至消化并接纳华为的价值观，使自己成为一个既认同华为文化，又能创造价值的华为人；只有每一批新员工都能尽早地接纳和弘扬华为的文化，才能使华为文化生生不息。

我们不赞成您去指点江山，激扬文字。我们以“产业报国”的方式去关心、去爱自己的国家。目前，在中国共产党领导下，国家政治稳定、经济繁荣，为企业的发展提供了良好的社会环境，我们要十分珍惜。21 世纪是历史给予中华民族一次难得的振兴机会，机不可失，时不再来。希望您加速磨炼自己，茁壮成长，我们将一起去托起明天的太阳。

资料来源：节选自网络，有改动。

思考题

1. 如果你是华为公司总裁，你希望通过这份《致新员工书》达到什么目的？
2. 试从企业文化视角总结概括《致新员工书》对员工的期待。

M

第 4 篇

变革与发展过程管理

第 14 章

变革与发展

本章要点

- ○ 企业组织本身的矛盾因素
- ○ 环境的变化
- ○ 企业发展与不平衡
- ○ 企业发展与惯性
- ○ 变革与发展过程管理的两面
- ○ 权变观点
- ○ 中庸之道

变革与发展过程的管理基于一个基本事实：在企业的生存发展过程中，自始至终伴随着差异、矛盾和对立。矛盾或不平衡是管理面临的一般情况。譬如，在企业对外的环境管理和内部组织管理之间，就会经常出现矛盾和差异。此外，企业本身也存在一些基本的矛盾，如组织目标与个人目标之间、技术与人性之间、自律与他律之间、原则性与灵活性之间等。所有这些都是与组织生存相伴随的。另外一个经常带来问题的方面是企业发展。发展本身就是破坏原有均衡的过程，需要在新的条件下、新的阶段重新找到均势，找到平衡。特别是在环境变化剧烈的现代市场经济条件下，这一点尤其重要，需要在管理上予以足够的重视。

第 1 节　企业发展中的矛盾和变化

企业发展过程中之所以充满了矛盾和变化，一是由于企业本身的地位和特点包含各种矛盾因素；二是由于企业内外均存在变化着的、打破现有平衡的力量。

矛盾和变化是企业发展过程的常态。

一、企业组织本身的矛盾因素

企业组织作为一个系统，对内面向个人，对外面向环境。一方面要集合个人的力量，形成有统一目标的有机整体；另一方面要适应环境，谋求自身的发展。这种特殊的性质和位置决定了它不可避免地成为各种矛盾和冲突的焦点。

我们不可能一一列举企业面临的各种矛盾，但就其基本的方面而言，至少可以指出下列几个方面。

1. 环境要求与组织内部要求之间的矛盾。从变动着的市场环境来看，竞争、多样化、灵活、创新是基本的要求。从企业作为一个长期持续的协作系统来分析，又要求安全、稳定、连续、协调。创新与稳定之间、变化与连续之间、竞争与安全之间、多样化与协调之间，不同程度地存在矛盾。

2. 组织目标与个人目标之间的矛盾。企业作为一个经济组织，有其共同的目标。共同目标是根据环境提供的可能、企业生存发展的需要和自身的能力确定的，不以个人的目标为转移。但是，参加组织协作的个人又都有其个人目标和追求，个人的目标和追求如果得不到满足，其积极性会受影响，个人甚至会退出企业。如何在组织目标和个人目标之间取得平衡，是企业管理的一个永恒主题。

3. 科学、理性与人性之间的矛盾。一方面，企业作为一个经济组织，要获得经济利益，要生存发展，就要讲究科学，依靠理性，提高效率。要尽可能采用科学技术手段和科学管理方法，严格各项操作规程和管理制度，按科学规律办事。另一方面，人是一种社会的、心理的、情感的、个性的存在，不是一部理性的机器。其间的矛盾也伴随组织管理过程的始终。

组织生活中还有许多其他环节存在与上述类似的矛盾和差异。

二、环境的变化

我们知道，企业与环境之间的均衡是通过适当的目标和战略实现的。环境不是一成不变的，时刻处在变动之中。环境因素的变化会打破企业原来形成的均衡状态，使企业面临新的挑战和局面。其中，市场竞争、技术变革和需求变化是最主要的因素。如电子技术的进步给人们生活方式、消费方式带来的变化；居民收入水平提高、消费方式变化给零售业态带来的变革；同行竞争对手推出新的战略举措；网络技术进步给企业管理过程带来的变革，都属于这种情况。

三、企业发展与不平衡

企业发展是带来问题的一个重要因素，主要表现在三个方面。

1. 企业发展破坏了企业与环境的均衡。有各种各样的具体情况，例如，原有市场空间由于企业成功的经营趋于饱和，增长乏力；过去只有一部分人消费得起的产品，由于企业大幅度降低价格而成为一般消费品；社会文化、消费方式演变使很多产品的命运发生改变，如很多老字号今天面临尴尬局面，等等。这些情况都使得企业原来制定的战略不再有意义。类似这样的问题就是由发展带来的新的不平衡。

2. 企业发展破坏了企业内部的均衡。由于企业成功发展，规模扩大或者分支机构增加，原来适宜、稳定的管理体系和操作变得不适应，需要调整和修正。例如，随着企业的发展，分支机构增加，组织结构需要由直线职能制转变为事业部制；由于企业发展，吸收新增资本或股份，需要调整上层决策机构；大部分实行现代企业制度改造的企业面临基本制度、机制变革。

3. 企业发展过程中产生的问题。除了这两个大的方面外，在企业发展过程中，还会滋生一些与成功和发展相伴随的弊病，如机构官僚化、办事拖拉、文牍主义、自满、大意等。这些弊病会降低企业的效率，使企业失去原有的生机和活力，失去面临环境变化迅速作出反应的能力，成为企业发展的严重阻碍。

所有这些都是企业发展过程中难以避免的。

第2节 企业发展与惯性

企业发展过程是一种打破常规，与各种保守力量斗争，克服惯性，变革创新的过程。

不论是为了适应环境，还是为了解决发展带来的问题，企业都需要在新情况下谋求新的平衡，因此，必要的新陈代谢、吐故纳新就是发展过程管理的基本内容之一。换言之，为了适应变化的情况，新思维、新技术、新战略、新市场、新人事等许多方面都是企业需要探索的。探索新的东西往往意味着要抛弃一些旧的东西，尝试解决新问题。

探索和开创会遇到来自惯性的阻碍。工作程序也好，沟通过程也好，思维方式也罢，人们往往习惯采用熟悉的或习惯的方式方法，排斥生疏的、不熟悉的东西。但是如果不能摆脱旧的体系方法，就不可能产生或形成解决新问题的办法，无法适应新情况。因此，企业发展过程还必须解决发展与惯性之间的矛盾。

企业发展当中的惯性，从大的方面划分，可分为体系惯性和个人惯性。体系惯性是在企业运行过程中整体上形成的固定、僵化的体系和程序。个人惯性指个人在长期组织生活中形成的固定的观念、准则和思维方法、工作习惯等。

一、体系惯性

体系惯性存在于两个层次。

1. 业务活动层次。企业在以往的探索、尝试过程中，形成了一套相对固定、成熟的操作规程，各部分、各环节之间有了密切协调的配合关系。对于原有条件而言，这是一种最有效的办法，但同时有不易变革的弊病，改变其中一个部分、一个环节与改变整个过程一样，都是非常困难的。

2. 管理体系层次。组织结构体系、计划与控制体系、制度规范体系建立起来并经过一段时间稳定下来以后，都有不易改变、自我维护的倾向，因而都有在面临新情况时不易调整的一面。

二、个人惯性

个人惯性有两个基本方面：一个是思维方面的；另一个是情感方面的。

一个人的思维方式越是固定成熟，越是不能发现与其价值观念不一致的新问题，对变化的反应越是迟滞、麻木。思维方式僵化的人不易发现和接受新事物，对变革持消极抵制态度。

情感方面的惯性主要体现在人际关系方面，一部分人长期在一个团体中工作，会在感情、作风、习惯等方面形成一定的一致性和适应性，这种状态包含着许多非理性的成分，当新事物与这部分人在情感方面的习惯不吻合时，就会遇到强有力的抵制。

上述两个方面的惯性，在某种意义上是一种有益的状态，它是在企业发展过程中为了提高效率，减少不必要的摩擦和冲突，有意无意地形成的消除或缓解矛盾的状态。这种惯性在一定程度以内是有意义的，有利于提高效率，降低内耗。但超过了必要的限度，就会成为一种发展变化的阻力。因为它消除了矛盾，使企业处于某种相对稳定的状态，缺少发展所需的创造性，缺少比较、竞争和刺激，缺少活力，不利于发展。

三、变革与发展过程管理的两面

如上所述，在企业生存和发展过程中，随着内外平衡实现程度的提高，整个企业经营管理过程有一种程序化、类型化、模式化、稳定化的倾向。

这种趋势有两方面的含义：一方面，表明企业围绕一定时期的战略目标，调整资源配置，优化经营管理各有关层次和侧面，管理水平有所提高，内外平衡在比较理想的程度上实现。企业所有力量攥成了一个拳头，达到一种最有利于实现特定目标的状态，管理达到前所未有的境界。这是比较理想的一面。企业管理不懈追求的就是这样一种状态。

另一方面，程序化、类型化、模式化、稳定化的倾向同时潜伏着丧失对环境的敏感性、丧失活力、不能随环境变化调整自身的危险。当一个企业专注于、陶醉于、满足于当时成功的战略时，往往看不到技术和市场环境悄悄发生的改变，总以为自己的战略还有很大的发挥空间，不把潜在的竞争对手放在眼里。这时，企业的敏感性下降，活力减少，变革迟缓，企业变得亦步亦趋，自我陶醉而无法自拔。很多企业没有败于创业而败于成功，很多度过创业期的民营企业正经历着类似的过程。

如何在稳定与变革、日常经营管理与阶段性变革之间取得平衡，如何既围绕一个时期的战略目标有效实现内外平衡，又在环境条件变化时抓住发展和变革的机遇，果断调整战略方向，谋求新的发展，是动态平衡、变革与发展过程管理对企业的挑战。

动态平衡、变革与发展过程管理，总体上，一是要处理好稳定和变革的矛盾，二是要有系统管理和权变管理观念。此外，企业长期的积累和准备，企业家的高瞻远瞩、洞察力、创新精神和高度责任感都是非常关键的。机遇总是给有准备的人。人们常说要抓住机遇，但机遇不是人人都能抓住的，机遇属于那些有准备的人和企业。

第 3 节 权变管理

以上分析表明，稳定不变不是企业发展的理想状态，对矛盾、差异、对立、变化不加调整和适应，任其自然，也不是理想状态。企业发展既需要稳定，也需要变革；既不能没有矛盾，也不能放任矛盾发展。因此，管理者不能用一套固定的、不变的体系和方法对待企业发展，而是要在各种极端之间找到某种均衡，要根据不同的情况采用不同的手段和方法，在动态中协调企业内外各方面的关系，把握某种程度上的“中庸之道”。

一、权变观点

管理上的权变观点认为，不存在一套在任何时候、任何条件下都适用的管理体系和管理方法，管理过程中一切都处于变化之中。环境、竞争对手、技术、社会环境、企业内部各种因素和力量都处在变动之中，不可能找到一剂包治百病的万灵药，解决一切管理问题。当然，管理也有基本的原理和手段，不需要也不可能针对每一种情境频繁调整。在一般的管理原理、体系和具体情境下的应对方法之间，存在一系列可供管理者选择的体系方法。

权变观点强调的是在变动的情况下寻求合理的方法。它所强调的基本点，一是变化，即一切要从变化了的情况出发，用发展变化的眼光看待和把握问题，条件变了，管理的体系方法也要相应调整。二是管理体系和方法的灵活运用，即根据系统论的基本原理，灵活巧妙地根据变化了的情况选择适当的管理方法。既讲求原则性，又讲求灵活性；既讲“经”，也讲“权”。原则性与灵活性相结合，“经”与“权”相结合，就是权变观点的要旨。

□ 案例 14—1

GE 的组织管理

GE 是美国也是世界上最大的电器和电子设备制造公司，产值占美国电工行业全部产值的 1/4 左右。由于市场竞争激烈，它在企业组织管理方面积极推进改革。

20 世纪 50 年代初，GE 完全采用了分权的事业部制。随着时间的推移，业务扩大以后，原有的组织结构已不能适应，于是 GE 扩充了事业部，改组了领导机构的成员，并制定了长期战略。在 60 年代末，面临威斯汀豪斯电气公司的激烈竞争，为应对危机，公司在事业部内设立“战略事业单位”，在事业部内有选择地对某些产品进行单独管理，使人力、物力能够有效地集中分配使用，编制出严密的、有预见性的战略计划。由于担心到 80 年代可能会出现长期的经济不景气，公司又决定实行“执行部制”，也就是“超事业部制”。这种体制就是在各个事业部的上面多一级管理。这样最高领导机构可以减少日常事务，也增强了企业的灵活性。在电子计算机技术广泛应用后，GE 建立了一个网络系统，大大提高了工作效率。除此以外，这个网络系统把销售、存货管理、生产调度等不同的职能结合在一起。

由于适应了技术进步、经济发展和市场竞争的需要，强调系统性和灵活性相结合、集权和分权相结合的体制，GE 先后吞并了国内外许多企业，逐步发展成为一个庞大的跨国公司。

二、中庸之道

变革与发展过程管理的一个基本精神是讲究中庸之道。因为在矛盾与发展的过程中，很多时候是左右为难，每一种做法各有利弊，偏于哪一个方面都不适宜，必须寻求某种矛盾中的平衡和动态中的平衡，利用矛盾和不平衡谋求企业发展。

所谓中庸之道，既不是不偏不倚，也不是调和、妥协，而是能动地利用矛盾和冲突，调动两方面的力量，在更高水平上实现协调，促进企业发展。矛盾也好，发展也好，虽有消极的一面，但也有积极的一面。立足于头痛医头，脚痛医脚，是无法摆脱困境的。只有利用矛盾和不平衡提供的发展机会，开创性地建立新的平衡，才是企业生存发展之道。

企业变革与发展过程可简单图示如下（见图 14—1）。

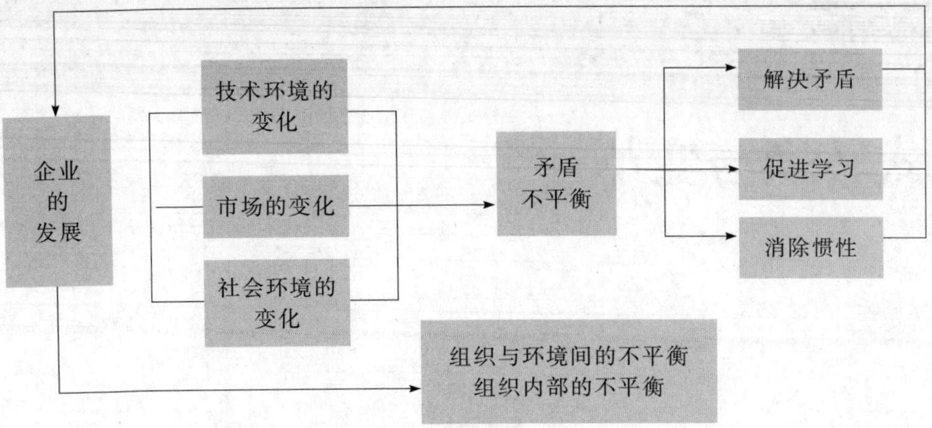

图 14—1　企业变革与发展过程

思考题

1. 哪些矛盾与变化引起了企业的变革？
2. 企业组织本身的矛盾因素有哪些？
3. 如何理解环境变化对企业变革的影响？
4. 如何理解企业发展对组织变革的作用？
5. 企业惯性包括哪些方面？这些惯性会对企业产生怎样的影响？
6. 怎样看待变革与发展过程管理的两方面？
7. 权变观点的主要内容是什么？
8. 如何理解变革与发展过程管理的“中庸之道”？

第 15 章

模式转换与变革

本章要点

○ 模式化的含义
○ 模式转换的困难
○ 模式转换的四个步骤
○ 变革的滞后性
○ 变革的过程

第二次世界大战后，企业发展过程中的“大企业病”、模式化、模式转换或企业再造成为一般性问题。从正面讲，模式的形成意味着企业对环境的适应达到了较高层次，但从另一方面看，它意味着企业失去了变革和创新的活力，特别是当环境条件发生较大变化时，企业往往很难做到推陈出新，及时调整。由此导致的所谓“大企业病”成为困扰许多企业的问题。与此相关的成熟化与变革问题，在企业发展过程中更具一般性。

第 1 节　模式转换

一、模式化的含义

模式也称为范式、范型，它是在某种环境条件下，企业发展过程中形成的从企业战略到经营策略、资源配置、内部管理；从工作程序到行为方式、管理方式；从思维习惯到价值观念都成为某种内在一致的特定类型的状态。

模式化是企业在上一个发展时期围绕成功的目标、战略决策配置资源，整合经营管理全过程基础上形成的，与第一次创业紧密相伴。

显然，特定的模式要有一定的时间积累才可能形成，它是企业内部各方面经过反复探索、学习、调整和适应才形成的。对某种特定的环境条件而言，企业的模式化是管理水平提高、效率提高、资源浪费和内耗减少的结果。它是企业文化的重要组成部分，具有简化管理程序、实现协调配合、鼓舞工作热情的重要作用。

一方面，模式的形成，意味着相对于某种环境条件，企业管理达到了较理想的状态，企业对环境的适应达到了较高层次。但另一方面，它意味着企业发展达到了某种稳定状态，失去了变革和创新的活力。从企业进一步发展的要求来衡量，这不是一种理想状态，特别是当环境条件发生较大变化时，要求企业管理模式进行相应的调整。但是，一种模式一旦形成，就有了保守、排斥其他类型的特点。换言之，在原有模式内部依靠其自身是很难实现转变和调整的。

二、模式转换的困难

模式转换意味着组织整体的变革，涉及战略、策略、价值观念、思维方式、学习过程和管理方式等方面，是一项复杂的系统工程。

模式转换或组织变革的困难首先在于一定的模式有相当一部分存在于人们的头脑中，具有潜意识特点，人们往往自觉或不自觉地受其支配。这是模式转换中最困难的。

其次，缺乏一般舆论和观念的支持是一个重要原因。对企业有意义的时机往往是社会还没有认识到、一般观念不接受的时期。在这一时期，除少数人外，大部分人很难理解为什么要变革、转换和调整。

再次，是来自主要领导者的阻力。主要领导者是原有模式的创造者，从原有模式的形成和运用中曾获得巨大的成功，对原有模式最熟悉，切身体会最多，感情最深，最难改变。有时领导者自认为已经摆脱了旧有模式的束缚，实际上仍然在原模式内行事。福特汽车公司早期的兴衰就是一个很好的例证。

最后，即使在环境完全改变了以后，旧有的模式也不会立即失去作用，仍然可以维持一段时间，因此，人们往往看不到模式转换的必要性。特别是在新的模式形成之前，旧有模式仍然在顽强地发挥作用。

□ 案例 15—1

亨利 · 福特的故事

亨利 · 福特通过单一车型大量生产方式，使汽车低价大量销售的战略获得了巨大的成功。这种战略以 T 型车、流水线和低价销售为标志。

1908 年，T 型车以 825 美元的低价销售。到 1928 年为止，共生产了1 500万辆以上的同类汽车。第一次世界大战后经济衰退出现时，亨利 · 福特仍以以往的战略应对。一是进一步降低价格，汽车价格由 550 美元降到 395 美元；二是在性能、部件上作进一步变革。但单一车型大量生产的基本方针没有变。当时曾有人提出单一车型潜在的危机，但亨利·福特未予理睬。他所采取的对策在当时取得了一定效果。1923 年 T 型车产量创下 212 万辆的历史最高纪录，美国市场上的份额为 57%。但到 1925 年，市场份额迅速降到 45%。原因在于通用汽车公司采用有计划地淘汰老式样、开发新式样的战略，吸引了大批顾客。通用汽车公司的战略对福特汽车公司构成了巨大威胁，亨利·福特的儿子埃德塞尔·福特提出调整战略、改换式样的要求，但遭到亨利·福特的拒绝。

之后，亨利·福特进行了技术变革，1927 年推出 A 型车取代 T 型车，还在马达等方面做了大量的开发和研究，但仍然没有跳出技术变革和低价大量生产、大量销售的模式。就这样福特一次又一次地错过了模式转换和变革的时机，使福特汽车公司陷入困境。直到 1945 年亨利·福特二世上台后，公司才逐步摆脱困境。

三、模式转换的四个步骤

模式转换的四个步骤如图 15—1 所示。

图 15—1 模式转换的步骤

（一）提出问题

这里不是简单地提出问题，而是有意识地使矛盾、不平衡或挑战明朗化、尖锐化，为变革创造条件。

如前所述，差异、矛盾和不平衡是企业变革的时机，是除旧布新的机会，特别是当企业发展形成某种固定的模式时，也意味着企业与环境变化之间的差异和矛盾增加。这时，依靠企业内部自然演变的方式无法解决矛盾，要想获得进一步发展，必须创造条件，转换经营管理模式。这种模式转换不是个别领导者的事情，而是牵涉企业内部上上下下各方面，是整体性质的变化。例如，由计划经济体制下的分配和执行机构变为市场经济条件下的企业、面临网购冲击的实体店铺、技术进步给通信产品带来的挑战，等等，都属于这种情况。

这种重大的、根本性的变革必须依靠企业内部各方面的力量，调动各方面的积极性。因此，首先要做的就是提出问题，使各层次明确企业面临的困境，突出矛盾和危机，使企业上上下下都意识到问题的深刻性和严重性，为转换和变革创造条件。这一阶段的关键是主要领导者的作用。一个企业能否把握适当的时机，适应环境的变化，迅速调整自身，实现经营管理变革，关键在于主要领导者。主要领导者的预见能力、胆略和气魄在这一阶段往往能够起决定性作用。提出问题的过程，在现实生活中往往伴随着对未来的预见和展望。例如，“未来的竞争主要是人才的竞争”“积极地理解和贯彻中央政策”“互联网将改变整个世界”等提法，既明确了现存的主要问题，也指出了变革的目标和方向。

（二）探索变革

在第一阶段充分的舆论准备前提下，转换或变革的实际过程从部分探索、试验开始。不经过探索和试验是不能实现变革的。

在这一阶段，充当探索和变革主体的往往是企业中的某一个部门或更小规模的单位。这种部门或单位往往是处在环境变化前沿地带，与环境变化关联性较强的部门。这样的部门或单位在环境变化面前探索形成的新模式，预示着企业组织整体的转换方向。这种探索和试验可能是商业模式方面的，也可能是新技术、新产品、新型服务方面的，不管是哪一方面的，都预示着企业管理基本方面的转换。

起这种探索和试验作用的部门有几个共同的特征：一是这些部门往往是受原模式控制和影响较轻的部门（如我国经济体制改革中的现象）；二是这些部门往往是那些规模较小的部门，因为大的部门比较保守，制约因素作用大，不易调整；三是部门内部的异质性强，同质性强的部门和单位缺乏创造性；四是面临巨大挑战时更容易有所突破，在某些情况下，看似不可能实现的目标或较大的危机压力反而能带来奇迹。上述这些特征并不是每一个起探索和试验作用的部门都具备的，只是说这类部门往往由于具备了其中某几个特征而充当了探索、试验的角色而已。

在这一阶段，主要管理者所能做和应该做的，就是为探索和试验创造条件，从人、财、物等几个方面给予必要的自主决策权。

（三）全面展开

第三阶段是在企业全面推广经试验实现变革的部门或单位的成功经验，是由点到面推开的阶段，或者说由一个局部变化引起其他方面连锁反应的阶段。例如，某一环节技术变革导致整个生产过程发生变革，某一店铺采用新型业态的销售和服务方式导致整个企业经营方式发生变革，都属于这种情况。

在这一阶段，主要管理者的职能是积极地提倡变革，引导变革的方向，为变革创造条件。其中一个重要的手段是人事调整，即从已获得成功的部门调遣管理者和员工派往尚未发生变化或变化缓慢的部门，促进这些部门的变革。另一个手段是设法改变这些变革缓慢部门的外部条件，迫使它们采取变革措施。对那些处在变革过程末尾的部门，采用某些强制手段是必要的。

（四）重塑模式

模式转换的最后一个阶段是重塑新模式的阶段。这一阶段可以说相当一部分是与第三阶段同时进行的。

所谓重塑模式，是在企业整体意义上，根据变革所展现出的新的发展机会和方向以及成功的模式，重新确定企业的经营理念、战略目标和经营战略，并据此确定相应的管理体系和方式方法，形成新的发展模式。

模式的转换往往涉及企业基本观念和发展范围的变化。不管是技术方面的，还是发展范围方面的，抑或是有关自我看法、自我认识方面的变化，都会导致有关企业发展基本问题的变化。例如，我国电商近年来的迅猛发展，通信行业的重新洗牌，以及中国企业在国际化进程中遭遇的挑战和竞争，都是关系到企业发展基本方面的变革。

从我国经济体制改革的经验和国外成功企业的发展经验分析，成功的模式转换过程往往是企业中一部分率先变革，随后引起一系列连锁反应，最终导致整个模式转换，这是模式转换的一般程序。

第2节　成熟与变革

模式转换包含了企业组织的技术、市场、制度、管理方式等几乎所有的主要侧面，对市场经济条件下的企业来说，更重要和更常见的，是市场战略、市场经营等方面。企业在市场经营中的成熟化与变革，更具一般性。

所谓成熟，也叫饱和，即企业在目标市场领域内达到了较高的市场占有率，主营项目失去发展潜力，需要考虑重新调整主营方向或经营战略的状况。重新调整的过程就是变革的过程。由成熟而变革是企业发展的基本形态。

由成熟而变革，一般有两个方向：一个方向是开发新领域、新行业，转换主营结构；另一个方向是通过更新换代在原市场范围内开拓发展道路。这两个方向之间并不相互排斥，企业可择其一，也可双管齐下，全面开拓。

无论选择什么方向，变革都要经历模式转换过程。立足原领域、原主营产品形成的经营体制、管理体系、思维方式、观念、视野，都需要根据新选择的发展战略经历一个变革和转换的过程。没有模式转换过程，变革是不可能实现的。

一、变革的特点

（一）变革的滞后性

从理论上分析，随着原市场领域的成熟化，企业的发展潜力变小，应当及时调整经营战略，走创新的道路。现实生活中，只有少数企业可以做到这一点。就大多数企业的一般情况而言，变革往往具有滞后性，不能随成熟和饱和而及时变革。单一品种、大量生产和销售的企业更是如此。这种滞后性通常是由于原战略基础上形成的发展模式的束缚造成的，主要原因有：

1. 对成熟化视而不见。当成熟化的征兆出现时，企业往往不能对其有客观冷静的认识。成熟往往是一个渐进的过程，某些时点上一时的繁荣或反复是这一过程中的一般现象。企业容易在复杂的市场信息面前只注意那些对自身有利的征兆，忽视那些预示发展趋势的信息。因为这种判断事关企业自身，从思维一般习惯上企业不可能清醒地认识到自己的问题，正所谓“不识庐山真面目，只缘身在此山中”。

2. 对模式转换的必要性认识不足。认为按以往的发展模式可以适应变化了的情况，只需在策略上作些调整，不必改变整个发展模式。由于对问题的深刻性认识不够，麻痹大意，结果错失变革良机，使问题更严重。

3. 规模和收益上的障碍。转移主营方向或开发新产品往往伴随着追加投资，新战略实施需要一定的规模，而且要经历一个重新“打天下”的过程，这是主要管理者难下决心的一个障碍。另外一个障碍是收益上的障碍，即企业在原经营领域已获稳定地位，处于收获阶段；实施新战略需要大量创业资金，短期内难有可观收益，以原业务领域的收益水平衡量新领域，容易使决策者踟蹰不前。

4. 本业意识的障碍。有些企业长期从事某一行业中某种产品的经营，本业意识很强，不相信因而也不敢在新领域尝试和探索，偶尔探索也达不到一定规模和程度，难见起色，反而更强化了其本业意识。这也是变革的一大障碍。

自经济体制改革以来，我国国有企业在市场环境变化面前屡屡坐失良机，被动亏损，陷入困境，除制度、政策环境等不利因素外，很大程度上是上述四个方面的原因造成的。

(二) 变革的阻力

变革可能会给组织中的成员带来某种威胁，因此组织中会产生一种保守的力量，反对改变现状，尽管这一变革可能会给组织带来好处。组织成员反对变革的原因主要有以下三点。

1. 不确定性。变革使已知的东西变得模糊不清和不确定，组织中的成员会对这种不确定性感到担心、恐惧，甚至厌恶。他们不愿意以已知交换未知，从而采取消极手段抵制变革。例如，在制造厂中引入采用复杂的统计模型的质量控制方法，意味着许多质量控制检验员需要学习新的方法。有些检验员可能担心自己学不会，由此对统计控制方法产生消极的态度，并在要求他们采用这一方法时表现出抵制的行为。

2. 既得利益。变革会威胁到人们为取得现状所作的投入，人们对现有体制的投入越多，他们反对变革的阻力就越大，因为他们担心失去现有的地位、收入、权势、友谊、个人便利或其他的福利。一般年老的员工对现有系统的投入更多，调整到变革状态后可能失去的也更多，因此年老的员工通常比年轻员工更加反对变革。

3. 认识上的阻力。组织中的员工如果认为即将采取的变革会导致资源的浪费、产品质量下降、生产效率降低等与组织最佳利益相悖的结果，就极有可能反对这项变革。

二、变革的过程

变革不是一项决策或一种措施所能实现的，它要花费一定的时间，经历一个过程，包括从观念到行为的一系列变化，是一项涉及企业经营管理的全面系统的工程。从一般意义上概括，这一过程包括四个阶段，即认识、探索、决策和稳定。

认识阶段是有关企业经营已趋成熟或饱和的认识过程。认识是变革的前提。企业发展的特点决定了认识是一个过程，不是一件轻而易举的事情。

探索阶段是在关于成熟化的认识的基础上，重新分析研究市场，寻找发展途径和机会，进行战略探索的过程。探索过程可能要走一些弯路，花费一定的资源，却是必不可少的一个环节。通过战略探索，企业未来发展的方向和途径逐步明朗化后，变革过程进入决策阶段。

决策阶段是企业作出重大转折性决策、确定新战略的过程。明确未来发展的方向和新领域中的关键因素，进行资源和能力的重新组合，是这一阶段必须解决的问题。

稳定阶段是根据新确定的经营战略协调和组织企业各方面的资源和力量，展开战略，稳定经营的过程。

这四个阶段因条件不同花费的时间各有不同，相互之间有交叉和重复的部分，但一般的变革过程基本上要经过这四个阶段。

□ 案例 15—2

QB House 理发店秒杀同行的秘诀：减法

QB House 理发店的诞生很有意思。1995 年的一天，QB House 的创始人小西国义在一家理发店等待了很久以后，终于坐到理发师安排的椅子上。但是理发没有立即开始，洗发小工们先是给他递上一条又一条热毛巾，然后是没完没了地按摩肩膀和手臂，之后开始推销各类美发产品。大量不需要的服务浪费了宝贵的时间，最后还要收取他几千日元的费用，而他想要的只不过是快点把头发剪短一些。小西国义突然觉得理发店烦琐冗长的服务程序对消费者是一种痛苦。一定有人像他一样讨厌这样过于“殷勤”的服务，他的想法是：如果有位置方便、收费合理的单剪发店铺，自己就能够更有效地安排时间及节省金钱。他带着这样的问题作了一次市场调查，结果显示，有像他一样的想法的人比例竟然高达 43%。于是，

QB House 诞生了。

QB House 定位为一家 10 分钟1 000日元的短时间、低价格的理发服务连锁店。店里只提供剪发和基本造型服务，不提供洗发、吹发、剃须等服务，也不在店里推销任何美发产品。就是这样一个简单到极致的单剪生意，从 1996 年创立第一家店面，QB House 在十几年间已经开设近 550 家分店，并将分店开到了中国香港、中国台湾以及新加坡、马来西亚等，平均每月有超过 125 万人次客流。

为了满足十分钟快速剪发的需求，QB House 作了以下几点创新。

1. 充分利用空间，专门开发了一套不同于传统美发店的美发“系统”——剪发组合柜。柜子正面是操作台和安放消毒柜、毛巾、梳子、镜子、剪刀等所有剪发必需用品的隔断，各种物件都有自己的卡槽，各安其位，整洁干净。柜子背面用来放置客人的衣物。每个柜子就是一个美发师的工位，配以尺码明显小于传统理发店的椅子，用以节省空间。

2. 专门清洁碎头发用小型吸尘器。这种碎头发用小型吸尘器，顶端附有软毛，用以吸附和清理顾客理发后留在头上和颈部的碎发。这也是“免洗”的核心所在，不用洗头，理完发后却能够把你所有的碎头发都清理得干干净净。

3. 一客一消毒。给客人提供一次性围巾、用后可以拿走的梳子等。所有非一次性用具，甚至理发师的手，都必须一客一消毒。

4. 没有收银员，用户自己先付费，然后叫号服务。为了节约成本，同时也为了让理发师更专注于理发服务，QB House 的所有店面都可以不收现金，设置了不设找零的刷卡机。这种设计便利顾客，也可以避免工作人员收银找零的麻烦，使店面的服务全部聚焦于剪发。

QB House 在店面的等位处设置了一个由红、黄、绿三种颜色组成的信号灯，用来向客人指示店铺的繁忙程度。绿色表示立刻可以提供服务，黄色表示需要等候 5～10 分钟，红色表示需要等候 15 分钟以上。客人可以依据自己的时间，选择要不要等待。更智能的是，理发座椅下都有传感器，可以自动将顾客数据传输到后台的系统中，总部可以对各家店铺的客流情况了然于胸。

资料来源：改编自佚名：《理发店用减法秒杀同行》，http：//zixun. izhong. com/yiyou/article/20150514132752746602 0。

(一) 对成熟化的认识

有关某一行业或企业趋于饱和、成熟的现象，通常是由企业外部的人首先认识到的，企业内部反而不易及时发现，原因是企业往往沉醉于自己的成就，身处其中而挡住了自己的视线，看待自身容易带有主观色彩。从企业内部有关成熟化的认识过程分析，首先认识到这一问题的是企业的主要管理人员和受市场环境变化冲击最大的部门管理人员，而且越有一定前瞻性看法的人越容易首先注意到。对于变革来说，只有部分管理人员认识到是远远不够的，还需要经历提示、宣传、扩散的过程，使这一认识和危机感深入人心，为变革创造条件。

在部分人认识到企业产品成熟化，而大部分人尚未认识到的阶段，由于一般的舆论和看法还是从前的一套，因而宣传、说服工作有很大难度。同时，也正是在这个阶段，市场机会最好，变革的时机最好。等到成熟化成为一般的看法时，市场机会已经丧失，企业已处于被动状态。因此，这一阶段主要领导者的眼光、预见性、与常人不同的思维方式和高超的说服力与动员能力就显得格外重要。市场经济发展过程中那些率先开辟新领域，进入新行业，经营成功的企业，都有这样的领导者在其中发挥关键作用。

（二）战略探索

战略探索阶段是一个稍显漫长的，包含了多次摸索、试验、失败，最终找到有潜力的发展方向的过程。这一阶段常常要走许多弯路，消耗一部分力量，花费一定的投入，原因自然在于盲目性。因为尽管认识到原战略已成强弩之末，但有发展前途的行业和产品并不明显，确定性的资料和依据很少，必须试探性地开拓，结论才能逐步明朗化。许多资料、认识、条件和可能性，只有经过探索才能获得和发现。所以，走弯路，耗费一定的人、财、物资源，是转换过程必经的一个阶段，而且是有意义的一种过程。因为在一次次的探索、摇摆和失败过程中，企业可以获得有关市场发展机会、自身经营能力和优势、有发展潜力的方向等方面的大量资料和认识；可以增长见识；可以锻炼和培养人才。所有这些都是新战略成功的条件。没有这些必要的准备和经历，企业不可能从新战略中得到较大收益。人们往往只注意成功本身和新战略展开阶段各种要素的重要作用，而忽略成功背后的失败和教训所起的重要作用。

许多管理人员常常由于探索、开拓阶段需要大量投入和走许多弯路而放弃早期探索。表面上看起来这样做损失很小，但实际上在避免了这种探索性损失的同时，也丧失了获得更大收益的机会。等到问题明朗化后，风险确实变小了，但机会也随之丧失。

（三）战略决策

当探索过程中成功的试验出现，企业未来发展的方向和途径渐趋明朗的时候，便进入了战略决策阶段。在进入这一阶段之前，有几点必须明确。一是新的方向和途径预示的未来收益虽然很难预计，但必须是有发展前途的。二是确定这样一种发展道路，其核心的、关键的环节或要素是什么？在技术、成本、需求、竞争等各方面是否有优势？什么使新战略有较大的成功把握？三是企业本身的资源、能力和特长何在？它们与战略之间是否适应？一方面是企业自身能否实现新战略的问题；另一方面是新战略能否发挥企业优势的问题。如果上述三点都有肯定的回答，战略决策就是轻而易举的事情了。但在实际发展过程中，情况很难如此理想。所以，战略决策过程中要做的事情就是分析、研究，确定具体的战略与策略，创造一些条件，有差别地使用力量，有意识地回避弱项，加强强项，满足上述条件。

这样一种战略决策过程，同时也是一种新形势下采取何种经营思想，如何安排经营管理各方面，如何理顺内部经营机制，以战略目标为核心把企业各方面组织成为一个有特定结构、目标和功能的系统的过程，即新的发展模式形成的过程。

这一过程的贯彻落实即变革的第四阶段。所以第三阶段和第四阶段实际上是前后连续的一个过程。

三、变革的方法

(一) 变革的类型

管理者进行变革通常会选择结构、技术和人员变革（见图 15—2)。结构变革包括改变组织的复杂性、正规化、集权化、职务再设计及其他结构因素。技术变革包括工作过程、所使用方法和设备的改变等。人员变革则是指员工工作态度、期望、认知和行为的改变。

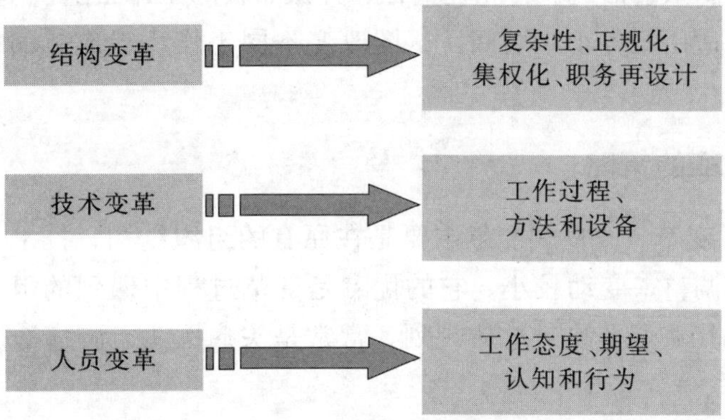

图 15—2 变革的三种类型

1. 结构变革。一个组织的结构由业务复杂性、正规化、集权化的程度决定，总体上要服从战略的需要。管理者可以对这些结构要素中的一个或多个加以变革。例如，可将几个部门的职责组合在一起，或者精简某些纵向层次、拓宽管理幅度，以使组织扁平化；为提高组织的正规化程度，可制定更多的规则和制度；提高分权化程度，可以加快决策的速度。

另一个方案是对现行结构作出重大改变。这可能包括从职能型向产品分部结构的转变，或者采用矩阵结构设计。管理者也可能考虑重新设计职务或工作程序，或者修订岗位说明书、丰富职务内容或实行弹性工作制。还有一种选择是调整组织的薪酬体系，例如通过采用业绩奖励或利润分享的方案，提高激励效果。

2. 技术变革。管理者可对生产过程采用的技术或企业管理流程进行变革。技术变革通常涉及新的设备、工具和操作方法的引入，以及实现自动化控制或提高管理信息化水平。

3. 人员变革。通常指通过改变人员及人际工作关系来帮助组织中的个人和群体更加有效工作的各种方法和方案。常见的方法包括敏感性训练、调查反馈、过程咨询、团队建设和组际发展等。

敏感性训练是通过非结构化的群体互动来改变人的行为的一种方法。该群体是由一位职业行为学家和若干参与者共同组成的。职业行为学家仅仅为参与者提供表达思想和情感的机会，参与者可以随意讨论他们感兴趣的任何话题，整个过程自由、不受约束。个人的积极参与及互动是敏感性训练的关键。

调查反馈是通过向组织成员发放调查问卷，了解其对诸如决策制定、沟通效果、部门间的协调、组织的满意度、工作、同事及其直接上司等各方面的认识与看法，并使用调查所得到的信息解决存在的问题。

过程咨询是指管理者依靠外部专业咨询人员对企业需要处理的问题、过程和事项作专项研究分析，采取适当行动。这些过程事件可能包括工作流程、部门成员间的非正式关系，以及正式的沟通渠道等。

团队建设是使工作团队的成员在互动中了解其他人是怎么想和怎么做的，通过这种方法，团队会形成一种相互信任、开诚布公的工作氛围，使工作更有效率。

组际发展适用于各小组之间，试图改变不同工作小组成员的相互看法、认知和成见。

（二）变革的策略

1. 改良式变革。改良式变革主要是在原有的组织结构、技术与人员基础上修修补补，局部调整，变动较小。它的优点是变革过程中遇到的阻力较小，变革措施易于实施；其缺点是缺乏总体规划，常常是头痛医头，脚痛医脚，带有权宜之计的特点。

2. 激进式变革。激进式变革往往涉及组织结构、技术和人员的重大调整和变革，变革的期限较短，是在短期内颠覆式的变革策略。一般来讲，这种变革策略适用于非常时期和极端情况，如企业经营状况严重恶化，某些问题长期积累以致危及企业生存等。激进式变革会给企业带来非常大的冲击，所以常常能够颠覆局面、取得奇效。也正因为如此，这种变革策略所伴随的风险异常巨大，严重时会导致组织崩溃，所以一定要慎用。

3. 渐进性变革。渐进式变革兼具改良式与激进式变革的特点，它是一种计划性的对企业进行全面、彻底变革的策略。它的目的常常是对组织结构、技术与人员等方面进行全方位变革，它的实施期限较长，通常有变革的具体计划和方案，分时期、分阶段地加以实施。这种变革策略遇到的阻力比较小，符合企业长期发展的要求；由于实施时间较长，某些问题可能得不到及时解决，长期积累后突然恶化。

企业在管理实践中应当结合企业所面临的环境和内部条件，综合应用各种变革策略和方法来达到变革的目的。

四、促进创新

有三类因素可用来激发组织的创新，即组织的结构、文化和人力资源（见图 15—3）。

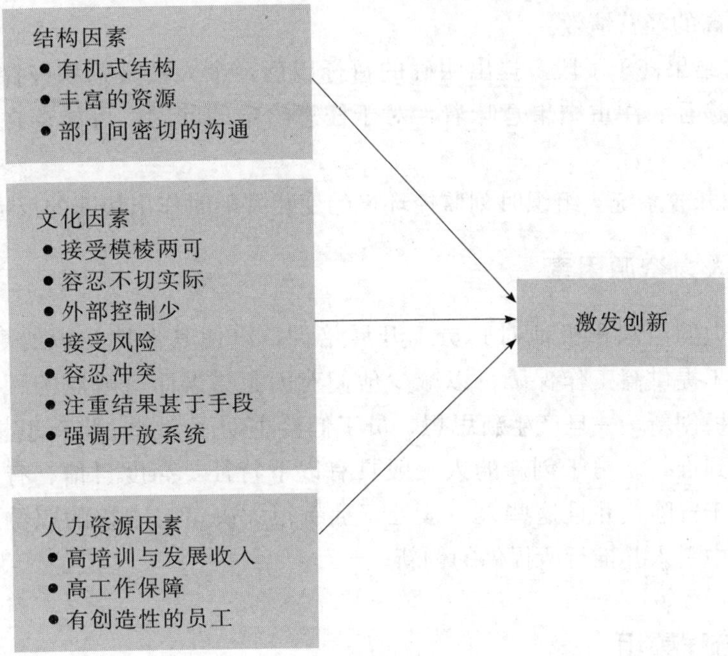

图 15—3　激发创新的因素

(一) 结构因素

1. 有机式结构对创新有正面的影响。因为其纵向变异、正规化和集权化程度低，有机式结构可以提高组织的灵活性、应变力和跨职能工作能力，从而使创新更易实现。

2. 丰富的资源为创新提供另一重要的基石。组织资源充裕，就使管理层有能力购买创新成果，敢于投巨资推行创新并承受失败的损失。

3. 部门间密切的沟通有利于克服创新的潜在障碍。像委员会、任务小组这类机构可促进部门之间的相互交流，从而得到创新组织的成功经验。

(二) 文化因素

富有创新性的组织通常拥有一些共同的文化，这些组织文化通常有如下特征。

1. 接受模棱两可。过于强调唯一性、目的性会限制人的创造性，模棱两可反而会带来开阔的思路。

2. 容忍不切实际。组织不应该抑制其成员异想天开，有些看起来不切实际的想法似乎是不可行的，但往往可能带来创新性解决方案。

3. 外部控制少。组织将规则、条款、政策这类控制减到最低限度。

4. 接受风险。创新必定会带来风险，两者同时存在。组织鼓励员工大胆地试验，不要顾虑失败的后果，因为错误可以提供学习的机会。

5. 容忍冲突。组织鼓励不同的意见。个人或部门之间的一致和认同并不意味着能实现很高的经营绩效。

6. 注重结果甚于手段。提出明确的目标以后，个人被鼓励积极探索实现目标的各种可行途径。注重结果意味着，对于任意给定的问题，可能存在若干种正确的解决办法。

7. 强调开放系统。组织时刻监控环境的变化并随时作出快速的反应。

（三）人力资源因素

有创造力的组织积极地对其员工开展培训，以使其保持知识的更新，同时，它们还给员工提供高工作保障，以减少他们对因犯错误而遭解雇的顾虑。组织也鼓励员工积极创新，一旦产生新思想，员工们会主动而热情地将新思想予以深化，确保创新得到推行。勇于创新的人一般具有以下特征：高度自信、有成就欲、精力旺盛、敢于冒险，并且这些人一般处于拥有很大决策自主权的职位，这使得他们能在组织中引入并推行所提倡的创新。

五、业务流程重组

（一）相关概念

业务流程重组（business process reengineering，BPR），又称流程再造，是由美国管理专家迈克尔·哈默（Michael Hammer）于1990年提出的，是指对企业的业务流程进行根本性的再思考和彻底的再设计，从而在成本、质量、服务和反应速度等方面获得业绩的巨大改善。这一理念的提出引发了美国各大公司的业务流程重组热潮。

流程是一组有组织的相关任务和活动，它们协同工作，将投入转变成产出并创造价值。常见的流程实例有新产品开发、订单执行、客户服务等。再造是使组织从牢固的纵向结构转向灵活的横向结构，这种结构具有很强的环境适应性和灵活性。流程再造是对企业流程的改造，而不是对企业职能的改造，因此与组织结构变革是有区别的。

流程再造运用系统思维原理，强调管理面向业务流程，将业务的审核与决策点定位于执行业务流程的地方，实现从职能管理到面向业务流程管理的转变，提高对顾客和市场的反应速度。

这一理念的引入对中国企业极具实践意义。中国传统的企业往往以“条块”职能式居多，如采购、生产、销售、财务各管一块，在企业活动中各自为政，较少考虑与公司战略的协调和与上下游其他部门的配合。

（二）运用原则

从根本上讲，再造是重新开始，抛开陈旧的工作方式和价值理念，找出能把业务干好的方式和方法。把业务理顺的目的是使顾客满意，因此首先要识别顾客的真实需要，然后设计新的工作程序并组织人力去满足顾客的需要。现实中流程再造有很大难度，成功率低，必须注意一些原则。

首先，业务流程重组强调流程中每个环节上的活动尽可能实现最大化增值，减少无效或不增值的活动，并从整体流程最优（而不是局部最优）的角度设计和优化流程中的各项活动。

其次，企业应该审视客户、企业、供应商三个方面的所有流程，根据企业的战略重点选择不同的切入点，以更快更好地服务于顾客。比如，联想集团从企业与客户关系的管理切入，以客户为中心发展业务并重新调整组织结构，由以“产品群”划分的事业部制改组为“以客户为中心”的六大业务群组。

最后，流程再造要先整体规划，再分步实施，从局部的关键流程改造入手。从整体上结合组织目前情况进行企业流程再造规划，画出一个流程再造的战略步骤图，然后按照步骤图开始实施，在实施过程中优选局部的关键流程来再造。

思考题

1. 如何理解模式化的含义？
2. 请列举模式转换可能的阻碍。
3. 模式转换有哪些步骤？
4. 为什么说变革往往有滞后性？恰当的时间是指在什么时候？
5. 变革包括哪些步骤？如何具体操作？
6. 请列举促进变革的方法。
7. 如何理解业务流程重组？

案例分析

杜邦公司组织机构的改革

美国杜邦公司是世界上最大的化学公司，建立至今已近200年。在这200年中，尤其是20世纪以来，企业的组织机构历经变革，其根本点在于不断适应企业的经营特点和市场情况的变化。虽然变革中不无阻力，也有挫折，但杜邦公司最终获得了成功，其所创设的组织机构曾成为美国各公司包括著名大公司的模式。

第一阶段：成功的单人决策及其局限性

整个19世纪，杜邦公司基本上是单人决策式经营，这一点在亨利（Henry）掌权时尤为明显。亨利是军人出身，由于在接管公司以后完全是一副军人派头，所以人称“亨利将军”。在公司任职的40年中，亨利挥动军人严厉粗暴的铁腕统治着公司。他实行的一套管理方式被称为“恺撒型经营管理”，其实是经验式管理。公司的所有主要决策和许多细微决策都要由他亲自制定，所有支票都得由他亲自开，所有契约也都由他签订。他一人决定利润的分配，亲自周游全国，监督公司的几百家经销商。在每次会议上，总是他发问，别人回答。他全力加速账款回收，严格支付条件，促进交货流畅，努力降低价格。亨利接任时，公司负债高达50多万美元，但亨利后来却使公司成为行业的领导者。

在亨利的时代，这种单人决策式的经营基本上是成功的。这主要是因为：(1) 公司规模不大，直到1902年合资时总资产才2 400万美元；(2) 经营产品比较单一，基本上是火药；(3) 公司产品质量具有绝对优势，竞争者难以超越；(4) 市场变化不甚复杂。单人决策之所以取得了较好效果，与“亨利将军”的非凡精力是分不开的。直到72岁时，亨利仍不要秘书的帮助；任职期间，他亲手写的信不下25万封。

正因为这样，亨利死后，继承者的经营终于崩溃了。公司的第三代继承人——亨利的侄子很快去世，合伙者也都心力交瘁，两位副董事长和秘书兼财务总监相继去世。这不仅是由于他们的体力不堪重负，还由于当时的经营方式已与时代不相适应。

第二阶段：集团式经营的首创

正当公司濒临危机、无人敢接重任、家族拟将公司卖给别人的时候，有三位家族成员出来力挽狂澜，以低廉的价格买下了公司。他们不仅具有管理大企业的丰富知识，而且具有在铁路、钢铁、电气和机械行业中采用先进管理方式的实践经验，有的还请泰罗当过顾问。他们精心地设计了一个集团式经营的管理体制。在美国，这是第一家把单人决策改为集团式经营的公司。

集团式经营最主要的特点是建立“执行委员会”，居于最高决策机构董事会之下，是公司的最高管理机构。在董事会闭会期间，大部分权力由执行委员会行使，董事长兼任执行委员会主席。1918年，执行委员会有10个委员、6

个部门主管、94 个助理，高层管理者大多在 40 岁上下。

公司抛弃了当时美国流行的体制，采用了预测、长期规划、预算编制和资源分配等管理方式。在管理职能分工的基础上，建立了制造、销售、采购、基本建设投资和运输等职能部门。在这些职能部门之上，是一个高度集中的总办事处，控制销售、采购、制造、人事等工作。执行委员会每周召开一次会议，听取情况汇报，审阅业务报告，审查投资和利润，讨论公司的政策，并就各部门提出的建议进行商讨。对于各种问题的决议，一般采用投票、多数赞成通过的方法，权力高度集中于执行委员会。各部门申请的投资要经过有关部门专家的审核，对于超过一定数额的投资，各部门主管没有批准权。各生产部门和职能部门必须按月按年向执行委员会报告工作，在月度报告中提出产品的销售情况、收益、投资以及发展趋势，年度报告还要涉及 5 年和 10 年计划，以及所需资金、研究和发展方案。

在集团式经营的管理体制下，权力高度集中，实行统一指挥、垂直领导和专业分工的原则，大大促进了杜邦公司的发展。20 世纪初，杜邦公司生产的五种炸药产量占当时全美总产量的 64%～74%，生产的无烟军用火药则占 100%。公司的资产到 1918 年增加到 3 亿美元。

第三阶段：充分适应市场的多分部体制

杜邦公司在第一次世界大战中的大幅度扩展，以及逐步走向多角化经营，使组织机构遇到了严重问题。每次收购其他公司后，杜邦公司都因多角化经营遭受严重亏损。1919 年，公司的一个小委员会指出：问题在于过去的组织机构没有弹性。尤其是 1920 年夏到 1922 年春，市场需求突然下降，使许多企业出现了所谓存货危机。这使人们认识到：企业需要一种能力，即根据市场需求的变化改变商品流量的能力。

杜邦公司经过周密的分析，提出了一系列组织机构设置的原则，创造了一个多分部的组织机构。

在执行委员会下，除了设立由副董事长领导的财务和咨询两个总部，还按各产品种类设立分部，而不是采用通常的职能式组织如生产、销售、采购等部门。在各分部下，则有会计、供应、生产、销售、运输等职能处。各分部都是独立核算单位，分部的经理可以独立自主地统管所属部门的采购、生产和销售。这些以中层管理人员为首的分部，通过直线组织管理其职能活动。高层管理人员总部在大量财务和管理人员的帮助下，监督这些多功能的分部，用利润指标加以控制，使它们的产品流量与需求的波动相适应。

由于多分部管理体制的基本原理是政策制定与行政管理分开，从而使公司的最高领导层摆脱了日常经营事务，把精力集中在全局性的问题上，研究和制定公司的各项政策。

新分权化的组织使杜邦公司很快成为一个具有效能的集团，公司具有很大的弹性，能适应需要而变化。这使杜邦公司得以在20世纪20年代建立起美国第一个人造丝工厂，以后又控制了赛璐珞生产的75%～100%，垄断了合成氨。30年代后，杜邦公司以新的战略参加竞争，那就是致力于开发新产品，垄断新的化学产品生产。从30年代到60年代，被杜邦公司首先控制的有着重要意义的化学工业新产品有：合成橡胶、尿素、乙烯、尼龙、的确良、塑料等，后来它参与第一颗原子弹的制造，并迅速转向氢弹生产。

第四阶段："三驾马车式"的体制

杜邦公司的执行委员会和多分部的管理机构，是在不断对集权和分权进行调整的情况下去适应需要的。例如，20世纪60年代后期，公司发现各部门的经理过于独立，以致有些情况连执行委员会都不了解，因此又一次作了改革：一些高级副总经理与各工业部门和职能部门建立了联系，负责将部门的情况汇报给执行委员会，并协助各部门按执行委员会的政策和指令办事。

60年代以后，杜邦公司的组织机构又发生了一次重大的变更，那就是建立起"三驾马车式"的组织体制。

新的组织体制是为了适应日益严峻的企业竞争需要而产生的。60年代初，杜邦公司接二连三地遇到了难题：许多产品的专利权纷纷期满，在市场上受到日益增多的竞争者的挑战，持有多年的通用汽车公司价值10多亿美元的股票被迫出售，美国橡胶公司转到了洛克菲勒手下等。

1962年，公司的第十一任总经理科普兰上任，他被称为危机时代的起跑者。

公司新的经营战略是：运用独特的技术情报，选取最佳销路的商品，强力开拓国际市场；发展传统特长商品，发展新的产品品种，稳住国内势力范围，争取巨额利润。

然而要转变局面绝非一朝一夕之功，这是一场持久战。1967年年底，科普兰把总经理一职史无前例地让给了非杜邦家族的马可，财务委员会主席也由别人担任，自己专任董事长一职，从而形成了一个"三驾马车式"的体制。1971年，他又让出了董事长的职务。

这一变革具有两方面的意义。一方面，杜邦公司是美国典型的家族公司，公司有一条不成文的法律，即非杜邦家族的人不能担任最高管理职务。公司甚至实行同族通婚，以防家族财产外流。现在这些惯例却被大刀阔斧地砍去，不能不说是一个重大的改革。另一方面，在当代，企业机构日益庞大，业务活动非常复杂，最高领导层的工作十分繁忙，环境的变化速度越来越快，管理所需的知识越来越高深，只有实行集体领导，才能作出最好的决策。在新的体制下，最高领导层分别设立了办公室和委员会，作为管理大企业的"有效的富有伸缩性的管理工具"。科普兰说，"三驾马车式"的集团体制，是今后经营世界性大规模企业不得不采取的措施。

60年代后杜邦公司的几次成功不能说与新体制无关。在许多化学公司挤入塑料行业竞争的情况下，杜邦公司找到了出路，向建筑和汽车等行业发展，使60 年代每辆汽车消耗的塑料比 50 年代增加 3～6 倍，70 年代初，它生产了一种尼龙纤维，以此进入钢铁工业市场。

所以，可以毫不夸张地说，杜邦公司成功的秘诀，首先在于使企业的组织机构设置适应需要，即适应生产特点、企业规模、市场情况等各方面的需要。这样的组织机构不是长久不变的，需要不断加以完善和发展。

资料来源：《杜邦公司组织机构的改革》，人力资源开发管理网，http：//www.hrdm.net。

思考题

1. 杜邦公司不同阶段的组织机构的主要特征是什么?

2. 杜邦公司不断进行组织机构变革的主要动因有哪些?

3. 你认为组织机构变革与模式转换中其他要素（如战略、文化）的关系是什么?

第 16 章

发展过程管理

本章要点

- ○ 企业的生命周期
- ○ 发展过程的特点
- ○ 摇摆现象
- ○ 边缘崛起现象
- ○ 发展伴随着失败
- ○ 动态平衡和权变观念
- ○ 企业家精神

在企业发展过程中，除了模式化、成熟化这样一些必然的一般过程，还伴随着一些其他现象。这些现象各有其内在原因，对企业发展有不同的意义。分析这些现象，找出发展过程管理的基本点，是本章的内容。

第 1 节　发展过程的特点

一、企业的生命周期

所有的生物体都会经历一个从出生、成长到老化、死亡的生命历程，这被称为“生命周期”现象。有趣的是，生命周期的概念也同样适用于企业。不同企业的发展有着类似的轨迹，在生命周期的每一个阶段，企业都面临同样的问题，进行着同样的抗争；而一旦向下一个阶段发展，企业就面临转型。企业生命周期理论正是在此基础上发展起来的，它描述了任何企业从产生到消亡的周期过程，如同人的寿命一样，企业一般要经过形成期、成长期、成熟期和衰退期四个阶段（见图 16—1）。

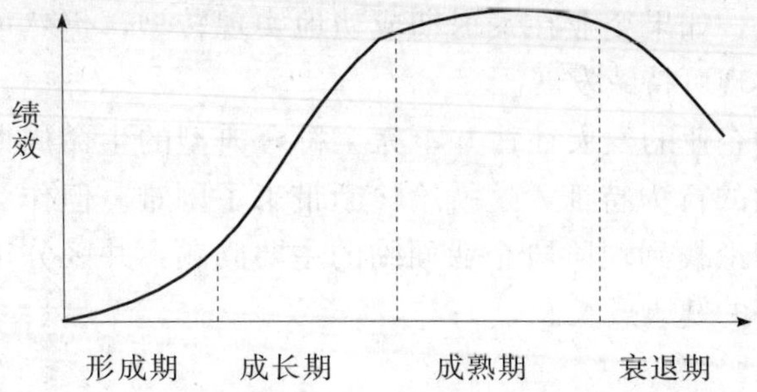

图 16—1　企业生命周期

1. 形成期。形成期也叫企业的初创阶段。这时的企业生存能力比较弱，市场占有率低，管理水平差，市场地位还不稳定，很容易受到行业中原有企业的威胁，风险大，最重要的问题是资金匮乏。这一阶段的企业较有活力，企业家精力充沛。创业成功要靠创业者的远见卓识、艰苦奋斗和创业团队的高度信任支撑。

2. 成长期。企业能在形成期生存下来，一般会较快地转入成长期。处于成长期的企业可以在比较短的时间内获得较高速的成长，规模经济开始产生作用，企业经济实力增强，市场占有率大幅度提高，员工人数迅速增加，主业日益明显，抵御市场风浪的力量得以加强。

成长期的缺点或风险：一是企业容易陷入创业者陷阱。创业者大包大揽，不懂得分权，独断专行不但使决策风险增大，也阻碍企业向成熟期健康发展。二是战略盲动。由于高速成长，管理者往往会被胜利冲昏头脑，于是投资变得非常草率，此时最容易出现的就是资金链的断裂或投资的重大失误。三是制度化。成长期要求企业逐步加强控制，不再是随意决策，而要靠制度化流程，不再是因人设事，而要让职权合理分配。但在制度化的同时应当兼顾灵活性，以免过早进入官僚化的衰退期。

3. 成熟期。进入成熟期的企业成长速度会放慢，但利润率却会提高。一般这种企业都是大型企业，生产规模已经很大，市场占有率也很高，竞争对手不太容易撼动其地位，因而不需要再做大量的投入就可以获得比较好的收益。缺点在于灵活性大大降低，企业内官僚主义盛行，威胁到企业的长远发展。

成熟期后期的企业一般都开始考虑多元化经营的问题。追求可持续成长的企业会有效利用成熟期的丰厚利润，投到新的事业领域中去。由于原有事业不可能期望有理想的成长空间，企业必须到原有事业领域以外去寻找新的增长点。这也是考验企业管理层决策的关键时刻，如果企业不能成功地找到新的增长点进行变革，就将进入衰退期。

4. 衰退期。成熟期的企业如果不能成功地蜕变，就将成为衰退企业。企业步入衰退期的原因很复杂，但以下几种原因普遍存在：一是随某个关键人物的离去而衰退；二是随产品或服务市场的消亡而衰退；三是随技术的落后而衰退；四是组织的老化使企业失去活力或生命力，企业随之衰退。

值得注意的是，如果企业在衰退期成功地实现转型，仍然可以重新进入成熟期甚至成长期，实现可持续发展。

当然，现实中企业的发展往往并不完全符合典型的生命周期，可能同时包含两个或者三个阶段的行为特征，这就给诊断带来了困难。但作为管理者，仍然可以利用生命周期理论找到现阶段企业面临的主要问题，并区分正常与不正常的现象，从而实现企业的健康成长。

二、发展过程的特点

企业发展过程不是笔直的，而是迂回曲折的。其中，摇摆、失意、非意料结果是经常出现的现象。之所以造成企业发展道路迂回曲折，主要有以下几点原因。

1. 环境的变化。市场经济条件下，企业所处的环境无时无刻不在发生变化。当代社会这种变化具有复杂化、频繁化的特点。如果这种变化是完全可预知、可把握的，企业的适应和调整就容易实现。难度就在于这种变化对企业来说，可预见性和可把握性很低。市场机会比较好的时候往往是环境可预见性和可把握性低的时候，这是导致企业不能适时作出正确决策的一个重要原因。

□ 案例 16—1

7-Eleven 以善变求方便

“读懂世间变化”是 7-Eleven 便利店创始人铃木敏文经常讲的话，对此，他身体力行。

日本 7-Eleven 自创立以来一直遵循“灵活应对变化”的基本原则。之所以被同行称为业界的先驱者，其核心在于铃木敏文从不放过任何细微的变化并予以恰当的应对。作为顾客的生活据点，持续“创造便利”的 7-Eleven 可谓是一个“专门应对变化的企业”。

为了掌握变化，铃木敏文平时坚持做两件事。一是把自己“置身于信息之中”，例如回到家就打开电视，坐车则收听广播，了解最近流行什么，或者什么是当下有趣的新闻，目的很简单——让信息自然而然地经过大脑，从中捕捉有用的信息，因为脑海中有像“鱼钩”一样的东西，可以根据需要随时钩住有价值的信息，或者找到能够启发思路、打开脑洞的信息。铃木敏文所说的“鱼钩”源于其对自身工作始终保持的“问题意识”，说不定会有什么信息通向某种解决方案。“问题意识”是铃木敏文常常重复的词语，因为世间瞬息万变，他对 7-Eleven 总是抱有危机感。时代在变化，企业也必须作出变化，全神贯注地应对客户层出不穷的需求。

铃木敏文坚持的第二件事情就是对信息进行有效处理。在捕获信息后，进一步研究对未来可能造成的影响，应对消费者日新月异的需求，令企业保持稳步成长。例如，各行各业都面临日益严重的“少子化”和“老龄化”，这是铃木了解的日本市场的趋势性变化。虽然日本的家庭总户数还在上升，但每个家庭的平均人数在减少。此外，随着双职工家庭的增加，日本的家庭构成和人口动态也出现诸多变化。所以，铃木以此作为依据预估未来日本人的消费行为。如果家庭人数不断减少，每日购入物资势必减少，这一发展将打破长久以来的固定消费模式。此外，如果老年人和全职工作的女性增多，不愿特意去距离远的地方购买生活必需品，想要就近购物的需求将会大幅回升……这些推测对日本7-Eleven的业务调整起到了至关重要的作用。

2. 企业资源能力的变化。不仅环境是经常变化的，企业自身的资源和能力也是不确定的因素；企业本身的学习过程和能力变化过程是致变因素，即使是不变的资源和能力，在不同的环境条件下，其相对价值或意义也不同；再加上管理者对企业资源和能力认识上的不足和偏颇，三个因素作用下的资源和能力就是变动因素。由前述可知，企业发展关键是适时适当地作出战略决策，这种决策一要充分利用现有的环境条件或市场机会；二要充分发挥企业资源、能力方面的优势。仅环境一个易变因素已使企业作出正确选择困难重重，再加上企业本身资源和能力这些不确定因素，要作出适时适当的决策就更为困难。

3. 企业发展的过程性。企业的发展是一个过程，对环境的认识，对自身资源和能力的把握，战略的确定和实施，都是在实践过程中实现的。其中许多认识、许多问题、许多选择，不经过必要的实践过程是不可能出现的，不达到一定发展阶段也不可能做到。只有去尝试才有可能逐步调整决策，聚集能力，到达彼岸。发展过程中所走的弯路，耗费的人力、财力、物力，有些表面上看起来是不必要的，但对以后的发展却是有意义的。

4. 企业的自主选择。企业发展是必然性和自主性相结合，必然性和偶然性相结合的产物，即企业发展有企业自主选择的成分在内。在一定的环境条件和资源能力基础上，企业可选择的战略往往不止一种。一家企业在某一时点选择何种战略，既与以往的选择相关，也影响到以后的选择，其中还包含企业自身创造性的成分。换言之，对企业发展而言，不存在一种唯一的、绝对的正确选择。战略成功与否，发展的状况如何，是个现实比较的概念，并不存在一般的客观标准。企业发展的这种创造性、探索性特点，也决定了其发展道路不可能是笔直的。

这是理论分析得出的结论，然而在现实中，企业发展更多的是一个现实问题而非理论问题。下面是在企业发展过程中，除模式转换和变革问题以外出现较多的情况。

三、摇摆现象

企业发展的非直线性在现实生活中最常见的表现就是摇摆现象。所谓摇摆，是指企业的发展道路就像晃动的钟摆一样在两个极端之间摇摆前进，即企业的发展是一种围绕理想状态忽左忽右摇摆前进的过程。

前面我们曾经强调，企业发展过程充满了各种差异、矛盾和不平衡。企业管理的目标并非要消除差异，调和矛盾，追求一潭死水式的平衡状态。企业正是要利用这些差异、矛盾和不平衡谋求发展。这种摇摆现象正是企业利用差异、矛盾和不平衡谋求发展的表现。

同理，从发展过程角度衡量，管理的方式方法也不可能始终侧重一个方面。摇摆现象，或者说“文武之道，一张一弛”是一般情况。如“宽”与“严”这两个极端，管理上往往是时而宽松，时而严格，交替使用，很少能恰到好处。

回顾市场经济发展中企业发展的过程，从各方面都可看到类似的现象。如某个时期企业纷纷倾向于多元化扩张，某个时期又以主业紧缩为荣；电商兴盛，一时之间仿佛除了网络再无生存空间；很多大企业一度采用事业部制，后又在事业部之上设置管理部门，加强集中控制。还有许多企业一个时期追求高速发展和扩张，另一个时期重视利润和巩固。再如日本企业近几年开始放慢技术变革、产品更新的步伐，而在此之前则采取加快技术变革、加速产品开发和更新换代的战略。所有这些都是企业摇摆发展现象的证明。

那么，企业发展过程中为什么会表现出这种摇摆现象呢？在此，我们给出三点理由。

1. 环境变化的冲击。企业是因应环境变化谋求生存的经济组织，需要及时根据环境变化趋势，抓住新的发展机遇，谋求竞争成功。环境的变化，不管是技术变革带来的变化，还是需求改变带来的变化，都带有某种“时势”特征。变化来临时，各行各业纷纷采取对策，以适应新的变化和挑战，一阵风刮过之后，很多时候实际的改变往往没有当时渲染的那般广泛和深刻，但有些改变确实是持久而深刻的。这就给企业选择和决策带来了困难。及时捕捉变化，迅速调整战略，可能抓住机会，夺取先机；也可能变成盲目冲动，作出无谓的调整；坐等形势明朗，谨慎行动，又可能错失良机。究竟如何定夺，是企业在环境变化面前的两难选择。

2. 摇摆是企业取得长期平衡的手段。譬如，发展与收益这一对矛盾，从企业长期发展需要衡量，二者都是不可或缺的，应当兼顾。但企业发展的实际过程往往表现为一个时期追求发展，另一个时期注重收益。从长期来看，两个方面都兼顾到了，但在任一具体时点，都是偏离中心点的。也就是说，企业发展过程中的平衡是通过一个阶段满足一个方面的要求，另一阶段满足另一个方面要求的方式实现的；或者说是采取一个时期以某一方面的目标为核心，另一时期以另一方面的目标为核心的方法实现的，理由在于操作上的便利性和可行性。理论上，我们往往听到“发展与收益兼顾”“经济效益与社会效益兼顾”等提法，但对现实经济活动中的企业而言，同时兼顾两个目标，并把两个目标视为同等重要在操作上难度很大。特别是在具体的管理过程中，在组织内部的信息沟通、各层次各类问题的决策中，恰如其分地兼顾矛盾的两个方面实际上是很难做到的。从形成力量、统一步调、提高效率、实现目标的角度衡量，以一个主要目标为中心，比同时兼顾两个目标有更大的可行性和现实性。

3. 有助于调动企业成员的学习行为和心理力量。组织的学习和心理力量具有间发性的特点，弥补这种缺陷最有力的手段就是变化和创新。摇摆式的发展过程实际上包含了某种变化的机制。因为企业是市场竞争中的一个经济细胞，恒定不变的目标、结构和模式是企业发展的大敌。企业的发展所需的素质和能力，都离不开变化和活力。正是变化和活力使得企业内部能够形成必要的学习机制和调动心理力量的机制，为维持企业发展提供所需的资源和力量。

四、边缘崛起现象

在此首先要对边缘企业作一说明。在任何行业都存在不止一家企业，其中，有些企业在该行业中处于主导地位，其产品的市场份额相对较高，我们称这些企业为核心企业。另外有一部分企业在该行业中处于次要或补充地位，产品是辅助或补充产品，市场占有率低，这部分企业就是我们这里所说的边缘企业。

企业的发展，有的是行业的发展带来的被动型发展，有的则是依靠自身的开拓和创造的能动型发展。能动型发展通常伴随着新战略、新思维的新商业模式。我们这里要说明的一种现象是，各行业中首先崛起的，具有能动型发展特征的，往往是那些边缘企业而非核心企业。

例如，在经济体制改革过程中，反应敏捷、发展最快的大多是私营企业、民营企业和无历史基础的新建企业，而不是那些实力雄厚、基础稳固的国有企业。再如，在网络技术进步背景下最早尝试兴办网络交易平台和电商的企业，不是商业领域中历史悠久、实力雄厚的大零售企业，而是典型的边缘企业。

按理说，核心企业资源丰富、实力雄厚、经验成熟、情报充裕，变革的条件最好，但是，正是因为核心企业具有这些优越条件，反而背上了变革的包袱，以往的成功、长期积累的资源、成熟带来的保守性，所有这些都成了核心企业变革和发展的障碍。

那么，为什么边缘企业反而具有创造性呢？从根本上说，在于组织学习和心理力量的机制和过程。具体讲，一是由于边缘企业的脆弱性。边缘企业由于产品在所处行业中不占重要地位、市场占有率低，生存发展的基础薄弱，因而对环境的变化非常敏感。环境一有变化，就会影响到企业的生存，这是问题的一方面。另一方面，正是由于这种脆弱性，导致边缘企业容易发现市场机会，在环境变化面前学习能力强。二是边缘企业资源不足，负担轻，容易产生新观念、新想法。

这在一定程度上是环境逼出来的，所谓“穷则思变”，讲的就是这个道理。对于没有雄厚基础作为依托的边缘企业，除了奋力拼搏、开拓创造外，别无他途。当然，仅有这两个条件还不够，处于边缘地带的企业并非都是有创造性、能成为行业带头者的企业。那些成功的企业还有一个不可或缺的要素，即异于其他企业的心理力量或者说创业精神。正是这种创业精神或企业家精神，使得这些企业脱颖而出，摆脱困境，走上了快速发展的道路。

□ 案例 16—2

七匹狼

1985 年，福建南方的一个海边小镇——晋江金井，出现了一家名为晋江县金井劳务侨乡服装工艺厂的小企业，这就是七匹狼的雏形。

用总经理周少雄自己的话说：“一开始只是做些小买卖，买卖布料等。后来慢慢积累，做了两三年后，就萌发了做服装的想法，开办了服装厂。”在经营中，周少雄惊讶地发现，当地的服装与海外那些绣有商标的服装价格反差很大。为什么不能靠自己的力量创出一个国产品牌呢？强烈的创业欲望在周少雄与他的伙伴心中萌发了。于是，七个年轻人坐在一起，琢磨起海外各种图形图案的品牌来。经过一番激烈的争论，最后选定了狼。因为狼是非常有团队精神的动物，具有机灵敏捷、勇往直前的个性，而这些都是企业创业成功不可缺少的素质。既然是七个人一起创业，就叫“七匹狼”吧。按闽南风俗，“七”代表“众多”，是寓意生命、活力和胜利的吉祥数字，既象征着一个由奋斗者组成的团体，又体现了年轻人同心协力、矢志不移的创业精神。非常巧，“狼”与闽南话中的“人”还是谐音。

1990 年，七匹狼夹克进入上海华联、一百等一线百货大楼，不仅一炮打响，而且取得非常好的销售成绩。但很快市场上就出现了不少仿冒者，这在当时的服装市场上是非常普遍的现象，何况七匹狼也并非什么声名显赫的大牌。但周少雄却以此为机会，大张旗鼓地打假，将数家仿冒者告上法庭。一时之间“真假狼之战”成了上海、北京、广州等地媒体的头版新闻，七匹狼因此声名大振。打假事件让他深知品牌的重要性。2001 年，积蓄了数年实力后，周少雄终于爆发出自己的能量。就在这一年，七匹狼重新风靡全国。当年国家内贸局的数据表明，七匹狼的夹克市场占有率位居全国第一。2002 年，周少雄再次向业内展示了自己的雄心，力邀齐秦为形象代言人，将这年的明星代言热潮推向了一个新的高度。2004 年，福建七匹狼实业股份有限公司成为深市中小板第九家上市公司，成为福建省第一家在深圳中小企业板块挂牌上市的公司。

五、发展伴随着失败

前面指出，发展过程中不可避免地要走些弯路，耗费一些资源。实际上也就是说，发展过程中失败和教训是常见的现象。其原因，我们在本节一开始已经作了说明。在此，着重说明失败和教训对企业发展的意义。

显而易见，失败的结果对企业发展没有什么意义，但整个探索的过程对企业发展来说是极具意义的。

其一，试验和探索的过程为企业的进一步发展创造了条件。这或者是由于试验和探索过程中积累的情报信息；或者是由于技术的开发；或者是由于探索和试验过程中发现了以前未曾发现的发展机会和可能性。不论是哪种情况，都属于由于失败带来的效用。

其二，也是前面曾经强调的，探索和试验的过程同时也是学习的过程。在这一过程中，能够促使企业加深对自身经营资源、经营能力和特长的认识，重新考虑各种条件、可能和机会。在此意义上，这一过程使得企业认识到的、可利用的东西增加了。

其三，失败具有调动心理力量，促进学习探索的功效。不论对个人，还是对企业组织而言，经营过程中的失败、挫折和教训，一定程度上具有激发个人或组织心理力量、促进学习探索的作用。这一方面有助于全体员工团结一心努力奋斗；另一方面，在失败或危机状态中，许多问题会暴露得更充分，使企业更易看清在各种牵制关系中哪些问题是最核心的，哪些是无关紧要的，从而有利于企业重整力量，调整部署，走向成功。

在有关探索、试验和失败、教训问题上，最容易出现的倾向是为了避免失败的结果而放弃探索和试验。前面曾经指出，这样做的结果实际上是回避了小风险而积累了大风险，避免了有限的损失而放弃了发展的大好机会。因为探索和试验是发展的必要过程，许多问题、机会，可能只有在探索和试验过程中才会暴露和表现出来。

第2节　发展过程管理

一、动态平衡和权变观念

到此为止，我们已经明确了企业发展过程的基本特征，其中，变化和相对性可以说是两个更具一般意义的特点。变化是说企业外部环境和内部的经营资源、经营能力处在不断变化中；力量对比和组合处在变化中；发展的机会和条件处在变化中；构成企业战略决策的基本依据处在变化中。相对性是说在企业发展过程中，任何事物都有两面性。成功中潜伏着失败的因素，失败中孕育着成功的条件；企业发展没有唯一正确的途径和标准；企业需要在矛盾或对立的两方面之间把握平衡。

这些基本特点决定了企业发展过程最基本的原则是动态平衡和权变观念。其一，动态平衡原则立足于变化这一基本事实，它强调发展变化过程中的适应和应变，任何行业、任何企业都不可能信守一套静止不变的战略、结构和模式而获得长期稳定的发展。因为企业的发展是在外部环境条件和内部经营资源、经营能力两方面条件基础上通过适当的战略结构实现的。在内外两方面经常变动的前提下，不可能有一套以不变应万变的战略结构。当内外条件变化后，企业的战略、结构、模式也必须随之调整变化，以适应变化了的条件。其二，它强调总体平衡、动态平衡。不是局部的、机械的平衡，即平衡是从总体上、从发展过程来衡量的，不排斥局部的和一时的不平衡。追求局部的和机械的平衡，只有在静止不变的条件下才有可能。可以说，局部的和一时的不平衡正是实现动态总体平衡的环节。

权变观念原则建立在事物相对性基础之上。按照权变观念指导发展过程的管理，首先要做到全面、一分为二地看问题，既要看到它积极、有利的一面，也要看到它消极、不利的一面；既要注重问题本身，也要对问题形成的条件和后果予以充分重视；发展变化的观点，是权变观念的基本要素。其次，切忌本本主义和教条主义。权变观念强调，没有一套在任何时候、任何条件下都适用的企业管理体系和模式。权变观念并不否认一般原理和方法的存在，但从一般的管理原理、方式方法到具体现实的管理体系和模式还有一段距离。根据现实中具体的情况，运用管理的一般原理、方式和方法，形成对特定情况适用的管理体系和模式，正是权变观念所强调的。同时，它还要求当情况发生变化时，管理体系和模式也要相应地调整。所以任何形式的本本主义、教条主义都是违背权变观念基本精神的。最后，权变观念强调创造性地运用已有的管理原理和手段，而不是照抄硬搬。实际上，在针对具体现实情况运用一般管理原理和手段的过程中，必然有运用者或管理者的创造性起作用，否则不可能形成适应性强、有效的管理体系和模式，只能形成非驴非马的怪胎。

这是企业发展过程管理总的原则。针对上述发展过程的特点，管理工作中还必须注意下列几个方面。

二、创新性的战略决策

理想的战略决策包含两个基本方面：一是理性和客观性；二是创造性和变革性（见图 16—2）。

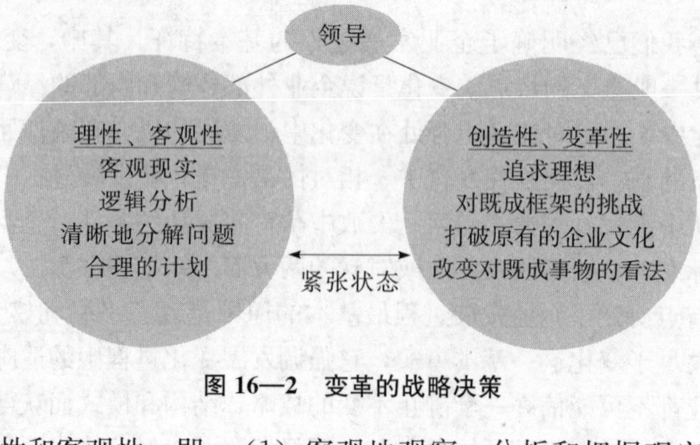

图 16—2 变革的战略决策

首先是理性和客观性，即：（1）客观地观察、分析和把握现实情况，对现实有切近实际的了解。(2) 基于实际情况进行彻底的逻辑分析，不能以情报信息不充分为理由，不是寄托于某种信念，而是彻底地进行理性分析。(3) 清晰地分析和分解问题的结构，提出解决问题的方案，接近问题本质。(4) 在将战略转化为计划的过程中追求合理化和逻辑性。

其次是创造性和变革性。仅仅满足上述条件还不够，必须有变革和创造的成分在内。如果仅仅立足眼前，立足现实，立足合乎逻辑，战略决策可能会显得非常保守，会丧失环境提供的机会，因此必须有打破现状和变革的精神。

这两个看似自相矛盾的方面只有结合在一起，才能形成既脚踏实地又有变革成分在内的战略选择。两者高层次、高水平的融合，取决于主要领导者的能力和影响力。有些非凡的企业领导者具有较高的能力和影响力，有洞察事物的眼光，能够化腐朽为神奇，带领企业步入新的发展阶段。

创新性的战略决策有三个特点。

1. 有所取舍。战略选择意味着要抛弃一些东西，选择一些东西。完全立足于现实，无所舍也就意味着无所取。

2. 改变传统思维方式。创新性的战略选择对企业意味着与以往有很大的不同。立足于原有思维方式不可能产生新的创意，不可能理解新选择的含义。必须变革思维方式，改变人们对现存事物的看法，摆脱传统思维方式的束缚。

3. 风险性。战略选择要追求合理性，但不是静止的合理性，而是包含了风险和创新的合理性。对理想的追求、企业家精神，是制定战略决策必备的素质。

三、把握摇摆中的平衡

企业发展的过程虽说是一种两极之间摇摆前进的过程，但这个过程并不是完全自然随意的，有两个条件必须满足。一个条件是摇摆要围绕中心线，否则不可能实现动态平衡。另一个条件是摇摆的范围要有一定界限。这个界限，一是时机或时限，条件不成熟时调整不可能实现，错过了时机调整则无意义；二是程度上的界限，不宜走极端，调整过头，过分强调某一侧面会破坏企业组织的完整性，使其脱离发展的轨道（见图16—3）。

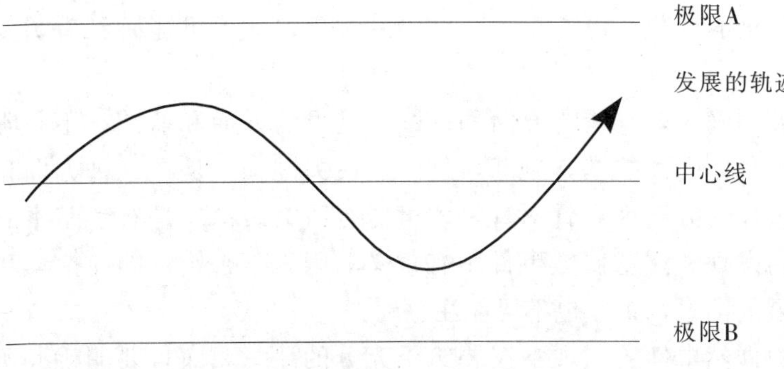

图16—3 摇摆中的平衡

若要满足这两个条件，管理者对时机和程度的把握是基本条件。这一点从理论上说明比实际操作容易得多，想要做得恰到好处几乎是不可能的。我们在此仅给出以下几点一般性的指导性意见。

1. 要避免指导思想和思维方式的直线化倾向，一定程度的偏离平衡、偏离中心应视为正常状态，可加深对发展过程特点的认识和体会。

2. 要观察了解行业和竞争对手的变化趋势，注意各种有利和不利条件的变化，注意力量对比的变化，学会利用环境变化的趋势和力量对比提供的机会。

3. 掌握一个时期以一个目标为核心的发展方式。

4. 认清单一发展模式的弊病，明确变化的积极意义，有意识地调整发展模式和战略，避免发展过程中成熟化、模式化的不利影响。

所有这些，都要求管理者具备企业家素质，具备开拓和创造精神，具备把握全局和趋势的战略眼光，具备影响、统帅企业全体员工的能力，具备掌舵人的素质。

四、抓住偶然事件提供的机遇

通过对企业发展过程基本特征的有关分析我们知道，在发展过程中，特别是探索和试验过程中，经常会碰到与预想不一致的情况。在很多情况下，事先未估计到的和思维结构中未包括的事件对企业发展具有重要意义。失败现象也好，边缘企业也好，现实世界中导致企业发展的大多是偶然事件，而不是预先估计的因素。给人的感觉似乎是发展的机会是随机的、不可把握的，但仔细分析，实际情况并非如此。因为偶然事件出现的概率在企业之间不是均等的，那些对发展有意义的偶然事件不是等来的，而是企业的学习行为在背后起作用。俗话说，机会是给有准备的人提供的。这里最基本的区别是，那些积极探索、试验、开拓的企业碰到偶然事件的概率大；有意义的偶然事件出现多与明确的企业发展蓝图和战略方向相联系。正是这两点造成了企业之间的差别。

因此，要想抓住偶然事件提供的机会，至少要做好以下几项工作。

首先，要采取积极开拓、大胆试验的姿态。畏惧失败、单纯求稳的方针不会使企业发生积极的变化。没有探索、试验的过程，就不可能碰到有关发展的偶然情况。

其次，要明确未来发展的方向和蓝图。这里的方向和蓝图，不是明确具体的东西，而是一种方向性的基本判断，这一点很关键。一是在这种方向和蓝图指导下试验和探索才有方向性和针对性，才可能有所突破；二是有了基本的发展方向和蓝图，才能发现和注意偶然事件中有意义的因素，否则，即使探索和试验过程中表现出发展的前景，企业也不可能注意到。

再次，对偶然事件的出现不仅要给予充分的注意，而且要明确其所以然，发展的机会往往出现在分析偶然事件的原因的过程中。

最后，要提高企业的战略调整能力。成熟化、模式化、几十年一贯制、官僚机构化的企业，即使遇到市场发展机会，也会由于缺少调整战略、适应变化的能力而丧失机会。所以一定的战略姿态、战略调整和战略适应能力，不仅是抓住偶然事件提供的机遇的必要条件，而且是企业发展必备的一种素质。

五、积极利用矛盾和不平衡的力量

在“变革与发展”一章，我们列举了企业生存发展过程中无处不在、无时不有的一种一般现象——差异、矛盾和不平衡。到现在为止，我们强调的多是发展过程中与环境相联系的差异、矛盾和不平衡，但是，从企业发展的管理全局分析，其他方面的差异、矛盾和不平衡也是不可忽视的重要方面。在此要强调的是积极利用差异、矛盾和不平衡的力量的问题。企业内外存在的各种差异、矛盾和冲突，是伴随企业生存发展始终的现象，不可能彻底消除。这是它的一个特点，而且对企业发展来讲，没有差异、矛盾和不平衡的状态并不是理想的状态。企业生存发展过程中存在的各种差异、矛盾和不平衡的另一个特点，是在矛盾的两方面中，不存在非此即彼、此是彼非的处理标准，往往需要同时兼顾两方面的要求。面对这样的矛盾，管理上只能根据一定时点的情况，取得某种暂时的平衡，或者说通过摇摆的方式，在此时满足此方面的要求，彼时满足彼方面的要求。在说明发展过程时已叙述过同样的原理，在此，我们要强调的是管理过程中需要有意识地利用这些差异、矛盾和不平衡的刺激、激励和致变作用，改善和促进企业组织的学习过程和机制，引发和诱导企业员工的心理力量，为发展提供必要的资源、能量和活力。

要做到这一点，一是要对企业生存发展过程中的各种差异、矛盾和不平衡有深刻、透彻的了解，这是运用和协调矛盾的先决条件。如整体目标与个人目标两者之间的平衡，企业管理者既要保证组织目标的实现，又要兼顾个人目标的实现。要想利用个人实现自身目标的愿望实现组织目标，通过达成组织目标实现个体的追求，把握两者的平衡，没有对两方面目标及其相关性的透彻了解是不可能做到的。二是要有利用矛盾和不平衡的艺术。洞悉矛盾发展变化的规律，适时、适度地驾驭矛盾发展变化的时机和转折点，是利用矛盾和不平衡力量的关键。这种运用矛盾和不平衡的艺术，常常可以在杰出历史人物和成功的企业家身上看到。

六、企业家精神

前面我们已经分析过，在动态和不确定的环境中，企业再也不能像传统的官僚组织一样对外界变化不闻不问，相反，创造性和变革性成为企业发展的重要特征。于是与创新紧密相关的企业家精神成为时代主题，成为组织应对变化必不可少的力量。

按照霍华德·H. 史蒂文森（Howard H. Stevenson）的观点，企业家精神是指一种机会导向的、扩张型的管理方式，“追求机会而不顾手中的资源”。罗宾斯的定义大同小异，不过更加强调创新：企业家精神就是“个人追求机会，通过创新满足需要，而不顾手中现有资源的活动”。

下面我们从企业家行为特征的六个维度来进一步认识企业家精神。

（1）战略导向：机会导向而不是资源导向。

（2）机会承诺：快速响应、果断行动，而不是行动迟缓、贻误战机。

（3）资源投入：谨慎的、分阶段的投入，而不是一次性的大规模投入。

（4）资源控制：重要的是利用和调度资源的能力，而不是拥有资源。

（5）管理结构：保持直接接触和信息渠道的畅通，使用扁平的、多样化的非正式网络，而不是遵守正式的等级。

（6）报酬哲学：扩张导向和潜力导向而不是短期收益率导向的报酬政策。

另外一个模型基于企业家与传统管理者的比较，见表16—1。

表16—1　企业家与传统管理者的比较

	传统管理者	企业家
主要动机	晋升及其他传统的公司奖赏，如拥有办公室、下属和权力	独立性、创新机会、财务收益
时间导向	实现短期目标	实现5～10年的成长
活动	授权和监督	直接参与
风险倾向	低	适度
对失败和错误的观点	避免	接受

需要澄清的是企业家精神并不只存在于中小企业，大型组织也同样需要。美国商界的英雄，如弗雷德·史密斯、斯派克·李、亨利·福特、山姆·沃尔顿、玫琳凯·艾什、比尔·盖茨和迈克尔·戴尔都是富有企业家精神的领导者。

另外一个需要澄清的认识是企业家精神不应当只存在于高层领导者中，而应当内化到组织的各个层面，包括高层经理、中层和基层管理者，以及一线工人。当然不同的组织层次，企业家精神的含义也有所区别：高层领导者的任务主要是建立一种鼓励创新的环境，培养创新的企业文化，比如3M公司的高层经理就一直通过创业强调创新，苹果公司的乔布斯相信自己的职责之一就是帮助公司“更具创业精神和更具初创公司的动力”。中层和基层管理者的企业家精神则主要表现在行动环节，他们是组织效率的推动者和看护者。此外，由于他们与供应商、顾客和外部信息密切接触，因此有更多的发现潜在创新的机会，宝洁的品牌经理就是这种创新的典范。而职员和一线工人有建议流程创新所需的经验以及促进公司设计和产品创新所需的顾客知识，如果能洞察机会并迅速在组织内共享，他们也具备企业家精神。

思考题

1. 企业发展过程有哪些特点？如何理解？
2. 如何理解动态平衡和权变观念？
3. 为保证企业的持续发展，发展过程管理应注意哪些方面？
4. 什么是企业家精神？企业家精神对企业发展过程管理的价值何在？

案例分析

IBM 的发展变革

没有人可以否认 IBM 是世界上最伟大的公司之一。这家公司经历了两次世界大战、经济大萧条和计算机行业的冰封期，目前仍然处于行业的领导地位。即使在 IBM 最黑暗的日子里，商业报刊还称它为“国家的财富”。

IBM 的成长并非一帆风顺，它创立于 1911 年，最初的名字叫计算制表记录公司。在 20 世纪前半期，公司生产大量不相关的系列商业产品，从刻度尺、奶酪切片机，到钟表和打字机。但最初的业绩并不好，在连续三年业绩低迷之后，董事会甚至讨论要将公司清算。此时沃森（T. J. Watson）上任了，他用“负债只说明过去，而这笔贷款是为了未来”这句其一生中最伟大的推销语打动了银行官员，顺利向银行借款 5 万美元，用于产品研发。之后开始逐步改善公司体制，到 1924 年，沃森干脆把公司的名字改为国际商业机器公司（IBM），蓝色巨人从此横空出世，并迅速成为制表机器的市场领袖。

之后 IBM 经历了第一次大转型，1956 年，小沃森成为 IBM 第二代领导者。一方面，他继承了父亲优良的经营思想，另一方面，面对周围新的挑战，他大胆对公司进行了改革。

首先是组织结构变革，当时公司的规模已迅速扩大，但仍然只由几个行政人员管理，集权式结构显然不能应付。1956 年年底，小沃森召集公司的上百名高管，在弗吉尼亚州的威廉斯堡连续举行了三天会议，会上作出了从中央集权式经营转为分散经营的重大决定。当时的报纸幽默地报道：“会议开始时，公司总部还像一块岩石，到散会时，公司便散开了。”会议决定公司组成六个独立经营的事业部和一个世界贸易公司，所有这些部门都有相当大的独立自主性。公司还组成了审查各部门长期计划和重大决定的管理委员会，其成员是董事会主席、总裁以及 6 名其他高级行政人员。同时，小沃森在自己周围聚集了一批专门人才，负责向管理委员会提供咨询和建议。

1958 年，小沃森又进行了另一项大胆的改革，即在 IBM 的工厂中取消了小时工资制，将 IBM 的每一名员工都纳入薪金制，从而取消了蓝领员工与白领员工之间的最后一项差异。这件事对于公司员工的意义非同寻常，它带来了前所未有的良好的人际关系和高昂的士气。

但最为重要的变革却是 IBM 360 系列计算机的研制。20 世纪 60 年代初，公司遭到其他计算机公司的巨大挑战，同时本公司内部由于机型不统一，也存在自相竞争等严重问题。对此，有人提出了通用 360 系列计算机计划，但全面实施这项计划需投资 50 亿美元，相当于美国研究原子弹的费用，存在很大的风险。公司内部对此存在意见分歧，讨论再三决心难下。此时小沃森表现出现代企业家所必须具备的巨大魄力和冷静头脑，果断地起用了坚强不屈、经验丰富的副总裁利尔森领导这一计划。经过 4 年的不懈努力，IBM 360 研制成功。自此，世界计算机界无不向IBM看齐，IBM巩固了在计算机领域的统治地位。

但是，巨大的成功也使公司产生了自满情绪，因此只注意了大型通用机的研制、生产，而忽视了小型机、微型机的市场潜力。当时IBM犯了两个重大的认识错误：第一个错误是它认为个人电脑将最终应用到商业和企业之中，这才是最为重要的市场，绝不是只有爱好者和学生使用它，因此IBM没有迅速抓住个人电脑市场，且没有使之成为公司优先发展的业务。第二个错误在于IBM认为个人电脑不会挑战其核心企业计算设备，所以放弃了对个人电脑最高价值部分的控制，而微软却成功地拥有了操作系统，英特尔成功控制了微处理器，到90年代，这两家公司从IBM手中夺走了行业最高控制权。

公司被边缘企业边缘化了。

从1990年到1993年它连续三年亏损；1993年一年的亏损额高达80亿美元，累计亏损额达168亿美元，创美国企业史第二高亏损纪录。IBM的股价狂跌至每股40美元，个人机份额被挤出前三名，大型机更是空前萧条。人们把IBM视为行将消灭的恐龙。这一蓝色巨人内部更是人心惶惶、愁云惨雾，大有人命危浅、朝不保夕的味道。盖茨也在非正式场合表达了"IBM将在几年内倒闭"的看法。贷款给IBM的几家商业银行着实担惊受怕。《电脑大战》一书这样描述IBM当时的情景："从1980年以来，IBM就是一个失败者，一个几乎在所有电脑技术领域都失败的落后者。目前的问题是IBM能否生存下去。"

即便是《经济学家》这本谨慎和可信赖的杂志也在连续6周的时间里，发表了与IBM有关的三个主要报道和一段长篇的编者按，它写道："在一个以迅疾的科技变革为推动力并不断涌起小型和微型公司的行业中，一家拥有像IBM这样规模的公司——尽管它组织完善——能够迅速适应环境变化吗？还有，IBM能从急剧下滑的电脑主机市场（IBM正是依靠这一市场赚取了大量的利润）转向诸如电脑服务和软件等这些扩张的市场并赚取利润吗？""这两个问题的答案也许是：不!"

此时IBM该如何选择？简单地固执己见，声称这些技术变革不会发生，并基于自己的集中式计算模式的老观念采取行动是公司中的一个呼声，也是最容易的举措。或者是什么都不做，静待事态发展，固守原来的利润。新的CEO郭士纳为IBM作出了完全不同的战略选择，他将公司命运押在了两个全然不同的行业观点上。

第一个观点是未来10年中，顾客将逐渐看重那些能够提供整体解决方案，即能够将各种供应商所提供的电脑零部件进行整合的技术方案，以及能将技术整合到一个企业流程中的公司。IBM还认为：芯片速度、软件版本、专有系统以及其他类似的东西都会衰亡，而且经过一段时间，信息技术产业也将变成以服务为主导而不是以技术为主导的产业。

第二个观点认为将出现一种网络化的计算机，这种计算机模式将改变1994

年出现的个人计算机主宰市场的局面。

正是这种毅然的战略选择拯救了 IBM，使其重新成为计算机领域的主导者。但是让战略迅速转化为全公司的执行力依然困难重重，此时的 IBM 就像一头臃肿的大象，如何能让它轻盈起舞？

郭士纳认为，IBM 的失败，表面上看是产品不适应市场，但实质上是 IBM 长期形成的封闭、傲慢的工作作风和人浮于事的臃肿机构导致了官僚主义和销售失败。过时的工作程序和各生产部门间的权力之争使得企业不能满足顾客的要求，因此他改革了销售体制。IBM 曾首创“销售和服务是营销功能中不可分离的两部分”的思想，但因此也形成了庞大的销售队伍，1990 年销售队伍最多时达 15 万人。1994 年 5 月郭士纳对销售机构进行全面改组，不仅将人员精简到 7 万人，而且采用新的推销方法，即推销员要充当经验丰富的顾问角色。同时使推销的手续费中 60%与每笔交易的利润率挂钩，这样，不仅节约了推销费用，还提高了推销效益。

郭士纳面临的最艰难任务便是大量裁员。IBM 创始人沃森出身贫寒，深知下层员工养家糊口之难，定下了一条规矩，即不轻易解雇人员，宁可咬紧牙关也要和全体员工共存亡。郭士纳看到在竞争激烈的今天，如仍遵循旧的制度，只有大家一起死。他力排众议不计毁誉，终于使 IBM 摆脱了臃肿机构之累，能够轻装上阵。

正是这种勇于变革的精神，让 IBM 以崭新面貌重新成为计算机领域最强大的公司。1996 年，IBM 的年收入达 759 亿美元、纯利润达 54 亿美元，股价从 3 年前的每股 40 美元上升至 175 美元，涨幅达 4.4 倍。1997 年 IBM 年收入继续上升到 785 亿美元，同时成功地从硬件系统的生产厂家转变为一家集硬件系统、软件系统、客户服务于一体的全方位网络计算时代的计算机产品公司。

从 IBM 的历程我们可以看到：再伟大的公司也会遇到挫折，但同时我们应该明白“长久的强大绝非偶然”。

资料来源：改编自小托马斯·沃森等：《小沃森自传》，北京，中信出版社，2005。

思考题

1. IBM 的变革涉及哪些方面？
2. 你认为 IBM 失败的原因和教训是什么？
3. 你如何理解 IBM 变革中的企业家精神？

第 17 章

风险管理

本章要点

- ○ 风险与风险管理
- ○ 风险识别与预警
- ○ 风险预防体系
- ○ 风险预防策略
- ○ 风险管理组织
- ○ 危机管理

风险与企业的生存和发展时刻相伴。企业战略选择、制度选择、内部经营管理、发展过程中都存在许多风险。本章不是对风险的回避、转移、降低等方面的全面论述，这些问题大部分在其他有关部分说明。本章着重说明的是风险的预警、识别、预防和发生突发事件时的风险管理工作等内容。

第 1 节　风险管理概述

一、风险

在商业活动和日常生活中，风险（risk）一词有多种含义。一般来说，人们用风险来描述具有不确定结果的情况。风险是指客观存在的，在特定情况下、特定期间内，某一事件导致的最终损失的不确定性。风险具有以下三个特性：客观性、损失性和不确定性。风险会带来巨大的成本，风险管理的目的就是降低风险所带来的成本。

（一）风险的含义

风险是指未来可能发生的危险。如果这种危险是完全可以预测的，即只有一种可能结果，则风险为零；如果预测有多种可能结果，则会有风险存在。

风险分为企业风险和个人风险。个人和家庭面临的风险包括：收入风险、医疗费用风险、实物资产风险、金融资产风险和长寿风险等。对企业来说，任何原因引起的企业价值的减少都可以定义为企业风险，从而都属于企业风险管理的范畴。

企业经营活动具有很大的不确定性和变动性，因而风险是普遍的。开发某种新产品、选择某种形式的销售渠道或结算方式等，可能是正确的，也可能被证明是不明智的。进入 21 世纪，社会以前所未有的速度发生变革。信息和网络技术的不断创新、市场的全球化、环境保护等结合起来，使环境变得越来越动荡和变化多端。在这个世界中，环境表现出日益增长的不确定性和复杂性，企业风险被成倍放大。管理者再也不能单纯地考虑收益，风险被提到了同等的高度。

（二）企业风险的分类

一种方法是将企业风险分为完全风险和投机风险两类。只有损失机会而没有收益机会时，就是完全风险，如发生火灾、财产意外损失、税率上调等。这类事件一旦发生，企业就不可避免地会受到经济损失；即使不发生，企业也不会有所收益。

既有损失可能又有收益机会的风险，称投机风险。如商品或证券买卖、汇率波动、新产品开发、房地产投资等，这些活动总是风险与机会并存。

另外一种是将企业风险分为价格风险、信用风险和纯粹风险。价格风险是指由于输出价格或输入价格的可能变动所导致的现金流量的不确定性，又可以细分为商品价格风险、利率风险和汇率风险。当企业的客户和借款方拖延或不能履行所承诺的支付时，公司就面临信用风险。纯粹风险包括：由于物理损坏、被盗以及政府征用引起的公司资产价值的减少；由于给客户、供应商、股东以及其他团体带来人身伤害或财产损失而必须承担法律责任的风险；由于对员工造成人身伤害而进行赔偿的风险以及其他法律责任风险等。

二、风险管理

风险管理是对风险的识别、适应和处置。企业层面的风险管理最早起源于 20 世纪 80 年代，当时伴随着国际关系的缓和和跨国公司的迅速发展，地区性冲突和针对跨国公司的暴力事件层出不穷，跨国公司的决策者开始引入风险管理。到了 21 世纪，随着环境的变化，风险管理日益成熟。在现实应用中出现了两大分支，一个偏重于财务和金融分析，另一个偏重于对突发事件的危机管理。本书从整体上分析风险的识别、预警、预防和应对，不涉及具体的财务和金融分析。

□ 案例 17—1

本田 CRV“外八字”事件

2006 年 3 月，有车主在网上发布本田 CRV“尾部下沉”的消息后，北京、广州、成都等地车主普遍反映存在同样问题，更严重的一些车后轮呈“外八字”导致轮胎与车体摩擦。据了解，CRV 车身下沉指的是：原本厂家标注的车高为1 710 毫米，最小离地间隙为 205 毫米，而在使用的过程中，车的尾部却出现下塌几毫米甚至几十毫米的现象。

车主要求东风本田召回的呼声起初并没有得到回应。东风本田中方负责人声称，尾部下沉的案例在全国市场并不多见，仅有千分之几的概率，下沉的车辆可能是弹簧出现问题。东风本田始终不承认汽车质量有问题的态度，最终导致在成都爆发了 60 多辆东风本田 CRV 汽车排成长队进行“游行”的事件，东风本田“塌陷门”事件越闹越大。

承受巨大压力的东风本田，于 2006 年 12 月 28 日向国家质检总局递交了召回报告，决定从 2007 年 1 月开始召回49 500辆国产本田 CRV。被召回车辆的生产时间段为 2005 年 3 月 10 日到 2006 年 12 月 18 日。东风本田开口承认，召回范围内的车辆由于对中国实际使用情况考虑不周，后减震器设计余量不足，部分车辆出现后轮轮胎内侧与车身瞬间摩擦和车身后部高度下降的情况，可能造成安全隐患。

(一) 风险管理的目标

风险管理的目标是避免风险或使损失降至最小，简单来说，就是企业价值最大化，风险成本最小化。具体目标有六项。

1. 维持企业生存，避免企业因某一重大不测事件而破产。
2. 维持企业稳定发展，避免经营中断和大起大落。
3. 增加企业利润。
4. 降低风险管理成本。
5. 树立安全的企业形象。
6. 履行企业的社会责任和义务。

不同企业在不同时期，风险管理目标是有所侧重的，因此，必须研究上述各种目标的最佳组合，以明确轻重缓急。

(二) 风险管理的组织

从战略角度看，风险管理是经营战略的重要补充和延伸，直接决定着战略的可行性及其弹性大小，因而可视其为战略管理的一项基本职能。它涉及企业的各个层次和所有部门。管理层次越高，风险管理职能就越重要、越复杂。而各部门则分担着企业风险管理的部分职能。如会计和财务部门经常面临财务行骗、财务会计信息失真、计算机系统感染病毒、投资失误、财产担保等方面的风险；销售部门可能因商品质量缺陷、广告宣传不慎等而面临经济索赔和法律诉讼等风险；产品研制部门需要更多地考虑产品的安全功能、环境保护功能、消费者权益保护功能；人事管理部门则会面临劳动纠纷、工伤事故等风险。

许多大型公司都设立了专门的部门来负责管理纯粹风险，该部门的负责人一般称为风险经理。由于产生损失原因的多样化，风险管理的整个过程应该由公司所有主要部门和单位一起协同努力，其中包括生产部门、市场营销部门、财务部门以及人力资源部门等。

（三）风险管理的过程

企业所面临的风险及应对措施均多种多样，差异很大，难有万全之策，但这并不排斥风险管理工作有共同的规律和程序可循。风险管理程序由以下四个步骤构成。

1. 风险识别与预警。
2. 风险预防体系和风险预防策略。
3. 风险管理组织。
4. 危机管理。

企业不能防范所有风险，但可以迅速发现问题，提前思考解决方案，动员所有的力量尽快解决问题，这是风险管理的精髓。

第 2 节　风险识别与预警

一、风险识别

风险识别，即在损失风险刚出现或出现之前就予以识别，以准确把握各种风险信号及其产生原因。经营者如不能正确、全面地认识企业可能面临的所有潜在损失，就不可能及时发现和预防风险，难以选择最佳处理方法。因此，风险管理的第一步就是要正确、全面地认识可能面临的各种潜在损失，即要把握原因，以利未雨绸缪。

风险源包括客观风险源和主观风险源两种。前者主要指来自自然环境和人为环境（社会环境、政治环境、法律环境、经济环境）的风险；后者是指由于掌握的信息有限，风险管理者对风险的理解、估算能力有限等原因给企业带来的不确定性。战略选择本身也会给企业带来很大的风险，例如战略本身是否具有适宜性、可接受性和可行性等。

与战略管理全面分析战略发展机会和风险损失相比，风险管理侧重于对各种风险损失的分析和处理。就某个企业而言，产生风险损失的原因来自经营管理活动的方方面面，如产品质量缺陷、生产设施不完备、产业公害、计算机事故、敌对竞争、产品假冒、故意破坏、谣传和恶意中伤、收贿和受贿、不正当降价、恐怖活动、经济诈骗、负责人能力和训练不足、经济制裁、专利和商标注册权的丧失、信息失误、自然灾害等，不一而足。

上述诸多问题的发生或许是偶然的，因为日常经营管理活动并非每天都能遇到此类问题，但是毕竟存在发生的可能性甚至必然性，所以必须予以准确识别。实际上，每种类型企业风险的发生面都是相对集中的，与企业特点密切相关，如食品生产企业强调原材料来源、质量和食品卫生，而旅游企业则特别关注威胁旅游安全的各种要素。风险原因可以区分为自然的、经济的、社会的和人为的等多种类型，而每一类型风险的处理方法则相对类似，这对提高风险管理效率是非常有利的，因为企业可以将注意力集中于那些发生概率高、影响重大的风险事件。

风险识别的具体方法主要有以下七种。

1. 现场观察法。即通过直接观察企业的各种生产经营设施和具体业务活动，了解和掌握企业面临的各种风险。

2. 财务报表法。通过分析资产负债表和经营报表中的每一个会计科目，确定某一特定企业在何种情况下会面临什么样的潜在损失及其成因（见表 17—1）。由于每个企业的经营活动最终都要涉及商品和资金，因此这种方法比较直观、客观和准确。

表 17—1　财务报表法

会计科目	财产运动（资产、商品）	潜在损失	成因
商品库存	产成品： 生产企业 ↓ 在途运输 ↓	财产损失（包括直接或间接损失）	火灾、风雨、爆炸、偷盗、其他人为危险
	储运仓库 ↓ 在途运输 ↓	责任损失	过失、违约、伤病赔偿、交通事故
	零售企业	企业和家庭人身损失	人员死亡、身体欠佳、失业、退休、残疾

3. 询问法。向企业经营者或风险经理提出一系列问题，以加强其对企业可能蒙受的损失的认识，促使其去收集和分析企业经营活动和财产的专门信息，并制定系统的风险管理对策和计划。

4. 业务流程法。即以业务流程图的方式，将企业从原材料采购直至送到顾客手中的全部业务经营过程划分为若干环节，每一环节再配以更为详尽的作业流程图。据此确定每一环节需要重点预防和处置的事项。

5. 内部交流法。即通过与企业各部门有关人员的广泛接触和信息交流，全面了解各部门风险发生情况，以发现被遗漏或忽视的风险，提高各部门在风险管理中的协同能力。

6. 案例分析法。即在预测未来可能出现的风险的基础上，从过去的风险管理实践中寻找相似的案例和经验，吸取有关教训，并以此作为制定对策的主要依据。

7. 咨询法。即委托咨询公司或保险代理人进行风险调查和识别，并提出风险管理方案，供经营者决策参考。经营者如能将自己的调查分析与之对照，则效果更佳。

上述方法各有优缺点，经营者必须依据企业的业务特点、环境变化和经营需要，作出适当的选择和组合。

二、风险预警

风险预警是要在风险实际发生之前，捕捉和监视各种细微的迹象变动，以利预防或为采取适当对策争取时间。风险预警对于预防或识别重大风险事件显得尤为重要。现实中，许多企业在风险分类的基础上，从每一类中选出一个进行重点监视，能取得事半功倍的效果。

风险预警的任务主要有两项：捕捉迹象和传递信息。在早期阶段，风险信号大都非常微弱，极易被人们所忽视，最终可能酿成大祸。所以，企业在早期就应严格监视风险，以免坐失良机。受传统思维方式的影响，人们不仅对微弱的风险信号不予注意，而且还可能对现实的风险熟视无睹，因此，企业应建立完善的信息管理系统，一旦发现风险信号，就能准确、及时地通知主管人员，以防事态的扩大。

第3节 风险预防体系和风险预防策略

一、构筑风险预防体系

为避免造成重大经济损失和社会不良影响，每个企业都应花大力气进行风险预防，但这并不意味着需要进行全方位设防，因为这既不可能，也不经济。企业应选择那些发生概率大、后果严重的事件，进行重点预防。

构筑预防体系要解决好两个问题：一是选择重点预防对象；二是构筑完善的预防体系。现实中许多企业并未着意去解决这两个问题，为此付出了沉重的代价。

一个完善的预防体系一般由以下四个部分组成。

1. 经济和技术措施。如监督、检查、立法、减少库存、环境监视等。

2. 与外部保持良好的沟通。如建立早期预警体系，协调与政府的关系，等等。就后者而言，旨在防止因政府突然出台法令或行政命令而引发的风险。协调与政府的关系，首先是要保持与各级政府的良好沟通，以及早获知政府的计划和行动；其次要在准确把握信息的基础上，对政府展开游说和说服工作。协调与政府的关系应严格防止陷入行贿事件，否则，很可能给企业带来更大的风险。

3. 改进内部工作。如提高安全卫生、改进工作场所设计、改进产品包装、强化检查、完善指挥系统等。劳动强度大、操作频率高的企业，应通过提高危险作业的自动化程度、强化设施的安全功能、完善安全卫生规章制度和进行安全教育等措施，改进安全管理工作，防止工伤事故的发生。

4. 组织内部的心理防范机制培育。如内部通报、员工教育等。

二、风险预防策略

俗话说：不怕一万，就怕万一。企业必须从最坏处着眼，制定一系列相应的处置程序和规范，并编制成小册子，以利在风险事件发生时，争取时间，应对得当，分清责任。如仓库保管员和保卫人员防火规范规定，一旦发现火灾，首先是报警，然后才是参加灭火。违反这一程序，就有可能贻误时机，导致火势蔓延。

大多数企业都制定了类似的处置规范和程序，如旅行社就针对坠机事件等制定有紧急事故处置程序，包括紧急作业顺序和内容、分工关系、紧急对策中心设置、联络渠道等。一旦坠机事件发生，所有相关人员均能迅速、准确地投入救助活动。当然，这类规范一般都制定得比较原则和笼统，有些环节需作特别规定，如负责人在场与不在场就需分别制定处置对策。

在某些情况下，规范和程序是合理的，也是可以操作的，但在许多场合并非如此，因为某些风险根本无法事先制定处置程序，即便制定了，也无法防止事态扩大。若再遇上当事者情绪剧烈波动（如惊愕、恐惧）、处置不当、决策迟缓，局势很可能变得不可收拾。此时，就须采取风险控制策略，以求减少风险或降低预期财产、责任和人身损失。

风险控制策略主要包括回避、减弱、分离、分散和转移五种。

1. 回避策略。通过放弃某种利益达到回避风险的目的。如某企业计划开发某种化工新产品，但又发现自己缺乏安全生产和环境保护能力，可能导致产品责任和环保责任索赔，于是决定放弃该项目。商店拒绝经营好销但质量不稳定商品、卫生不达标商品等。

回避策略的实质在于回避风险源，进而避免可能性。放弃股票或房地产投资，自然可以回避市场投机风险，但也不会得到投机收益。

2. 减弱策略。即通过减少风险发生的机会或削弱损失的严重性，以控制风险损失。回避的作用总是有限的和相对的，因为任何经营活动都将不可避免地伴有程度不同的风险，除非企业中止任何生产经营活动。因此，企业总是在追求预期利益的同时，尽量将损失减至最低限度，即双管齐下。实施减弱策略，不仅要有技术、人员和法律方面的保障，而且在经济上是可行的，即预期收益大于或等于预期成本，否则，就不宜采用此项策略。

减弱策略的运用可以扩大到企业的各个风险领域，其具体方法可谓层出不穷，如为防止商场火灾，可引入一系列措施，如采用防火阻燃材料，安装自动报警系统，配备灭火设备，采用安全疏散通道设计，颁发装修施工许可证等。再如为避免铁路运输造成的延误交货时间和偷盗、破损严重的状况，改用飞机运输，尽管单位运价上升，但综合损失可能反而更低。

3. 分离策略。即对企业可能面临损失的风险对象进行空间分离，以免遭受同样损失。如将易燃易爆物品与一般商品分离开来，单独存放保管，以减少一次事故的最大预期损失。

4. 分散策略。即通过增加企业控制下的风险单位的数量，以分散风险，增强企业抗风险能力，如扩大企业生产经营规模；形成大批量规模生产能力，投资领域分散化，多种经营，产品差别化，国际化经营，等等。

5. 转移策略。即通过将风险损失转移给他人的做法，控制风险损失。转移的途径主要有以下三种。

一是将担有风险的财产或生产经营活动转移给他人，如在证券交易所抛出股票，建筑承包商实施项目分包，出售二手设备等。这种转移可以消除企业的潜在损失，因为它将风险同时转嫁给了对方。

二是风险财务转移。风险财务转移主要是通过签订合同和提供保证书来实现的。如零售商在购货合同中规定因产品质量问题引发的一切责任和赔偿，均由供应者承担，或在代理代销合同中规定由生产厂家提供售后服务保障，未售出部分由厂家收回；以第三者出具保证书的形式，要求对方在限定时间内清偿债务、按质按量交付商品、完成承包工程；进行商品和外汇的套期保值交易，以避免商品价格和汇率波动引发的风险，平衡收益和损失。需要注意的是，尽管风险财务转移方式得到了普遍应用，但仍带有很大的局限性，因为合同条款及其文字的法律解释和理解，往往存在很大的差异，对方的执行和法院的裁决常会出乎企业预料，造成极大的被动。因此，合同条款的法律解释应引起有关人员的高度重视，以免种下祸根。

三是参加保险。保险是由保险公司对企业经济损失提供的赔偿。对企业而言，保险是一种极其重要的风险转移机制和方法，通过参加保险，实现完全风险的转移（投机风险不能投保）。投保对企业风险控制的作用是多方面的，例如，补偿因不测事件造成的意外损失，提高企业和社会资源的利用率，改善中小企业尤其是小企业的竞争环境，使风险变得更容易预测和对付，等等。

上述风险控制策略各具特点和运行条件，相互之间可以结合运用和互补。经营者宜根据实际情况，对其实施整体组合。

第4节　风险管理组织

风险一旦由可能转变为现实，组织问题就会变得空前突出，即需要确定风险管理班子，并设置临时指挥中心。组织问题一般借助风险管理手册予以明确规定。

一、风险管理班子

众所周知，企业组织结构和人员都是围绕着日常业务而建立、配置的。这种形态的组织结构在处理常规事务方面具有很大的优越性，但不适用于对风险等非常规事件的处理。因此，当企业处于危机状态时，就须适时组建风险管理班子，并通过这一特殊组织形态解决非常规问题。

组建风险管理班子的难点在于组建时机较难把握。一般的规律是随着问题变得复杂和深刻，风险处理的难度也随之增大。因此，只有到了现有组织无力处理时，才是组建风险管理班子的最佳时机。

风险管理班子需要的是解决特定问题的专家。由于组建风险管理班子的目的就是要集中处理和消除威胁企业生存和发展的风险，不承担其他任何责任，因此其成员的选择应抛开现有职位、资历和处理日常业务的能力等一般标准，而只着眼于是否具有处理专门问题的能力。

在大多数企业中，职位和解决问题的能力一般成正比例关系，所以风险管理班子多以总经理为核心而组建，并依据风险的性质及其范围，选择相关人员入围，如专业技术主管、律师、公关部主任、财务主管等，必要时还可吸收顾问、银行负责人等外部人员参加。

风险管理班子的规模，不是越大越好，也不是越小越好。从有效管理幅度、协调和灵活性等多种因素考虑，一个风险管理班子以不超过七人为宜。

风险管理班子负责人即风险管理首脑是一个非常重要的角色，他必须具备五个条件。

(1) 地位高，影响力大。

(2) 具有敏锐的目光，能透过纷繁的风险表象抓住本质，据此制定具体的处置对策。

(3) 能有效地协调风险管理班子的各种活动，包括人、财、物在不同时期的安排。

(4) 风险管理班子运转时，能全力投入，当然这并不要求他完全抛开组织的日常事务。

(5) 有坚强的毅力，能在时间和工作的双重压力下准确思考，处事果敢。

为便于风险管理班子开展工作，应赋予其较大的权力，如企业各种资源的支配使用权和其他重要的决策权等。

从强化现场管理的角度考虑，还应为风险管理班子配备若干下属组织——现场特别小组。

现场特别小组的任务是：

(1) 向风险管理班子传递有关现场问题和数据的信息，并接受来自风险管理班子的有关指示。

（2）依据指示，结合现场具体情况，制定具体措施。

（3）运用、管理必要的企业资源。

为更好地承担上述任务，消除现场的混乱局面，特别小组组长应具备以下能力：专业技术能力；一般的解决问题能力；人际关系能力，受人信赖，影响力大。至于特别小组成员，则应具备良好的专业能力和沟通能力，既能独当一面，又能与其他成员配合默契。

二、临时指挥中心

临时指挥中心也称风险管理中心，它不同于企业办公室，具有临时性。一旦风险管理班子解散，它也就自行撤销。

临时指挥中心需要完成一些任务：

（1）及时建立电话网，配备计算机、电视、复印机、黑板等，为信息传递和决策提供物质技术基础。

（2）收集和存储最新的人员信息，包括有关负责人的姓名、住址、电话号码，提供有益信息资源的有关组织和个人的姓名和联络方式，如律师事务所、医院、银行、公安局等。

（3）收集其他基本资料，如地图、计划表、组织图、设备图、产品和工程图纸、利害关联图、风险处理手册、紧急事态程序图等。

临时指挥中心的主要工作有七项：（1）收集信息；（2）分析问题现状；（3）确认利害关系者；（4）制定解决方案；（5）选择解决方案；（6）指示通告；（7）监视。

由此可见，临时指挥中心的基本职责在于为风险管理创造和提供良好的工作条件。

第5节　危机管理

建立风险管理班子和风险管理中心后，紧接着就是要处置已发生的风险事件，这是风险管理的重要一环。多数风险一旦发生，往往演变成危机，而危机由于其突发性的特点，给组织带来了重大难题。

□ 案例 17—2

冠生园的倒闭

2001年中秋节前，中央电视台披露了南京冠生园集团用上一年的馅做当年的月饼的事实，突如其来的报道给南京冠生园集团以当头一棒。南京冠生园集团采取了如下措施：一是向外界宣布：经卫生防疫部门检验，这样的月饼没有违反食品卫生规定，有关指标没有超标，所以，顾客吃了也没事；同时还宣布，所有厂家都是如此处理上年的月饼馅的。二是对新闻界的进一步采访采取回避的态度。

南京冠生园对这场危机的处理方式导致了两个后果。

（1）当年，全国月饼行业全线亏损。

（2）南京冠生园集团清算倒闭。

一、危机

现实世界中，人们使用不同的术语来描述危机——紧急情况、灾难和突发事件，这些概念描述了危机的一个特点，但都不够全面。公认的危机一般具备以下三个关键因素。

（1）突发事件，几乎来不及行动。

（2）缺少信息或信息不明确。

（3）对组织生存具有重大威胁。

正是由于这些特点，危机应对既重要又困难，反应慢、反应错都会给组织造成重大损失。1987 年伦敦皇家十字勋章地铁站失火，1988 年苏格兰阿尔法钻井平台事故，1989 年美国埃克森公司原油泄漏，1994 年麦当劳对绿色和平组织的诉讼，1999 年欧洲可口可乐中毒都是失败的危机管理的例子。

世界上有两类公司——经历过危机的公司和将会经历危机的公司。危机处理不当会给企业带来巨额经济损失、顾客流失、投资者信心降低、员工士气下降等。相反，如果处理得当，有可能从长期减少损失，甚至会转变为机遇。

要成功应对危机，必须坚持以下原则。

（1）快速反应原则。

（2）公开坦诚原则。

（3）公众至上原则。

（4）信誉至上原则。

二、现场处置

危机一旦发生就需要迅速采取措施补救，将损失减至最低，但由于危机的特殊性，管理者必然面临时间、信息和资源的缺乏。因此危机处置必须解决以下五个问题。

（1）尽量将某些风险问题的处理时间提前，以减轻风险发生后的工作量，具体方法有战术性决策和标准处理规范两种。

（2）在成员之间灵活分配工作，以缩小工作负担较重者的责任范围，适当增加其他人员的工作量。此外，也可借助顾问的力量，从成员之外寻求支援。

（3）通过组织内部信息的有效沟通，减轻成员工作负担。信息传递可以为解决具体问题提供诸多详细的重要信息，使班子成员能迅速洞察情况的变动，实施恰当的处置。

（4）向现场负责人大胆授权。只有将重大决策权集中于风险管理班子，并将战术决策权授予现场特别小组，才能保证现场负责人与风险管理班子的密切沟通和协作。

（5）由风险管理班子直接管理现金资产，以便为处理由资金问题引发的风险争取宝贵的时间。

三、媒体管理

媒体管理是危机管理的基本要素。危机一旦发生，往往会给企业形象带来毁灭性的打击，外部的猜疑和不信任造成的后果远远超过危机本身，可能会让企业陷入万劫不复之地。而成功的媒体管理则可以弱化公众对企业的负面印象，从而排除压力集团的干扰，抑制消费下滑，防止股价下跌。

进行媒体管理，战略上应注意以下几点。

1. 选择恰当的人选。包括恰当的专家、证人、辩护人以及代言人，这些人员应当有良好的公众形象，为媒体所认可和信任。

2. 作出理智的声明。媒体的负面报道和压力集团的指责往往会让管理者失去理智而作出相互攻击的声明。但现实中成功的声明都是基于事实的、文明的并且是不对抗的。

3. 保持公开和诚实。在危机中试图掩盖自己的举措是非常不明智的，公众往往会产生怀疑甚至恐慌，继而产生更坏的流言。因此要主动沟通，将所作的努力展现给媒体，树立良好的公众形象。

4. 保持组织一致性。在危机中，切忌出现言行不一和不同的声音。

5. 让利益相关者参与。除了股东、顾客和政府，还要吸收受害者和压力集团等敌对力量。在具体的措施上，与媒体的互动应当做到：

（1）杜绝组织中的任何人说“无可奉告”。

（2）不要与媒体发生冲突。

（3）表现出坦率和诚实，回答基于事实而非情绪。

（4）冷静回答，尽量以个人而不以代言人身份发言。

（5）不相互责备。

（6）拟定好口径一致的答复。

（7）随时与媒体联系，避免猜测。

（8）控制媒体的活动范围，比如将受害人或被告人与媒体暂时隔离，仅向媒体透露有限的信息等。

四、恢复管理

危机一旦被控制住，组织就要致力于恢复工作，将财产、设备、工作流程和人恢复到正常状态。一般说来，危机都会给组织带来损失，这种损失可能是有形的，比如财产、物资、市场份额；也可能是无形的，比如企业形象、员工的精神状态等。只控制进一步的损失是远远不够的，组织应当制定合适的战略以追赶甚至超越危机前的状态。实际上，危机一词本身就包含了“危险”和“机遇”的双重含义，因此组织的管理者在生存以外应当确立以下四个从危机中恢复的目标。

（1）寻找危机的根源，建立风险管理体系。

（2）减少客户和市场份额的流失。

（3）保持或维护良好的企业形象。

（4）寻求各种途径，利用对危机的经验改善组织现状。

思考题

1. 如何理解风险和风险管理？风险管理包括哪些内容？
2. 风险识别的方法包括哪些？
3. 风险预防有哪些策略，应当如何选择？
4. 如何理解危机管理，它有什么特点？
5. 如何在危机发生时进行媒体管理？

案例分析

三鹿奶粉事件

2008年6月28日，位于兰州市的解放军第一医院收治了首例患肾结石病症的婴幼儿，据家长反映，孩子从出生起就一直食用河北石家庄三鹿集团所生产的三鹿婴幼儿奶粉。7月中旬，甘肃省卫生厅接到医院婴儿泌尿系统结石病例报告后，随即展开了调查，并报告卫生部。随后短短两个多月，该医院收治的婴儿人数就迅速扩大到14名。

9月11日，除甘肃省外，陕西、宁夏、湖南、湖北、山东、安徽、江西、江苏等地也有类似案例发生。

9月11日晚卫生部指出，近期甘肃等地报告多例婴幼儿泌尿系统结石病例，调查发现患儿多有食用三鹿牌婴幼儿配方奶粉的历史。经相关部门调查，高度怀疑石家庄三鹿集团股份有限公司生产的三鹿牌婴幼儿配方奶粉受到三聚氰胺污染。卫生部专家指出，三聚氰胺是一种化工原料，可导致人体泌尿系统产生结石。

9月11日晚，石家庄三鹿集团股份有限公司发布产品召回声明称，经公司自检发现2008年8月6日前出厂的部分批次三鹿牌婴幼儿奶粉受到三聚氰胺的污染，市场上大约有700吨。为对消费者负责，该公司决定立即对该批次奶粉全部召回。

9月12日三鹿集团声称，此事件是由于不法奶农为获取更多的利润向鲜牛奶中掺入三聚氰胺。早在2008年7月中旬，就有记者就从三鹿品牌甘肃省总经销商——兰州兴源食品公司了解到三鹿已经停止生产确认受到三聚氰胺污染的奶粉品牌三鹿优加奶粉，2008年9月12日网易财经编辑从三鹿品牌总监处得到确认，2008年8月5日就通知各地经销商，三鹿在3月至8月5日之前生产的产品受到污染，停售优加系列产品，并且秘密召回，但未公之于众。这导致在此后的一个多月里，又有一批婴幼儿食用了三鹿问题奶粉。

9月13日，国务院对严肃处理三鹿牌婴幼儿奶粉事件作出部署，立即启动国家重大食品安全事故I级响应，并成立应急处置领导小组。患病婴幼儿实行免费救治，所需费用由财政承担。有关部门对三鹿婴幼儿奶粉生产和奶牛养殖、原料奶收购、乳品加工等各环节开展检查。国家质检总局将负责会同有关部门对市场上所有婴幼儿奶粉进行全面检验检查。

河北省政府决定对三鹿集团立即停产整顿，并对有关责任人作出处理。三鹿集团董事长和总经理田文华被免职，后被刑事拘留，而石家庄市分管农业生产的副市长张发旺等政府官员，石家庄市委副书记、市长冀纯堂也相继被撤职处理。河北省委决定免去吴显国河北省省委常委、石家庄市委书记职务。22日，李长江引咎辞去国家质检总局局长职务，这是因此次事件辞职的最高级别官员。毒奶粉事件在中国形成了一股“行政问责与司法问责风暴”。

事件爆发后，多个国家和地区开始全面或部分禁止中国奶制品及相关产品（糖果、咖啡和巧克力等）的销售或进口。

2008 年 9 月 19 日，联合国儿童基金会要求中国当局，在四名婴儿因饮用含有三聚氰胺的奶粉而丧生后，对此问题“展开全面调查”。欧盟委员会负责健康和消费者保障的官员马德林说，外国消费者都在观望毒奶粉事件的进展，他也期望北京方面能够有个全面的解释。

随着三鹿毒奶粉事件的发展，世界卫生组织、联合国教科文组织和联合国儿童基金会于 2008 年 9 月 25 日联合发布声明，对危机扩大表示担忧，希望中国当局今后会对婴幼儿食品实施更严格的监管。

2009 年 1 月 22 日，河北省石家庄市中级人民法院一审宣判，三鹿前董事长田文华被判处无期徒刑，三鹿集团高层管理人员王玉良、杭志奇、吴聚生则分别被判有期徒刑 15 年、8 年及 5 年。三鹿集团作为单位被告，犯了生产、销售伪劣产品罪，处以罚款4 937万余元。涉嫌制造和销售含三聚氰胺的奶农张玉军、高俊杰及耿金平三人被判处死刑，薛建忠无期徒刑，张彦军有期徒刑 15 年，耿金珠有期徒刑 8 年，萧玉有期徒刑 5 年。

2014 年，72 岁高龄的田文华改判有期徒刑 18 年。

资料来源：根据事件相关报道整理。

思考题

1. 三鹿奶粉事件的性质是什么？
2. 三鹿奶粉事件给其他企业的启示是什么？

中国人民大学出版社　管理分社

教师教学服务说明

中国人民大学出版社管理分社以出版工商管理和公共管理类精品图书为宗旨。为更好地服务一线教师，我们着力建设了一批数字化、立体化的网络教学资源。教师可以通过以下方式获得免费下载教学资源的权限：

★ 在中国人民大学出版社网站 www.crup.com.cn 进行注册，注册后进入“会员中心”，在左侧点击“我的教师认证”，填写相关信息，提交后等待审核。我们将在一个工作日内为您开通相关资源的下载权限。

★ 如您急需教学资源或需要其他帮助，请加入教师 QQ 群或在工作时间与我们联络。

中国人民大学出版社　管理分社

教师 QQ 群：648333426（工商管理）　114970332（财会）　648117133（公共管理）
教师群仅限教师加入，入群请备注（学校+姓名）

联系电话：010-62515735，62515987，62515782，82501048，62514760

电子邮箱：glcbfs@crup.com.cn

通讯地址：北京市海淀区中关村大街甲 59 号文化大厦 1501 室（100872）

管理书社　　人大社财会　　公共管理与政治学悦读坊